SCHÄFFER
POESCHEL

Norbert Pfitzer/Peter Oser/Christian Orth

Reform des Aktien-, Bilanz- und Aufsichtsrechts

AnSVG, APAG, BilKoG, BilReG, KapMuG, UMAG, VorstOG, WpPG sowie weitere Reformgesetze

2. Auflage

2006
Schäffer-Poeschel Verlag Stuttgart

Verfasser:

WP StB Prof. Dr. Norbert Pfitzer, Mitglied des Vorstands der Ernst & Young AG, Wirtschaftsprüfungsgesellschaft, Stuttgart

WP StB Dr. Peter Oser, Partner in der Grundsatzabteilung Wirtschaftsprüfung der Ernst & Young AG, Wirtschaftsprüfungsgesellschaft, Stuttgart

WP StB Dr. Christian Orth, Grundsatzabteilung Wirtschaftsprüfung der Ernst & Young AG, Wirtschaftsprüfungsgesellschaft, Stuttgart

unter Mitarbeit von
Dipl.-Kfm. Thomas Albrecht, WP StB Dr. Stefan Bischof, Dipl.-Kulturw. Annette Bloß Matthias Ecker, WP StB CPA Dipl.-Kfm. Werner Frey, StB Dipl.-Bw. (FH) Natalie Hettich, StB Dipl.-Oec. Jochen Holzwarth, RA Anja Hübner, WP StB Dipl.-Kfm. Ewald Jezussek, Dipl.-Kffr. Kati Korkow, StB Dipl.-Kfm. Christian Paa, WP StB Dipl.-Kffr. Yvonne Richardt, WP StB Dr. Norbert Roß, StB Dr. Matthias Schaber, Dipl.-Volkswirtin, Dipl.-Juristin, Dipl.-Kffr. Melanie Stillfried, StB Dr. Dominic Wader

Bibliografische Information Der Deutschen Bibliothek
Die Deutsche Bibliothek verzeichnet diese Publikation in der Deutschen Nationalbibliografie; detaillierte bibliografische Daten sind im Internet über <http://dnb.ddb.de> abrufbar.

Gedruckt auf chlorfrei gebleichtem, säurefreiem und alterungsbeständigem Papier

ISBN-13: 978-3-7910-2498-1
ISBN-10: 3-7910-2498-1

www.schaeffer-poeschel.de
info@schaeffer-poeschel.de
Einbandgestaltung: Willy Löffelhardt
Druck und Bindung: Ebner & Spiegel GmbH, Ulm
Printed in Germany
Mai/2006

Schäffer-Poeschel Verlag Stuttgart
Ein Tochterunternehmen der Verlagsgruppe Handelsblatt

Vorwort zur 2. Auflage

Seit der 1. Auflage dieses Buches sind zahlreiche Publikationen und Kommentare erschienen, welche die im Buch behandelten Reformgesetze sowie die damit verbundenen Vorschriften interpretieren und würdigen. Auch sind an uns zahlreiche Anfragen gerichtet worden, die sich in der täglichen Praxis mit der Umsetzung der neuen Vorschriften ergeben haben. Des Weiteren haben sowohl nationale als auch internationale Regulatoren weitere Reformprojekte und Gesetzesinitiativen auf den Weg gebracht, die in unserer 1. Auflage bislang nicht angesprochen wurden. All dies war für uns Anlass genug, nach knapp eineinhalb Jahren eine überarbeitete und umfangreich erweiterte Auflage herauszugeben.

Einen Schwerpunkt der Überarbeitung bilden die Vorschriften zum Bilanzrechtsreformgesetz, mit dem in der Praxis die meisten Anwendungsfragen und Umsetzungsprobleme verbunden sind. Erweiterungen haben sich insbesondere aus neueren EU-Richtlinien ergeben, wie beispielsweise der Elektroschrottrichtlinie, die einen nicht unbeachtlichen Anwenderkreis gefunden hat. Ferner wurden nunmehr auch gesellschaftsrechtliche Aspekte aufgegriffen, wie beispielsweise die Entwicklungen im Zusammenhang mit der Societas Europae (SE) oder der Societas Cooperativa Europae (SCE), die auch mit den neueren Corporate Governance Initiativen der EU im Zusammenhang stehen. Auf nationaler Ebene hat der deutsche Gesetzgeber, neben einzelnen Verordnungen zu bereits bestehenden Reformgesetzen, weitere Gesetze verabschiedet, die für zahlreiche Unternehmen Bedeutung erlangen werden. Aus diesem Grunde werden im vorliegenden Werk u.a. die Aktionärsforumsverordnung und das Wertpapierprospektgesetz sowie bereits angekündigte Gesetze, wie z.B. das Gesetz über elektronische Handels- und Unternehmensregister und das Übernahmerichtlinie-Umsetzungsgesetz aufgegriffen.

Ziel des überarbeiteten und erweiterten Werks ist unverändert, sowohl den Entscheidungsträgern in den Unternehmen als auch interessierten Lesern einen Überblick über die aktuelle internationale und nationale Rechtsentwicklung zu geben und einzelne Hilfestellungen und Interpretationen zur Umsetzung dieser Normen bereitzustellen.

Wir bedanken uns bei all unseren Lesern der 1. Auflage für Ihre Anregungen sowie allen Mitwirkenden, die zur Überarbeitung und Erweiterung dieses Werks mit viel Engagement beigetragen haben. Unser besonderer Dank gilt Frau Verena Breyer für die tatkräftige Unterstützung bei der redaktionellen Endbearbeitung.

Stuttgart, Mai 2006

Prof. Dr. Norbert Pfitzer | Dr. Peter Oser | Dr. Christian Orth

Vorwort zur 1. Auflage

Die deutsche Rechnungslegungspraxis ist seit 1998 mit einer Vielzahl von Reformgesetzen konfrontiert, die zu tief greifenden Veränderungen in der Bilanzierungs- und Prüfungspraxis geführt hat. Die Hoffnung, dass diese grundlegenden Reformen lediglich in einem Turnus von fünfzehn bis zwanzig Jahren auftreten, musste spätestens seit dem Transparenz- und Publizitätsgesetz im Jahr 2002 aufgegeben werden. Während das Aktiengesetz durch die Novellen 1937 und 1965 und das Handelsgesetzbuch durch das Bilanzrichtlinien-Gesetz im Jahre 1986 weit reichend geändert wurden, ist der deutsche Gesetzgeber mittlerweile zu einem zweijährigen Turnus der Veröffentlichung von Artikelgesetzen übergegangen, die jeweils im Wesentlichen das Aktiengesetz, GmbH-Gesetz und / oder Handelsgesetzbuch reformieren.

Es ist nicht allein dem deutschen Gesetzgeber zuzurechnen, dass die Unternehmen einer Fülle an gesetzlichen Änderungen gegenüberstehen, die – ehe sie umgesetzt sind – bereits durch neue Vorschriften ergänzt, erweitert oder modifiziert werden. Vielmehr ist die nationale Gesetzgebung auch durch internationale Einflüsse und europäische Vorgaben geprägt. Angesichts der Flut an gesetzlichen Neuerungen gilt es, den Überblick zu wahren, die Intention der neuen Vorschriften zu erkennen und zeitnah die erforderlichen Maßnahmen zu ergreifen, um auf die gesetzlichen Reformen sowie die bereits bekannten, noch ausstehenden Anpassungen zu reagieren.

Diesen Erfordernissen folgend, soll dieses Buch eine Hilfestellung sein. Neben einem Überblick über die Hintergründe der nationalen Gesetzgebung werden die derzeit anstehenden bzw. soeben verabschiedeten Reformgesetze (Gesetzgebungsstand: 3. Dezember 2004) sowie die ihnen zugrunde liegenden internationalen Vorgaben beschrieben. Darüber hinaus werden erste Interpretationen präsentiert, da die Gesetze in ihrem Wortlaut teils nicht eindeutig sind oder bestimmte Fragen offen lassen. Insbesondere werden auch erste Handlungsempfehlungen einer normkonformen Umsetzung dargelegt. Hierbei darf nicht übersehen werden, dass einzelne Vorschriften bereits unmittelbar nach In-Kraft-Treten des jeweiligen Gesetzes anzuwenden waren bzw. sein werden. Insofern führen die Reformen zum Teil zu unmittelbarem organisatorischem Anpassungsbedarf und betreffen vielfach bereits den Jahres- bzw. Konzernabschluss für das zum 31. Dezember 2004 endende Geschäftsjahr.

Darüber hinaus treten mit den Gesetzen weit reichende aktienrechtliche Neuregelungen in Kraft, die zwar nicht das Verhältnis zwischen Unternehmen und Prüfer betreffen, die aber gleichwohl für die Corporate Governance des Unternehmens von grundlegender Bedeutung sind. Umfassenden Änderungen unterliegen hierbei kapitalmarktorientierte Unternehmen, zumal auch das Wertpapierhandelsgesetz von Neuregelungen nicht verschont geblieben ist. Nicht zuletzt ist darauf zu verweisen, dass mit den verabschiedeten und noch anstehenden Reformgesetzen sowohl mit der Deutschen Prüfstelle für Rechnungslegung e.V., die die Abschlüsse im öffentlichen Interesse stehender Unternehmen auf Fehler in der Rechnungslegung überprüft, als auch mit einer Abschlussprüferaufsichtskommission, der die Berufsaufsicht über die Wirtschaftsprüfer und die von diesen durchgeführten Abschlussprüfungen obliegen wird, zwei Institutionen geschaffen wurden bzw. werden, die mit nicht zu unterschätzenden aufsichtsrechtlichen Kompetenzen ausgestattet sein werden. Somit wird künftig eine öffentliche Überwachung erfolgen, bei der es ggf. auch zu einer allgemeinen Bekanntgabe festgestellter Mängel kommt.

Dieses ausschließlich von Mitarbeiterinnen und Mitarbeitern von Ernst & Young erstellte Buch erhebt keinen Anspruch auf Vollständigkeit, zumal – wie die Praxis des Öfteren gezeigt hat – weitere Probleme erst mit dem Versuch einer normkonformen Umsetzung auftreten. Gleichwohl hoffen wir, durch die intensiven Diskussionen mit unseren Mandanten und der Prüfungspraxis alle zentralen Aspekte der Reformgesetze erfasst zu haben, sodass dieses Buch sowohl den Entscheidungsträgern in Unternehmen als auch den für dieses Thema interessierten Lesern einen Überblick der aktuellen Reformen des Aktien-, Bilanz- und Aufsichtsrechts liefert und die für ihre Bedürfnisse erforderlichen Hinweise bereitstellt.

Wir danken allen Mitwirkenden, die durch ihre Einsatz- und Diskussionsbereitschaft zur Entstehung dieses Buchs beigetragen haben, insbesondere auch Frau Kulturwirtin Annette Bloss und Frau Verena Breyer für die Unterstützung bei der redaktionellen Endbearbeitung. Eine zeitnahe Veröffentlichung nach Verabschiedung einzelner Reformgesetze ist nur durch die gewohnt gute Zusammenarbeit mit Frau Rollnik-Mollenhauer und ihren Mitarbeiterinnen vom Schäffer-Poeschel Verlag möglich gewesen, für die wir uns an dieser Stelle besonders bedanken.

Stuttgart, Januar 2005

Prof. Dr. Norbert Pfitzer　　Dr. Peter Oser　　Dr. Christian Orth

Inhaltsverzeichnis

Vorwort zur 2. Auflage ... V

Vorwort zur 1. Auflage ... VII

Abkürzungsverzeichnis ... XVII

Abbildungsverzeichnis ... XXIII

I Einleitender Überblick ... 1

II Entwicklungen in den USA ... 5

1 Vorbemerkung ... 5

2 Erhöhte Anforderungen für Rechnungslegung und Prüfung ... 6

2.1 Verpflichtungen des Managements (Senior Officers) ... 6
2.2 Anforderungen an unternehmensinterne Aufsichtsgremien ... 9
2.3 Anforderungen an den Abschlussprüfer ... 10
2.4 Kritische Durchsicht publizierter Abschlüsse durch die SEC ... 13

3 Prozess- und kontrollorientierte Unternehmensführung und -prüfung ... 13

4 Würdigung ... 18

III Rechtsakte auf Ebene der EU ... 21

1 Regelungscharakter von Verlautbarungen der EU ... 21

2 Fair Value-Richtlinie ... 22

3 IAS-Verordnung ... 24

4 Marktmissbrauchsrichtlinie ... 26

5 Modernisierungsrichtlinie ... 26

5.1 Hintergrund ... 26
5.2 Bilanzierung und Bewertung ... 26
5.3 Konsolidierung ... 28
5.4 Berichterstattung im Lagebericht und Konzernlagebericht ... 28
5.5 Inhalt und Aufbau des Bestätigungsvermerks ... 29

6 Schwellenwertrichtlinien ... 29

7 Modernisierung der 8. EU-Richtlinie 31

7.1 Hintergründe der Richtlinie 31
7.2 Regelungsinhalt der EU-Richtlinie 33
7.3 Regelungsinhalte der EU-Richtlinie für Unternehmen im öffentlichen Interesse 38
7.4 In-Kraft-Treten und Transformation der Richtlinie 41
7.5 Anpassungsbedarf in Deutschland 41
7.6 Fortsetzung der Reformmaßnahmen 43

8 Transparenzrichtlinie 45

9 Publizitätsrichtlinie 46

9.1 Anlage einer elektronischen Akte 47
9.2 Veröffentlichung im Amtsblatt 48
9.3 Gültigkeit, Umsetzung in nationales Recht 48

10 Prospektrichtlinie 48

10.1 Hintergrund und Zielsetzung der Richtlinie 48
10.2 Mehrstufiges Rechtssetzungsverfahren 49
10.3 Wesentliche Elemente 50

11 Übernahmerichtlinie 53

11.1 Zielsetzung der Richtlinie 53
11.2 Anwendungsbereich 54
11.3 Zweistufiges Optionsmodell 54
11.4 Transparenz 56
11.5 Squeeze-out und Sell-out 57
11.6 Ausblick 58

12 Corporate Governance betreffende Initiativen auf Ebene der EU 59

12.1 Regelung für die Vergütung von Mitgliedern der Unternehmensführung börsennotierter Aktiengesellschaften 59
12.2 Empfehlung zu den Aufgaben von nicht geschäftsführenden Direktoren und Aufsichtsratsmitgliedern börsennotierter Gesellschaften sowie zu den Ausschüssen des Verwaltungs- und Aufsichtsrats 61

13 Dritte EU-Anti-Geldwäscherichtlinie 63

14 Europäische Aktiengesellschaft (SE) 65

14.1 Hintergrund und Zielsetzung 65
14.2 Rechtsgrundlagen und anwendbares Recht 66
14.3 Regelungsinhalte der SE-VO und der SE-RL 66
14.4 Möglichkeiten der Gründung einer SE 68
14.5 Organisationsverfassung der SE 72
14.6 Die Mitbestimmung in der SE 75
14.7 Sitzverlegung einer SE 75
14.8 Die SE im deutschen Steuerrecht 76
14.9 Würdigung 76

15 Europäische Genossenschaft (SCE) 78

15.1 Zielsetzung der Verordnung zur SCE 78
15.2 Grundkapital, Sitz und Satzung 78
15.3 Mitgliedschaft 79
15.4 Entstehung einer SCE 79
15.5 Struktur 80
15.6 Jahresabschluss und dessen Prüfung 81

IV Das 10-Punkte-Programm der Bundesregierung 83

V Bisherige nationale Entwicklungen 87

1 KonTraG, KapAEG, KapCoRiLiG und TransPuG 87

2 Erste Schritte zur Verbesserung der Corporate Governance in Deutschland 88

2.1 Änderung des Aktiengesetzes 89
2.2 Änderung des Handelsgesetzbuchs 90

3 Deutscher Corporate Governance Kodex (DCGK) 91

VI Reformen infolge internationaler und nationaler Entwicklungen 93

1 Bilanzrechtsreformgesetz (BilReG) 93

1.1 Vorschriften zum Einzelabschluss 93
1.2 Vorschriften zum Konzernabschluss 108
1.3 Vorschriften zur Prüfung 118
1.4 Vorschriften zur Offenlegung 129
1.5 Branchenspezifische Regelungen 130

2 Gesetz über die Offenlegung von Vorstandsvergütungen (VorstOG) 133

2.1 Zielsetzung und Anwendungsbereich 133
2.2 Erweiterung der Anhangangaben zum Jahres- und Konzernabschluss 133
2.3 Opting Out-Regelung 136
2.4 Berichterstattung über das Vergütungssystem für Organmitglieder im (Konzern-)Lagebericht 137
2.5 Erhöhung der Bußgeldbeträge bei Verstößen gegen die Berichterstattungspflichten 138

3 Bilanzkontrollgesetz (BilKoG) 139

3.1 Zielsetzung 139
3.2 Gründung der Deutschen Prüfstelle für Rechnungslegung 140
3.3 Erste Stufe: Prüfung durch die Deutsche Prüfstelle für Rechnungslegung 142
3.4 Zweite Stufe: Prüfung durch die BaFin 151

4 Abschlussprüferaufsichtsgesetz (APAG) 155

4.1 Zielsetzung 155
4.2 Rechtsform, Zusammensetzung, Organisation und Finanzierung 157
4.3 Aufgabenbereiche 158
4.4 Befugnisse und Verhältnis zur WPK 159

5 Gesetz zur Unternehmensintegrität und Modernisierung des Anfechtungsrechts (UMAG) 161

5.1 Zielsetzung 161
5.2 Organhaftung und Verfolgung von Ersatzansprüchen 162
5.3 Anmeldung und Teilnahme an der Hauptversammlung sowie Frage- und Rederecht 167
5.4 Anfechtung von Hauptversammlungsbeschlüssen 168
5.5 Ausblick 170

6 Kapitalanleger-Musterverfahrensgesetz (KapMuG) 171

6.1 Hintergründe und Zielsetzung 171
6.2 Anwendungsbereich und Gerichtsstand 172
6.3 Struktur des Musterverfahrens 173
6.4 Ausblick 177

7 Anlegerschutzverbesserungsgesetz (AnSVG) ... 177

7.1 Definition von Finanzinstrumenten ... 180
7.2 Erweiterte Aufgaben der Bundesanstalt für Finanzdienstleistungsaufsicht (BaFin) ... 180
7.3 Verdachtsbezogene Anzeigepflicht ... 181
7.4 Insiderinformationen bzw. -handel ... 182
7.5 Ad hoc-Publizität ... 185
7.6 Directors' Dealings ... 188
7.7 Führung eines Insiderverzeichnisses ... 190
7.8 Straf- und Bußgeldvorschriften ... 192
7.9 Verbot der Marktmanipulationen ... 193
7.10 Regelungen für Finanzanalysten ... 194
7.11 Änderungen im Verkaufsprospektgesetz ... 197

8 Gesetz zur Neuorganisation der Bundesfinanzverwaltung und zur Schaffung eines Refinanzierungsregisters ... 200

9 Aktionärsforumsverordnung (AktFoV) ... 203

10 Justizkommunikationsgesetz (JKomG) ... 205

10.1 Zielsetzung und Hintergründe ... 205
10.2 Änderung von Vorschriften des GmbHG ... 205

11 Elektro- und Elektronikgerätegesetz (ElektroG) ... 207

11.1 Europarechtliche Grundlagen ... 207
11.2 Hauptadressat: Hersteller ... 207
11.3 Bilanzielle Implikationen für die Hersteller ... 208

12 Wertpapierprospektgesetz (WpPG) ... 216

12.1 Hintergrund und Zielsetzung ... 216
12.2 Wesentliche Elemente des Wertpapierprospektgesetzes ... 217
12.3 Ausblick ... 226

13 Weitere branchenspezifische Reformgesetze ... 227

13.1 Siebtes Gesetz zur Änderung des Versicherungsaufsichtsgesetzes (VAG) ... 227
13.2 Finanzkonglomeraterichtlinie-Umsetzungsgesetz ... 233

VII Ausstehende Reformvorhaben 239

1 Übernahmerichtlinie-Umsetzungsgesetz 239

2 Elektronisches Handels- und Unternehmensregister (EHUG) 240

2.1 Das elektronische Unternehmensregister als Plattform 241
2.2 Gesetzesänderungen 241
2.3 Übergangsregelungen 245

3 Europäische Genossenschaft und Änderung des Genossenschaftsrechts 245

3.1 Rechtliche Grundlagen und Zielsetzung 245
3.2 SCE-Ausführungsgesetz (SCEAG) 246
3.3 SCE-Beteiligungsgesetz (SCEBG) 247
3.4 Reform des Genossenschaftsgesetzes 248

4 Berufsaufsichtsreformgesetz (BARefG) 249

4.1 Zielsetzung 249
4.2 Berufsaufsicht über Wirtschaftsprüfer 249
4.3 Anpassungen an die modernisierte Abschlussprüferrichtlinie 251
4.4 Weitere Regelungsbereiche 252

5 Bilanzrechtsmodernisierungsgesetz (BilMoG) 252

5.1 Status quo des Gesetzgebungsverfahrens 252
5.2 Vorschläge des DSR zum Bilanzrechtsmodernisierungsgesetz 253

6 Kapitalmarktinformationshaftungsgesetz (KapInHaG) 262

6.1 Zielsetzung 262
6.2 Konzeption des KapInHaG 262
6.3 Ausblick 263

7 Mindestkapitalgesetz (MindestkapG) 264

VIII EY-Studie zum Deutschen Corporate Governance Kodex 267

1 Grundlagen 267

2 Empirische Untersuchung der Umsetzung der Kodexempfehlungen 268

2.1 Untersuchungsgegenstand 268
2.2 Umsetzung der Kodex-Empfehlungen bei DAX-30-Unternehmen 269

2.3 Umsetzung der Kodex-Empfehlungen bei MDAX-Unternehmen ... 269
2.4 Umsetzung der Kodex-Empfehlungen bei kleinen börsennotierten Unternehmen ... 270
2.5 Gesamtbeurteilung ... 271

IX Ausblick ... 275

Anlage 1: Wichtige aufgrund von EU-Vorgaben durch das BilReG vorgenommene Änderungen ... 277

Anlage 2: Vergleichende Übersicht der Regelungen des Sarbanes-Oxley Act und der modernisierten 8. EU-Richtlinie mit den deutschen Vorschriften ... 285

Abkürzungsverzeichnis

ABS	Asset Backed Secutities
ABl.	Amtsblatt
ABl. EG	Amtsblatt der Europäischen Gemeinschaft (Zeitschrift)
Abs.	Absatz
a.F.	alte Fassung
AG	Aktiengesellschaft; Die Aktiengesellschaft (Zeitschrift)
AktFoV	Aktionärsforumsverordnung
AktG	Aktiengesetz
Alt.	Alternative
a.M.	anderer Meinung
AnSVG	Anlegerschutzverbesserungsgesetz
AOC	Auditor Oversight Commission
APAG	Abschlussprüferaufsichtsgesetz
APAK	Abschlussprüferaufsichtskommission
Art.	Artikel
Aufl.	Auflage
BaFin	Bundesanstalt für Finanzdienstleistungsaufsicht
BARefG	Berufsaufsichtsreformgesetz
BB	Betriebs-Berater (Zeitschrift)
BBK	Buchführung, Bilanz, Kostenrechnung (Zeitschrift / Loseblatt)
Bd.	Band
BetrAVG	Betriebsrentengesetz
BetrVG	Betriebsverfassungsgesetz
BFH	Bundesfinanzhof
BGBl.	Bundesgesetzblatt
BGH	Bundesgerichtshof
BGHZ	Amtliche Sammlung von Entscheidungen des Bundesgerichtshofs in Zivilsachen (Zeitschrift)
BilKoG	Bilanzkontrollgesetz
BilKoUmV	Bilanzkontrollkosten-Umlageverordnung
BilMoG	Bilanzrechtsmodernisierungsgesetz
BilReG	Bilanzrechtsreformgesetz
BKR	Zeitschrift für Bank- und Kapitalmarktrecht (Zeitschrift)
BMF	Bundesministerium der Finanzen (auch BdF)
BMJ	Bundesministerium der Justiz
BMWi	Bundesministerium für Wirtschaft und Technologie
BörsG	Börsengesetz
BörsZulV	Börsenzulassungs-Verordnung
BR	Deutscher Bundesrat
BRD	Bundesrepublik Deutschland
BR-Drs.	Bundesrats-Drucksache
Bsp.	Beispiel
bspw.	beispielsweise
BT-Drs.	Bundestags-Drucksache
BVerfG	Bundesverfassungsgericht
bzgl.	bezüglich
bzw.	beziehungsweise

ca.	circa
CEO	Chief Executive Officer
CESR	Committee of European Securities Regulators
CFO	Chief Financial Officer
DB	Der Betrieb (Zeitschrift)
DCF-Methode	Discounted Cashflow-Methode
DCGK	Deutscher Corporate Governance Kodex
DFÜ	Datenfernübertragung
dgl.	dergleichen
d.h.	das heißt
diesbzgl.	diesbezüglich
DPR	Deutsche Prüfstelle für Rechnungslegung
Dr.	Doktor
Drs.	Drucksache
DRS	Deutscher Rechnungslegungs Standard
DRSC	Deutsches Rechnungslegungs Standards Committee
DSR	Deutscher Standardisierungsrat
DStR	Deutsches Steuerrecht (Zeitschrift)
EAR	Stiftung Elektro-Altgeräte-Register
eBAZ	elektronischer Bundesanzeiger
EBIT	earnings before interest and taxes
EBITDA	earnings before interest, taxes, depreciation and amortisation
EG	Einführungsgesetz; Europäische Gemeinschaft
EGAOB	European Group of Auditors' Oversight Bodies
EGHGB	Einführungsgesetz zum Handelsgesetzbuch
EGV	Vertrag zur Gründung der Europäischen Gemeinschaft
EHUG	Gesetz über elektronische Handelsregister und Genossenschaftsregister sowie das Unternehmensregister
ElektroG	Elektro- und Elektronikgerätegesetz
EPS	earnings per share
ESC	European Securities Committee
etc.	et cetera (und so weiter)
EU	Europäische Union
EuGH	Europäischer Gerichtshof
eUR	elektronisches Unternehmensregister
e.V.	eingetragener Verein
EWG	Europäische Wirtschaftsgemeinschaft
EWR	Europäischer Währungsraum
EWWU	Europäische Wirtschafts- und Währungsunion
f.	folgend(e)
FAQ	Frequently Asked Questions
FASB	Financial Accounting Standards Board
FATF	Financial Action Task Force on Money Laundering
ff.	fortfolgend(e)
FiFo	First-in First-out
FinAnV	Finanzanalyseverordnung
FinDAG	Finanzdienstleistungsaufsichtsgesetz
FK	Finanzkonglomerat

FkSolV	Finanzkonglomerate-Solvabilitäts-Verordnung
FKU	Finanzkonglomeratsunternehmen
FREP	Financial Reporting Enforcement Panel
FSAP	Financial Services Action Plan
gem.	gemäß
GenG	Gesetz betreffend die Erwerbs- und Wirtschaftsgenossenschaften
ggf.	gegebenenfalls
GmbH	Gesellschaft mit beschränkter Haftung
GmbHG	Gesetz betreffend die Gesellschaften mit beschränkter Haftung
GmbHR	GmbH-Rundschau (Zeitschrift)
GoB	Grundsätze ordnungsmäßiger Buchführung
GRI	Global Reporting Initiative
GuV	Gewinn- und Verlustrechnung
GVG	Gerichtsverfassungsgesetz
GwG	Geldwäschegesetz
HGB	Handelsgesetzbuch
HGrG	Gesetz über die Grundsätze des Haushaltsrechts
h.M.	herrschende Meinung
Hrsg., hrsg.	Herausgeber, herausgegeben
i.A.	im Allgemeinen
IAASB	International Auditing and Assurance Standards Board
IAS	International Accounting Standard(s)
IASB	International Accounting Standards Board
i.d.F.	in der Fassung
i.d.R.	in der Regel
i.d.S.	in diesem Sinne
IDW	Institut der Wirtschaftsprüfer in Deutschland e.V.
IDW PS	Prüfungsstandard des IDW
IDW EPS	Entwurf eines Prüfungsstandards des IDW
IDW-FN	Fachnachrichten des IDW
i.e.S.	im engeren Sinne; im engen Sinne
IFAC	International Federation of Accountants
IFRIC	International Financial Reporting Interpretations Committee
IFRS	International Financial Reporting Standards
insb.	insbesondere
ISA	International Standards on Auditing
i.S.d.	im Sinne der/des
ISIN	International Securities Identification Number
IStR	Internationales Steuerrecht
i.S.v.	im Sinne von
i.V.m.	in Verbindung mit
i.w.S.	im weiteren Sinne; im weiten Sinne
JKomG	Justizkommunikationsgesetz
KapAEG	Gesetz zur Verbesserung der Wettbewerbsfähigkeit deutscher Konzerne an Kapitalmärkten und zur Erleichterung der Aufnahme von Gesellschafterdarlehen (Kapitalaufnahmeerleichterungsgesetz)

KapCoRiLiG	Kapitalgesellschaften- & Co.-Richtlinie-Gesetz
KapInHaG	Gesetz zur Verbesserung der Haftung für falsche Kapitalmarktinformationen (Kapitalmarktinformationshaftungsgesetz)
KapMuG	Kapitalanleger-Musterverfahrensgesetz
KG	Kommanditgesellschaft
KGaA	Kommanditgesellschaft auf Aktien
KonTraG	Gesetz zur Kontrolle und Transparenz im Unternehmensbereich
KoR	Kapitalmarktorientierte Rechnungslegung (Zeitschrift)
KStG	Körperschaftsteuergesetz
KWG	Gesetz über das Kreditwesen (Kreditwesengesetz)
LiFo	Last-in First-out
lt.	laut
MaKonV	Verordnung zur Konkretisierung des Verbotes der Marktmanipulation (Marktmanipulations-Konkretisierungsverordnung)
mbH	mit beschränkter Haftung
MFA	Musterfeststellungsantrag
MiFID	Markets in Financial Instruments Directive
MindestkapG	Mindestkapitalgesetz
Mio.	Million(en)
MitBestG	Mitbestimmungsgesetz
Mrd.	Milliarde(n)
n.F.	neue Fassung
NJW	Neue Juristische Wochenschrift (Zeitschrift)
Nr.	Nummer
NZG	Neue Zeitschrift für Gesellschaftsrecht (Zeitschrift)
o.	oben
o.a.	oben angeführt, angegeben
o.Ä.	oder Ähnliches
OECD	Organisation for Economic Co-operation and Development
o.g.	oben genannt
OHG	Offene Handelsgesellschaft
OLG	Oberlandesgericht
PCAOB	Public Company Accounting Oversight Board
PEP	politisch exponierte Personen
PfDeckRV	Verordnung über Rechnungsgrundlagen für die Deckungsrückstellungen von Pensionsfonds
POS	Point of Sale
PublG	Gesetz über die Rechnungslegung von bestimmten Unternehmen und Konzernen (Publizitätsgesetz)
RA	Rechtsanwalt
RechKredV	Kreditinstituts-Rechnungslegungsverordnung
RegE	Regierungsentwurf
RIC	Rechnungslegungs Interpretations Committee
Rz.	Randziffer

S.	Seite
s.a.	siehe auch
SAR	Stock Appreciation Right
SCE	Societas Cooperativa Europae (Europäische Genossenschaft)
SCEAG	SCE-Ausführungsgesetz
SCEBG	Gesetz über die Beteiligung der Arbeitnehmer in einer Europäischen Genossenschaft
SCE-VO	SCE-Verordnung
SE	Societas Europae (Europäische Gesellschaft)
SEAG	SE-Ausführungsgesetz
SEBG	Gesetz über die Beteiligung der Arbeitnehmer in einer Europäischen Gesellschaft
SEC	Securities Exchange Commission
Sec.	Section
SEEG	Gesetz zur Einführung der Europäischen Gesellschaft
SE-RL	SE-Richtline
SESTEG-E	Entwurf eines Gesetzes über steuerliche Begleitmaßnahmen zur Einführung der Europäischen Gesellschaft und zur Änderung weiterer steuerlicher Vorschriften
SE VO	SE-Verordnung
SIC	Standing Interpretations Committee
SiegelVO	Siegelverordnung
SLIM	Simpler Legislation for the Internal Market
s.o.	siehe oben
SOA	Sarbanes-Oxley Act
sog.	so genannt(e)
StB	Steuerberater
StBerG	Stuerberatergesetz
StGB	Strafgesetzbuch
StuB	Steuern und Bilanzen (Zeitschrift)
s.u.	siehe unten
TransPuG	Transparenz- und Publizitätsgesetz
Tz.	Textziffer
u.a.	unter anderem; und andere
u.Ä.	und Ähnliche(s)
u.E.	unseres Erachtens
UMAG	Gesetz zur Unternehmensintegrität und Modernisierung des Anfechtungsrechts
ÜbernahmeRL	Übernahmerichtlinie
UmwG	Umwandlungsgesetz
US-GAAP	United States Generally Accepted Accounting Principles
usw.	und so weiter
u.U.	unter Umständen
VAG	Versicherungsaufsichtsgesetz
vBP	vereidigte(r) Buchprüfer
VermVerkProspV	Verordnung über Vermögensanlagen-Verkaufsprospekte (Vermögensanlagen-Verkaufsprospektverordnung
VerkProspG	Verkaufsprospektgesetz

vgl.	vergleiche
VO	Verordnung
VorstOG	Vorstandsvergütungs-Offenlegungsgesetz
VVaG	Versicherungsverein auf Gegenseitigkeit
VwVfG	Verwaltungsverfahrengesetz
WKN	Wertpapierkennnummer
WM	Wertpapier-Mitteilungen (Zeitschrift)
WP	Wirtschaftsprüfer
WpAIV	Wertpapierhandelsanzeige- und Insiderverzeichnisverordnung
WPBHV	Wirtschaftsprüfer-Berufshaftpflichtversicherungsverordnung
WPG	Wirtschaftsprüfungsgesellschaft
WPg	Die Wirtschaftsprüfung (Zeitschrift)
WPHB	Wirtschaftsprüfer-Handbuch
WpHG	Wertpapier-Handelsgesetz
WPK	Wirtschaftsprüferkammer
WPO	Wirtschaftsprüferordnung
WpPG	Wertpapierprospektgesetz
WpÜG	Wertpapiererwerbs- und Übernahmegesetz
z.B.	zum Beispiel
ZBB	Zeitschrift für Bankrecht und Bankwirtschaft (Zeitschrift)
Ziff.	Ziffer
ZIP	Zeitschrift für Wirtschaftsrecht und Insolvenzpraxis (Zeitschrift)
ZPO	Zivilprozessordnung
z.T.	zum Teil

Abbildungsverzeichnis

Abbildung 1: Aktuelle Gesetze und ihr Ursprung ... 3

Abbildung 2: Mögliche neue EU-Schwellenwerte für nicht kapitalmarktorientierte Unternehmen ... 30

Abbildung 3: Hypothetische Schwellenwerte für Kapitalgesellschaften ... 31

Abbildung 4: Hypothetische Schwellenwerte zur größenabhängigen Befreiung von der Pflicht zur Aufstellung eines Konzernabschlusses und -lageberichts ... 31

Abbildung 5: Beispiel einer Verschmelzung zur Aufnahme ... 69

Abbildung 6: Beispiel zur Gründung einer Holding-SE ... 70

Abbildung 7: Beispiel zur Gründung einer Tochter-SE ... 71

Abbildung 8: Beispiel zur Umwandlung in eine SE ... 71

Abbildung 9: Organisationsverfassung der SE ... 73

Abbildung 10: Deutsche Gesetzesreformen zur Corporate Governance ... 88

Abbildung 11: Größenmerkmale für Kapitalgesellschaften nach § 267 HGB ... 93

Abbildung 12: Ermittlungsschema für den beizulegenden Wert ... 98

Abbildung 13: Schwellenwerte zur größenabhängigen Befreiung von der Pflicht zur Aufstellung eines Konzernabschlusses und -lageberichts ... 110

Abbildung 14: Konzernabschluss nach IFRS ... 116

Abbildung 15: Enforcement-Verfahren nach dem BilKoG ... 139

Abbildung 16: Deutsche Prüfstelle für Rechnungslegung e.V. ... 140

Abbildung 17: Aufsicht über die Wirtschaftprüfer in Deutschland ... 160

Abbildung 18: Struktur des Musterverfahrens ... 174

Abbildung 19: Systematik des ElektroG unter bilanzrechtlichen Gesichtspunkten ... 208

Abbildung 20: Erweiterung der zulässigen Eigenmittel ... 231

Abbildung 21: (Geplante) elektronische Einrichtungen für Unternehmensinformationen ... 241

Abbildung 22: Anzahl der Abweichungen pro DAX-30-Unternehmen ... 269

Abbildung 23: Anzahl der Abweichungen pro MDAX-Unternehmen ... 270

Abbildung 24: Anzahl der Abweichungen pro AGM-Unternehmen 271

Abbildung 25: Empfehlungen mit uneingeschränkter Akzeptanz im Dreijahresvergleich 273

I Einleitender Überblick

Die deutsche Unternehmenslandschaft verändert sich seit einigen Jahren grundlegend. Neben wirtschaftlichen und sozialen Einflüssen wird der Handlungsspielraum durch eine Vielzahl an gesetzlichen Regelungen eingeschränkt. Zusätzlich zur Steuergesetzgebung rücken zunehmend auch die durch Handels- und Gesellschaftsrecht determinierten Rahmenbedingungen ins Blickfeld der Öffentlichkeit, insbesondere da sie seit spätestens 1998 einem stetigen, einschneidenden und raschen Wandel unterliegen.

Dieser Wandel ist von mehreren Faktoren geprägt. Im Rahmen konjunkturell schwieriger Zeiten und weit reichender Sozialreformen steht zunächst die Notwendigkeit von Kostensenkungen im Vordergrund. Diesem Trend steht jedoch die zunehmende Regelungsdichte des deutschen Gesetzgebers entgegen, die in einer Vielzahl neuer Gesetze und Gesetzesvorhaben zum Ausdruck kommt. Hierbei darf nicht verkannt werden, dass der Gesetzgeber mit diesen Reformen eine Stärkung des Finanzplatzes Deutschlands anstrebt. Insbesondere soll das Vertrauen der nationalen und internationalen Kapitalmarktanleger, das durch Unternehmenszusammenbrüche, Fehlinformationen und zuletzt auch durch die sog. „Heuschrecken"-Diskussion gelitten hat, wieder zurückgewonnen werden. Leitbild für den deutschen und europäischen Kapitalmarkt ist dabei der international meist beachtete und insofern führende US-amerikanische Kapitalmarkt. Daher verwundert es kaum, dass der Aktionismus des US-amerikanischen Gesetzgebers zur Stärkung des Vertrauens in „seinen" Kapitalmarkt inzwischen auch Europa erreicht hat. In Zeiten einer weiter zusammenwachsenden Wirtschaft und Erweiterung der Europäischen Union bleibt es nicht aus, dass in zunehmendem Maße auch europäische Entwicklungstendenzen und Vorgaben in Form von Verordnungen und Richtlinien den Rahmen für die nationalen Regelungen vorgeben und ein zusätzliches Reformelement darstellen.

Mit dieser hier skizzierten Situation sieht sich der deutsche Gesetzgeber konfrontiert. Er hat unter der Ägide der alten Bundesregierung auf Grundlage bereits eingeleiteter Reformen in der 15. Legislaturperiode einen „Maßnahmenkatalog zur Stärkung der Unternehmensintegrität und des Anlegerschutzes" erstellt. Dieser Entwicklung wird sich die neue Bundesregierung in der 16. und den nachfolgenden Legislaturperioden nicht verschließen können. Wie die nachfolgende Abbildung 1 verdeutlicht, sind hierbei nicht allein die Ziele des deutschen Gesetzgebers maßgeblich.

Folglich werden im Weiteren nationale und internationale Entwicklungen und Initiativen einschließlich ihrer Zielsetzung und ihres Einflusses auf die nationale Gesetzgebung dargelegt. Ferner gilt es, neben der Darstellung der Gesetzesänderungen noch offene Punkte der Reformgesetze auszulegen sowie die Anwendung bzw. Umsetzung der Reformvorschriften zu erläutern. Hierzu sollen die Beiträge zu den einzelnen Artikelgesetzen eine Hilfestellung sein.

Literaturhinweise

Block, Ulrich: Neue Regelungen zur Corporate Governance gemäß Sarbanes-Oxley Act, Bank- und Kapitalmarktrecht 2003, S. 774 – 787; *Maul, Silja/Lanfermann, Georg/Eggenhofer, Erich:* Aktionsplan der Europäischen Kommission zur Reform des Europäischen Gesellschaftsrechts, BB 2003, S. 1289 – 1295; *Schmidt, Stefan:* Neue Anforderungen an die Unabhängigkeit des Abschlussprüfers: SEC-Verordnung im Vergleich mit den Empfehlungen der EU-Kommission und den Plänen der Bundesregierung, BB 2003, S. 779 – 786; *Wiesner, Peter M.:* Corporate Governance und kein Ende, ZIP 2003, S. 977 – 980.

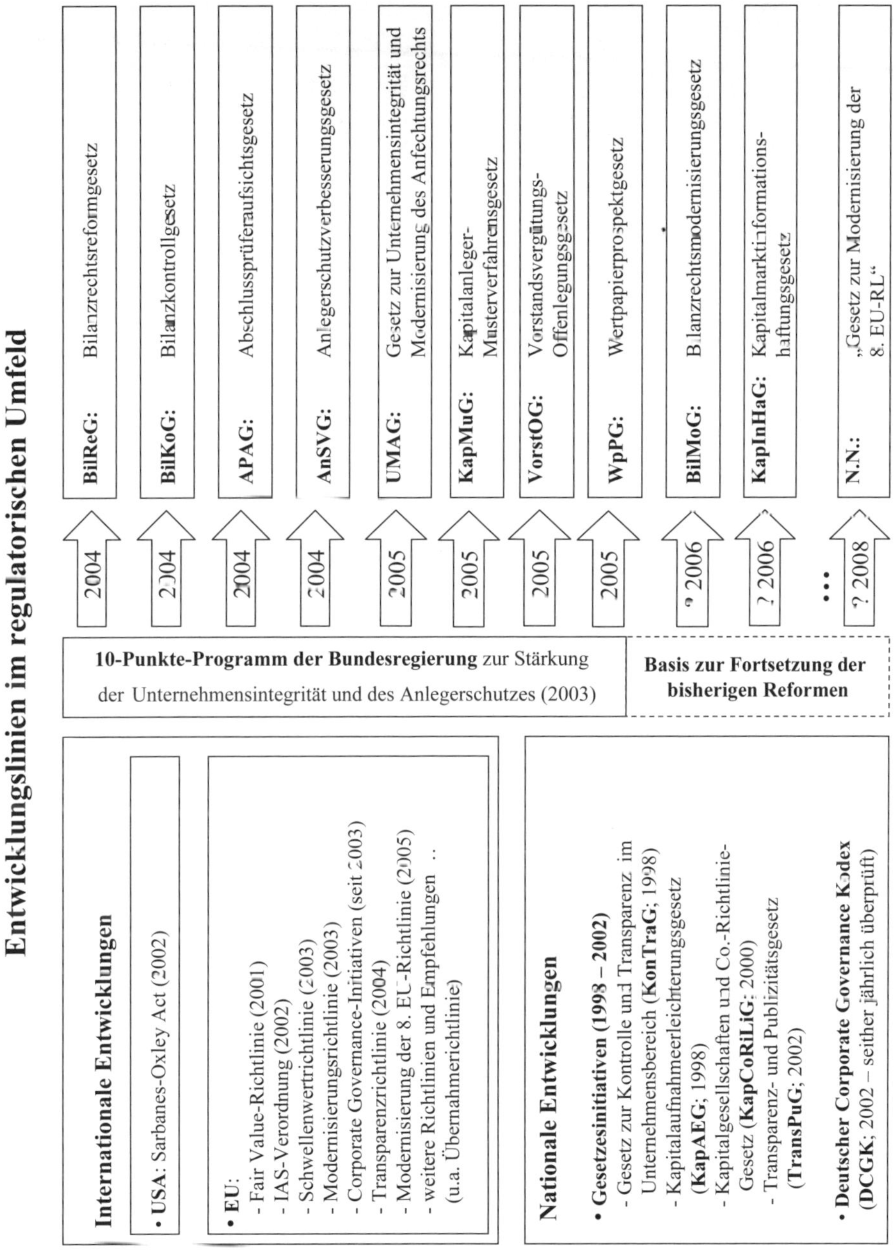

Abbildung 1: Aktuelle Gesetze und ihr Ursprung

II Entwicklungen in den USA

1 Vorbemerkung

Seit der im Nachgang zu den Bilanzskandalen von Worldcom und Enron erfolgten erheblichen Verschärfung des US-Wertpapierrechts, insbesondere in Form des „Sarbanes-Oxley Act of 2002" – kurz SOA, sind ähnlich dramatische internationale Unternehmenszusammenbrüche ausgeblieben. Inwieweit dies einen Kausalzusammen-hang darstellt oder die vergleichsweise stabile Wirtschaftslage der nach den letzen Krisenwellen verbliebenen börsennotierten Unternehmen auf andere Ursachen zurückzuführen ist, soll nicht Gegenstand dieser Darstellung sein. Unstrittig ist demgegenüber, dass das Vertrauen in den US-amerikanischen Kapitalmarkt durch die erheblich strengeren Strafvorschriften und umfassendere Unternehmenstransparenz weitgehend wiederhergestellt werden konnte. Ebenso ist im Rahmen der Umsetzung der neuen Vorschriften der hiermit verbundene erhebliche Arbeits- und Kostenaufwand für die von den Regelungen betroffenen Unternehmen unbestritten.

Die von dem Sarbanes-Oxley Act betroffenen Unternehmen umfassen dabei grundsätzlich alle bei der Securities and Exchange Commission (SEC) registrierten Unternehmen, sodass auch deutsche Unternehmen, die den US-amerikanischen Kapitalmarkt in Anspruch nehmen (sog. „foreign private issuers"), von den Regelungen des Gesetzes betroffen sind. Darüber hinaus müssen auch deutsche Tochtergesellschaften von SEC-registrierten Gesellschaften, die sog. „significant subsidiaries of listed companies" zumindest teilweise und mit einem gewissen zeitlichen Nachlauf – den im Folgenden dargestellten erweiterten Anforderungen des SOA entsprechen.

Die Erhöhung des Arbeits- und Kostenaufwands für die Unternehmen resultiert im Wesentlichen aus der durch den SOA – in dieser Konsequenz erstmalig – kodifizierten Anforderung, ein umfassendes und funktionsfähiges internes Kontrollsystem als Voraussetzung für die Zuverlässigkeit der Rechnungslegung und der hieraus resultierenden Jahresabschlüsse einzurichten und der Einführung entsprechender Prüfungs- und Berichtspflichten der für die Rechnungslegung Verantwortlichen. Aufgrund der vergleichsweise einfacheren Umsetzung sind andere wesentliche Elemente des SOA, wie

- die Verschärfung der Haftung der für die Rechnungslegung und Prüfung verantwortlichen Personen,
- die weitergehende Reglementierung der Rechtsbeziehungen zwischen diesen Personen und dem betreffenden Unternehmen,

- die Erweiterung der Aufgaben der innerhalb der Gesellschaften für die Überwachung der Geschäftsführung zuständigen Bilanzausschüsse („Audit Committees"),
- und die Unterstellung der Abschlussprüfer unter eine neu gegründete staatliche Berufsaufsichtsbehörde für die Wirtschaftsprüfer, das Public Company Accounting Oversight Board (PCAOB).

eher in den Hintergrund der Diskussion geraten. Im Folgenden sollen die wesentlichen Einzelregelungen des SOA übersichtsartig dargestellt werden, wobei aufgrund der Vielzahl der Maßnahmen lediglich ein Überblick über die aus Sicht der Entscheidungsträger in den betroffenen Unternehmen wichtigsten Anforderungen gegeben werden kann. Dabei sollen auch die Hauptunterschiede zu derzeitigen deutschen Rechnungslegungsanforderungen skizziert werden.

2 Erhöhte Anforderungen für Rechnungslegung und Prüfung

2.1 Verpflichtungen des Managements (Senior Officers)

Bestätigung des veröffentlichten Abschlusses durch die Geschäftsführung (CEO und CFO)

Angesichts vielfacher, zum Teil eklatanter Bilanzierungsverstöße hat die SEC die Vorstände sämtlicher SEC-registrierter Unternehmen verpflicht, verbindlich zu bestätigen, dass die (Jahres-) Abschlüsse („periodic reports") der durch sie vertretenen Unternehmen den tatsächlichen Verhältnissen entsprechen und im Einklang mit den US-amerikanischen Grundsätzen ordnungsgemäßer Bilanzierung (Generally Accepted Accounting Principles) aufgestellt wurden (sog. „Bilanzeid").

Im Einzelnen ist in den periodic reports ausdrücklich zu bestätigen, dass

- jedes Mitglied des Managements den Abschluss einer kritischen Durchsicht unterzogen hat,
- der Abschluss keine unrichtigen Feststellungen enthält, die relevanten Sachverhalte vollständig wiedergibt und eine den tatsächlichen Verhältnissen entsprechende Darstellung des operativen Ergebnisses und der Finanzlage enthält,
- das Management für die Einrichtung und Aufrechterhaltung des internen Kontrollsystems (IKS) verantwortlich ist und es die Funktionsfähigkeit und Qualität des IKS zeitnah beurteilt hat,
- die Mitglieder des Managements in ihrem Bericht angegeben haben, ob wesentliche Änderungen des IKS im Anschluss an ihre Beurteilung vorge-

nommen wurden, z.B. um festgestellte Defizite („material weaknesses“) zu beseitigen,

- das Management sichergestellt hat, dass alle wesentlichen Informationen allen Mitgliedern der Geschäftsführung zugänglich sind und es das Audit Committee und den Abschlussprüfer umfassend über wesentliche Schwächen des IKS sowie festgestellte Verstöße gegen gesetzliche oder unternehmensinterne Vorschriften (insbesondere Unterschlagungen und Bilanzfälschungen) informiert hat.

Eine derartige explizite Stellungnahme der Geschäftsführung zur Qualität der Rechnungslegung ist nach deutschem Recht (derzeit) nicht vorgesehen. Nach §§ 242 bis 245 i.V.m. 264 HGB ist der Vorstand einer Aktiengesellschaft zwar verpflichtet, den Jahresabschluss aufzustellen, zu unterzeichnen und sicherzustellen, dass der Jahresabschluss ein den tatsächlichen Verhältnissen entsprechendes Bild der Vermögens-, Finanz- und Ertragslage der Gesellschaft wiedergibt; eine gesonderte Bestätigung hierüber ist jedoch nicht gefordert. Weiterhin verlangt das deutsche Wirtschaftsrecht keine gesonderte Aussage der Geschäftsführung über die Zuverlässigkeit des Risikomanagementsystems sowie über die Qualität der Aussagen im Lagebericht über Risiken der künftigen Entwicklung. Allerdings gelten auch für die Angaben im Anhang und im Lagebericht die allgemeinen gesetzlichen Vorschriften zur Sorgfaltspflicht und zur Verantwortlichkeit (§§ 90 bis 93 AktG; § 43 GmbHG und §§ 332 ff. HGB). Die nach US-Recht vom CEO/CFO zu bestätigenden Finanzinformationen gehen somit in ihrem Umfang deutlich über das in Deutschland derzeit geforderte Maß hinaus.

Erfahrungsgemäß stellt die Verpflichtung der Geschäftsführung, für die Einrichtung und Aufrechterhaltung eines angemessenen internen Kontrollsystems Rechnung zu tragen und hierzu in offenlegungspflichtigen Bestätigungsschreiben periodisch Stellung zunehmen (Sec. 404 des SOA), die größte Herausforderung insbesondere bei der erstmaligen Anwendung des SOA dar. Aus diesem Grund werden die entsprechenden Anforderungen in einem gesonderten Abschnitt (s.u.) näher erläutert.

Code of Ethics for Senior Financial Officers

An der SEC notierte Unternehmen („listed companies“) sind verpflichtet, offen zu legen, ob ihre Geschäftsführungen („Senior Financial Officers“) einen sog. Code of Ethics zu beachten haben und, falls dies nicht der Fall sein sollte, die Gründe hierfür darzulegen. Ergänzend hierzu übernehmen viele Gesellschaften den gem. Sec. 806 SOA garantierten Schutz für Mitarbeiter des Unternehmens, die Unterschlagungen bzw. Bilanzfälschungen aufdecken („Whistleblower-Protection“), als Teil ihrer Ethical Standards. Entsprechende gesetzliche Regelungen sind im deutschen Recht noch nicht enthalten.

Erstattung von Bezügen im Falle fehlerhafter Jahresabschlüsse

Leitende Mitarbeiter (CEO und CFO) von „listed companies" sind verpflichtet, ihren Gesellschaften erfolgsabhängige Vergütungen zurückzuzahlen, falls die empfangenen Leistungen auf Angaben in Jahresabschlüssen beruhen, die sich in wesentlichen Bereichen als fehlerhaft erweisen und die fehlerhafte Darstellung vom Management zu vertreten ist (z.B. bei bewusster „Falschbilanzierung" außerhalb legaler Ermessensspielräume). Eine ähnliche Regelung gibt es im deutschen Recht (derzeit) nicht, allenfalls kann eine Rückzahlungspflicht aus dem allgemeinen Bereicherungsrecht (§ 823 BGB) abzuleiten sein.

Amtsenthebung von Geschäftsführern

Die SEC hat das Recht, Mitglieder der Geschäftsführung eines börsennotierten Unternehmens bei schwerwiegenden Gesetzesverstößen ihres Amts zu entheben. Eine derartige Regelung gibt es im deutschen Recht nicht. Die Abberufung von Vorständen obliegt ausschließlich dem Aufsichtsrat (§ 84 AktG).

Verbot der Darlehensgewährung an leitende Angestellte

Das US-amerikanische Recht schließt nunmehr jede Art von Darlehensgewährungen an leitende Mitarbeiter („Executives") durch das von diesen Personen vertretene Unternehmen zwingend aus. Ausgenommen hiervon sind lediglich zum Zeitpunkt des In-Kraft-Tretens des Verbots bereits bestehende Darlehen. Nach deutschem Recht setzt eine entsprechende Darlehensgewährung an ein Vorstandsmitglied lediglich die Genehmigung des Aufsichtsrats (§ 89 AktG) voraus. Entsprechendes gilt für die Kreditvergabe an die Geschäftsführer einer GmbH (§ 43a GmbHG).

Ad hoc-Meldungen

Wesentliche Veränderungen der wirtschaftlichen Lage einer SEC-notierten Gesellschaft sind umgehend als Ad hoc-Meldungen außerhalb der regulären Abschlussfristen offen zu legen.

Analog hierzu sind Veränderungen der Anteilsverhältnisse bei „beneficial ownership" nunmehr bereits innerhalb von zwei Arbeitstagen offen zu legen.

Erweiterte Angabepflichten

Die SEC hat Regelungen zu erlassen, um in Jahres- und Quartalsberichten alle wesentlichen „Off-Balance-Sheet-Transaktionen" und sonstige Verpflichtungen sowie Beziehungen zu nicht konsolidierten Gesellschaften zu veröffentlichen, die laufende und künftige Auswirkungen auf die Vermögens-, Finanz- und Ertragslage der berichtenden Gesellschaft haben. Es handelt sich dabei um Pro-forma-Finanzinformationen mit dem Ziel, irreführende Interpretationen des durch die Jahres- oder Quartalsberichte vermittelten Bilds der Vermögens-, Finanz- und

Ertragslage der berichtenden Gesellschaft zu verhindern. In Deutschland sind – allerdings komprimiertere – entsprechende Angaben in Anhang (§§ 284 ff., 313 f. HGB) und Lagebericht (§§ 289, 315 HGB) vorgesehen. Ergänzend verweisen wir auf das Erfordernis eines Abhängigkeitsberichts (§ 312 AktG).

Verschärfung der Strafbestimmungen

Der US-amerikanische Gesetzgeber versucht im Rahmen des SOA, durch eine erhebliche Verschärfung der Strafbestimmungen, die nunmehr weit über das Strafmaß vergleichbarer Handlungen z.B. in Deutschland hinausgehen (vgl. § 331 HGB, § 401 AktG), Rechnungslegungsverstößen vorzubeugen. Im Einzelnen sind folgende Strafbestimmungen vorgesehen:

- Das Fälschen, Ändern oder Vernichten von Büchern und sonstigen Unterlagen mit der Absicht, eingeleitete administrative oder gerichtliche Untersuchungen, sonstige Verwaltungshandlungen oder im Falle der Insolvenz den Gläubigerschutz zu be- oder verhindern bzw. zu beeinflussen, wird mit einer Geldstrafe oder Gefängnisstrafe von bis zu 20 Jahren belegt.
- Wertpapierbetrug wird mit Geldstrafen und/oder Gefängnisstrafen bis zu 25 Jahren belegt. Beihilfe oder Verschwörungen zum Betrug werden mit der gleichen Strafe bewehrt wie der Betrug selbst.
- Die Gefängnisstrafen für die Verletzung des Brief- und Telefongeheimnisses werden von 5 auf 20 Jahre erhöht.
- Eine zu vertretende Verletzung des sog. „Bilanzeids“ durch CEO und/oder CFO ist strafbar und wird mit einer Geldstrafe von bis zu US-$ 1 Mio. und einer Gefängnisstrafe von maximal 10 Jahren belegt. Eine vorsätzliche Verletzung wird mit einer Geldstrafe von bis zu US-$ 5 Mio. oder mit Gefängnis von maximal 20 Jahren bestraft.

2.2 Anforderungen an unternehmensinterne Aufsichtsgremien

Einrichtung eines Audit Committee bei „listed companies“

Jede an der SEC notierte Gesellschaft ist verpflichtet, ein Audit Committee einzurichten, das sich ausschließlich aus unabhängigen (non executive) Mitgliedern des Board of Directors zusammensetzt. Das Audit Committee ist für die Bestellung und Überwachung des Abschlussprüfers zuständig und vereinbart das Honorar mit dem Prüfer. Die Aufgabe des Audit Committee umfasst auch die Erörterung von Meinungsverschiedenheiten, die sich zwischen der Geschäftsführung und dem Abschlussprüfer über Bilanzierungsfragen ergeben. Das Audit Committee kann zu seiner Unterstützung unabhängige Berater beauftragen und ist zum regelmäßigen Informationsaustausch mit dem Abschlussprüfer und zur Berücksichtigung von dessen Prüfungsergebnissen verpflichtet.

Unabhängigkeit der Mitglieder des Audit Committee

Die Mitglieder des Audit Committee müssen gemäß den Vorgaben des SOA unabhängig sein. Sie dürfen neben ihren Honoraren keine weiteren Vergütungen z.B. aus der Beratung des betreffenden SEC-notierten Unternehmens beziehen. Weiterhin ist sicherzustellen, dass die Mitglieder des Audit Committee nicht mit der Gesellschaft oder deren Tochtergesellschaften verbunden sind. Die SEC kann in Einzelfällen Ausnahmen von dem Unabhängigkeitserfordernis zulassen.

Bei entsprechender Anwendung dieser Vorschriften auf bundesdeutsche Verhältnisse ergibt sich das Problem der Unabhängigkeit von Arbeitnehmer-Aufsichtsratsmitgliedern in einem Audit Committee (Mitbestimmungsproblematik). Diesbezüglich ist die SEC allerdings dem Anliegen deutscher Untenehmen zur Erteilung einer Ausnahmegenehmigung nachgekommen. Arbeitnehmervertreter sind trotz des Bezugs von Arbeitslohn nicht abhängig und können daher Mitglied eines Audit Committee sein.

Nachweis eines Audit Committee Financial Expert

Mindestens ein Mitglied des Audit Committee muss ein sog. „financial expert“ sein. Dieser „financial expert“ muss folgende Anforderungen erfüllen:

- Kenntnis der US-GAAP und der dem Jahresabschluss zugrunde liegenden Rechnungslegung,
- Erfahrung in der Erstellung oder Prüfung von Jahresabschlüssen vergleichbarer Unternehmen und der sachgerechten Ausübung von Ermessensspielräumen bei Ansatz- und Bewertungsfragen,
- Erfahrung mit internen Kontrollsystemen,
- Verständnis für die Aufgaben eines Audit Committee.

Verschärfung der Strafbestimmungen

Wir verweisen auf unsere entsprechenden Erläuterungen weiter oben.

2.3 Anforderungen an den Abschlussprüfer

Berichtspflicht des Abschlussprüfers an das Audit Committee

Der Abschlussprüfer hat dem Audit Committee zeitnah zu berichten über:

- durch die Geschäftsführung angewendete oder angedachte problematische Bilanzierungs- und Bewertungsmethoden,
- die (einseitige) Ausnutzung von Wahlrechten im Abschluss durch die Geschäftsführung und die vom Abschlussprüfer bevorzugte Bilanzierungsweise,

- sonstigen wesentlichen Schriftwechsel zwischen dem Abschlussprüfer und der Geschäftsführung (z.B. Managementempfehlungen oder Aufstellungen der vom Abschlussprüfer festgestellten, aber nicht gebuchten unwesentlichen Fehler in der Rechnungslegung).

In Deutschland bestehen folgende vergleichbare Regelungen:

Gemäß Ziffer 5.3.2 des DCGK soll der Aufsichtsrat einen Prüfungsausschuss (Audit Committee) einrichten. Nach § 171 Abs. 1 Satz 2 AktG ist der Abschlussprüfer verpflichtet, an den Verhandlungen des Aufsichtsrats oder eines durch diesen bestellten Ausschusses (§ 107 AktG) über den Jahresabschluss teilzunehmen und über die wesentlichen Ergebnisse seiner Prüfung zu berichten. Außerdem bestehen gem. § 321 HGB umfangreiche allgemeine Berichtspflichten des Abschlussprüfers mittels des Prüfungsberichts.

Verpflichtung zur Beurteilung des internen Kontrollsystems

Gemäß Sec. 404 des SOA ist der Abschlussprüfer verpflichtet, zum einen die von der Geschäftsführung des zu prüfenden Unternehmens zugrunde gelegte Vorgehensweise für dessen Einschätzung des IKS zu beurteilen und zum anderen zu der Zuverlässigkeit des IKS im Finanzbereich selbst Stellung zu nehmen. Da dieser Bereich erfahrungsgemäß die größte Herausforderung bei der erstmaligen Anwendung des SOA darstellt, werden die entsprechenden Anforderungen in einem gesonderten Abschnitt (s.u.) dargestellt.

Unvereinbarkeit von Prüfung und Beratung

Der Abschlussprüfer einer SEC-notierten Gesellschaft ist von der Erbringung folgender prüfungsnaher Dienstleistungen bzw. Nichtprüfungsleistungen für seinen Prüfungsmandanten ausgeschlossen:

- Mitwirkung an der Buchführung,
- Entwurf und Implementierung von Finanzinformationssystemen,
- Bewertungsleistungen, Sacheinlageprüfungen,
- versicherungsmathematische Leistungen,
- Übernahme der internen Revision,
- Managementfunktionen oder Personalberatungsleistungen,
- Tätigkeit als Broker, Investmentberater oder Investmentbanker,
- rechtliche Beratung oder Gutachterleistungen, die nicht mit der Prüfung in Zusammenhang stehen.

Zudem kann der Abschlussprüfer neben der Abschlussprüfung Dienstleistungen, die nicht zu den o.g. Ausschlussbereichen zählen, nur erbringen, falls das Audit Committee diesen zuvor zugestimmt hat („pre-approval"). Zu beachten ist ferner, dass jede Vorabgenehmigung von Nichtprüfungsleistungen in den Quartals- und Jahresabschlussberichten (periodic reports) zu veröffentlichen ist.

Eine Vorabgenehmigung durch das Audit Committee ist nur dann nicht erforderlich, wenn die folgenden Voraussetzungen kumulativ erfüllt sind:

- Das Honorar für die im Geschäftsjahr erbrachten Nichtprüfungsleistungen beträgt maximal 5% des Honorars für die Abschlussprüfung.
- Zum Zeitpunkt der Beauftragung war der Geschäftsführung des SEC-notierten Unternehmens nicht bekannt, dass es sich um Nichtprüfungsleistungen handelt.
- Das Audit Committee genehmigt die Beauftragung nachträglich und vor Beendigung der Abschlussprüfung.

Vorstehende Vorschriften sollen nach Ansicht des US-Gesetzgebers helfen, die Unabhängigkeit des Abschlussprüfers sicherzustellen. Im deutschen Recht ist das Verbot von Nichtprüfungsleistungen bei prüfungspflichtigen Mandanten insbesondere in den §§ 319, 319a HGB geregelt. Allerdings sind in den §§ 319, 319a HGB zum Teil weitergehende bzw. andersartige Ausschlusstatbestände genannt. Außerdem ist auf die Vorschriften der Wirtschaftsprüferordnung (§§ 43 ff. WPO) sowie die Berufssatzung der Wirtschaftsprüfer hinzuweisen. Nicht zuletzt gibt der DCGK in Abschnitt 7.2 Aufsichtsrat und Abschlussprüfer Empfehlungen im Hinblick auf die Unabhängigkeit des Abschlussprüfers. Es ist davon auszugehen und überdies durchaus wünschenswert, dass sich in absehbarer Zeit weltweit einheitliche Unabhängigkeitsregeln für Wirtschaftsprüfer herausbilden werden.

PCAOB-Registrierung

Zu beachten ist schließlich, dass nur beim PCAOB registrierte Prüfungsgesellschaften Dienstleistungen erbringen dürfen, die Gegenstand des US-Wertpapiergesetzes sind (Sec. 101 SOA).

Mitarbeiterwechsel eines Abschlussprüfers zum Mandanten

Ein Abschlussprüfer ist von der Prüfung einer SEC-notierten Gesellschaft ausgeschlossen, wenn ein leitender Angestellter dieses Unternehmens (z.B. Chief Executives, Financial oder Accounting Officers, Controller) innerhalb eines Zeitraums von einem Jahr vor Beginn der Prüfung in der die Abschlussprüfung durchführenden Prüfungsgesellschaft angestellt und bei der Durchführung der Abschlussprüfung in irgendeiner Weise beteiligt war („Abkühlungsphase" = Cooling-Off-Period). Hieraus folgt, dass die Beauftragung einer Prüfungsgesellschaft, von der ein leitender Angestellter in das Management der geprüften Gesellschaft gewechselt ist, zumindest im Folgejahr unzulässig ist.

Verschärfung der Strafbestimmungen

Wir verweisen auf unsere entsprechenden Erläuterungen weiter oben.

2.4 Kritische Durchsicht publizierter Abschlüsse durch die SEC

Der SOA verpflichtet die SEC, regelmäßig, spätestens alle drei Jahre, eine kritische Durchsicht („review“) aller veröffentlichten Jahres- und Quartalsabschlüsse vorzunehmen. Gegenstand dieses Reviews sollen insbesondere Gesellschaften sein, die:

- ihren Jahresabschluss nachträglich geändert haben,
- hohe Aktienpreisschwankungen aufweisen,
- über eine hohe Marktkapitalisierung verfügen,
- als emerging companies Disparitäten in den price-to-earning ratios aufweisen,
- kritischen Branchen angehören.

3 Prozess- und kontrollorientierte Unternehmensführung und -prüfung

Gemäß Sec. 302 sowie den in Sec. 404 SOA hierzu enthaltenen Ergänzungen ist die Geschäftsführung verpflichtet, ihren offenlegungspflichtigen Abschlüssen eine Erklärung beizufügen, in der sie die Verantwortung für die Einrichtung und Aufrechterhaltung eines internen Kontrollsystems (IKS) übernimmt, dessen Funktionsfähigkeit und Qualität zeitnah beurteilt und festgestellte Mängel, insbesondere sog. „material weaknesses“, sowie im Nachhinein erfolgte wesentliche Änderungen des IKS offen legt. Der Abschlussprüfer der Gesellschaft ist dementsprechend verpflichtet, diese Erklärung zu prüfen und selbst zu der Zuverlässigkeit des IKS Stellung zu nehmen (Sec. 404 SOA). Zu den entsprechenden Prüfungserfordernissen wurde durch das PCAOB eine ergänzende Anweisung („Auditing Standard No. 2“) herausgegeben, die unmittelbar zwar nur dessen Verbandsmitglieder, d.h. die Wirtschaftsprüfer bindet, aber faktisch auch für die zu prüfenden Unternehmen von Bedeutung ist.

Die beschriebenen Verpflichtungen zur Einrichtung und Beurteilung des IKS beziehen sich allerdings lediglich auf den Finanzbereich, und auch dies nur insoweit, als die entsprechenden Kontrollmechanismen für die Zuverlässigkeit der Rechnungslegung wesentlich sind.

Trotzdem ist die Erfüllung dieser Anforderungen für die Mehrzahl der berichtspflichtigen Unternehmen mit erheblichen Schwierigkeiten verbunden, zumal nicht nur die Existenz, sondern auch eine vollständige Dokumentation des IKS Voraussetzung für seine positive Beurteilung sind. Im Einzelnen müssen für jeden Kontrollmechanismus zumindest folgende Dokumentationsanforderungen erfüllt sein:

- Beschreibung der Kontrolle, ihrer Arbeitsweise und ihrer Einbindung in das Gesamtkontrollumfeld der Gesellschaft,
- Beschreibung der Entstehung, Genehmigung, Erfassung und Bearbeitung der wesentlichen, der Kontrolle unterliegenden Transaktionen,
- ausreichend detaillierte Beschreibung des Informationsflusses der wesentlichen der Kontrolle unterliegenden Transaktionen, um Aussagen über die Entstehungsmöglichkeiten von bewussten oder unbewussten Fehlern zu erleichtern,
- Angabe der Kontrollverantwortlichen und Nachweis der durchgehenden Funktionstrennung hinsichtlich der Kontrollausübung sowie
- Dokumentation der Durchführung und der Ergebnisse von Kontrolltests.

Eine von der Ernst & Young LLP regelmäßig durchgeführte Studie zur Ermittlung des Status-quo, der auftretenden Probleme sowie der bewährtesten Problemlösungen im Zusammenhang mit der Implementierung von SOA-konformen Unternehmenskontrollen zeigt im Zeitablauf insbesondere folgende Tendenzen:

- Die überwiegende Zahl der befragten Unternehmen berichtet von einer Implementierungsdauer von mindestens 12 Monaten.
- Die für erforderlich gehaltene Implementierungsphase hat sich nach Ansicht der befragten Unternehmen im Vergleich zu früheren Studien deutlich erhöht, sodass anzunehmen ist, dass der Umfang der notwendigen Maßnahmen vor bzw. zu Projektbeginn typischerweise unterschätzt wurde.
- Insbesondere wurden die Zeiterfordernisse, die zur Dokumentation der Kontrollen und deren Tests erforderlich sind, sowie der Umfang der Nacharbeiten bei festgestellten Kontrollschwächen nicht angemessen berücksichtigt.
- Die überwiegende Zahl der befragten Unternehmen geht von einem Implementierungsgesamtaufwand von mindestens 10.000 Mannstunden aus.
- Die Anzahl der zu testenden Kontrollen beträgt bei der Mehrzahl der befragten mittelständischen Unternehmen zwischen 100 und 500; in Einzelfällen waren jedoch auch Tests von mehr als 1.000 Einzelkontrollen erforderlich.
- Die Anzahl der vorzunehmenden Kontrolltests war dabei weniger von den Bilanz- und Umsatzgrößen oder den Mitarbeiterzahlen der befragten Unternehmen abhängig, sondern von deren (De-) Zentralisierungsgrad, der Homogenität der Unternehmensprozesse und der Diversifizierung der EDV-Systeme.
- Ein Großteil der identifizierten Kontrollen erwies sich in der Testphase als unzuverlässig, sodass Nacharbeiten erforderlich wurden.

- Planungs-, Implementierungs-, Test- und Korrekturphase sollten bereichsbezogen sukzessiv erfolgen, aus Gesamtunternehmenssicht bietet es sich jedoch an, diese Prozessschritte weitgehend simultan vorzunehmen.
- Bei knapp der Hälfte der befragten Unternehmen gehören Vertreter der Geschäftsführung unmittelbar zu den Projektteams.
- Die Mehrheit der befragten Unternehmen geht davon aus, dass die Anzahl der Mitarbeiter in den entsprechenden Finanzbereichen nachhaltig erhöht werden muss, um die bei der Implementierung erreichte Kontrollqualität erhalten zu können.

Die wesentlichen Erfolgsfaktoren für die Implementierung und Dokumentation effizienter Kontrollen stellen sich aus der Sicht der Unternehmen, die diesen Prozess bereits abgeschlossen haben, wie folgt dar:

Auswahl der geeigneten Projektmitglieder und -zusammensetzung

Voraussetzungen einer erfolgreichen Projektarbeit waren neben dem angemessenen Einbezug relevanten Fachwissens sowie ausreichender Entscheidungskompetenzen in das Gesamtteam dessen Aufteilung in funktionsfähige, aus überschaubaren Einheiten bestehende Einzelteams und deren Koordination. Das erforderliche Fachwissen sollte phasenspezifisch variieren und sowohl Bereichs-Know-how als auch Spezialwissen (z.B. EDV, Steuern, IKS) umfassen und – soweit entsprechende regionale Unterschiede bestehen – durch den durchgehenden Einbezug von Regional- oder Ländervertretern in die Projektteams ergänzt werden.

Festlegung unternehmenseinheitlicher, strategischer Auswahl- und Beurteilungskriterien für die relevanten Kontrollen

Zur Vermeidung inkonsistenter Beurteilungen bzw. entsprechender Nacharbeitserfordernisse hat es sich bewährt, zu Projektbeginn einheitliche Maßstäbe zur Feststellung der Kontrollexistenz, für die Beurteilung des Kontrolldesigns, d.h. der grundsätzlichen Funktionsfähigkeit der Kontrolle, sowie für die Ermittlung der Kontrolleffektivität, d.h. der tatsächlichen Kontrollwirkung der Maßnahme, festzulegen und zu dokumentieren.

Identifizierung wesentlicher Jahresabschlussposten und Anhangangaben

Bei der Auswahl relevanter Jahresabschlussposten und Anhangangaben hat es sich ergänzend zur Berücksichtigung quantitativer Faktoren, z.B. der Höhe des möglichen, durch die Kontrolle zu adressierenden bilanziellen Falschausweises oder drohenden monetären Schadens, als hilfreich erwiesen, qualitative Faktoren, z.B. das Ausmaß eines möglichen Imageschadens für die Gesellschaft aus den oben beschriebenen Fehlern, zu beachten.

Einbezug von Sonderfragen bei internationalen oder diversifizierten Konzernen

Bei Unternehmen bzw. Konzernen, bei denen regional oder national unterschiedliche rechtliche Rahmenbedingungen, Sprachbarrieren, eine standortspezifisch unterschiedliche Relevanz einzelner Jahresabschlussposten und Anhangangaben oder sonstige auf Teileinheiten der Berichtseinheit beschränkte Besonderheiten bestanden, hat es sich als entscheidend erwiesen, bereits zu Projektbeginn Vertreter aller Unternehmenseinheiten angemessen in die Projektarbeit einzubeziehen, da ansonsten häufig durch „passiven Widerstand" das Projekt unterlaufen bzw. durch umfangreiche nach Abschluss des eigentlichen Projekts erforderlich werdende Korrekturen und Sonderlösungen die Projekteffizienz erheblich beeinträchtigt wurde.

Ermittlung des Zusammenwirkens und der Interdependenzen von manuellen und automatischen (IT-basierten) Kontrollen

Manuelle Kontrollen beruhen häufig auf EDV-generierten Daten und Auswertungen, sodass ohne den Nachweis der Zuverlässigkeit der systemseitigen Kontrollen die anhand dieser Unterlagen vorgenommenen manuellen Kontrollen zwingend zu verwerfen sind. Aus diesem Grund hat es sich als hilfreich erwiesen, zunächst die Zuverlässigkeit der EDV-Systeme und Abläufe zu verifizieren, bevor die Untersuchung manueller Kontrollen in Angriff genommen wurde.

Einbezug von ausgelagerten Prozessen („outsourced processes")

Die einfachste Möglichkeit, ausgelagerte Prozesse bei der Umsetzung der Anforderungen des SOA einzubeziehen, besteht in der Anpassung der vertraglichen Vereinbarungen mit den betreffenden externen Dienstleistern, durch die der Dienstleister verpflichtet wird, der Gesellschaft turnusmäßig externe Prüfungsberichte (sog. „SAS 70 reports") vorzulegen, die der Gesellschaft die Zuverlässigkeit der ausgelagerten Prozesse und Kontrollen auch ohne direkte Überwachung nachweisen. Falls entsprechende Vereinbarungen mit einzelnen Dienstleistern nicht darstellbar waren, mussten die durch externe Dienstleister ausgeführten Prozesse in vollem Umfang in die Kontrollaufnahmen und -tests der Gesellschaft einbezogen werden, wodurch z.T. der Abschlusszeitpunkt des Gesamtprojekts gefährdet wurde. Aus diesem Grund empfiehlt es sich, den erforderlichen Arbeitsumfang hinsichtlich aller ausgelagerten Prozesse rechtzeitig, d.h. bereits vor/zu Projektbeginn festzustellen und entsprechend in der Ressourcenplanung zu berücksichtigen.

Festlegung adäquater Dokumentationsrichtlinien

Die vor Projektbeginn festzulegenden Dokumentationsrichtlinien sollten neben Standarddokumenten (Flowcharts, Organigrammen, Fragebögen usw.) zur effizienteren und einheitlicheren Gestaltung der Dokumentation, auch eine eindeutige Beschreibung der inhaltlichen Mindestanforderungen an die Aufzeichnungen

(Beschreibung der Kontrollelemente und -kriterien, des Kontrollgegenstands, des Kontrollmechanismuses, des Kontrollverantwortlichen, der Kontrollergebnisse usw.) und deren Aufbewahrungspflichten und -fristen enthalten. Dies trägt erfahrungsgemäß erheblich zur Vermeidung zeitaufwendiger Nach- und Doppelarbeiten bei.

Festlegung der Testpersonen, Testverfahren und des Testumfangs

Zu den häufigsten Gründen ungeplanter Nacharbeiten gehörten die Auswahl ungeeigneter Testpersonen, eines unzweckmäßigen Testverfahrens oder eines unzureichenden Testumfangs. In diesem Zusammenhang waren insbesondere die fehlende Unabhängigkeit der testdurchführenden Personen, die Verwendung intersubjektiv nur eingeschränkt nachvollziehbarer Kontrollbeurteilungen oder das Fehlen (zeitnaher) Dokumentation Auslöser von Doppelarbeiten. Die Effizienz der Testdurchführung konnte demgegenüber z.B. durch weitest mögliche Berücksichtigung systemseitiger Kontrollen, den Einsatz erfahrener und sachkundiger Tester und – soweit zulässig – mathematisch-statistischer Testverfahren, die eine Extrapolation von Stichprobenergebnissen zulassen, erheblich gesteigert werden.

Bestimmung der Vorgehensweise bei der Feststellung von Kontrollschwächen

Zur effizienten Adressierung festgestellter Kontrolldefizite war es entscheidend, dass Fehlerkriterien und -toleranzen bereits vor Testdurchführung eindeutig festgelegt und kommuniziert wurden. Zur Sicherstellung eines geordneten Projektfortgangs hat es sich weiterhin als hilfreich erwiesen, festgestellte Probleme zeitnah und nicht erst nach Abschluss der übrigen Projektarbeiten „en bloc" zu adressieren. Die zur Fehlerbeseitigung in Betracht gezogenen Handlungsalternativen sollten dabei aus Effizienzgründen neben der Kontrollkorrektur auch die Ermittlung und Prüfung einer Alternativkontrolle umfassen.

Adäquates Projektmanagement

Die Kernkomponenten des Projektmanagements stellten sich in diesem Zusammenhang wie folgt dar:

- detaillierte Zeitplanung und Abweichungsanalyse;
- turnusmäßige Information über den Projektstand und die jeweilige Beurteilung des Status quo des IKS an Geschäftsführung und Aufsichtsrat bzw. Audit Committee;
- Ad hoc-Information der Geschäftsführung und des Aufsichtsrats bzw. Audit Committee bei Feststellung wesentlicher Kontrollschwächen bzw. Zeitabweichungen im Projekt;
- Koordinierung einzelner (regionaler oder fachlicher) Teilteams.

4 Würdigung

Die derzeitigen deutschen Regelungen sind mit den Vorgaben des Sarbanes-Oxley Act somit nur teilweise kompatibel. Die Regelungen des Sarbanes-Oxley Act gehen dabei tendenziell nicht nur hinsichtlich der Rechnungslegung, sondern auch bezüglich der Corporate Governance über die gegenwärtig geltenden deutschen Regelungen z.T. erheblich hinaus.

Obwohl die US Regelungen aufgrund der verschärften Corporate Governance dazu beigetragen haben, das Vertrauen in den (US amerikanischen) Kapitalmarkt wieder herzustellen, scheinen bei den Unternehmen die Bedenken angesichts der Implementierung der entsprechenden Vorgaben verbundenen Belastungen zu überwiegen. Nur sehr wenige Unternehmen waren bisher bereit, die Vorgaben des SOA freiwillig bzw. vorzeitig zu erfüllen. Im Gegenteil, die Verschärfung der US amerikanischen Vorgaben scheint bisher insbesondere beim deutschen Mittelstand die Entscheidung über der Nutzung des US Kapitalmarkts eher negativ zu beeinflussen, bzw. die Bereitschaft zu einer Zurücknahme bestehender US-Börsenzulassungen zu erhöhen.

Andererseits ist aber zu bedenken, dass es dringend erforderlich ist, das Risiko krimineller Handlungen einzudämmen und (dadurch) das Vertrauen in die Kapitalmärkte wieder herzustellen. Offensichtlich haben sich hierbei gesetzliche Sanktionen als durchaus hilfreich erwiesen.

Aus diesen Gründen ist u. E. mittelfristig von einer weiteren Verschärfung der derzeit bestehenden deutschen Vorschriften und deren Annäherung an die im Rahmen des Sarbanes-Oxley Act kodifizierten Anforderungen an die Rechnungslegung und Prüfung auszugehen. Inwieweit hierbei pragmatische Vereinfachungen als Reaktion auf die aufgetretenen Umsetzungsprobleme des SOA, z.B. größen- oder branchenabhängige Zugeständnisse, berücksichtigt werden, bleibt der weiteren Diskussion vorbehalten.

Eine vergleichende Übersicht der Anforderungen, die sich aus dem Sarbanes-Oxley Act, der 8. EU-Richtlinie und der nationalen Gesetzgebung ergeben, findet sich in der Anlage 2.

Literaturhinweise

Atkins, Paul S.: Der US-Sarbanes-Oxley Act: Zielsetzungen, Inhalt und Implementierungsstand, Der Konzern 2003, S. 260 – 264; *Donald, David C.*: Die Entwicklung der US-amerikanischen Corporate Governance nach Enron, Zeitschrift für Wirtschafts- und Bankrecht 2003, S. 705 – 752; Ernst & Young AG: An Overview of the Sarbanes-Oxley Act of 2002, 2002; *Ernst & Young LLP*: Sarbanes-Oxley Act of 2002 – The Current Landscape, No. EE0716, 2003; *Henssler, Martin*: Der Einfluss des Sarbanes-Oxley Act auf die Fortentwicklung des deutschen Gesellschaftsrechts: Eine Einführung, Der Konzern 2003, S. 255 – 259; *Lanfermann, Georg*: Auswirkungen des Sarbanes-Oxley Act in Deutschland, DB 2002, S. 1725 – 1732; *Lanfermann, Georg*: SEC-Ausführungsregelungen zum Sarbanes-Oxley Act – Auswirkungen auf Rechnungslegung und

Abschlussprüfung europäischer Unternehmen, DB 2003, S. 349 – 355; *Regelin, Frank Peter/Fisher, Raymond*: Zum Stand der Umsetzung des Sarbanes-Oxley Act aus deutscher Sicht, IStR 2003, S. 276 – 288.

III Rechtsakte auf Ebene der EU

1 Regelungscharakter von Verlautbarungen der EU

Als Mitglied der Europäischen Union hat sich die Bundesrepublik Deutschland verpflichtet, der gemeinsamen Zielsetzung einer europäischen Vereinheitlichung des Rechtsrahmens nachzukommen. Insofern können Gemeinschaftsrecht und nationales Recht nebeneinander stehen und sich ergänzen. Artikel 10 EG-Vertrag umschreibt die Beziehung von Gemeinschaftsrecht und nationalem Recht sehr anschaulich mit den Worten:

„Die Mitgliedsstaaten treffen alle geeigneten Maßnahmen allgemeiner und besonderer Art zur Erfüllung der Verpflichtungen, die sich aus diesem Vertrag oder aus Handlungen der Organe der Gemeinschaft ergeben. Sie erleichtern dieser die Erfüllung ihrer Aufgabe. Sie unterlassen alle Maßnahmen, welche die Verwirklichung der Ziele dieses Vertrages gefährden könnten."

Im Falle einer Kollision der beiden Rechtssysteme ist zur Vereinheitlichung dem Gemeinschaftsrecht das abweichende nationale Recht anzupassen. Das europäische Rechtssystem bzw. das Gemeinschaftsrecht hat insoweit Vorrang vor den einzelstaatlichen Rechtsvorschriften.

Das europäische Rechtssystem besteht aus drei miteinander verbundenen Arten von Rechtsakten, die unterschiedliche Bindungswirkung entfalten. Neben dem Primärrecht, das in erster Linie den EG-Vertrag umfasst, und der Rechtsprechung des Europäischen Gerichtshofs ist für die im Folgenden zu diskutierenden Fragestellungen das Sekundärrecht maßgeblich; diese drei Arten von Rechtsakten bilden den sog. „Acquis communautaire". Als Rechtsakte des Sekundärrechts, die in den Verträgen zur Gründung der Europäischen Gemeinschaften (heute: Europäische Union) vorgesehen sind, gilt es zwischen vier Arten zu unterscheiden.

Verordnungen

Verordnungen sind unmittelbar gültig und in allen EU-Mitgliedsstaaten rechtsverbindlich, ohne dass es einer Transformation durch den nationalen Gesetzgeber bedarf. Beispiel: IAS-Verordnung.

Richtlinien

Richtlinien binden die EU-Mitgliedsstaaten im Hinblick auf die innerhalb einer bestimmten Frist zu erreichenden Ziele; sie überlassen dem nationalen Gesetzgeber jedoch die Wahl der Mittel, mit denen diese Ziele erreicht werden sollen. Richtlinien bedürfen daher einer Transformation in nationales Recht. Beispiele: 4., 7. und 8. EU-Richtlinie.

Entscheidungen und Beschlüsse

Entscheidungen und Beschlüsse können sowohl an EU-Mitgliedsstaaten, Unternehmen oder Einzelpersonen gerichtet werden und bedürfen keiner Transformation durch ein nationales Gesetz; sie sind für den Empfänger gleichwohl rechtlich verbindlich. Beispiel: Anwendungsfälle von Entscheidungen sind etwa die Genehmigung oder Untersagung der Gewährung staatlicher Beihilfen (Art. 87 und 88 EG-Vertrag), die Nichtigerklärung wettbewerbswidriger Vereinbarungen oder Absprachen (Art. 81 EG-Vertrag) sowie die Verhängung von Bußgeldern oder Zwangsmaßnahmen.

Empfehlungen

Empfehlungen sind nicht verbindlich. Gleichwohl haben sie einen Leitliniencharakter und sind bei Auslegungsfragen oftmals heranzuziehen. Die wesentliche Bedeutung von Empfehlungen liegt vor allem im politischen und moralischen Bereich: Es wird davon ausgegangen, dass die Betroffenen bereits aufgrund der Autorität der Gemeinschaftsorgane und ihrer umfassenden, über die nationalen Verhältnisse hinausreichenden Übersicht und Sachkenntnis einer ihnen erteilten Empfehlung freiwillig nachkommen oder hieraus die notwendigen Schlussfolgerungen ziehen. Empfehlungen können jedoch auch indirekt rechtliche Wirkungen entfalten, sofern sie nämlich die Grundlage für spätere verbindliche Rechtsakte bilden. Beispiel: Empfehlung der Kommission vom 30. Mai 2001 zur Berücksichtigung von Umweltaspekten in Jahresabschluss und Lagebericht von Unternehmen: Ausweis, Bewertung und Offenlegung.

Damit bleibt festzuhalten, dass seitens der EU erlassene Verordnungen oder Richtlinien Eingang in die nationale Gesetzgebung finden können. Wenngleich die EU-Verordnungen unmittelbar bindend sind, kann es erforderlich sein, in den Verordnungen vorgesehene Wahlrechte (sog. „Mitgliedsstaatenwahlrechte“) durch nationale Gesetzgebung auszuüben bzw. auszulegen und einzuschränken. Entsprechendes gilt auch für EU-Richtlinien. Daher ist im Rahmen des nationalen Aktien-, Bilanz- und Aufsichtsrechts auf derartige Rechtsakte besondere Aufmerksamkeit zu richten.

2 Fair Value-Richtlinie

Am 27. September 2001 hat das Europäische Parlament eine Richtlinie (zur Änderung der Richtlinien 78/660/EWG, 83/349/EWG und 86/653/EWG des Rates) im Hinblick auf die im Jahresabschluss bzw. im konsolidierten Abschluss von Gesellschaften bestimmter Rechtsformen und von Banken und anderen Finanzinstituten zulässigen Wertansätze („Fair Value-Richtlinie“) beschlossen (http://europa.eu.int/eur-lex/pri/de/oj/dat/2001/l_283/l_28320011027de0028003-2.pdf).

Bewertung von Finanzinstrumenten mit beizulegenden Zeitwerten

Die Mitgliedsstaaten können allen Gesellschaften oder einzelnen Gruppen von Gesellschaften gestatten oder vorschreiben, Finanzinstrumente einschließlich derivativer Finanzinstrumente mit dem beizulegenden Zeitwert zu bewerten. Dieses Wahlrecht kann auf konsolidierte Abschlüsse beschränkt werden. Des Weiteren werden bestimmte Warenkontrakte als derivative Finanzinstrumente definiert. Verbindlichkeiten müssen, um mit dem beizulegenden Zeitwert bewertet werden zu können, im Handelsbestand gehalten werden oder selbst ein derivatives Finanzinstrument darstellen.

Ausgeschlossen von einer Bewertung mit dem beizulegenden Zeitwert sind:

- bis zur Fälligkeit gehaltene, nicht derivative Finanzinstrumente,
- von der Gesellschaft vergebene Darlehen und von ihr begründete Forderungen, die nicht für Handelszwecke gehalten werden und
- Anteile an Tochterunternehmen, assoziierten Unternehmen und Joint Ventures, von der Gesellschaft ausgegebene Eigenkapitalinstrumente, Verträge über eventuelle Gegenleistungen bei einem Unternehmenszusammenschluss sowie andere Finanzinstrumente, die nach gängiger Auffassung bilanzmäßig in anderer Form als andere Finanzinstrumente erfasst werden sollten.

Ausweis und Berichterstattung

Wertänderungen von zum beizulegenden Zeitwert bilanzierten Vermögensgegenständen und Schulden werden nach der Richtlinie grundsätzlich erfolgswirksam in der Gewinn- und Verlustrechnung erfasst. Eine Ausnahme hierzu bilden Wertänderungen von Sicherungsinstrumenten, die ganz oder teilweise in einer Zeitwert-Rücklage zu erfassen sind. Des Weiteren sind Wechselkursdifferenzen von monetären Posten, die Teil einer Nettobeteiligung einer Gesellschaft an einer wirtschaftlich selbstständigen ausländischen Teileinheit sind, erfolgsneutral in der Rücklage zu erfassen. Auch Wertänderungen von zur Veräußerung bestimmten Finanzanlagen, die kein derivatives Finanzinstrument darstellen, können im Eigenkapital erfasst werden. Zusätzlich werden bestimmte Anhangangaben vorgeschrieben.

Den in der Fair Value-Richtlinie geregelten Vorschriften hatte der nationale Gesetzgeber eigentlich bereits vor dem 1. Januar 2004 durch Transformation in die entsprechende nationale Gesetzgebung nachzukommen.

Zur Umsetzung in deutsches Recht vgl. die Ausführung zum Bilanzrechtsreformgesetz (BilReG), insbesondere § 285 Satz 1 Nr. 18 und 19 HGB sowie zum Bilanzrechtsmodernisierungsgesetz (BilMoG).

Literaturhinweise

Hommel, Michael/Berndt, Thomas: Transformation der Fair Value-Richtlinie in deutsches Recht: Anmerkung zum Umsetzungsvorschlag des DSR, BB 2002, S. 90 – 92.

3 IAS-Verordnung

Nach der EU-Verordnung vom 19. Juli 2002 betreffend die Anwendung internationaler Rechnungslegungsstandards (sog. IAS-Verordnung, http://europa.eu.int/-eur-lex/pri/de/oj/dat/2002/l_243/l_24320020911de00010004.pdf) sind grundsätzlich alle europäischen Mutterunternehmen, die mit Eigen- oder Fremdkapitaltiteln an einem geregelten Markt in der EU zugelassen sind, verpflichtet, ihre Konzernabschlüsse für Geschäftsjahre, die am oder nach dem 1. Januar 2005 beginnen, nach den IFRS aufzustellen. In der Europäischen Union sind etwa 7.000 Unternehmen – in Deutschland mehr als 1.000 – von dieser Vorschrift betroffen.

Abweichend von der grundsätzlichen Regelung eröffnet die Verordnung den Mitgliedsstaaten das Wahlrecht, für bestimmte Gesellschaften eine verpflichtende Anwendung erst für Geschäftsjahre vorzusehen, die am oder nach dem 1. Januar 2007 beginnen. Die Ausnahmevorschrift kann Unternehmen betreffen,

- von denen lediglich Schuldtitel zum Handel in einem geregelten Markt zugelassen sind oder
- deren Wertpapiere zum öffentlichen Handel in einem Nicht-Mitgliedsstaat zugelassen sind und die zu diesem Zweck andere international anerkannte Standards (z.B. US-GAAP) anwenden.

Ergänzend können die Mitgliedsstaaten darüber hinaus gestatten oder vorschreiben, dass auch die Konzernabschlüsse nicht kapitalmarktorientierter Unternehmen und die Einzelabschlüsse kapitalmarktorientierter sowie nicht kapitalmarktorientierter Unternehmen nach den IFRS aufzustellen sind. Im Gegensatz zum Konzernabschluss, der lediglich Informationszwecken dient, bringt eine Anwendung der IFRS im Einzelabschluss einschneidende Veränderungen für viele europäische Unternehmen mit sich. Neben den aus der Zweiten EG-Richtlinie resultierenden Gewinnverwendungs- und Kapitalerhaltungsregeln (Ausschüttungsbemessungsfunktion) steht in vielen Mitgliedsstaaten insbesondere die Maßgeblichkeit der Handelsbilanz für die Steuerbilanz (Steuerbemessungsfunktion) auf dem Prüfstand. Trotz dieser Konsequenzen sehen einige Mitgliedsstaaten wie beispielsweise Italien, Griechenland, Polen und Tschechien eine Pflicht zur Bilanzierung nach IFRS im Einzelabschluss insbesondere von kapitalmarktorientierten Unternehmen vor. Deutschland hat sich für eine Beibehaltung der handelsrechtlichen Vorschriften für den Einzelabschluss entschieden. Lediglich für Zwecke der Offenlegung lässt der deutsche Gesetzgeber die Aufstellung eines IFRS-Einzelabschlusses zu. Die in der IAS-Verordnung enthaltene Option, auch nicht kapitalmarktorientierten Unternehmen die Aufstellung eines IFRS-

Konzernabschlusses zu ermöglichen, wurde hingegen von der Mehrzahl der Mitgliedsstaaten übernommen. Zu einer Darstellung der nationalen Vorschriften im Einzelnen wird auf die Ausführungen zum Bilanzrechtsreformgesetz (BilReG) verwiesen.

Grundsätzlich besteht bei dem Instrument der „Verordnung" nicht das Erfordernis zur Umsetzung durch die Mitgliedsstaaten, da eine Verordnung im Gegensatz zur Richtlinie unmittelbar anzuwenden ist (s.o. Abschnitt III.1). Die in der IAS-Verordnung bestehenden Wahlrechte bedingen jedoch eine Umsetzung durch die einzelnen Mitgliedsstaaten. Dieser Pflicht ist der deutsche Gesetzgeber im Zuge des Bilanzrechtsreformgesetzes durch die Einführung des § 315a HGB und der Art. 57, 58 EGHGB nachgekommen.

Die von Seiten des IASB verabschiedeten Standards werden für Unternehmen in der EU nicht unmittelbar bindend; vielmehr behält sich die EU-Kommission vor, unter Beteiligung der Mitgliedsstaaten in einem besonderen Verfahren (Komitologieverfahren) über die Anwendbarkeit von internationalen Rechnungslegungsstandards in der Gemeinschaft zu beschließen (Endorsement). Zu diesem Zweck ist ein mit Vertretern der Mitgliedsstaaten besetzter Regelungsausschuss (Accounting Regulatory Committee – ARC) eingesetzt worden, in dem die Kommission den Vorsitz führt. Zudem besteht ein Technischer Ausschuss mit Vertretern interessierter Kreise (European Financial Reporting Advisory Group – EFRAG), der die Kommission berät und engen Kontakt mit dem IASB hält, um auf den Prozess der Weiterentwicklung der IFRS Einfluss nehmen zu können. Die bestehenden IFRS-Standards und Interpretationen hat die EU-Kommission in europäisches Recht übernommen.

Literaturhinweise

Böcking, Hans-Joachim: IAS für Konzern- und Einzelabschluss, zugleich Würdigung der Aussagen der Deutschen Bundesbank zur Umsetzung der Mitgliedsstaatenwahlrechte im Rahmen der EU-Verordnung und eine Empfehlung an den Gesetzgeber, WPg 2002, S. 925 – 928; *Brücks, Michael*: EU-Verordnung zur Anwendung der IAS/IFRS und Improvements Project des IASB, KoR 2002, S. 165; *Buchheim, Regine*: Anwendungsbereich der IAS-Verordnung an der Schnittstelle zu deutschem und EU-Bilanzrecht, BB 2003, S. 953 – 955; *Burger, Anton*: IAS-Verordnung und § 292a HGB: Probleme beim Übergang, DB 2003, S. 2397 – 2399; *Ernst, Christoph*: Die Wahlrechte der EU-Verordnung zur IAS-Anwendung und Umsetzungsmöglichkeiten in Deutschland, in: Übergang der Rechnungslegung vom HGB zu den IFRS: Vorträge und Diskussionen zum 19. Münsterischen Tagesgespräches des Münsteraner Gesprächskreis Rechnungslegung und Prüfung e.V. am 22. Mai 2003, 2004; *Kirsch, Hans-Jürgen*: Zur Frage der Umsetzung der Mitgliedsstaatenwahlrechte der EU-Verordnung zur Anwendung der IAS/IFRS, WPg 2003, S. 275 – 276; *Prinz, Ulrich*: Reform der deutschen Rechnungslegung: Gedanken und Anregungen an den Gesetzgeber zur Umsetzung der Mitgliedsstaatenwahlrechte der IAS/IFRS-Verordnung aus Praktikersicht, DStR 2003, S. 1359 – 1364; *Schulze-Osterloh, Joachim*: Internationale Rechnungslegung für den Einzelabschluss und für Unternehmen, die den öffentlichen Kapitalmarkt nicht in Anspruch nehmen; zur Ausübung des Mitgliedsstaatenwahlrechts nach Artikel 5 der IAS-Verordnung, ZIP 2003, S. 93 – 95; *Wiechers, Klaus*: Anwendung internationaler Rechnungslegungsstandard: Folgerungen aus der EU-Verordnung zur IAS-Rechnungslegung, Steuern und Bilanzen 2002, S. 1137.

4 Marktmissbrauchsrichtlinie

Die Erkenntnis, dass ein funktionierender Binnenmarkt für Finanzdienstleistungen für das Wirtschaftswachstum und die Schaffung von Arbeitsplätzen in der EU von entscheidender Bedeutung ist, hat die EU-Kommission zum Vorschlag einer Richtlinie über Insider-Geschäfte und Marktmanipulation veranlasst.

Ein effizienter Finanzmarkt setzt Marktintegrität voraus. Daher soll die Marktmissbrauchsrichtlinie vom 28. Januar 2003 (http://europa.eu.int/eur-lex /pri/de/oj/dat/2003/l_096/l_09620030412de00160025.pdf) das reibungslose Funktionieren der Wertpapiermärkte und das Vertrauen der Öffentlichkeit in die Märkte sicherstellen. Diese älteren Vorgaben werden nunmehr durch das Anlegerschutzverbesserungsgesetz (AnSVG) in deutsches Recht übernommen.

Die Mitgliedsstaaten hatten die Marktmissbrauchsrichtlinie bis zum 12. Oktober 2004 umzusetzen.

5 Modernisierungsrichtlinie

5.1 Hintergrund

Am 6. Mai 2003 wurde die Richtlinie zur Modernisierung der Bilanz-, Konzernbilanz-, Bankbilanz- und Versicherungsbilanzrichtlinie verabschiedet (http://europa.eu.int/eur-lex/pri/de/oj/dat/2003/l_178/l_17820030717de0016002-2.pdf). Ziel ist es, die bestehenden Bilanzrichtlinien an die IFRS und an weitere aktuelle Entwicklungen anzupassen. Damit sollen für diejenigen Unternehmen, die nicht in den Anwendungsbereich der IAS-Verordnung fallen und weiterhin den Erfordernissen der Bilanzrichtlinien unterliegen, und für solche, die nach IFRS bilanzieren, gleiche Wettbewerbsbedingungen geschaffen werden. Neben der Anpassung einzelner Rechnungslegungsvorschriften an die IFRS sind erhöhte Anforderungen an den Lagebericht bzw. Konzernlagebericht und an den Bestätigungsvermerk vorgesehen. Insbesondere bei den Änderungen im Bereich der Bilanzierungsregeln wird es den Mitgliedsstaaten in vielen Fällen freigestellt, die Anwendung verpflichtend oder als Wahlrecht auszugestalten. Nachfolgend werden die wesentlichen Neuerungen dargestellt.

5.2 Bilanzierung und Bewertung

Erweiterung des Jahresabschlusses/Konzernabschlusses um zusätzliche Bestandteile

Die Mitgliedsstaaten können gestatten oder vorschreiben, dass der Jahresabschluss zusätzlich zu Bilanz, GuV und Anhang weitere Bestandteile umfasst. Eine Konkretisierung sieht der Richtlinientext explizit nicht vor; die verfolgte

Annäherung an die internationalen Vorschriften lässt jedoch auf Kapitalflussrechnung, Segmentberichterstattung und Eigenkapitalspiegel als ergänzende Bestandteile schließen.

Wirtschaftliche Betrachtungsweise beim Bilanz- und GuV-Ausweis

Es besteht ein Mitgliedsstaatenwahlrecht, den Ausweis von Beträgen in Posten der Gewinn- und Verlustrechnung sowie der Bilanz nach dem wirtschaftlichen Gehalt des zugrunde liegenden Geschäftsvorfalls oder der zugrunde liegenden Vereinbarung abzubilden. Der Grundsatz „substance over form" wird damit in Anlehnung an die internationalen Rechnungslegungsvorschriften stärker betont.

Gliederung der Bilanz

Als Alternative zur bisherigen Gliederung wird den Mitgliedsstaaten das Wahlrecht eingeräumt, eine Gliederung der Bilanz in kurz- und langfristige Positionen vorzunehmen.

Gliederung der GuV

Unter Hinweis auf die internationale Entwicklung wird den Mitgliedsstaaten das Wahlrecht eingeräumt, anstelle der bisherigen Gewinn- und Verlustrechnung eine Ergebnisrechnung („statement of performance") aufzustellen. Eine solche Ergebnisrechnung würde neben Erträgen und Aufwendungen auch erfolgsneutrale Eigenkapitalveränderungen umfassen.

Erweiterung der Möglichkeit zur Neubewertung von Vermögensgegenständen

Die bisher bestehende Möglichkeit, bei Vorliegen bestimmter Voraussetzungen eine Neubewerung des Sachanlagevermögens vorzunehmen, wird auf das gesamte Anlagevermögen ausgeweitet.

Bewertung mit dem beizulegenden Zeitwert

Es wird den Mitgliedsstaaten freigestellt, für bestimmte Arten von Vermögenswerten (mit Ausnahme von Finanzinstrumenten) eine Bewertung zum „Fair Value" sowie eine erfolgswirksame Erfassung der positiven und negativen Wertänderungen in der GuV vorzusehen.

Definition von Rückstellungen

Der Rückstellungsbegriff wird in Anlehnung an IAS 37 neu gefasst. Demnach werden Rückstellungen nicht mehr als „genau umschriebene Verluste oder Verbindlichkeiten", sondern als „genau umschriebene Verbindlichkeiten" definiert, die am Bilanzstichtag wahrscheinlich oder sicher, aber hinsichtlich ihrer Höhe oder des Zeitpunkts ihres Eintritts unbestimmt sind. Die Mitgliedsstaaten können den Unternehmen darüber hinaus gestatten oder vorschreiben, dass alle voraussehbaren Risiken und zu vermutenden Verluste berücksichtigt werden. Somit wurde aus der ehemaligen Pflicht zur Passivierung aller voraussehbaren Risiken ein Wahlrecht. Das Mitgliedsstaatenwahlrecht zur Passivierung von Aufwandsrückstellungen bleibt trotz Annäherung an die IFRS erhalten.

5.3 Konsolidierung

Streichung der Beteiligungsvoraussetzung bei der Definition eines Tochterunternehmens

Die Kriterien zur Abgrenzung des Konsolidierungskreises werden insoweit an die Regelung in IAS 27 angepasst, als für das Konsolidierungskriterium der „einheitlichen Leitung" auf die Beteiligungsvoraussetzung verzichtet wird. Dies soll insbesondere die Einbeziehung von Zweckgesellschaften (special purpose entities) in den Konzernabschluss ermöglichen.

Streichung der größenabhängigen Befreiungstatbestände

Die Erleichterung zur größenabhängigen Befreiung von der Aufstellung eines Konzernabschlusses wird weiter eingeschränkt. Während bisher nur Unternehmen, die am amtlichen Markt notiert waren, die Befreiungsvorschrift nicht in Anspruch nehmen konnten, trifft dies nun auf alle kapitalmarktorientierten Unternehmen zu.

Unter bestimmten Voraussetzungen sind Mutterunternehmen eines Teilkonzerns von der Pflicht zur Aufstellung eines Teilkonzernabschlusses befreit, vorausgesetzt sie sind in den Konzernabschluss eines übergeordneten Mutterunternehmens einbezogen. Diese Befreiung galt bisher nicht für Teilkonzernmutterunternehmen, die am amtlichen Markt notiert waren; diese Einschränkung wird auf Teilkonzernmutterunternehmen ausgedehnt, die kapitalmarktorientiert sind.

Aufhebung des Konsolidierungsverbots bei abweichender Tätigkeit

Das bisher kodifizierte Wahlrecht, Unternehmen, deren Tätigkeit von der der übrigen Konzernunternehmen abweicht, nicht in den Konzernabschluss einzubeziehen, wird aufgehoben.

5.4 Berichterstattung im Lagebericht und Konzernlagebericht

Mitgliedsstaaten sind künftig explizit verpflichtet, neben der Darstellung und Analyse des Geschäftsverlaufs und der Lage der Gesellschaft auch auf das Geschäftsergebnis einzugehen. Soweit erforderlich umfasst die Analyse neben den wichtigsten finanziellen auch nicht-finanzielle Leistungsindikatoren. Dies schließt Informationen in Bezug auf Umwelt- und Arbeitnehmerbelange mit ein.

5.5 Inhalt und Aufbau des Bestätigungsvermerks

Erstmals enthalten die EU-Bilanzrichtlinien Angaben zu Form und Inhalt des Bestätigungsvermerks. Zukünftig werden die Aussagen in Bezug auf das Prüfungsurteil dahingehend ergänzt, dass neben einem uneingeschränkten bzw. eingeschränkten Bestätigungsvermerk und einem negativen Prüfungsurteil nun auch die Verweigerung des Prüfungsurteils („disclaimer of opinion") möglich ist. Zwar darf der Bestätigungsvermerk der Veröffentlichung des Abschlusses weiterhin nicht angefügt werden, gleichwohl ist neben dem Prüfungsurteil zu berichten, ob der Bestätigungsvermerk auf Umstände verweist, die die gesetzlichen Abschlussprüfer in besonderer Weise angemerkt haben, ohne den Bestätigungsvermerk einzuschränken.

Nach Art. 5 der Modernisierungsrichtlinie hat eine Umsetzung in nationales Recht bis zum 1. Januar 2005 zu erfolgen. Diesem Erfordernis kommt der deutsche Gesetzgeber im Zuge des Bilanzrechtsreformgesetzes in der Form nach, dass er die zwingenden Regelungen – mit Ausnahme der Streichung der Beteiligungsvoraussetzung – in nationales Recht transformiert, auf die Ausübung der Mitgliedsstaatenwahlrechte jedoch verzichtet. So wird das Wahlrecht zur Bewertung mit dem beizulegenden Zeitwert sowie die Möglichkeit zur Neubewertung von Vermögensgegenständen nicht in nationales Recht übernommen. Hinsichtlich der Änderungen im Einzelnen wird auf die Ausführungen zum Bilanzrechtsreformgesetz verwiesen.

Literaturhinweise

Böcking, Hans-Joachim/Herold, Christian/Wiederhold, Philipp: Modernisierung des HGB in Richtung IAS/IFRS, Der Konzern 2003, S. 394 – 409; *Ernst, Christoph*: BB-Gesetzgebungsreport: Auswirkungen des 10-Punkte-Programms „Unternehmensintegrität und Anlegerschutz" auf das Bilanzrecht, BB 2003, S. 1487; *Kirsch, Hans-Jürgen*: Die Auswirkungen der Modernisierungsrichtlinie auf die (Konzern-) Lageberichterstattung unter Berücksichtigung von E-DRS 20 und des Entwurfs eines Bilanzrechtsreformgesetzes vom 15.12.2003, WPg 2004, S. 1 – 12; *Niehus, Rudolf J.*: Der EU-Vorschlag für eine „Modernisierung" der Bilanzrichtlinien – Überblick und erste Wertung, DB 2002, S. 1385 – 1390.

6 Schwellenwertrichtlinien

Die 4. und 7. EU-Richtlinie geben den Mitgliedsstaaten jeweils das Recht, größen-abhängige Erleichterungen der Offenlegungsanforderungen für nicht kapitalmarktorientierte kleine und mittlere Unternehmen zu gestatten. Dadurch soll der Aufwand, der durch die Rechnungslegung entsteht und der besonders bei kleinen und mittleren Unternehmen problematisch werden kann, verringert werden. Turnusmäßig sollen die Schwellenwerte für die Bilanzsumme und für die Nettoumsatzerlöse alle fünf Jahre überprüft werden, um inflationsbedingte Verzerrungen zu kompensieren.

Bereits in deutsches Recht umgesetzte Richtlinie

Mit der Schwellenwertrichtlinie vom 13. Mai 2003 wurden auf Vorschlag der EU-Kommission in Änderung der Bilanzrichtlinie (4. EU-Richtlinie vom 25. Juli 1978) und der Konzernbilanzrichtlinie (7. EU-Richtlinie vom 13. Juni 1983) erhöhte Schwellenwerte für die Größenmerkmale von Kapitalgesellschaften sowie für die größenabhängige Befreiung von der Pflicht zur Aufstellung eines Konzernabschlusses und Konzernlageberichts festgelegt (http://europa.eu.int/eur-lex/pri/de/oj/dat/2003/l_120/l_12020030515de00220023.pdf).

Zur Umsetzung dieser Vorgaben durch den deutschen Gesetzgeber und zur Höhe der aktuell gültigen Schwellenwerte für Einzel- und Konzernabschlüsse vgl. die Ausführungen zu den §§ 267 und 293 HGB in Abschnitt VI.1.

Noch nicht in deutsches Recht umgesetzte Richtlinie

Sollte der Vorschlag für eine Richtlinie zur Änderung der 4. und 7. EU-Richtlinie in seiner aktuellen Form, die bereits am 15. Dezember 2005 vom Europäischen Parlament genehmigt wurde, verabschiedet werden, würden die Schwellenwerte für die Bilanzsumme und die Nettoumsatzerlöse um bis zu 20,5% angehoben. Die Schwellenwerte für die Anzahl der Arbeitnehmer sollen unverändert bleiben (http://europa.eu.int/prelex/detail_dossier_real.cfm?CL=de&DosId=191891). Durch die außerturnusmäßige Anhebung der Schwellenwerte könnten die Mitgliedsstaaten ihrerseits die nationalen Schwellenwerte erhöhen und so die Belastungen nicht kapitalmarktorientierter kleiner und mittlerer Unternehmen verringern. Die Erhöhung der Schwellenwerte bezieht sich allerdings nur auf die Aufstellungspflichten, die sich für nicht kapitalmarktorientierte kleine und mittlere Unternehmen ergeben. Dies gilt sowohl für den Einzelabschluss als auch für den Konzernabschluss solcher Unternehmen.

Die Schwellenwerte, die sich aus der Änderung der 4. und 7. EU-Richtlinie ergeben könnten, sind nachfolgender Abbildung zu entnehmen.

	Kleine Unternehmen	**Mittelgroße Unternehmen**	**Große Unternehmen**
Bilanzsumme	≤ 4.400.000 €	≤ 17.300.000 €	> 17.300.000 €
Nettoumsatzerlöse	≤ 8.800.000 €	≤ 35.000.000 €	> 35.000.000 €

Abbildung 2: Mögliche neue EU-Schwellenwerte für nicht kapitalmarktorientierte Unternehmen

Eine Umsetzung durch die Mitgliedsstaaten hätte spätestens 24 Monate nach In-Kraft-Treten der Änderungen zu erfolgen.

Würde der deutsche Gesetzgeber dem Vorbild der EU folgen und die Schwellenwerte um bis zu 20,5% erhöhen, ergäben sich folgende Grenzwerte für Kapitalgesellschaften.

	Kleine Kapitalgesellschaft	**Mittelgroße Kapitalgesellschaft**	**Große Kapitalgesellschaft**
Bilanzsumme	≤ 4.840.000 €	≤ 19.250.000 €	> 19.250.000 €
Umsatzerlöse	≤ 9.680.000 €	≤ 38.500.000 €	> 38.500.000 €

Abbildung 3: Hypothetische Schwellenwerte für Kapitalgesellschaften

Für den Konzernabschluss und -lagebericht ergäben sich bei einer Erhöhung um bis zu 20,5% folgende Schwellenwerte.

	Bruttomethode	**Nettomethode**
Bilanzsumme	≤ 23.100.000 €	≤ 19.250.000 €
Umsatzerlöse	≤ 46.200.000 €	≤ 38.500.000 €

Abbildung 4: Hypothetische Schwellenwerte zur größenabhängigen Befreiung von der Pflicht zur Aufstellung eines Konzernabschlusses und -lageberichts

Literaturhinweise

Niemeier, Wilhelm: Die Steigerung der Aussagekraft des handelsrechtlichen Jahresabschlusses durch die Änderungen der 4. und 7. Richtlinie, WPg 2006, S. 173 – 185.

7 Modernisierung der 8. EU-Richtlinie

7.1 Hintergründe der Richtlinie

Die Initiative der EU-Kommission zur Modernisierung der 8. EU-Richtlinie (sog. Abschlussprüferrichtlinie) wurde am 11. Oktober 2005 mit der Verabschiedung des am 16. März 2004 vorgeschlagenen und im Rahmen des europäischen Gesetzgebungsverfahrens modifizierten Richtlinienentwurfs durch den Rat der Wirtschafts- und Finanzminister der Europäischen Union (ECOFIN-Rat) erfolgreich abgeschlossen. Zuvor wurde der Richtlinienentwurf bereits in einer vom Rat gebilligten Form vom Europäischen Parlament angenommen und bedarf daher keiner zweiten Lesung durch das Parlament oder den Rat. Eine offizielle deutsche Übersetzung der verabschiedeten Neufassung der Abschlussprüferrichtlinie lag zum Zeitpunkt des Redaktionsschlusses dieses Buches noch nicht vor. Mit einer Veröffentlichung ist in der ersten Jahreshälfte 2006 zu rechnen. Die Informationen zu dieser Richtlinie sind unter http://europa.eu.int/comm/internal_market/auditing/index_de.htm abrufbar.

Die verabschiedete Richtlinie ersetzt die 8. EU-Richtlinie vom 12. Mai 1984 (84/253/EWG) und ändert die Bilanzrichtlinie (4. EU-Richtlinie 78/660/EWG des Rates vom 25. Juli 1978) sowie die Konzernbilanzrichtlinie (7. EU-Richtlinie 83/349/EWG des Rates vom 13. Juni 1983).

Mit der neuen Richtlinie wird der Regelungsinhalt der bislang geltenden 8. EU-Richtlinie, die primär die Zulassung von mit der Pflichtprüfung beauftragten Personen regelte und nur ansatzweise die Berufsgrundsätze, wie die Verpflichtung zur beruflichen Sorgfalt und Unabhängigkeit des Abschlussprüfers, festlegte, umfassend erweitert. Der Regelungsrahmen der neuen Richtlinie umfasst sämtliche für die Sicherung der Qualität der Abschlussprüfung relevanten Bereiche. Damit soll eine weitgehende Harmonisierung der Rahmenbedingungen für die Abschlussprüfung in der EU erzielt und das Vertrauen in die gesetzliche Abschlussprüfung und die Qualität der geprüften Jahresabschlüsse durch die Gewährleistung einer hohen Prüfungsqualität gestärkt werden. Die Reform der Abschlussprüfung in der EU wird als einer der zentralen Meilensteine auf dem Weg zur Wiederherstellung des Vertrauens in den europäischen Kapitalmarkt und den nachhaltigen Schutz vor Unternehmenszusammenbrüchen, wie sie in der jüngsten Vergangenheit verstärkt das wirtschaftliche Gefüge erschüttert haben, erachtet.

Die Bemühungen der EU-Kommission um den Aufbau eines einheitlichen Rechtsrahmens für die Abschlussprüfung in der EU reichen in die neunziger Jahre des vorigen Jahrhunderts zurück. Insbesondere hielt es die EU-Kommission für zweckmäßig, umfangreiche Arbeiten zur Ermittlung des Status quo (u.a. die Studie über den Wettbewerb im Europäischen Rechnungswesen im Jahr 1992 und die Studie über die Rolle, Stellung und Haftung des Abschlussprüfers im Jahr 1996) und des Bedarfs für weitere Maßnahmen im Bereich der Abschlussprüfung einzuleiten. Die Diskussion um eine umfassende Regelung und Harmonisierung im Bereich der Abschlussprüfung wurde mit der Veröffentlichung des Grünbuchs über die Rolle, Stellung und Haftung des Abschlussprüfers in der Europäischen Union im Jahr 1996 und der Mitteilung der EU-Kommission „Abschlussprüfung in der Europäischen Union: künftiges Vorgehen“ im Jahr 1998 eingeläutet. Auf der Grundlage der Arbeiten eines daraufhin von der EU-Kommission eingesetzten Ausschusses für Fragen der Abschlussprüfung veröffentlichte die EU-Kommission im Jahr 2001 die Empfehlung Mindestanforderungen an Qualitätssicherungssysteme für die Abschlussprüfung in der EU und im darauf folgenden Jahr die Empfehlung Unabhängigkeit des Abschlussprüfers in der EU: Grundprinzipien. Die wesentlichen Eckpunkte der nunmehr verabschiedeten EU-Richtlinie werden im Folgenden dargestellt.

7.2 Regelungsinhalt der EU-Richtlinie

Zulassung von Abschlussprüfern und Prüfungsgesellschaften sowie die Verpflichtung zur kontinuierlichen Fortbildung

Die Voraussetzungen für die Zulassung von Abschlussprüfern und Prüfungsgesellschaften (im Folgenden kurz: „Abschlussprüfer“) und die Pflicht zur beruflichen Fortbildung entsprechen weitgehend den Bestimmungen der 8. EU-Richtlinie in der bislang geltenden Fassung. Hervorzuheben ist die Aufnahme von internationalen Rechnungslegungsstandards (IFRS) und internationalen Prüfungsgrundsätzen (International Standards on Auditing – ISA) in den Ausbildungskatalog für die Abschlussprüfer.

Explizit geregelt wird die Zulassung von Abschlussprüfern aus anderen Mitgliedsstaaten. Hier soll im Rahmen eines Eignungstests überprüft werden, ob der betreffende Abschlussprüfer über ausreichende Kenntnisse der für die Abschlussprüfung relevanten Rechts- und Verwaltungsvorschriften im jeweiligen Mitgliedsstaat verfügt.

Eine für den deutschen Rechtsraum weit reichende Veränderung stellt die Liberalisierung der Zulassungsvoraussetzungen für die Prüfungsgesellschaften dar. Die Richtlinie eröffnet Berufsfremden den Zugang in den Gesellschafterkreis und die Verwaltungs- oder Leitungsorgane einer Prüfungsgesellschaft. Darüber hinaus muss die Mehrheit der Stimmrechte nicht mehr von Personen gehalten werden, die in dem jeweiligen Mitgliedsstaat als Wirtschaftsprüfer zugelassen sind. Eine Zulassung in einem anderen Mitgliedsstaat gilt als ausreichend. Gleiches gilt für die Zusammensetzung von Verwaltungs- oder Leitungsorganen einer Prüfungsgesellschaft.

Berufsgrundsätze, Verschwiegenheitspflicht und Berufsgeheimnis

Eine stärkere Ausrichtung der Abschlussprüfung nach ethischen Gesichtspunkten wird als eine der zentralen Zielsetzungen der vorgelegten Richtlinie definiert. Abschlussprüfer sollen den höchsten ethischen Normen, die ihren Niederschlag in den Berufsgrundsätzen finden, verpflichtet sein. Die Berufsgrundsätze umfassen Integrität, Unparteilichkeit, Fachkompetenz und Sorgfalt und basieren auf dem vom Ethik-Ausschuss der IFAC aufgestellten „Code of Ethics for Professional Accountants“.

Die Verschwiegenheitspflicht und das Berufsgeheimnis erstrecken sich auf alle Informationen und Unterlagen, zu denen der Abschlussprüfer bei der Durchführung einer Abschlussprüfung Zugang erhält. Die Verschwiegenheitspflicht besteht nach der Beendigung des Auftragsverhältnisses fort.

Unabhängigkeit und Unparteilichkeit

Abschlussprüfer sind bei der Durchführung einer Abschlussprüfung verpflichtet, von dem zu prüfenden Unternehmen unabhängig zu sein. Darüber hinaus dürfen sie in keiner Weise an den Entscheidungsprozessen der Unternehmensleitung beteiligt sein.

Die Unabhängigkeit von Abschlussprüfern kann beispielsweise durch Eigenprüfung, Eigeninteressen, Fürsprache, Vertrautheit, Vertrauensverhältnisse oder Einschüchterung gefährdet sein. Ferner kann auch die Höhe und/oder die Zusammensetzung der von einem geprüften Unternehmen gezahlten Honorare die Unabhängigkeit eines Abschlussprüfers beeinträchtigen. Die Abschlussprüfer sind daher verpflichtet, Schutzmaßnahmen zu ergreifen, um die ggf. bestehenden Risiken für ihre Unabhängigkeit und Unparteilichkeit zu mindern. Alle bedeutsamen Risiken und die getroffenen Schutzmaßnahmen sind für Zwecke eines womöglich erforderlichen Nachweises zu dokumentieren. Kann die Gefährdung für die Unabhängigkeit trotz ergriffener Schutzmaßnahmen nicht beseitigt oder auf ein vertretbares Maß reduziert werden, so muss der Abschlussprüfer den Prüfungsauftrag ablehnen oder vom Auftrag zurücktreten.

Die Durchführung der Abschlussprüfung wird dabei insbesondere dann stets als unzulässig erachtet, wenn zwischen dem Abschlussprüfer (und/oder seinem Verbund bzw. Netzwerk) und dem zu prüfenden Unternehmen eine finanzielle oder geschäftliche Beziehung, ein Beschäftigungsverhältnis oder eine sonstige Verbindung besteht, die die Unabhängigkeit des Abschlussprüfers gefährden könnte. Eine solche unzulässige Verbindung kann grundsätzlich auch die Erbringung zusätzlicher Leistungen an das zu prüfende Unternehmen darstellen, wobei die Erbringung von prüfungsfremden Leistungen nicht per se einen Ausschlusstatbestand darstellt. Vielmehr sollen auf Basis eines prinzipienbasierten Ansatzes, der der Empfehlung der EU-Kommission „Unabhängigkeit des gesetzlichen Abschlussprüfers in der EU: Grundprinzipien" entstammt, einzelne Grundsätze für die Beurteilung einer möglicherweise vorliegenden Gefährdung der Unabhängigkeit maßgeblich sein. Die EU-Kommission behält sich gleichwohl ausdrücklich das Recht vor, im Rahmen des sog. Komitologieverfahrens strengere Regelungen zu beschließen, sofern ein Erfordernis hierfür festgestellt wird.

Ferner untersagt die Richtlinie Eigentümern oder Anteilseignern einer Prüfungsgesellschaft sowie den Mitgliedern der Verwaltungs-, Leitungs- und Aufsichtsorgane dieser oder einer verbundenen Gesellschaft, in die Abschlussprüfung in einer Weise einzugreifen, die die Unabhängigkeit und Unparteilichkeit des Abschlussprüfers gefährden könnte.

Die Ausweitung der Unabhängigkeitsanforderungen auf das Netzwerk des Abschlussprüfers stellt eine weitere wesentliche Neuerung dar. Der Begriff „Netzwerk" umfasst dabei insbesondere solche Strukturen, die auf Kooperation ausgerichtet sind, sowie Strukturen, die auf Gewinn- oder Kostenteilung abzielen oder durch gemeinsamen Besitz, Kontrolle oder Verwaltung, gemeinsame Qualitätskontrollmaßnahmen und -verfahren, eine gemeinsame Geschäftsstrategie, einen gemeinsamen Firmennamen oder einen wesentlichen Teil gemeinsamer fachlicher Ressourcen miteinander verbunden sind.

Angemessene Prüferhonorare

Die Mitgliedsstaaten werden aufgefordert, sicherzustellen, dass die Honorare für Abschlussprüfungen nicht von der Erbringung zusätzlicher Leistungen für das zu prüfende Unternehmen beeinflusst oder bestimmt sind. Die Honorare dürfen ferner an keinerlei Bedingungen geknüpft sein.

Angaben zum Prüferhonorar im (Konzern-)Anhang

Durch die Änderung des Art. 43 der 4. EU-Richtlinie werden die Unternehmen verpflichtet, die Honorare, die dem Abschussprüfer während des Geschäftsjahrs für die Jahresabschlussprüfung, für andere Bestätigungsleistungen, für die Steuerberatungsleistungen und für sonstige Leistungen gezahlt wurden, im Anhang des Jahresabschlusses offen zu legen. Diese Regelung gilt aufgrund der Änderung des Art. 34 der 7. EU-Richtlinie analog für die Konzernabschlüsse und soll dem Transparenzgedanken folgend das zwischen Abschlussprüfer und geprüftem Unternehmen bestehende Verhältnis beleuchten.

Die Richtlinie räumt den Mitgliedsstaaten das Wahlrecht ein, Ausnahmeregelungen für kleine Kapitalgesellschaften, die vollständig von dieser Angabepflicht befreit werden können, und für mittelgroße Kapitalgesellschaften einzuführen. Bei den Letztgenannten wird nur dann auf die Offenlegung der Prüferhonorare verzichtet, wenn Angaben zu Prüferhonoraren dem Berufsaufsichtsgremium auf dessen Aufforderung hin übermittelt werden. Weitere Ausnahmeregelungen sind für Unternehmen vorgesehen, die in einen Konzernabschluss einbezogen werden, vorausgesetzt, dass die geforderten Angaben im Konzernabschluss enthalten sind.

Anwendung internationaler Prüfungsgrundsätze

Um bei allen nach Gemeinschaftsrecht vorgeschriebenen Abschlussprüfungen eine gleich bleibend hohe Qualität zu gewährleisten, sind die Abschlussprüfungen künftig unter unmittelbarer Anwendung der internationalen Prüfungsgrundsätze, die insbesondere die International Standards on Auditing (ISA) des International Auditing and Assurance Standards Board (IAASB) umfassen, durchzuführen. Zu diesem Zweck werden die internationalen Prüfungsstandards – analog zu den IFRS – nach einer Rechtsförmlichkeitsprüfung durch die EU-Kommission in das europäische Recht adoptiert (Komitologieverfahren). Aufgrund der anhaltenden Kritik an Umfang, Struktur und Sprache der ISA hat das IAASB das sog. Clarity Project aufgesetzt, im Rahmen dessen eine umfassende Überarbeitung der ISA vorgenommen werden soll. Das EU-Anerkennungsverfahren soll nach dem

Abschluss des Clarity Projects in Gang gesetzt werden. Vor diesem Hintergrund ist mit der erstmaligen verpflichtenden Anwendung der ISA aller frühestens erst für die Prüfung von Abschlüssen für Geschäftsjahre, die am oder nach dem 31. Dezember 2008 enden, zu rechnen.

Es bleibt den einzelnen Mitgliedsstaaten überlassen, weitere Prüfverfahren oder Anforderungen an die Durchführung der Abschlussprüfung vorzuschreiben, sofern sich hierfür eine Notwendigkeit aufgrund der den Umfang der Abschlussprüfung bedingten Anforderungen des nationalen Rechts ergibt. Ferner dürfen die Mitgliedsstaaten in Ausnahmefällen von der Anwendung der ISA absehen, sofern nationale Rechtsvorschriften der Anwendung entgegenstehen.

Einführung eines gemeinsamen, europaweit einheitlichen Bestätigungsvermerks

Die verabschiedete Richtlinie regelt die Zusammenarbeit mit den Prüfern von Tochtergesellschaften aus einem Drittland, stellt jedoch klar, dass der Konzernprüfer in der EU künftig die volle Verantwortung für den Bestätigungsvermerk zum konsolidierten Abschluss trägt. Darüber hinaus behält die EU-Kommission sich vor, im Rahmen eines Komitologieverfahrens einen europaweit einheitlichen Standardbestätigungsvermerk für Jahres-/Konzernabschlüsse, die auf der Grundlage von IFRS erstellt wurden, festzulegen. Dies gilt nur, wenn die EU-Kommission keinen Standardbestätigungsvermerk im Rahmen der regulären Übernahmen internationaler Prüfungsgrundsätze (ISA) adaptiert.

Gewährleistung einer angemessenen Prüfungsinfrastruktur

Angemessene und wirksame öffentliche Aufsicht, Disziplinarmaßnahmen und Qualitätssicherungssysteme im Bereich der Abschlussprüfung stellen nach den Bestimmungen der Richtlinie die Elemente einer unentbehrlichen Prüfungsinfrastruktur dar. Die Richtlinie schreibt explizit vor, dass alle Abschlussprüfer einer wirksamen öffentlichen Aufsicht unterliegen müssen. Die öffentliche Aufsicht hat die Zulassung und Registrierung von Abschlussprüfern, die Annahme von Berufsgrundsätzen, Standards für die interne Qualitätskontrolle und von Prüfungsgrundsätzen sowie die kontinuierliche Fortbildung und die Qualitätssicherungs-, Sonderuntersuchungs- und Disziplinarsysteme zu überwachen. Ferner muss die öffentliche Aufsicht das Recht haben, bei Bedarf Sonderuntersuchungen durchzuführen und weitere geeignete Maßnahmen einleiten zu können. Die öffentliche Aufsicht muss in der Hand von Personen liegen, die mindestens drei Jahre vor ihrer Beauftragung mit der Aufsicht keine Abschlussprüfungen durchgeführt und keine Stimmrechte an einer Prüfungsgesellschaft gehalten haben sowie nicht Mitglied eines Verwaltungs- oder Leitungsgremiums einer Prüfungsgesellschaft gewesen sind und weder bei einer Prüfungsgesellschaft angestellt noch in sonstiger Weise mit ihr assoziiert waren. Es kann sich hierbei um Berufsfremde handeln, die in den für die Abschlussprüfung relevanten Bereichen über umfassende Kenntnisse verfügen, oder um ehemalige Wirtschaftsprüfer, die ihren

Beruf nicht mehr ausüben. Den Mitgliedsstaaten wird gleichwohl das Wahlrecht eingeräumt, zu gestatten, dass eine Minderheit aktiv tätiger Abschlussprüfer führende Positionen im öffentlichen Aufsichtssystem bekleidet.

Neben der Stärkung der öffentlichen Aufsicht über die Abschlussprüfer sieht die Richtlinie Bestimmungen zur gegenseitigen Anerkennung der mitgliedsstaatlichen Regelungen und zur Verbesserung der Zusammenarbeit zwischen den für die Berufsaufsicht zuständigen Stellen der Mitgliedsstaaten vor. Dabei stehen insbesondere der Austausch von Informationen und die Zusammenarbeit im Rahmen von Sonderuntersuchungen im Vordergrund.

Die Einführung eines von Abschlussprüfern unabhängigen Qualitätssicherungssystems und angemessener Disziplinarmaßnahmen soll ebenfalls einen Beitrag zur Gewährleistung einer gleich bleibend hohen Prüfungsqualität leisten. Die Qualitätskontrollen müssen mindestens alle sechs Jahre stattfinden und auf der Grundlage angemessener Überprüfungen von ausgewählten Prüfungsunterlagen eine hinreichende Beurteilung des internen Qualitätskontrollsystems der Prüfungsgesellschaft und der Einhaltung einschlägiger Prüfungsgrundsätze und der Grundsätze zur Gewährleistung der Unabhängigkeit erlauben. Ferner sind die Angemessenheit der Prüferhonorare und der Quantität und Qualität von bei den Prüfungen eingesetzten Ressourcen zu überprüfen. Dabei übernimmt die Richtlinie weitgehend die in der Empfehlung der EU-Kommission „Mindestanforderungen an Qualitätssicherungssysteme für die Abschlussprüfung in der EU“ niedergelegten Grundsätze.

Bestellung und Abberufung des Abschlussprüfers

Der Abschlussprüfer soll von der Aktionärshauptversammlung bzw. Gesellschafterversammlung des geprüften Unternehmens bestellt werden. Die Mitgliedsstaaten sind befugt, alternative Systeme oder Modalitäten für die Bestellung des Abschlussprüfers unter der Voraussetzung zu zulassen, dass diese Systeme oder Modalitäten darauf abzielen, die Unabhängigkeit des Abschlussprüfers von den an der Geschäftsführung beteiligten Mitgliedern des Verwaltungsorgans- oder Leitungsgremiums des geprüften Unternehmens zu gewährleisten.

Zum Schutz der Unabhängigkeit des Abschlussprüfers darf seine Abberufung bzw. sein Rücktritt nur bei Vorliegen wichtiger Gründe erfolgen. Meinungsverschiedenheiten über die Bilanzierungsmethoden oder die Prüfverfahren stellen keinen solchen Grund dar. Die Abberufung bzw. der Rücktritt ist gegenüber der für die öffentliche Aufsicht zuständigen Stelle bekannt zu geben und zu begründen.

Besondere Bestimmungen für Abschlussprüfung bei Unternehmen von öffentlichem Interesse

Für Unternehmen von öffentlichem Interesse sieht die Richtlinie eine Reihe ergänzender Vorschriften vor, die teilweise eine Verschärfung allgemein geltender Bestimmungen darstellen. Die Definition von „Unternehmen von öffentlichem Interesse“ umfasst solche Unternehmen, die unter das Recht eines Mitgliedsstaates fallen und deren Wertpapiere zum Handel auf einem geregelten Markt eines Mitgliedsstaates zugelassen sind sowie bestimmte Kreditinstitute und Versicherungsunternehmen. Die Mitgliedsstaaten sind befugt, weitere Unternehmen als Unternehmen von öffentlichem Interesse zu benennen. Dies sind insbesondere Unternehmen, die aufgrund der Art ihrer Tätigkeit, ihrer Größe oder der Zahl ihrer Beschäftigten stärker im Blickpunkt der Öffentlichkeit stehen und wirtschaftlich von großer Bedeutung sind.

7.3 Regelungsinhalte der EU-Richtlinie für Unternehmen im öffentlichen Interesse

Die Richtlinie sieht im Fall von Unternehmen im öffentlichen Interesse folgende Regelungen vor:

Veröffentlichung eines Transparenzberichts durch die Prüfungsgesellschaft

Prüfungsgesellschaften, die bei Unternehmen von öffentlichem Interesse Abschlussprüfungen durchführen, sind verpflichtet, auf ihrer Website jährlich einen Transparenzbericht zu veröffentlichen. Dieser hat zumindest Angaben zu Rechtsform, Eigentumsverhältnissen und Leitungsstruktur der Prüfungsgesellschaft, die Beschreibung des Netzverbunds, sofern die Prüfungsgesellschaft einem solchen angehört, die Beschreibung des internen Qualitätskontrollsystems und der Systeme zur Einhaltung von Unabhängigkeits- und Fortbildungsanforderungen zu beinhalten. Weitere Pflichtbestandteile sind eine Aufschlüsselung von Honorarangaben nach Prüfungs-, Bestätigungs-, Steuerberatungs- und sonstigen Leistungen, die Angaben zur Bemessung der Partnervergütung sowie eine Auflistung der Unternehmen von öffentlichem Interesse, für die die Prüfungsgesellschaft im Vorjahr eine Abschlussprüfung durchgeführt hat.

Einrichtung und Aufgaben eines Prüfungsausschusses beim Unternehmen

Unternehmen von öffentlichem Interesse sind verpflichtet, einen Prüfungsausschuss (Audit Committee) einzurichten, wobei den Mitgliedsstaaten das Wahlrecht eingeräumt wird, bestimmte, in der EU-Richtlinie näher bezeichnete Unternehmen von dieser Verpflichtung zu befreien. Die Mitgliedsunternehmen sind ferner befugt, festzulegen, ob sich der Prüfungsausschuss aus nicht an der Geschäftsführung beteiligten unabhängigen Mitgliedern des Verwaltungsorgans und/oder Mitgliedern des Aufsichtsorgans und/oder solchen Mitgliedern zusammensetzen soll, die durch Mehrheitsentscheidung von der Gesellschafterversammlung oder Aktionärshauptversammlung des geprüften Unternehmens bestellt werden. Dem Prüfungsausschuss muss mindestens ein unabhängiges Mitglied angehören, das über Expertise in Rechnungslegung und/oder Abschlussprüfung verfügt. Die Aufgaben des Prüfungsausschusses beinhalten insbesondere die Überwachung des Rechnungslegungsprozesses und der Wirksamkeit interner Kontrollen sowie die Vorauswahl im Rahmen der Bestellung des Abschlussprüfers, die Beaufsichtigung der Abschlussprüfung und die Überprüfung und die Überwachung der Unabhängigkeit des Abschlussprüfers. Bei den Fragestellungen, in welcher Form Prüfungsausschüsse gebildet werden und wie sie arbeiten sollen, können sich die Mitgliedsstaaten auf die Empfehlung der EU-Kommission „zu den Aufgaben von nicht geschäftsführenden Direktoren/Aufsichtsratsmitgliedern börsennotierter Gesellschaften sowie zu den Ausschüssen des Verwaltungs-/Aufsichtsrats“ stützen.

Der Abschlussprüfer soll nach den Vorgaben der Richtlinie dem Prüfungsausschuss über die wesentlichen bei der Abschlussprüfung gewonnenen Erkenntnisse, insbesondere über die wesentlichen Schwächen bei der internen Kontrolle des Rechnungslegungsprozesses, berichten.

Gewährleistung der Unabhängigkeit des Abschlussprüfers

Die zusätzlichen Regelungen zur Unabhängigkeit schreiben dem Abschlussprüfer vor, den Prüfungsausschuss des zu prüfenden Unternehmens jährlich über die Risiken für seine Unabhängigkeit, die zur Reduzierung dieser Risiken getroffenen Schutzmaßnahmen sowie die von ihm neben der Abschlussprüfung erbrachten Leistungen zu informieren. Der Abschlussprüfer muss dem Prüfungsausschuss jährlich schriftlich seine Unabhängigkeit erklären.

Darüber hinaus sieht die Richtlinie die interne Rotation als eine zusätzliche Maßnahme zur Gewährleistung der Unabhängigkeit des Abschlussprüfers vor. Demnach muss der Prüfer, der für die Durchführung der Abschlussprüfung verantwortlich ist, spätestens sieben Jahre nach seiner Bestellung von dem jeweiligen Mandat abgezogen werden, wobei eine erneute Teilnahme an der Prüfung des betroffenen Unternehmens nach einem Mindestzeitraum von zwei Jahren ermöglicht wird (sog. Cooling-Off-Period). In den Erwägungsgründen zur neuen Richtlinie wird den Mitgliedsstaaten alternativ das Recht eingeräumt, eine Rotation des Prüfungsunternehmens (sog. externe Rotation) einzuführen. Der deutsche Gesetzgeber hat sich bereits im Rahmen des BilReG ausdrücklich gegen eine Verpflichtung zur externen Rotation ausgesprochen.

Als eine weitere Sicherungsmaßnahme schreibt die Richtlinie vor, dass ein Wechsel des Abschlussprüfers oder des für die Prüfung verantwortlichen Partners in ein Anstellungsverhältnis beim Mandanten zu einem temporären Arbeitsverbot führt. Demnach darf der Abschlussprüfer oder der Partner, der die Abschlussprüfung im Auftrag einer Prüfungsgesellschaft durchführt, mindestens zwei Jahre, nachdem er als Abschlussprüfer oder Partner von dem Mandat zurückgetreten ist, keine wichtige Führungsposition in dem geprüften Unternehmen übernehmen.

Verkürzung der Abstände der Qualitätsprüfungen auf drei Jahre

Für Abschlussprüfer, die Abschlüsse von Unternehmen im öffentlichen Interesse prüfen, werden die Abstände, in denen Qualitätskontrollen durchzuführen sind, von sechs auf drei Jahre verkürzt.

Bestimmungen zur internationalen Zusammenarbeit

Die verabschiedete Richtlinie regelt die Zulassung und die Registrierung von Abschlussprüfern aus Drittländern sowie die aufgrund enger Kapitalmarktverflechtungen erforderliche Zusammenarbeit mit den zuständigen Stellen in Drittländern. Die Fragen zur internationalen Zusammenarbeit betreffen insbesondere die Zulässigkeit der Übergabe von Arbeitspapieren und anderen Dokumenten an die Berufsaufsichten in Drittländern, wie z.B. das US-amerikanische PCAOB.

Zusammenfassende Darstellung

Insgesamt würden sich aus der Transformation der vorliegenden Richtlinie in das deutsche Recht für alle prüfungspflichtigen Unternehmen folgende Verpflichtungen ergeben:

- Anhangangaben zu Honoraren, die dem Abschlussprüfer während des Geschäftsjahrs für die Jahresabschlussprüfung, für andere Bestätigungsleistungen, für die Steuerberatungsleistungen und für sonstige Leistungen gezahlt wurden. Diese Verpflichtung besteht sowohl für den Einzel- als auch den Konzernabschluss.
- Beachtung von Vorschriften zur Bestellung und Abberufung bzw. zum Rücktritt des Abschlussprüfers. Dabei ist das zu prüfende Unternehmen insbesondere verpflichtet, die für die öffentliche Aufsicht zuständige Stelle über die Abberufung bzw. den Rücktritt in Kenntnis zu setzen und diese(n) ausreichend zu begründen.

Für Unternehmen von öffentlichem Interesse ergibt sich darüber hinaus die Verpflichtung zur Einrichtung eines unabhängigen Prüfungsausschusses, der insbesondere die Aufgaben im Zusammenhang mit dem Rechnungslegungsprozess, der Abschlussprüfung und der Wirksamkeit der internen Kontrollen wahrnimmt.

Im Zusammenhang mit den einzelnen Bestimmungen der Richtlinie gilt es weiterhin zu beachten, dass die Befugnisse der EU-Kommission im Zusammenhang mit dem Komitologieverfahren, mit Ausnahme des Anerkennungsprozesses für die internationalen Prüfungsgrundsätze, bis zum 1. April 2008 befristet sind.

Eine vergleichende Übersicht der Anforderungen, die sich aus dem Sarbanes-Oxley Act, der 8. EU-Richtlinie und der nationalen Gesetzgebung ergeben, ist in Anlage 2 dargestellt.

7.4 In-Kraft-Treten und Transformation der Richtlinie

Mit dem In-Kraft Treten einer EU-Richtlinie erwächst für die Mitgliedsstaaten die Verpflichtung, innerhalb einer 24-monatigen Transformationsfrist die einzelnen Bestimmungen der Richtlinie – unter Ausübung der eingeräumten Wahlrechte – in nationales Recht umzusetzen. Eine Ausnahme besteht lediglich in solchen Fällen, in denen die einzelnen Regelungen bereits im Rahmen der geltenden einzelstaatlichen Rechtsvorschriften hinreichend berücksichtigt sind. Es liegt gleichwohl im Ermessen einzelner Mitgliedsstaaten in Einzelfällen strengere Anforderungen als in der Richtlinie vorgegeben zu beschließen, sofern in der Richtlinie nichts anderes vorgeschrieben ist.

Die Neufassung der Abschlussprüferrichtlinie tritt am zwanzigsten Tag nach ihrer Veröffentlichung im Amtsblatt der EU in Kraft. Zum Zeitpunkt des Redaktionsschlusses war die Übersetzung der Richtlinie in die EU-Amtssprachen und damit ihre Veröffentlichung im Amtsblatt noch nicht erfolgt. Mit dem In-Kraft-Treten der 8. EU-Richtlinie kann gleichwohl für spätestens Mitte 2006 gerechnet werden. Der deutsche Gesetzgeber wird daher gezwungen sein, die einzelnen Bestimmungen der Richtlinie bis zum Jahr 2008 in das deutsche Recht zu transformieren, wobei der Anpassungsbedarf in Anbetracht bereits etablierter Regelungen und der aktuellen Reformbemühungen insgesamt als begrenzt eingeschätzt wird. Die erforderlichen Anpassungen betreffen insbesondere die nachfolgend dargestellten Bereiche.

7.5 Anpassungsbedarf in Deutschland

Angaben zum Prüferhonorar im (Konzern-)Anhang

Die Verpflichtung zur Angabe von Prüferhonoraren für Prüfungs- und Nichtprüfungsleistungen wurde vom deutschen Gesetzgeber bereits im Rahmen des BilReG teilweise antizipiert. (Mutter-)Unternehmen, die einen organisierten Markt i.S.d. § 2 Abs. 5 WpHG in Anspruch nehmen (sog. kapitalmarktorientierte Unternehmen), sind gemäß §§ 285 Satz 1 Nr. 17, 314 Abs. 1 Nr. 9 HGB verpflichtet, im Anhang die im Geschäftsjahr als Aufwand erfassten Prüferhonorare separat für die Tätigkeitsbereiche „Abschlussprüfung“, „sonstige Bestätigungs- oder Bewertungsleistungen“, „Steuerberatungsleistungen“ und „sonstige Leistungen“ anzugeben. Dieser persönliche Anwendungskreis deckt jedoch nicht vollumfänglich die 8. EU-Richtlinie ab. Nach der 8. EU-Richtlinie erstreckt sich die Verpflichtung zur Angabe von Prüferhonoraren – über die Kapitalmarktorientierung hinaus – grundsätzlich auf alle Unternehmen. Den Mitgliedsstaaten wird gleichwohl das Wahlrecht eingeräumt, für kleine und mittelgroße Unternehmen Erleichterungsvorschriften zu erlassen, sofern diese Unternehmen bestimmte, in der EU-Richtlinie näher bezeichnete Voraussetzungen erfüllen. Es bleibt abzuwarten, ob der deutsche Gesetzgeber das eingeräumte Wahlrecht zugunsten dieser Unternehmen ausübt.

Liberalisierung von Zulassungsvoraussetzungen für Prüfungsgesellschaften

Die Liberalisierung von Zulassungsvoraussetzungen für die Prüfungsgesellschaften umfasst zwei Aspekte. Zum einen wird Berufsfremden der Zugang in den Gesellschafterkreis und die Verwaltungs- oder Leitungsorgane einer Prüfungsgesellschaft ermöglicht. Zum anderen dürfen Personen, die in einem beliebigen Mitgliedsstaat als Wirtschaftsprüfer zugelassen sind, uneingeschränkt im Gesellschafterkreis und in Verwaltungs- oder Leitungsorganen einer Prüfungsgesellschaft vertreten sein. Diese in der EU-Richtlinie nunmehr verankerten Erleichterungsregelungen bedürfen einer Umsetzung in das deutsche Recht.

Verschwiegenheitspflichten des Abschlussprüfers

Das geltende deutsche Recht berücksichtigt bereits grundsätzlich die nach der 8. EU-Richtlinie geforderte Verschwiegenheitspflicht des Abschlussprüfers. Sofern in Mitgliedsstaaten bestehende Verschwiegenheitspflichten der Umsetzung der Richtlinie entgegenstehen, fordert diese die nationalen Gesetzgeber gleichwohl auf, dieses Hemmnis zu beseitigen. Wie diese Forderung in Anbetracht des im deutschen Berufsrecht verankerten strengen Verschwiegenheitsgrundsatzes umgesetzt werden soll, ist bislang offen.

Gewährleistung der Unabhängigkeit des Abschlussprüfers

Die bestehenden gesetzlichen Vorschriften zur Unabhängigkeit des Abschlussprüfers (§§ 319, 319a HGB) erstrecken sich stets auf die Wirtschaftsprüfungsgesellschaft und die mit ihr verbundenen Unternehmen. Der deutsche Gesetzgeber hat bislang darauf verzichtet, die Unabhängigkeitsanforderungen auf den gesamten Kooperationsverbund einer Wirtschaftsprüfungsgesellschaft auszuweiten. Die nunmehr in der EU-Richtlinie geforderte Ausrichtung der Vorschriften zur Unabhängigkeit auf das gesamte bestehende Netzwerk, dessen Mitglied der Abschlussprüfer ist, bedarf daher noch einer Umsetzung in das deutsche Recht.

Verpflichtung zur Anwendung internationaler Prüfungsgrundsätze

Die Verpflichtung zur Durchführung von Abschlussprüfungen unter unmittelbarer Zugrundelegung der internationalen Prüfungsgrundsätze ist im deutschen Recht bislang nicht verankert und bedarf daher einer Transformation. Die unmittelbare Wirkung der internationalen Prüfungsstandards setzt die Übernahme dieser Standards in das EU-Recht durch das Komitologieverfahren voraus. Aufgrund des Clarity Projects des IAASB will die EU vor einer „Adoption" der ISA gleichwohl die finale Fassung der überarbeiteten Standards noch abwarten. Bis zur Adoption der internationalen Prüfungsstandards durch die EU werden die einzelnen bestehenden Standards weiterhin durch das IDW in die deutschen nationalen Prüfungsstandards transformiert.

Einrichtung eines öffentlichen Aufsichtssystems und eines unabhängigen Qualitätssicherungssystems

Der Verpflichtung zur Einrichtung eines wirksamen öffentlichen Aufsichtssystems über den Berufsstand der Wirtschaftsprüfer hat der deutsche Gesetzgeber bereits weitgehend durch die Einrichtung eines weiteren öffentlichen Aufsichtselements – der Abschlussprüferaufsichtskommission (APAK) – Rechnung getragen. Zu prüfen ist, ob aus den Vorgaben der neuen Richtlinie weiterer Handlungsbedarf resultiert. Dies wird derzeit insbesondere im Zusammenhang mit dem Initiativrecht der Berufsaufsicht, bei Bedarf Sonderuntersuchungen von Abschlussprüfern durchzuführen, diskutiert.

Auch das bereits vor Jahren in Deutschland installierte System der externen Qualitätskontrolle genügt weitestgehend den Anforderungen der neuen Richtlinie an ein unabhängiges Qualitätssicherungssystem. Die Forderung nach der Überwachung des Qualitätssicherungssystems durch eine öffentliche Aufsicht wurde seitens des deutschen Gesetzgebers bereits durch das Abschlussprüferaufsichtsgesetz (APAG) bzw. die Einrichtung der Abschlussprüferaufsichtskommission antizipiert. Änderungsbedarf besteht gleichwohl für die Fristenregelung. So sind die Wirtschaftsprüfer im Inland verpflichtet, sich im Abstand von drei Jahren einer Qualitätskontrolle zu unterziehen, sofern sie gesetzlich vorgeschriebene Abschlussprüfungen durchführen. Die Richtlinie sieht dagegen bei Abschlussprüfungen von Unternehmen, die nicht im öffentlichen Interesse stehen, eine Frist von sechs Jahren vor. Damit steht auch für den deutschen Berufsstand die Möglichkeit einer entsprechenden Differenzierung offen.

7.6 Fortsetzung der Reformmaßnahmen

Die im Zusammenhang mit der Neuregelung der 8. EU-Richtlinie diskutierte Einführung einer einheitlichen europaweiten Regelung zur Haftungsbegrenzung für Abschlussprüfer wurde zunächst nicht umgesetzt. Der Notwendigkeit einer Harmonisierung der existierenden Haftungssysteme und die Einführung einer Begrenzung der Haftung wurde gleichwohl durch die im November 2005 erfolgte Gründung eines neuen europäischen Forums zum Thema „Begrenzung finanzieller Lasten" Rechnung getragen. Die Aufgabe des Forums besteht in der Überprüfung und Erörterung einzelner Lösungskonzepte zu dieser Fragestellung. Das Forum besteht aus zwanzig Marktfachleuten, die über besondere Erfahrung und Kenntnisse auf dem fraglichen Gebiet verfügen. Eine Liste der Forummitglieder ist auf der EU-Homepage unter http://europa.eu.int/rapid/pressReleasesAction.do?reference=MEMO/05/426 abrufbar. Ferner beabsichtigt die EU-

Kommission eine Untersuchung zu wirtschaftlichen Auswirkungen einer Änderung der Haftpflichtregelungen in Auftrag zu geben sowie Anfang 2007 einen Ergebnisbericht zu den Auswirkungen der derzeitigen nationalen Haftpflichtvorschriften für Abschlussprüfungen auf den europäischen Kapitalmarkt und auf die Versicherungsbedingungen für Abschlussprüfer zu veröffentlichen. Der Bericht soll auch eine objektive Analyse der Begrenzungen für finanzielle Haftungen beinhalten. Diese Aktivitäten sollen ggf. als Grundlage für weitere Maßnahmen dienen.

In ihren Bemühungen um die Reformierung der Abschlussprüfung in der EU hat die EU-Kommission am 14. Dezember 2005 ein weiteres Beratungsgremium eingesetzt. Die „Europäische Gruppe aus Vertretern der Aufsichtsgremien für Abschlussprüfer" (European Group of Auditors' Oversight Bodies – EGAOB) soll eine wirksame Koordination der neuen öffentlichen Aufsichtssysteme für Abschlussprüfer in der EU gewährleisten und die EU-Kommission bei der Vorbereitung etwaiger Maßnahmen zur Durchführung der 8. EU-Richtlinie fachlich unterstützen. Dies gilt insbesondere im Zusammenhang mit der Qualitätssicherung und der Übernahme der internationalen Prüfungsstandards in das EU-Recht sowie den Beziehungen mit Drittländern und grenzübergreifenden Prüfungen. Die EGAOB setzt sich aus Vertretern der öffentlichen Aufsichtseinrichtungen der Mitgliedsstaaten bzw. Vertretern der zuständigen Ministerien zusammen, sofern eine öffentliche Aufsicht über Abschlussprüfer nicht besteht. Um die Unabhängigkeit des Aufsichtssystems zu gewährleisten handelt es sich hierbei ausschließlich um Personen, die nicht als Abschlussprüfer tätig sind.

Literaturhinweise

Ballwieser, Wolfgang: Entwurf zur Modernisierung der EU-Abschlussprüferrichtlinie: Neue Transparenzvorschriften für Abschlussprüfer und Geprüfte, BB 2004, Heft 17, S. I; *Europäische Kommission:* Empfehlung „zu den Aufgaben von nicht geschäftsführenden Direktoren/Aufsichtsratsmitgliedern börsennotierter Gesellschaften sowie zu den Ausschüssen des Verwaltungs-/Aufsichtsrats", ABl. EG L 52/51 vom 25. Februar 2005; *Europäische Kommission:* Empfehlung „Mindestanforderungen an Qualitätssicherungssysteme für die Abschlussprüfung in der EU", ABl. EG L 91/91 vom 31. März 2001; *Europäische Kommission:* Empfehlung „Unabhängigkeit des Abschlussprüfers in der EU: Grundprinzipien", ABl. EG L 191/22 vom 19. Juli 2002; *Europäische Kommission:* Grünbuch über Rolle, Stellung und Haftung des Abschlussprüfers in der Europäischen Union, ABl. EG C 321/1 vom 28. Oktober 1996; *Europäische Kommission:* Mitteilung der Kommission betreffend die Abschlussprüfung in der Europäischen Union: künftiges Vorgehen, ABl. EG C 143/12 vom 8. Mai 1998; *IDW:* Clarity-Projekt des IAASB, IDW-FN 2005, S. 837 – 838; *IDW:* Novellierung der 8. EU-Richtlinie abgeschlossen, IDW-FN 2005, S. 756 – 758; *Hulle, Karel van/Lanfermann, Georg:* Mitteilung der Europäischen Kommission zur Stärkung der Abschlussprüfung, BB 2003, S. 323 – 1328; *Klein, Klaus-Günter/Tielmann, Sandra:* Die Modernisierung der Abschlussprüferrichtlinie: Vorschlag der EU-Kommission zur Überarbeitung der 8. EU-Richtlinie, WPg 2004, S. 501 – 510; *Lanfermann, Georg*: Modernisierte EU-Richtlinie zur gesetzlichen Abschlussprüfung, DB 2005, S. 2645 – 2650; *Lanfermann, Georg*: Neue EU-Richtlinie zur Abschlussprüfung, WPK Magazin 2006, S. 40 – 43; *Lanfermann, Georg:* Vorschlag der EU-Kommission zur Modernisierung der EU-Prüferrichtlinie, DB 2004, S. 609 – 613; *Pfitzer, Norbert:* Aktuelles zur Qualitätssicherung und Qualitätskontrolle, WPg 2006, S. 186 – 197; *Schildbach,*

Thomas: Der Richtlinienvorschlag der EU-Kommission vom 17. Februar 2004 zur Prüfung von Jahres- und Konzernabschluß – Weichenstellung für das Enforcement in Europa, Betriebswirtschaftliche Forschung und Praxis 2004, S. 252 – 266.

8 Transparenzrichtlinie

Am 30. März 2004 hat das Europäische Parlament den Vorschlag für die Transparenzrichtlinie angenommen. Der EU-Ministerrat hat den Vorschlag am 11. Mai 2004 gebilligt. Die Richtlinie ist am 1. Januar 2005 in Kraft getreten und muss bis zum 20. Januar 2007 in nationales Recht umgesetzt werden. Die EU-Transparenzrichtlinie stellt eine der zentralen Maßnahmen des EU-Aktionsplans für Finanzdienstleistungen dar und soll die Attraktivität des Finanzplatzes Europa erhöhen, die Informationen für Anleger verbessern und ihnen eine effizientere Kapitalallokation ermöglichen. Die wesentlichen Regelungen umfassen:

Herkunftslandprinzip

Die EU-Mitgliedsstaaten dürfen einer rechtlich selbstständigen Einheit, deren Wertpapiere (Eigen- und Fremdkapitaltitel) bereits zum Handel an einem regulierten Kapitalmarkt innerhalb der Europäischen Union zugelassen sind, keine strengeren Angabepflichten in Bezug auf periodische (z.B. Jahresabschlüsse, Zwischenabschlüsse) und laufende Informationen (z.B. Kauf oder Verkauf größerer Aktienpakete) auferlegen als der Mitgliedsstaat seiner Herkunft. Emittenten mit Notierungen in mehreren EU-Mitgliedsstaaten werden sich somit nicht länger mit unterschiedlichen Transparenzanforderungen konfrontiert sehen.

Raschere und ausführlichere Finanzberichte

Alle Emittenten werden künftig innerhalb von vier Monaten nach Ablauf ihres Geschäftsjahrs einen Jahresfinanzbericht veröffentlichen müssen. Dieser umfasst den geprüften Jahresabschluss, den Lagebericht und Erklärungen, in denen die beim Emittenten verantwortlichen Personen unter Angabe ihres Namens und ihrer Funktion nach bestem Wissen versichern, dass die im Jahresfinanzbericht enthaltenen Informationen mit den Tatsachen übereinstimmen und der Bericht frei von Auslassungen ist, die seine Aussagekraft beeinträchtigen könnten. Aktienemittenten werden zudem ausführlichere Halbjahresfinanzberichte (diese beinhalten neben einem verkürzten Abschluss nach IAS 34 auch einen Zwischenlagebericht, der auch Informationen über größere Transaktionen verbundener Unternehmen enthält) vorlegen müssen. Für Emittenten neuer Schuldverschreibungen sind ähnliche Anforderungen vorgesehen.

Zwischenlageberichte

Aktienemittenten werden zwischen dem Jahresfinanzbericht und dem Halbjahresfinanzbericht künftig auch Zwischenlageberichte veröffentlichen müssen.

Darin sollen die Finanzlage und die Auswirkungen wesentlicher Ereignisse auf die Finanzlage dargelegt werden. Von dieser Regelung ausgenommen wären Aktienemittenten, die bereits Quartalsabschlüsse vorlegen, die derartige Informationen enthalten.

Bessere Unterrichtung über bedeutende Beteiligungen

Die Öffentlichkeit soll rascher und umfassender über bedeutende Beteiligungen wichtiger Aktionäre unterrichtet werden. Änderungen in der Aktionärsstruktur des Emittenten müssen zukünftig umfassender und zeitnaher kommuniziert werden. Adressat dieser neuen Pflichten sind die beteiligten Aktionäre und das Unternehmen selbst.

Elektronische Unterrichtung der Aktionäre

Auf der Grundlage eines entsprechenden Beschlusses der Aktionärsversammlung sollten die Aktionäre innerhalb einer angemessenen Frist gegen eine elektronische Informationsübermittlung (z.B. zu Ort, Zeit und Inhalt von Treffen, zur Zuteilung und Zahlung von Dividenden oder zur Ausgabe von neuen Anteilen) Einspruch erheben können. Der Aktienemittent wäre im Gegenzug nicht gezwungen, erst die ausdrückliche Zustimmung jedes einzelnen Aktionärs abzuwarten (vgl. Abschnitt VI.9).

EU-weit verfügbare Unternehmensinformation

Die Richtlinie wird eine EU-weite Verbreitung der Unternehmensinformationen ermöglichen, die für die Anleger aller Mitgliedsstaaten zugänglich sein sollten. Der Mitgliedsstaat, in dem der Emittent seinen Sitz hat, kann darüber hinaus eine Veröffentlichung in seinen Printmedien verlangen.

Literaturhinweise

Buchheim, Regine: Die Jahres- und Zwischenberichterstattung im Entwurf der EU-Transparenz-Richtlinie, KoR 2003, S. 241 – 248; *Buchheim, Regine/Ulbrich, Philipp*: EU-Transparenz-Richtlinie: Neuregelung der periodischen und laufenden Berichterstattung kapitalmarktorientierter Unternehmen, KoR 2004, S. 273 – 287.

9 Publizitätsrichtlinie

Am 15. Juli 2003 haben das Europäische Parlament und der Europäische Rat eine Richtlinie in Bezug auf die Offenlegungspflichten von Gesellschaften bestimmter Rechtsformen („Publizitätsrichtlinie“) erlassen (http://europa.eu.int/eur-lex/pri/de/oj/dat/2003/l_221/l_22120030904de00130016.pdf). Diese basiert auf der älteren Richtlinie 68/151/EWG des Rates, die die Offenlegungspflichten von AG, KGaA und GmbH insbesondere unter Bezug auf den Schutz Dritter festlegt.

Die Publizitätsrichtlinie koordiniert die Pflicht zur Offenlegung von Unterlagen und Angaben, die Wirksamkeit der Verpflichtungen von Gesellschaften gegenüber Dritten und die Nichtigkeit von Gesellschaften.

In ihrem Bericht zur Vereinfachung der Ersten und Zweiten Gesellschaftsrechtsrichtlinie aus dem Jahr 1999 spricht die „Initiative zur Vereinfachung der Rechtsvorschriften im Binnenmarkt" („Simpler Legislation for the Internal Market" – SLIM) Empfehlungen aus, die den Zugang zu Unternehmensinformationen erleichtern und Offenlegungspflichten beschleunigen sollen. Die Empfehlungen bezogen sich dabei insbesondere auf die modernen Kommunikationsformen und die damit verbundenen Möglichkeiten zur Vereinfachung des Gesellschaftsrechts. Dementsprechend wurde insbesondere Artikel 3 der Richtlinie, der die Anlage einer zentralen Akte über das Unternehmen bei den Registern beinhaltet, neu gefasst und an eine elektronische Arbeitsweise angepasst.

Das langfristige Ziel der Richtlinie ist die Einführung eines einheitlich zugänglichen Unternehmensregisters für Europa. Dies soll vor allem dazu dienen, dem europäischen Binnenmarkt für Anleger ein Stück näher zu kommen, indem es einen grenzüberschreitenden, kostengünstigen Zugriff auf Pflichtbekanntmachungen der Unternehmen ermöglicht.

9.1 Anlage einer elektronischen Akte

Unternehmen mit Sitz in der EU müssen zum Schutz der Interessen Dritter gemäß den Vorschriften der Richtlinie 68/151/EWG u.a. den Errichtungsakt, die Satzung, die Personalien, die Bestellung und das Ausscheiden der Organmitglieder, die Vertretungsbefugten, die Bilanz inklusive Bestätigungsvermerk, die GuV, eine Verlegung des Sitzes der Gesellschaft sowie deren Auflösung offen legen. In der Publizitätsrichtlinie ist nun vorgesehen, dass es Unternehmen mit Sitz in einem Mitgliedsstaat der EU spätestens bis zum 1. Januar 2007 ermöglicht werden muss, diese zu veröffentlichenden Urkunden und Angaben, alternativ zur Einreichung in Papierform, in elektronischer Form einzureichen. Gleichzeitig wird es den Mitgliedsstaaten freigestellt, die Anlage dieser sog. elektronischen Akte für bestimmte oder alle Gesellschaften insgesamt oder in Teilen vorzuschreiben. Falls die Einreichung der Dokumente auch nach dem 1. Januar 2007 noch in Papierform möglich bleiben soll, liegt die Verantwortung der Umwandlung in die elektronische Form bei dem zuständigen Register. Alle bis zum 31. Dezember 2006 eingereichten Urkunden müssen dabei auf Verlangen des Antragstellers umgewandelt werden. Die Stellung eines Antrags auf Aushändigung einer Kopie der Urkunden und Angaben sowie die Bereitstellung der Kopie muss in elektronischer Form ermöglicht werden. Im Gegensatz zu gedruckten Kopien wird bei elektronischen Kopien eine Beglaubigung nur bei Verlangen des Antragstellers ausgestellt. Diese Beglaubigung erfolgt dabei in Form von mindestens einer elektronischen Signatur gem. Art. 2 Abs. 2 der Richtlinie 1999/93/EG über gemeinschaftliche Rahmenbedingungen für elektronische Signaturen.

9.2 Veröffentlichung im Amtsblatt

Nach der Richtlinie steht es den Mitgliedsstaaten offen, das jeweilige Amtsblatt ab 1. Januar 2007 elektronisch zu führen. Die Richtlinie ermöglicht den Ersatz des konventionellen Mediums durch eine elektronische Plattform. Diese muss dabei einen zentralen Zugriff auf die chronologisch geordneten, veröffentlichten Informationen bieten.

9.3 Gültigkeit, Umsetzung in nationales Recht

Die Umsetzung in nationales Recht hat bis zum 31. Dezember 2006 zu erfolgen. Die Bundesregierung hat deshalb bereits am 14. Dezember 2005 einen Gesetzesentwurf zur Einführung eines elektronischen Unternehmensregisters eingebracht. Zum Gesetzgebungsstand wird auf Abschnitt VII.2 verwiesen.

10 Prospektrichtlinie

10.1 Hintergrund und Zielsetzung der Richtlinie

Die Prospektrichtlinie (Richtlinie 2003/71/EG, abrufbar unter: http://europa.eu.int/eur-lex/pri/de/oj/dat/2003/l_345/l_34520031231de00640089.pdf) ist mit Veröffentlichung im EU-Amtsblatt am 31. Dezember 2003 in Kraft getreten und ersetzt die Regelungen der Börsenzulassungsprospektrichtlinie (Richtlinie 80/390/EWG, die in die Richtlinie 2001/34/EG übernommen wurde) und der Verkaufsprospektrichtlinie (Richtlinie 89/298/EWG).

Die Prospektrichtlinie ist wesentlicher Bestandteil des EU-Aktionsplans zur Schaffung eines integrierten Finanzdienstleistungs- und Kapitalmarkts in Europa (Financial Services Action Plan - FSAP) und hat die Zielsetzung, zum einen die Bedingungen für die Erstellung, Kontrolle und Verbreitung von Prospekten zu harmonisieren, welche bei einem öffentlichen Angebot von Wertpapieren oder bei der Zulassung von Wertpapieren zum Handel auf einem geregelten Markt zu veröffentlichen sind, und zum anderen durch Angleichung der Prospektstandards und Vereinheitlichung der Transparenzvorschriften bei öffentlichen Angeboten den Anlegerschutz zu verbessern. Die grenzüberschreitende Kapitalmarktbeschaffung in Europa soll dadurch erleichtert werden, dass ein Prospekt nach einmaliger Prüfung und Billigung durch die zuständige Behörde des Herkunftsmitgliedsstaats (Mitgliedsstaat, in dem der Emittent seinen Sitz hat) auch in anderen Mitgliedsstaaten (den Aufnahmemitgliedsstaaten) gültig ist („Europäischer Pass für Emittenten").

Die Prospektrichtlinie war von den Mitgliedsstaaten bis spätestens 1. Juli 2005 in nationales Recht umzusetzen. Zur Umsetzung in deutsches Recht wird auf die Ausführungen zum Wertpapierprospektgesetz (WpPG) verwiesen.

10.2 Mehrstufiges Rechtssetzungsverfahren

Die Prospektrichtlinie wurde im Rahmen des sog. Komitologieverfahrens erlassen, das zur Beschleunigung der Gesetzgebung für den Finanzbinnenmarkt ein vierstufiges Rechtssetzungskonzept mit zunehmender Konkretisierung der Regelungsbereiche vorsieht (sog. Lamfalussy-Prozess).

Stufe 1 (Level 1): Prospektrichtlinie

Die Prospektrichtlinie bildet in diesem Rechtssetzungskonzept als Rahmenrichtlinie die erste Stufe, in der nur die Grundsätze und die Durchführungsbefugnisse geregelt werden. Der durch die Prospektrichtlinie gesetzte Rahmen ist von der Kommission auf der zweiten Stufe inhaltlich auszufüllen und zu präzisieren.

Stufe 2 (Level 2): Prospektverordnung

Die technischen Durchführungsmaßnahmen sind auf der zweiten Stufe von der Kommission unter Mitwirkung des Europäischen Wertpapierausschusses (European Securities Committee, ESC) und des Ausschusses der Europäischen Wertpapieraufsichtsbehörden („Committee of European Securities Regulators“ – CESR) im Detail zu regeln. Dem kam die Kommission mit der Prospektverordnung vom 29. April 2004 (Verordnung (EG) Nr. 809/2004) nach. Die Prospektverordnung konkretisiert die Grundsätze der Prospektrichtlinie hinsichtlich der Mindestangaben, der Aufmachung und der Veröffentlichung von Prospekten sowie der Verbreitung von Werbung und gilt ab dem 1. Juli 2005 (vgl. Abschnitt VI.12).

Stufe 3 (Level 3): Anwendungsempfehlungen des Ausschusses der Europäischen Wertpapieraufsichtsbehörden (CESR)

Auf der dritten Stufe ist es Aufgabe des Ausschusses der Europäischen Wertpapieraufsichtsbehörden (CESR) durch einheitliche Leitlinien, gemeinsame Empfehlungen zu Auslegungsfragen sowie Etablierung eines Peer-Review-Verfahrens die einheitliche und gleichwertige Umsetzung der Rechtsvorschriften von Stufe eins und zwei in den Mitgliedsstaaten zu gewährleisten. Die Anwendungsempfehlungen sollen Auslegungshilfen mit weiterem Detaillierungsgrad zur Prospektverordnung geben.

Stufe 4 (Level 4): Anwendungsüberwachung durch die Kommission

Auf der vierten Stufe soll die Kommission die verstärkte Durchsetzung der EU-Vorschriften in den Mitgliedsstaaten überwachen.

10.3 Wesentliche Elemente

Anwendungsbereich und Prospektpflicht

Die Prospektrichtlinie gilt sowohl für öffentliche Angebote von Wertpapieren als auch für die Zulassung von Wertpapieren zum Handel an einem geregelten Markt und begründet hierfür grundsätzlich eine Prospektpflicht, d.h. die Pflicht einen Prospekt zu erstellen, diesen von der zuständigen Behörde billigen zu lassen und zu veröffentlichen. Die für den Anwendungsbereich bedeutsamen Begriffe, wie z.B. Wertpapiere, Nichtdividendenwerte, öffentliches Angebot, qualifizierte Anleger, geregelter Markt und Billigung, werden in der Prospektrichtlinie definiert. Als geregelter Markt ist hierbei ein Markt im Sinne der Wertpapierdienstleistungsrichtlinie (Richtlinie 93/22/EWG) zu verstehen, unter den in Deutschland der amtliche Markt und der geregelte Markt sowie EUREX Deutschland und Startup Market der Hanseatischen Wertpapierbörse fallen. Bestimmte Angebote und Zulassungen sind vom Anwendungsbereich der Prospektrichtlinie ausgenommen.

Ausnahmen von der Prospektpflicht

Die in der Prospektrichtlinie abschließend und für die Mitgliedsstaaten bindend geregelten Ausnahmen von der Prospektpflicht lassen sich im Wesentlichen in drei Kategorien systematisieren:

- Öffentliche Angebote an einen begrenzten Personenkreis (weniger als 100 natürliche oder juristische Personen pro Mitgliedsstaat), an bestimmte professionelle Anleger („qualifizierte Anleger“) oder mit geringen Volumina (Gesamtwert des Angebots von weniger als € 100.000 bezogen auf zwölf Monate) bzw. mit Mindeststückelung oder Mindestbetrag pro Anleger (von jeweils € 50.000);
- Öffentliche Angebote in bestimmten Fällen im Rahmen einer Emission: Ausgabe von Aktien im Austausch für bereits ausgegebene Aktien derselben Gattung, Übernahmetransaktion im Wege eines Tauschangebots, Verschmelzungen, Kapitalerhöhung aus Gesellschaftsmitteln und Ausgabe von Wertpapieren an Mitarbeiter oder ehemalige Mitarbeiter;
- Zulassung zum Handel an einem geregelten Markt: Die in der vorhergehenden Kategorie beschriebenen bestimmten Fälle und zusätzlich Kapitalerhöhungen von weniger als 10% (bezogen auf zwölf Monate) mit Aktien derselben Gattung bereits zugelassener Aktien mit Zulassung an demselben geregelten Markt sowie unter bestimmten Voraussetzungen Wertpapiere, die bereits zum Handel an einem anderen geregelten Markt zugelassen sind.

Anforderungen an den Prospekt: Prospektformat und Prospektinhalt

Entsprechend der Prospektrichtlinie kann ein Prospekt wie bisher aus einem einzigen Dokument oder nun auch aus mehreren Einzeldokumenten bestehen:

- Registrierungsformular (registration document) mit Angaben zur Geschäftstätigkeit und zur finanziellen Lage des Emittenten,
- Wertpapierbeschreibung (securities note) mit näheren Angaben zu den Wertpapieren
- Zusammenfassung (summary).

Aus den alternativen Prospektformaten ergeben sich keine unterschiedlichen inhaltlichen Anforderungen. Unabhängig davon, ob der Prospekt aus einem einzigen oder mehreren Einzeldokumenten besteht, müssen die Prospekte eine Zusammenfassung enthalten.

Für Nichtdividendenwerte, die im Rahmen eines Angebotsprogramms (Plan zur dauernden oder wiederholten Begebung während eines bestimmten Emissionszeitraums) oder bestimmter Daueremissionen von Kreditinstituten begeben werden, kann der Emittent einen sog. Basisprospekt erstellen, der sämtliche Angaben mit Ausnahme der endgültigen Bedingungen für das öffentliche Angebot enthält.

Die Prospektrichtlinie ermöglicht auch außerhalb der Zusammenfassung Informationen, wie bspw. Abschlüsse, Gründungsurkunden und Satzungen in Form eines Verweises auf zuvor oder gleichzeitig veröffentlichte Dokumente („incorporation by reference"), die gemäß der Prospektrichtlinie oder der Börsenzulassungsprospektrichtlinie (Richtlinie 2001/34/EG) von der zuständigen Behörde des Herkunftsmitgliedsstaats gebilligt oder bei ihr hinterlegt worden sind, in den Prospekt aufzunehmen. Hierbei sind sämtliche Verweise in einer Liste anzuführen.

Hinsichtlich der inhaltlichen Anforderungen postuliert die Prospektrichtlinie den allgemeinen Grundsatz, dass ein Prospekt „sämtliche Angaben, die entsprechend den Merkmalen des Emittenten und der öffentlich angebotenen bzw. zum Handel an dem geregelten Markt zugelassenen Wertpapiere erforderlich sind, damit die Anleger sich ein fundiertes Urteil über die Vermögenswerte und Verbindlichkeiten, die Finanzlage, die Gewinne und Verluste, die Zukunftsaussichten des Emittenten und jedes Garantiegebers sowie über die mit diesen Wertpapieren verbundenen Rechte bilden können".

Die Mindestangaben für die einzelnen Prospektteile sind grundsätzlich in den Anhängen zur Prospektrichtlinie zusammengestellt, die durch die Prospektverordnung in Schemata (schedules) und Modulen (building blocks) jeweils differenziert für die verschiedenen Wertpapierarten, Emittenten und Angebotsformen konkretisiert werden.

Zur Vereinfachung grenzüberschreitender Emissionen wurde durch die Prospektrichtlinie eine neue Sprachregelung eingeführt. Bei rein nationalen öffentlichen Angeboten bzw. Börsenzulassungen ist ein Prospekt in einer von der zuständigen Behörde des Herkunftsmitgliedsstaats anerkannten Sprache zu erstellen. Bei grenzüberschreitenden öffentlichen Angeboten bzw. Börsenzulassungen hat der Emittent ein Wahlrecht, den Prospekt entweder in einer von der zuständigen Behörde des Aufnahmemitgliedsstaats anerkannten oder in einer in internationalen Finanzkreisen gebräuchlichen Sprache (i.d.R. grundsätzlich Englisch) zu erstellen. Erfolgt das öffentliche Angebot bzw. die Börsenzulassung zugleich im Herkunftsmitgliedsstaat, ist der Prospekt zusätzlich in einer von der zuständigen nationalen Behörde anerkannten Sprache zu erstellen. Die zuständigen Behörden der jeweiligen Aufnahmemitgliedsstaaten können lediglich zusätzlich eine Übersetzung der Zusammenfassung in ihre Amtssprache verlangen.

Prüfung und Billigung eines Prospekts

Wie bisher darf ein Prospekt erst nach Billigung durch die zuständige Behörde veröffentlicht werden. Die Prospektprüfung und –billigung obliegt grundsätzlich der zuständigen Behörde des Herkunftsmitgliedsstaats (sog. Herkunftslandprinzip). Dabei erstreckt sich die Prospektprüfung auf Vollständigkeit einschließlich Kohärenz und Verständlichkeit der Informationen. Die Prospektrichtlinie bestimmt grundsätzlich eine Prüfungsfrist von zehn Arbeitstagen. Bei erstmaliger Zulassung zum Handel an einem geregelten Markt und erstmaligem öffentlichen Angebot von Wertpapieren des Emittenten verlängert sich die Prüfungsfrist auf 20 Tage. Ist ein Prospekt im Herkunftsmitgliedsstaat gebilligt, so ist er in jedem anderen Mitgliedsstaat für ein öffentliches Angebot oder für die Zulassung zum Handel gültig („Europäischer Pass"), sofern die zuständige Behörde des jeweiligen anderen Mitgliedsstaats auf Ersuchen des Emittenten in Form einer Bescheinigung über die Billigung von der Herkunftslandsbehörde unterrichtet wird.

Gültigkeitsdauer, Aktualisierungspflicht und Nachtrag zum Prospekt

Ein gebilligter Prospekt ist nach seiner Veröffentlichung zwölf Monate lang gültig, sofern er um etwaige erforderliche Nachträge ergänzt wird. Die Prospektrichtlinie sieht eine Nachtragspflicht für wichtige neue Umstände oder wesentliche Unrichtigkeiten oder Ungenauigkeiten hinsichtlich der Prospektangaben vor, die nach Billigung des Prospekts bis zum Schluss des öffentlichen Angebots bzw. der Eröffnung des Handels auftreten bzw. festgestellt werden. Auch die Nachträge müssen wie die Prospekte gebilligt werden und sind in gleicher Weise zu veröffentlichen.

Neben der oben angeführten Aktualisierungspflicht veröffentlichter Prospekte begründet die Prospektrichtlinie für Emittenten, deren Wertpapiere zum Handel an einem geregelten Markt zugelassen sind, auch eine jährliche Informationspflicht, indem sie jährlich nach Veröffentlichung des Jahresabschlusses ein Dokument bei der zuständigen Behörde des Herkunftsmitgliedsstaats hinterlegen müssen, das alle Informationen enthält oder auf sie verweist, die in den vorangegangenen zwölf Monaten aufgrund kapitalmarktrechtlicher Vorschriften des Gemeinschaftsrechts oder der einzelstaatlichen Ebene veröffentlicht oder dem Publikum zur Verfügung gestellt wurden.

Hinterlegung und Veröffentlichung des Prospekts

Nach seiner Billigung ist der Prospekt bei der zuständigen Behörde des Herkunftsmitgliedsstaats zu hinterlegen und „so bald wie praktisch möglich" zu veröffentlichen. Der Prospekt kann nach Wahl des Emittenten in einer Zeitung, in gedruckter Form oder auch in elektronischer Form auf der Website des Emittenten, des die Wertpapiere platzierenden oder verkaufenden Finanzintermediärs, des geregelten Markts oder der Zulassungsbehörde veröffentlicht werden. Bei Veröffentlichung in elektronischer Form muss der Prospekt auch in Papierform zur kostenlosen Abgabe an Anleger bereitgestellt werden.

Fundstellen Richtlinie und Verordnung

Richtlinie 2003/71/EG des Europäischen Parlaments und des Rates vom 4. November 2003 betreffend den Prospekt, der beim öffentlichen Angebot von Wertpapieren oder bei deren Zulassung zum Handel zu veröffentlichen ist, und zur Änderung der Richtlinie 2001/34/EG, ABl. EG L 345 vom 31. Dezember 2003, S. 64 ff.; Verordnung (EG) Nr. 809/2004 der Kommission vom 29. April 2004 zur Umsetzung der Richtlinie 2003/71/EG des Europäischen Parlaments und des Rates betreffend die in Prospekten enthaltenen Informationen sowie das Format, die Aufnahme von Informationen mittels Verweis und die Veröffentlichung solcher Prospekte und die Verbreitung von Werbung, ABl. EG L 149 vom 30. April 2004, S. 1 ff, und L 186 vom 18. Juli 2005, S. 3 ff.; CESR: CESR's recommendations for the consistent implementation of the European Commission's Regulation on Prospectuses n° 809/2004, February 2005 (Ref: CESR/05-054b), abrufbar unter: www.cesr-eu.org.

Literaturhinweise

Holzborn, Timo/Schwarz-Gondek, Nicolai: Die neue EU-Prospektrichtlinie, BKR 2003, S. 927 – 935; *Kunold, Uta/Schlitt, Michael*: Die neue EU-Prospektrichtlinie, BB 2004, S. 501 – 512; *Sandberger, Christoph*: Die EU-Prospektrichtlinie – „Europäischer Pass für Emittenten", Europäisches Wirtschafts- & Steuerrecht 2004, S. 297 – 303; *Schmolke, Klaus Ulrich*: Der Lamfalussy-Prozess im Europäischen Kapitalmarktrecht – eine Zwischenbilanz, NZG 2005, S. 912 – 915.

11 Übernahmerichtlinie

11.1 Zielsetzung der Richtlinie

Nach langjährigen Verhandlungen ist am 30. März 2004 die Richtlinie (2004/25/EG) betreffend Übernahmeangebote (Übernahmerichtlinie) verabschiedet worden, welche von den Mitgliedsstaaten bis Mai 2006 in nationales Recht umzusetzen ist (Art. 21 Abs. 1 ÜbernahmeRL). Die Richtlinie verfolgt das Ziel, innerhalb der Europäischen Union einheitliche Ausgangsbedingungen (ein sog. „Level Playing Field“) für Übernahmeangebote zu schaffen. Konkret fixiert sie den Rahmen für einen Anteilskauf an einer börsennotierten Gesellschaft, wenn der Investor auf die Ausübung der Kontrolle abzielt oder diese bereits erworben hat. In diesen Fällen ist er verpflichtet, allen Wertpapierinhabern ein Angebot für alle ihre Anteile zu einem angemessenen Preis zu unterbreiten (Art. 5 Abs. 1 ÜbernahmeRL). Diese Regelung dient dem Schutz der Minderheitsaktionäre, welchen auf diese Weise sowohl eine Gleichstellung mit Großaktionären als auch ein geregelter Austritt aus ihrem Engagement ermöglicht werden soll (Art. 3 Abs. 1a ÜbernahmeRL). Geht dem Kontrollerwerb ein freiwilliges Übernahmeangebot an alle Wertpapierinhaber voraus, entfällt die Pflicht zur Abgabe eines öffentlichen Angebots (Art. 5 Abs. 2 ÜbernahmeRL).

11.2 Anwendungsbereich

Der sachliche Regelungsbereich der Richtlinie erstreckt sich grundsätzlich auf übertragbare und stimmberechtigte Wertpapiere im Sinne des Art. 2 Abs. 1e ÜbernahmeRL. Keine Anwendung findet sie bei Anteilsscheinen, die von Gesellschaften ausgegeben werden, um die dafür erhaltenen Geldbeträge nach dem Grundsatz der Risikostreuung gemeinsam anzulegen und die auf Verlangen der Anteilsinhaber zurückgenommen oder ausbezahlt werden (Art. 1 Abs. 2 ÜbernahmeRL). Außerdem gilt sie nicht für Wertpapiere, welche die Zentralbanken der Mitgliedsstaaten emittieren (Art. 1 Abs. 3 ÜbernahmeRL).

Damit ein Angebot in den räumlichen Anwendungsbereich der Richtlinie fällt, muss es sich zum einen auf die Wertpapiere eines Unternehmens beziehen, das dem Recht eines Mitgliedsstaates unterliegt. Zum anderen müssen die Anteilsscheine entweder ganz oder zumindest teilweise auf einem geregelten Markt i.S.d. Wertpapierdienstleistungsrichtlinie (93/22/EWG) innerhalb der EU zugelassen sein (Art. 1 Abs. 1 ÜbernahmeRL). Hinsichtlich der Bietergesellschaft ergeben sich keinerlei räumliche Restriktionen. Demgemäß sind durch die Richtlinie im Wesentlichen die folgenden beiden Fälle erfasst:

- Sitz der Zielgesellschaft und Zulassungsort der Wertpapiere liegen innerhalb der EU und sind identisch,
- Sitz der Zielgesellschaft und Zulassungsort der Wertpapiere liegen innerhalb der EU, befinden sich aber in unterschiedlichen Mitgliedsstaaten.

11.3 Zweistufiges Optionsmodell

Hinsichtlich der Umsetzung enthält die Richtlinie ein zweistufiges Optionsmodell (Art. 12 ÜbernahmeRL), wonach auf der ersten Stufe den Mitgliedsstaaten und auf der zweiten Stufe den einzelnen Unternehmen ein Wahlrecht für die Anwendung der Neutralitätspflicht bzw. der Durchbrechungsregel eingeräumt wird. Gemäß diesem Modell haben die Mitgliedsstaaten zunächst das Recht, von der

Umsetzung dieser Regelungen abzusehen (Opt-out durch die Mitgliedsstaaten; Art. 12 Abs. 1 ÜbernahmeRL). In diesem Fall müssen sie dann allerdings den Unternehmen mit Sitz in ihrem Hoheitsgebiet die Möglichkeit eröffnen, sich den strengeren Beschränkungen der Richtlinie zu unterwerfen (individuelles Opt-in; Art. 12 Abs. 2 ÜbernahmeRL). Notwendig ist dazu ein Hauptversammlungsbeschluss mit einer Mehrheit für die Änderung der Satzung. Individuelle Opt-in-Entscheidungen sind den Aufsichtsstellen im Sitzstaat sowie in allen Mitgliedsstaaten, in denen die Aktien des Unternehmens an einem geregelten Markt zugelassen sind bzw. die Zulassung beantragt wurde, bekannt zu geben. Ferner ist zu beachten, dass ein Opt-out lediglich von der übernahmerechtlichen Neutralitätspflicht entbindet, nicht jedoch von den per Aktiengesetz veranlassten Beschränkungen in Bezug auf Abwehrmaßnahmen (wie z.B. die Ausgabe neuer Aktien oder der Rückerwerb eigener Anteile).

11.3.1 Neutralitätspflicht

Entsprechend den grundsätzlichen Regelungen der Richtlinie dürfen Vorstand und Aufsichtsrat der Zielgesellschaft nach Veröffentlichung des Angebots bis zur Ergebnisbekanntgabe Abwehrmaßnahmen, durch die der Erfolg des Angebots gefährdet werden könnte, nur dann vornehmen, wenn dazu eine Ermächtigung von Seiten der Hauptversammlung vorliegt (Art. 9 Abs. 2 ÜbernahmeRL). Demzufolge müssen bei einem Opt-in, anders als bislang bei Vorratsbeschlüssen, konkrete Verteidigungshandlungen zunächst von den Aktionären genehmigt werden. Die Anteilseigner erhalten dadurch die Möglichkeit, erst nach Vorlage des konkreten Angebots sowie der Stellungnahme des Vorstands einen Entschluss zu fassen. Als zustimmungspflichtige Maßnahmen kommen beispielsweise Kapitalerhöhungen, der Verkauf wesentlicher Betriebsteile oder die Ausgabe eigener Aktien in Betracht.

Die Neutralitätspflicht der Richtlinie wird von zwei Ausnahmen durchbrochen. Zum einen handelt es sich dabei um die Suche nach einem konkurrierenden Angebot („Weißer Ritter"; Art. 9 Abs. 2 ÜbernahmeRL) sowie zum anderen um Entscheidungen, die das Leitungs- bzw. Kontrollorgan der Zielgesellschaft vor der Veröffentlichung des Angebots zwar gefasst, aber weder teilweise noch vollständig umgesetzt hat. Falls letztere nicht zum normalen Geschäftsbetrieb der Gesellschaft zählen und ihre Umsetzung zu einer Vereitelung des Angebots führen könnte, bedürfen sie der Zustimmung durch die Hauptversammlung (Art. 9 Abs. 3 ÜbernahmeRL).

11.3.2 Durchbrechungsregel

Während die Neutralitätspflicht einheitliche Verhaltensweisen des Leitungs- bzw. Verwaltungsorgans anstrebt, versucht die Durchbrechungsregel gleiche Ausgangsbedingungen für Übernahmeangebote zu schaffen und somit den Markt bis zu einem gewissen Grad für Übernahmen zu öffnen. Zu diesem Zweck setzt sie bestimmte Übernahmehindernisse außer Kraft (Art. 11 ÜbernahmeRL), sofern durch die Zielgesellschaft entsprechende Vereinbarungen nach In-Kraft-Treten der Richtlinie – also nach dem 21. April 2004 – beschlossen worden sind. Während der in Art. 7 Abs. 1 ÜbernahmeRL festgelegten Annahmefrist sind zum Beispiel satzungsmäßige und vertragliche Beschränkungen hinsichtlich der Übertragung von Wertpapieren gegenüber dem Bieter unwirksam. Vinkulierte Namensaktien können damit ohne Zustimmung der Zielgesellschaft an den Bieter übertragen werden. Dasselbe gilt auch für eventuell existierende Stimmbindungsverträge zwischen den Aktionären (Art. 11 Abs. 2 ÜbernahmeRL).

Außerdem haben in einer Hauptversammlung, die über etwaige Abwehrmaßnahmen berät, Stimmrechtsbeschränkungen keinerlei Wirkung, auch wenn sie in der Satzung der Zielgesellschaft verankert sind oder auf Altverträgen beruhen (Art. 11 Abs. 3 ÜbernahmeRL). Sollten jedoch für die Einschränkung des Stimmrechts besondere finanzielle Vorteile gewährt worden sein, wie dies beispielsweise bei stimmrechtslosen Vorzugsaktien der Fall ist, so findet die Durchbrechungsregel keine Anwendung (Art. 11 Abs. 6 ÜbernahmeRL). Grundsätzlich hat ein Bieter, der nach erfolgtem Angebot mehr als 75% des stimmberechtigten Kapitals erhalten hat, das Recht, eine Hauptversammlung einzuberufen. Aufgrund seiner Stimmrechtsmehrheit kann er dann zum Beispiel die Satzung ändern oder Aktionärsvertreter im Aufsichtsrat auswechseln. Übertragungs- und Stimmrechtsbeschränkungen sowie Entsendungsrechte spielen dabei keine Rolle (Art. 11 Abs. 4 ÜbernahmeRL).

11.4 Transparenz

Unabhängig vom Vorliegen eines konkreten Übernahmeangebots verlangt die Richtlinie von den betroffenen Gesellschaften die jährliche Offenlegung bestehender Strukturen und Mechanismen, welche einer Kontrollübernahme entgegenstehen können (Art. 10 Abs. 1 ÜbernahmeRL). Auf diese Art und Weise soll dem potenziellen Bieter bei der Vorbereitung des Übernahmeangebots ein möglichst detailliertes Bild von der Zielgesellschaft vermittelt werden. Zu veröffentlichen sind u.a. Informationen über:

- Kapitalzusammensetzung,
- Übertragungsbeschränkungen,
- bedeutende Beteiligungen,
- besondere Kontrollrechte,
- Stimmrechte bei Beteiligung von Arbeitnehmern,
- Mechanismen zur Beschränkung des Stimmrechts,
- Stimmbindungsverträge,
- Ernennung und Ersetzung von Mitgliedern des Leitungs- bzw. Verwaltungsorgans,

- Befugnisse der Mitglieder des Leitungs- bzw. Verwaltungsorgans,
- Verträge betreffend eines Kontrollwechsels, sofern ihre Offenlegung nicht von erheblichem Nachteil für die Gesellschaft ist,
- Abfindungsvereinbarungen (Golden und Tin Parachutes).

Diese erweiterten Transparenzanforderungen beziehen sich sowohl auf den Lagebericht im Einzelabschluss als auch auf den Konzernlagebericht (Art. 10 Abs. 2 ÜbernahmeRL). Infolgedessen unterliegen derartige Informationen gemäß § 171 Abs. 1 AktG der Überprüfung durch den Aufsichtsrat sowie nach § 316 HGB der Prüfungspflicht durch den Abschlussprüfer. Zusätzlich hat das Leitungs- bzw. Verwaltungsorgan des betroffenen Unternehmens die Pflicht, den Anteilseignern auf der Hauptversammlung einen erläuternden Bericht über die offen gelegten Informationen zu geben (Art. 10 Abs. 3 ÜbernahmeRL).

11.5 Squeeze-out und Sell-out

Daneben legt die Richtlinie europaweit ein einheitliches Verfahren fest, welches den Ausschluss von Minderheitsaktionären (Squeeze-out; Art. 15 ÜbernahmeRL) sowie deren Recht auf Andienung verbliebener Aktien (Sell-out; Art. 16 ÜbernahmeRL) regelt. Zielsetzung ist letztlich die Erleichterung von erforderlichen Umstrukturierungsmaßnahmen nach einer erfolgten Übernahme. Zwar verfügt Deutschland mit § 327a Abs. 1 AktG bereits über eine entsprechende Vorschrift zum Ausschluss von Minderheitsaktionären, doch regelt diese nicht spezifisch das Squeeze-out in einer Übernahmesituation, der ein an alle Wertpapierinhaber gerichtetes öffentliches Angebot für sämtliche Wertpapiere durch den Bieter vorausging.

Die Antwort auf die Frage, welcher Schwellenwert letztlich für ein Squeeze-out erreicht werden muss, überlässt die Richtlinie weitgehend den einzelnen Mitgliedsstaaten. Prinzipiell haben sie die Möglichkeit, zwischen zwei Alternativen zu wählen (Art. 15 Abs. 2 ÜbernahmeRL). Bei Alternative 1 können die Minderheitsaktionäre vom Bieter gegen eine angemessene Abfindung aus der Unternehmung ausgeschlossen werden, falls er 90 bis 95% des stimmberechtigten Kapitals und der Stimmrechte besitzt. Alternative 2 stellt auf die im Rahmen des öffentlichen Angebots erworbenen Wertpapiere ab. Demgemäß kann ein Ausschluss nur dann erfolgen, wenn der Bieter durch die Übernahme von mindestens 90% des stimmberechtigten Kapitals und der Stimmrechte der Zielgesellschaft erworben hat. Mit beiden Regelungen sollen eventuell bestehende Ungleichgewichte zwischen Stamm- und Mehrstimmrechtsaktien kompensiert werden. Das heißt ein Bieter, der zum Beispiel 90% des Grundkapitals, aber nur 45% der Stimmen besitzt bzw. erworben hat, kann die Minderheitsaktionäre nicht ausschließen. Ob die den Minderheitsaktionären unterbreitete Ausschlussofferte als angemessen betrachtet werden kann, hängt von der Art des Übernahmeangebots ab. Bei einem Pflichtangebot ist von einer Angemessenheit auszugehen, falls die

Abfindung dem Preis des vorangegangenen Übernahmeangebots entspricht. Ein freiwilliges Angebot gilt als angemessen, wenn der Bieter durch die Annahme des Angebots mindestens 90% des stimmberechtigten Grundkapitals erworben hat (Art. 15 Abs. 5 ÜbernahmeRL). Insgesamt hat der Bieter für die Ausübung eines Squeeze-out nach Ablauf der Annahmefrist drei Monate Zeit (Art. 15 Abs. 4 ÜbernahmeRL).

Sofern dem Erwerber entsprechend der Richtlinie ein Recht zum Squeeze-out eingeräumt wird, können die verbliebenen Minderheitsaktionäre einer Zielgesellschaft, die das Angebot nicht angenommen haben, bis zu drei Monate nach Ablauf der Annahmefrist von ihm verlangen, dass er ihre Wertpapiere zu einem angemessenen Preis abkauft (Art. 16 Abs. 2 und 3 ÜbernahmeRL). Dieses als „Sell-out" bezeichnete Andienungsrecht, welches in Deutschland bislang nicht existiert, verfolgt den Zweck, dass auch die Inhaber von weniger marktliquiden Wertpapieren genügend Zeit haben sollen, um sich bezüglich des Übernahmeangebots zu entscheiden. Mit Blick auf den Schwellenwert und die Angemessenheit bei einem Sell-out finden die Regelungen zum Squeeze-out Anwendung.

11.6 Ausblick

In einer Revisionsklausel hat sich die EU-Kommission dazu verpflichtet, die Übernahmerichtlinie fünf Jahre nach ihrer Umsetzung – also im Jahr 2011 – auf Grundlage ihrer bis dahin gewonnenen Erkenntnisse zu überprüfen und gegebenenfalls zu ändern (Art. 20 ÜbernahmeRL). Die Umsetzung der Richtlinie in deutsches Recht hat bis spätestens zum 20. Mai 2006 zu erfolgen.

Richtlinienfundstellen

Richtlinie 2004/25/EG des Europäischen Parlaments und des Rates vom 21. April 2004 betreffend Übernahmeangebote (Übernahmerichtlinie), Stand: 15. Februar 2006, Download unter http://europa.eu.int/eur-lex/lex/LexUriServ/site/de/oj/ 2004/l_142/l_14220040430de00120023.pdf; Richtlinie 93/22/EWG des Rates vom 10. Mai 1993 über Wertpapierdienstleistungen (Wertpapierdienstleistungsrichtlinie), ABl. EG L 141/27 vom 11. Juni 1993.

Literaturhinweise

Krause, Hartmut: Die EU-Übernahmerichtlinie – Anpassungsbedarf im Wertpapiererwerbs- und Übernahmegesetz, BB 2004, S. 113 – 119; *Lanfermann, Georg/Maul, Silja*: EU-Übernahmerichtlinie – Aufstellung und Prüfung des Lageberichts, BB 2004, S. 1517 – 1521; *Maul, Silja/Muffat-Jeandet, Danièle*: Die EU-Übernahmerichtlinie – Inhalt und Umsetzung in nationales Recht (Teil I und II), AG 2004, S. 221 – 234 und S. 306 – 318; *Schüppen, Matthias*: WpÜG-Reform – Alles Europa, oder was?, BB 2006, S. 165 – 171.

12 Corporate Governance betreffende Initiativen auf Ebene der EU

12.1 Regelung für die Vergütung von Mitgliedern der Unternehmensführung börsennotierter Aktiengesellschaften

Die EU-Kommission hat im Mai 2003 den Aktionsplan zur Modernisierung des Gesellschaftsrechts und zur Verbesserung der Corporate Governance in der Europäischen Union verabschiedet. Dieser zielt darauf ab, das Anlegervertrauen zu fördern. Hierzu soll insbesondere den Aktionären die Einschätzung des Verhältnisses zwischen dem Unternehmensergebnis und der Höhe der Direktorengehälter sowohl ex ante als auch ex post ermöglicht werden. Die Grundlagen für eine weitergehende und als ausreichend zu betrachtende Transparenz gegenüber den Anlegern wird im Rahmen der von der Kommission der Europäischen Gemeinschaften am 14. Dezember 2004 bekannt gegebenen „Empfehlung zur Einführung einer angemessenen Regelung für die Vergütung von Mitgliedern der Unternehmensleitung börsennotierter Gesellschaften" (2004/913/EG) dargelegt. Die Kernpunkte werden nachfolgend zusammengefasst.

12.1.1 Offenlegung des allgemeinen Vergütungskonzepts

Eine Erklärung der börsennotierten Gesellschaft zu ihrer Vergütungspolitik, die so genannte Vergütungserklärung, sollte „Teil eines eigenständigen Vergütungsberichts sein und/oder in den Jahresabschluss und den Lagebericht oder in den Anhang zum Jahresabschluss der Gesellschaft aufgenommen werden". Fraglich ist, wie der Wortlaut der Empfehlung auszulegen ist. Grundsätzlich ist nach dem Wortlaut die Vergütungserklärung Bestandteil eines eigenständigen Vergütungsberichts, woraus abzuleiten ist, dass es sich hierbei um ein in sich geschlossenes Berichtselement handelt. Unklar hingegen ist, an welcher Stelle die Berichterstattung erfolgen soll. Unseres Erachtens eröffnet der Wortlaut der Empfehlung zwei alternative Verfahrensweisen.

Zum einen kann die Vergütungserklärung ein in sich geschlossener Bericht innerhalb des Anhangs sein. Sie kann jedoch zum anderen auch ein eigenständiger Bestandteil, das heißt ein in sich geschlossener Bericht, im Jahresabschluss und Lagebericht sein. Bei Letzterem gibt es wiederum drei Auslegungsmöglichkeiten. Die Vergütungserklärung kann neben Bilanz, GuV und Anhang ein viertes Pflichtelement des Jahresabschlusses sein. Sie kann aber auch ferner – wie zum Beispiel der Risikobericht – als eigenes Berichtselement in den Lagebericht aufgenommen werden. Letztlich ist es auch möglich, die Vergütungserklärung sowohl in den Lagebericht als auch in den Jahresabschluss aufzunehmen. Ebenso ist auch eine Berichterstattung im Anhang und Lagebericht denkbar.

Unabhängig davon, wie der nationale Gesetzgeber der Empfehlung folgt, sollen mit der Vergütungserklärung Mindestpflichten erfüllt werden. Die Vergütungserklärung soll beschreiben, nach welchem Konzept die börsennotierte Gesellschaft die Mitglieder der Unternehmensleitung im laufenden und in den folgenden Jahren vergütet und wie die Vergütungspolitik bisher umgesetzt wurde, wobei erhebliche Änderungen hervorgehoben werden sollten.

Die Vergütungserklärung informiert über

- das Verhältnis von variablen und fixen Komponenten der Vergütung,
- die Erfolgskriterien, an denen sich Aktienoptionen und variable Vergütungskomponenten orientieren,
- die Erfolgsbindung der Vergütung,
- die Gründe von Bonusregelungen,
- die Merkmale der betrieblichen Altersversorgungs- und Vorruhestandsregelungen für Mitglieder der Unternehmensleitung.

Zusätzlich sieht die Empfehlung Angaben zur Dauer der Verträge mit geschäftsführenden Direktoren und Vorstandsmitgliedern sowie Informationen zu den Kündigungsfristen und Abfindungszahlungen vor.

Die für die Festlegung der Vergütung zuständigen Gremien und deren Rolle bei der Beschlussfassung soll offen gelegt werden und die EU-Kommission rät dazu, die Vergütungspolitik den Tagesordnungspunkten der Hauptversammlung hinzuzufügen, sodass eine Abstimmung darüber stattfinden kann, sofern mindestens 25% der Aktionäre dies beantragen.

12.1.2 Offenlegung der individuellen Vergütung

Der Vergütungsbericht legt die Gesamtvergütung der Mitglieder der Unternehmensleitung offen und enthält Angaben über

- den Gesamtbetrag des Gehalts,
- die Vergütungen von Unternehmen, die zur selben Gruppe gehören,
- die Gewinnbeteilungen und Prämien sowie die Gründe für deren Gewährung,
- die Zusatzvergütungen für besondere Leistungen,
- die Leistungen an frühere geschäftsführende Direktoren und Vorstandsmitglieder,
- den geschätzten Gesamtwert der unbaren Vergütungsleistungen.

Um den Anlegern einen umfassenden Überblick über variable Vergütungen der Mitglieder der Geschäftsführung zu ermöglichen, sollten sie über die Anzahl der vergebenen Aktienoptionen einschließlich der Konditionen und über das Verhältnis zwischen ausgeübten und nicht ausgeübten Aktienoptionen informiert werden.

12.1.3 Genehmigung von aktienbasierten Vergütungen durch die Hauptversammlung

Die Empfehlung fordert die Genehmigung der aktienbezogenen Vergütung durch die Aktionäre in Form eines Beschlusses der Hauptversammlung, der folgende Punkte umfasst:

- Gewährung von aktienbezogenen Vergütungsformen,
- Höchstzahl und die Konditionen für die Gewährung,
- Änderungen an den Konditionen,
- Ausübungsfrist,
- Voraussetzungen für nachfolgende Änderungen des Optionskurses,
- sonstige Incentive-Leistungen für Mitglieder der Unternehmensleitung,
- Überblick über die Kosten, die der Gesellschaft daraus entstehen.

Seitens der EU wird empfohlen, dass die Mitgliedsstaaten spätestens ab 30. Juni 2006 Maßnahmen ergreifen, um den genannten Empfehlungen nachzukommen. Damit auf Ebene der EU einheitliche Standards erzielt werden können, sollen die Mitgliedsstaaten die Kommission darüber informieren, ob und wie sie der Empfehlung nachgekommen sind.

12.2 Empfehlung zu den Aufgaben von nicht geschäftsführenden Direktoren und Aufsichtsratsmitgliedern börsennotierter Gesellschaften sowie zu den Ausschüssen des Verwaltungs- und Aufsichtsrats

Der von der EU-Kommission im Mai 2003 verabschiedete Aktionsplan zur Modernisierung des Gesellschaftsrechts und zur Verbesserung der Corporate Governance in der Europäischen Union fordert die Stärkung der Aktionärsrechte und den Schutz von Gläubigern und Dritten sowie die Steigerung der Effizienz und der Wettbewerbsfähigkeit.

Zur Umsetzung des Aktionsplans und zur Erreichung der Ziele, die dieser beinhaltet, brachte die Kommission der Europäischen Gemeinschaften am 15. Februar 2005 die „Empfehlung zu den Aufgaben von nicht geschäftsführenden Direktoren/Aufsichtsratsmitgliedern börsennotierter Gesellschaften sowie zu den Ausschüssen des Verwaltungs-/Aufsichtsrats“ (2005/162/EG) ein, die eine Stärkung der Aufgaben der nicht geschäftsführenden Direktoren bzw. Aufsichtsratsmitglieder sowie die Einsetzung von Ausschüssen zur Überwachung fordert.

Die Empfehlung, die sich in drei Teile gliedert, legt im ersten Teil den Anwendungsbereich fest, thematisiert im zweiten Teil die Präsenz und die Aufgaben der nicht geschäftsführenden Direktoren/Aufsichtsratsmitglieder und im dritten Teil deren Profil.

Die Kommission empfiehlt eine etwa gleiche Anzahl von geschäftsführenden und nicht geschäftsführenden Mitgliedern im Verwaltungsrat bzw. im Vorstand und Aufsichtsrat, sodass eine hinreichende Überwachung der geschäftsführenden Direktoren gewährleistet erscheint.

Um eine objektive Wahrnehmung der Aufsichtsfunktionen zu garantieren, rät die Kommission, die Aufgaben des Vorsitzenden und des für die Geschäftsführung verantwortlichen Generaldirektors zu trennen oder zumindest zeitlich abzugrenzen (der für die Geschäftsführung verantwortliche Generaldirektor übernimmt nicht sofort den Posten des Verwaltungsrats-/Aufsichtsratsvorsitzenden).

Die Überwachungsfunktion der nicht geschäftsführenden Direktoren/Aufsichtsratsmitglieder ist insbesondere bei der Bestellung und Vergütung der Mitglieder der Unternehmensleitung sowie der Abschlussprüfung notwendig, da in diesen zwei Bereichen Interessenkonflikte bestehen, die es zu beseitigen oder zu verhindern gilt. Um die Funktion der nicht geschäftsführenden Direktoren/Aufsichtsratsmitglieder in diesen Bereichen zu stärken, wird börsennotierten Gesellschaften empfohlen, Nominierungs-, Vergütungs- und Prüfungsausschüsse im Verwaltungs-/Aufsichtsrat einzusetzen.

Diese Ausschüsse nehmen durch ihre Empfehlungen Einfluss, während der Verwaltungs-/Aufsichtsrat weiterhin entscheidungsbefugt bleibt. Die Empfehlungen, die von den Ausschüssen abgegeben werden, dienen der Vorbereitung der Beschlüsse des Verwaltungs-/Aufsichtsrats, um dessen Arbeit somit effizienter zu gestalten.

Um die Leistungsfähigkeit des Verwaltungs-/Aufsichtsrats zu gewährleisten, sollte dieser jährlich eine Selbstbeurteilung durchführen, die Organisation, Arbeitsweise, Kompetenz und Leistung bewertet und diese Beurteilung auch offen legt.

Die Kommission empfiehlt börsennotierten Gesellschaften, die geschäftsführenden Direktoren nur für einen bestimmten, aber verlängerbaren Zeitraum zu bestellen und die Möglichkeit der Entlassung nicht einzuschränken.

Die Mitglieder des Verwaltungs-/Aufsichtsrats und des Prüfungsausschusses sollen über die erforderlichen Fachkenntnisse und Erfahrungen verfügen oder ihre Fähigkeiten und Kenntnisse auffrischen. Neue Mitglieder nehmen idealerweise an einer unternehmensspezifischen Einführung teil, um über Aufgaben und Verantwortlichkeiten der Unternehmensleitung informiert zu sein.

Die Mitglieder der Unternehmensleitung sollten der Erfüllung ihrer Aufgaben genügend Zeit und Aufmerksamkeit widmen und anderweitige berufliche Verpflichtungen offen legen.

Um Interessenkonflikte und damit eine Einschränkung des Urteilsvermögens zu vermeiden, dürfen die Mitglieder in keiner geschäftlichen oder familiären Beziehung zur Gesellschaft oder Geschäftsführung stehen, d.h. sie müssen unabhängig sein. Jedoch definiert der Verwaltungs-/Aufsichtsrat „Unabhängigkeit" selbst und legt offen, welche Mitglieder er als unabhängig betrachtet.

Die Mitgliedsstaaten ergreifen geeignete Maßnahmen, sodass die in der Empfehlung festgelegten Grundsätze ab dem 30. Juni 2006 in den Mitgliedsstaaten angewendet werden können.

Die Empfehlung zielt darauf ab, Interessenkonflikte zu beseitigen und die Aktionärsrechte zu stärken. Aus diesem Grund ist ein stärkerer Einfluss der nicht geschäftsführenden Direktoren/Aufsichtsratsmitglieder, insbesondere bei der Überwachung der geschäftsführenden Direktoren/des Vorstands, zu erwarten. Da Empfehlungen jedoch grundsätzlich nur Leitliniencharakter besitzen, sind börsennotierte Gesellschaften nicht zur Umsetzung verpflichtet.

13 Dritte EU-Anti-Geldwäscherichtlinie

Die von EU-Parlament und Rat am 26. Oktober 2005 verabschiedete Richtlinie zur Verhinderung der Nutzung des Finanzsystems zum Zwecke der Geldwäsche und der Terrorismusfinanzierung (sog. Dritte EU-Anti-Geldwäscherichtlinie) wurde am 25. November 2005 im EU-Amtsblatt veröffentlicht (http://europa.eu.int/eur-lex/lex/LexUriServ/site/de/oj/2005/l_309/l_30920051125de00150036.pdf). Sie trat 20 Tage nach der Veröffentlichung am 15. Dezember 2005 in Kraft. Direkt hat die Richtlinie auf die Verpflichteten nach dem Geldwäschegesetz (GwG) keine Auswirkungen. Vielmehr ist nun erst einmal jeder nationale Gesetzgeber verpflichtet, binnen zwei Jahren ab dem In-Kraft-Treten, seine nationalen Gesetze (primär GwG und KWG) den geänderten Vorgaben anzupassen.

Mit der Richtlinie sollen vor allem die in 2003 neu gefassten Empfehlungen der Financial Action Task Force on Money Laundering (FATF) zur Bekämpfung von Geldwäsche und Terrorismusfinanzierung umgesetzt werden, was zudem mit einer Harmonisierung der in den einzelnen Mitgliedsstaaten bisher geltenden Vorschriften verbunden ist.

Die teilweise bereits in deutsches Recht umgesetzten bzw. vorhandenen Anforderungen der Richtlinie betreffen insbesondere Sorgfaltspflichten gegenüber Kunden (Legitimation im Sinne Customer Due Diligence), den Einbezug der Bekämpfung der Terrorismusfinanzierung, einen risikobasierten Ansatz bei der Identifizierung von Kunden sowie eine diesbezügliche Konkretisierung hinsichtlich der angewendeten Verfahren. Die Feststellung des wirtschaftlichen Eigentümers sowie die Schaffung eines Komitologieverfahrens (Ausschuss mit Aufgaben wie Entwicklung von Umsetzungsmaßnahmen, Kriterien für Erleichterungen/Verschärfungen, Definition von politisch exponierten Personen etc.) sind weitere Bestandteile der Richtlinie. Die wesentlichen Punkte werden im Folgenden kurz aufgegriffen.

Die Richtlinie gilt primär für Kredit- und Finanzinstitute, Immobilienmakler, Kasinos sowie Abschlussprüfer und ähnliche Berufe. Notare sowie weitere Rechtsberufe sind in definierten Fällen ebenfalls betroffen. Dienstleister für Trusts und Gesellschaften können in bestimmten Fällen in den Anwendungsbereich der Richtlinie fallen, wobei diese entsprechend definiert werden.

Insbesondere sollen die Vorschriften der Richtlinie aufgrund des hohen Geldwäscherisikos für alle natürlichen und juristischen Personen gelten, die Barzahlungen über dem Schwellenbetrag von € 15.000 auch nur gelegentlich annehmen, wenn sie geschäftsmäßig mit Gütern handeln. Personen, die mit hochwertigen Gütern handeln (Edelsteine, -metalle, Kunstwerke) sowie Versteigerer sind durch die Richtlinie in entsprechenden Fällen erfasst. Die Richtlinie enthält jedoch eine Öffnungsklausel für den nationalen Gesetzgeber, der Ausnahmen von der Anwendung erlassen kann.

Unter Finanzinstitute werden im Wesentlichen Finanzdienstleister, Wertpapierfirmen, Lebensversicherungen, Kapitalanlagegesellschaften sowie Versicherungsvermittler subsumiert.

Eine besonders gründliche und ordentliche Feststellung der Identität des Kunden wird explizit für „politisch exponierte Personen" (PEP) verlangt, die eine öffentliche Position bekleiden oder bekleidet haben. Dies gilt sowohl für Inland als auch Ausland, wobei eine Umsetzung und Kontrolle nur unter Zuhilfenahme von entsprechenden Datenbanken oder Diensten möglich sein wird. Hier sind besondere Kundenannahmeprozesse zu etablieren.

Die Legitimation durch Dritte wurde durch die Richtlinie nicht eingeschränkt. Der Vorschlag zum Verzicht der Legitimation bei Kreditkonten wurde nicht in den Richtlinientext übernommen. Allerdings steht es den Mitgliedsstaaten offen, bestimmte Produkte oder Transaktionen aufgrund ihres geringen Gefährdungspotenzials von einer Identifizierung auszunehmen. Dritte treten wie bisher als mitwirkender Teil des Instituts auf, wobei sich die Pflichten des Dritten rein aus der vertraglichen Vereinbarung mit dem Institut ergeben. Verfahren wie Post-ID oder Legitimationsprüfungen durch Händler am „Point of Sale" (POS) bleiben demnach unangetastet.

Der Begriff „wirtschaftlicher Eigentümer" ersetzt den derzeitigen Begriff „abweichend wirtschaftlich Berechtigter" im GwG. Die zunächst sehr weite Definition des wirtschaftlichen Eigentümers bei juristischen Personen wurde in der Endfassung der Richtlinie eingegrenzt, wobei nun nur natürliche Personen erfasst werden, die aufgrund eines ausreichenden Prozentsatzes der Anteile bzw. Stimmrechte (25% plus 1 Aktie) die juristische Person besitzen bzw. kontrollieren. Der wirtschaftliche Eigentümer muss nun ggf. unter Risikogesichtspunkten auch selbst identifiziert werden, wobei hier auch insbesondere juristische Personen oder Trusts nebst ähnlichen Konstruktionen betroffen sind. Bei Trusts bzw. Stiftungen werden hier üblicherweise die Begünstigten verstanden. Es steht jedoch im Ermessen des Instituts, ob es dafür öffentlichen Aufzeichnungen, Angaben des Kunden oder eine andere Art und Weise der Informationsbeschaffung wählt.

Wie eine nationale Umsetzung in die bisherigen deutschen Vorschriften des Geldwäschegesetzes erfolgen soll, bleibt abzuwarten. Von Seiten der BaFin ist nach derzeitigem Kenntnisstand keine weitere Verlautbarung hinsichtlich Geldwäsche zu erwarten, sodass Betroffene best-practices Verfahren heranziehen werden müssen. Diese sind sicherlich aufgrund des bisher schon weiten Regelungsbereichs des Geldwäschegesetzes vorhanden. Auch das Thema internationaler Informationsaustausch und grenzüberschreitende Überwachung wird aufgrund der immer fortschrittlicheren und komplexeren Methoden der Geldwäsche zukünftig mehr an Bedeutung gewinnen als bisher.

14 Europäische Aktiengesellschaft (SE)

14.1 Hintergrund und Zielsetzung

Mit dem In-Kraft-Treten der EU-Verordnung „über das Statut der Europäischen Gesellschaft“ als unmittelbar geltendes Recht und der Verabschiedung der Richtlinie „zur Ergänzung des Statuts der Europäischen Gesellschaft hinsichtlich der Beteiligung der Arbeitnehmer“ steht seit dem 8. Oktober 2004 auch Unternehmen mit Sitz in der Bundesrepublik Deutschland eine neue Gesellschaftsform als strategische Option zur Verfügung. Die Europäische Aktiengesellschaft (Societas Europaea (SE)) ist nunmehr neben der Europäischen Wirtschaftlichen Interessenvereinigung die zweite supranationale europäische Gesellschaftsform. Als weitere wählbare Alternative kommt ab dem 18. August 2006 die Europäische Genossenschaft hinzu.

Im Kern eine Aktiengesellschaft ist die SE ihrer Konzeption nach vermeintlich eine Rechtsform, die eher für Großunternehmen in Betracht kommt. Sie bietet jedoch Vorteile, die sie für Unternehmen aller Größen interessant macht. So ermöglicht sie beispielsweise – zum Zwecke der Gründung einer SE – die grenzüberschreitende Verschmelzung zweier Gesellschaften auf eine Weise, dass sich keine nationale Rechtsform der anderen unterordnen muss. Sie ermöglicht weiter die Sitzverlegung über innergemeinschaftliche Grenzen hinweg, die ohne Änderung der Rechtsform und damit identitätswahrend vonstatten geht. Und nicht zuletzt vermittelt die Gesellschaftsform als solche bereits Internationalität und – so die Vorstellung des Gesetzgebers – erreicht europaweite Akzeptanz im Geschäftsleben dadurch, dass die Rechtsform als solche bekannt ist und somit keine Vorbehalte im Geschäftsverkehr entstehen.

Andererseits weist die SE aufgrund ihrer Struktur und bei ihrer Errichtung Hürden auf, die von kleineren und mittleren Unternehmen nicht ohne weiteres überwunden werden. So muss beispielsweise bei den beteiligten Gesellschaften für

Zwecke der Errichtung der SE eine grenzüberschreitende Gesellschaftsstruktur bereits vorhanden sein. Darüber hinaus sind die Regelungen für die Errichtung und die „Governance“ der SE vielschichtig und komplex.

14.2 Rechtsgrundlagen und anwendbares Recht

Rechtsgrundlagen der SE

Die Rechtsgrundlagen der SE finden sich im europäischen und im deutschen Recht. Die wichtigsten gesellschaftsrechtlichen Vorschriften zur Regelung der SE sind:

- Verordnung (EG) Nr. 2157/201 des Rates vom 8. Oktober 2001 (SE-VO);
- Richtlinie 201/86/EG des Rates vom 8. Oktober 2001 zur Ergänzung des Statuts der Europäischen Gesellschaft hinsichtlich der Beteiligung der Arbeitnehmer (SE-RL);
- Gesetz zur Einführung der Europäischen Gesellschaft vom 22. Dezember 2004, in Kraft seit 29. Dezember 2004 (SE-Einführungsgesetz (SEEG), bestehend aus dem SE-Ausführungsgesetz (SEAG) und dem SE-Beteiligungsgesetz (SEBG)).

Anwendbares Recht

Nach der Konzeption der SE-VO unterliegt die SE in gesellschaftsrechtlicher Hinsicht den vom europäischen Gesetzgeber erlassenen Vorschriften (derzeit SE-VO und SE-RL). Ergänzend gelten die jeweils im Sitzstaat der SE im Hinblick auf die Umsetzung der europarechtlichen Vorgaben erlassenen Gesetze (in der Bundesrepublik Deutschland das SEEG), im Übrigen die auf eine Aktiengesellschaft anwendbaren gesetzlichen Bestimmungen des Sitzstaates. Soweit also die europäischen Regelungen nicht zwingend sind, finden die nationalen aktienrechtlichen Vorschriften auch für die SE Anwendung. Folglich gibt es im Hinblick auf die rechtliche Ausgestaltung dieser Gesellschaftsform nicht „die SE“, sondern vielmehr eine SE etwa deutscher, spanischer oder französischer Prägung.

Ergänzend gelten die Bestimmungen der Satzung der SE, soweit diese nach der SE-VO und nach nationalem Aktienrecht wirksam sind.

14.3 Regelungsinhalte der SE-VO und der SE-RL

Regelungsinhalte der SE-VO und der SE-RL

Die SE-VO regelt unter Ausschluss des nationalen Rechts insbesondere folgende Fragen:

- die Gründung der SE (Art. 1 bis 3, 9 bis 14, 15 bis 37), vgl. hierzu nachstehend Abschnitt 14.4;
- das Mindestkapital: € 120.000 (Art. 4 bis 5);
- den Sitz und die Sitzverlegung (Art. 6 bis 8), vgl. hierzu Abschnitt 14.7;
- die Organisationsstruktur: Vor allem Zulassung des sog. Board-Systems (Art. 38 bis 51), vgl. hierzu Abschnitt 14.5;
- die Hauptversammlung (Art. 52 bis 60).

Die SE-RL hingegen regelt die Fragen der Arbeitnehmerbeteiligung, soweit die Ausgestaltung im Einzelnen nicht den Mitgliedsstaaten überlassen bleibt.

Verweisung auf das Recht des Sitzstaates

In Bezug auf diverse Regelungsgegenstände verweist die SE-VO auf die Vorschriften des Sitzstaates. Dies gilt beispielsweise für folgende Themenbereiche:

- Aufstellung des Jahresabschlusses und des konsolidierten Abschlusses (Art. 61 und 62);
- Auflösung, Liquidation und Zahlungsunfähigkeit (Art. 63 – 65);
- Umwandlung der SE in eine nationale AG (Art. 66);
- Änderung oder Neuordnung des Kapitals;
- Wertpapierrecht.

Wahlrechte des nationalen Rechts

Des Weiteren räumt die SE-VO dem nationalen Gesetzgeber Wahlrechte in Bezug auf einige Regelungsgegenstände ein. Auch aufgrund dieser Wahlrechte unterscheidet sich das Erscheinungsbild der SE in den einzelnen Mitgliedsstaaten. Der deutsche Gesetzgeber hat durch das SEEG beispielsweise bezüglich bestimmter Fragen eingeräumte Wahlrechte wie folgt ausgeübt:

- Sitz und Hauptverwaltung der SE müssen sich am selben Ort befinden (Art. 7 Satz 2 SE-VO, § 2 SEAG);
- den der Sitzverlegung widersprechenden Minderheitsaktionären ist bei Sitzverlegung der SE aus Gründen des Minderheitenschutzes eine angemessene Barabfindung anzubieten (Art. 8 Abs. 5 SE-VO, § 12 SEAG);
- Für das Leitungsorgan (Vorstand oder Verwaltungsrat) wird – abhängig von der Umsatzgröße – eine Mindestmitgliederzahl festgelegt (Art. 39 Abs. 4 Satz 2 SE-VO, §§ 16, 23 SEAG, 38 Abs. 2 SEBG).

Durch die Ausübung von Wahlrechten im SEEG ist die SE deutscher Prägung zumindest in der Alternative der dualistisch verfassten SE der deutschen Aktiengesellschaft angenähert.

14.4 Möglichkeiten der Gründung einer SE

Anders als die Gründung einer Gesellschaft nach nationalem Gesellschaftsrecht kann eine SE – mit einer Ausnahme, auf die nachstehend noch einzugehen sein wird – nicht ohne weiteres durch einen Alleingesellschafter errichtet werden. Vielmehr ist eine Beteiligung mehrerer Gesellschafter erforderlich, deren Rechtsform nicht beliebig ist. Meist können sich nur Kapitalgesellschaften (Aktiengesellschaft, Gesellschaft mit beschränkter Haftung), teilweise sogar nur Aktiengesellschaften, und nur in Ausnahmefällen andere Gesellschaftsformen an der Gründung einer SE beteiligen. Darüber hinaus bedarf es immer einer grenzüberschreitenden Komponente, um die Gründung zu ermöglichen. Mindestens zwei an der Gründung beteiligte Rechtsträger müssen dem Recht verschiedener Mitgliedsstaaten der EU unterliegen oder seit mindestens zwei Jahren Tochtergesellschaften bzw. Zweigniederlassungen in einem anderen Mitgliedsstaat der EU vorweisen können.

Nach derzeitigem Stand ist es Unternehmen mit Sitz außerhalb der EU nicht möglich, sich unmittelbar an der Gründung einer SE zu beteiligen. Dies kann nur mittelbar über eine Tochtergesellschaft mit Sitz in der EU erfolgen.

Zu beachten ist die enge Verzahnung von Unternehmensgründung und Festlegung der Mitbestimmung: Eine SE wird erst im Handelsregister eingetragen, und entsteht damit erst dann, wenn das Verfahren zur Festlegung der Unternehmensmitbestimmung abgeschlossen ist.

Folgende Wege für die Gründung einer SE sind durch die SE-VO zugelassen:

Gründung durch Verschmelzung (Art. 2 Abs.1, 17 ff. SE-VO, §§ 15 ff. SEAG)

Eine SE kann durch Verschmelzung zweier oder mehrerer Gesellschaften verschiedener Mitgliedsstaaten, die nach nationalem Recht eine Aktiengesellschaft darstellen (definiert sind diese in Anhang I der SE-VO), errichtet werden.

Ähnlich wie nach rein nationalem Umwandlungsrecht wird bei einer Verschmelzung das Vermögen eines Rechtsträgers im Wege der Gesamtrechtsnachfolge auf einen anderen Rechtsträger übertragen. In der Regel erhalten die Gesellschafter des übertragenden Rechtsträgers als Gegenleistung für die Übertragung Gesellschaftsrechte (Anteile) am übernehmenden Rechtsträger. Für die Verschmelzung gelten neben nationalem Aktienrecht gemäß Art. 18 SE-VO auch die Vorschriften des nationalen Umwandlungsrechts.

Beispiel: Eine französische Aktiengesellschaft (SA) wird auf eine deutsche Aktiengesellschaft zu einer SE deutscher Prägung mit Sitz in Deutschland verschmolzen (sog. Verschmelzung zur Aufnahme).

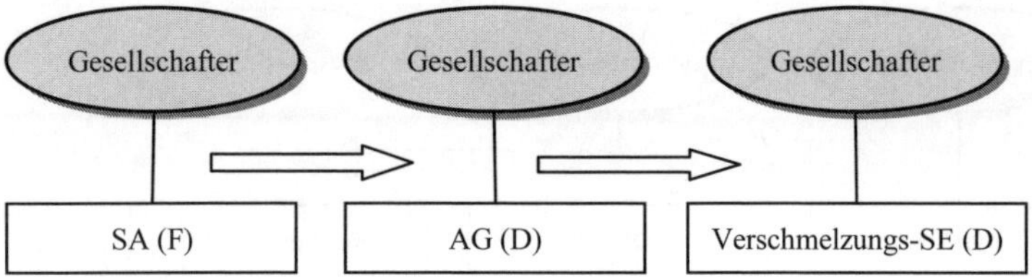

Abbildung 5: Beispiel einer Verschmelzung zur Aufnahme

oder:

Beispiel

Eine französische SA wird mit einer deutschen AG zu einer SE spanischer Prägung mit Sitz in Spanien verschmolzen (sog. Verschmelzung zur Neugründung).

Nur ergänzend sei an dieser Stelle darauf hingewiesen, dass nach dem Urteil des Europäischen Gerichtshofs vom 13. Dezember 2005 in Sachen SEVIC Systems AG und nach In-Kraft-Treten der Verschmelzungsrichtlinie der Europäischen Union (EU) am 15. Dezember 2005 grenzüberschreitende Verschmelzungen unter Beteiligung deutscher Rechtsträger auch im Übrigen – trotz der Vorschrift des § 1 Abs. 1 UmwG und bereits vor Umsetzung der Verschmelzungsrichtlinie in deutsches Recht – aufgrund der überragenden Bedeutung der in der Europäischen Verfassung verankerten Niederlassungsfreiheit rechtlich möglich sind.

Gründung einer Holding-SE (Art. 2 Abs.2, 32 ff. SE-VO, §§ 9 bis 11 SEAG)

Zur Gründung einer Holding-SE werden Anteile an einer Aktiengesellschaft oder Gesellschaft mit beschränkter Haftung (definiert im Anhang III der SE-VO) mit Sitz und Hauptverwaltung innerhalb der EU (die Gründungsgesellschaften) in eine hierdurch neu gegründete SE eingebracht. Dabei müssen mindestens zwei der einzubringenden Gründungsgesellschaften aus verschiedenen Mitgliedsstaaten der EU stammen oder seit mindestens zwei Jahren eine Tochtergesellschaft oder Zweigniederlassung in einem anderen Mitgliedsstaat der EU haben. An die Gesellschafter der Gründungsgesellschaften selbst bestehen keine besonderen Anforderungen.

Ein vergleichbares Verfahren der Gesellschaftsgründung ist im deutschen Recht nicht kodifiziert. Es handelt sich jedoch der Wesensart nach um eine Gründung durch Erbringung einer Sacheinlage gegen Gewährung von Anteilen an der neu gegründeten SE.

Beispiel: Ein oder mehrere Gesellschafter gründen eine Holding-SE mit Sitz in Deutschland oder einem anderen Mitgliedsstaat der EU durch Einlage einer deutschen und einer französischen Gesellschaft mit beschränkter Haftung (GmbH und SARL) in die hierdurch neu gegründete Holding-SE.

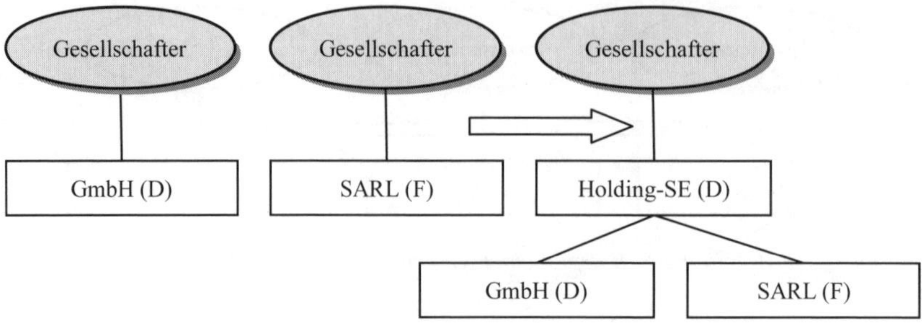

Abbildung 6: Beispiel zur Gründung einer Holding-SE

Gründung einer Tochter-SE (Art. 2 Abs. 3, 35 ff. SE-VO)

Die Gründung einer Tochter-SE kann durch Gesellschaften beinahe jeder Rechtsform mit Sitz und Hauptverwaltung innerhalb der EU, die nach dem Recht eines Mitgliedsstaats gegründet sind, erfolgen, insbesondere auch durch juristische Personen des öffentlichen Rechts. Hinsichtlich der als Gründer zugelassenen Gesellschaften bzw. juristischen Personen verweist Art. 36 SE-VO auf die Vorschriften nationalen Rechts. Als Gründer werden jedoch im Wesentlichen Kapital- und Personenhandelsgesellschaften in Betracht kommen. Dabei müssen mindestens zwei der Gründer aus verschiedenen Mitgliedsstaaten stammen oder der Gründer muss seit mindestens zwei Jahren eine Tochtergesellschaft oder Zweigniederlassung in einem anderen Mitgliedsstaat haben. Die Tochter-SE kann durch Bar- oder Sachgründung entstehen und kann ihren Sitz in jedem beliebigen Mitgliedsstaat haben. Ihre Gründung vollzieht sich weitgehend nach nationalem Aktienrecht. Soweit einzelne Verfahrensschritte der Gründung einzelnen Gesellschaftern, die einer anderen Rechtsordnung unterstehen, zuzuordnen sind, verweist die SE-VO diesbezüglich auf das Recht des jeweiligen Sitzstaates des Gründers.

Beispiel

Eine deutsche GmbH und eine GmbH französischen Rechts (SARL) errichten eine Tochter-SE deutscher Prägung mit Sitz in der Bundesrepublik Deutschland.

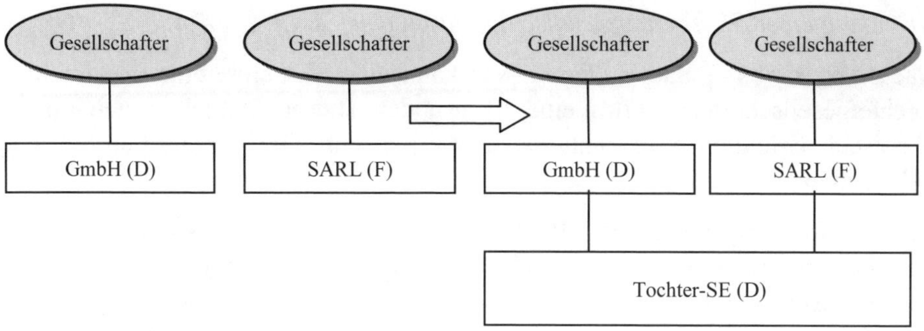

Abbildung 7: Beispiel zur Gründung einer Tochter-SE

Umwandlung in eine SE (Art. 2 Abs. 4, 37 ff. SE-VO)

Eine nach dem Recht eines Mitgliedsstaats gegründete Aktiengesellschaft (im Sinne des Anhangs I der SE-VO) mit Sitz und Hauptverwaltung innerhalb der EU kann in eine SE umgewandelt werden, wenn sie seit mindestens zwei Jahren eine Tochtergesellschaft oder eine Zweigniederlassung in einem anderen Mitgliedsstaat hat. Gesellschaften anderer Rechtsform sind von der Umwandlung in eine SE ausgeschlossen. Die Umwandlung ist inhaltlich mit dem Formwechsel nach deutschem Recht vergleichbar, d.h. die formwechselnde Gesellschaft behält ihre rechtliche Identität. Der Sitz der Gesellschaft darf anlässlich der Umwandlung nicht in einen anderen Mitgliedsstaat verlegt werden, um eine Flucht aus der Mitbestimmung zu vermeiden. In rechtlicher Hinsicht vollzieht sich der Formwechsel nach §§ 37 ff. SE-VO i.V.m. den umwandlungs- und aktienrechtlichen Vorschriften des jeweiligen Sitzstaates des formwechselnden Rechtsträgers. Das Verfahren der Umwandlung einer deutschen AG in eine SE folgt daher weitgehend den Regeln eines Formwechsels nach dem Umwandlungsgesetz.

Beispiel: Eine Aktiengesellschaft mit Sitz in Deutschland, die seit mindestens zwei Jahren eine Tochtergesellschaft mit Sitz und Hauptverwaltung in Frankreich hat, wird in eine SE deutscher Prägung mit Sitz in Deutschland umgewandelt.

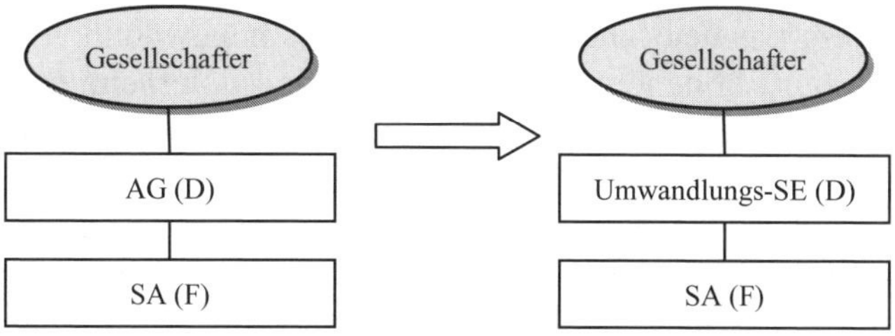

Abbildung 8: Beispiel zur Umwandlung in eine SE

Gründung einer SE-Tochtergesellschaft durch eine SE (Art. 3 Abs. 2 SE-VO)

Nach Art. 3 Abs. 2 Satz 1 der SE-VO kann eine SE selbst eine oder mehrere Tochtergesellschaften in Form einer SE gründen. Hierbei handelt es sich um eine klassische Gründung nach nationalem Aktienrecht. Sitz der Tochter-SE kann jeder beliebige Mitgliedsstaat sein.

Bei der Gründung kommt das Recht des jeweiligen Sitzstaates der SE zur Anwendung. Ist der Gründer eine nicht mitbestimmte SE, kann unter Umständen das ansonsten vor Gründung erforderliche Verhandlungsverfahren mit den Arbeitnehmern entfallen, was zu einer erheblichen Erleichterung der Gründung führt.

14.5 Organisationsverfassung der SE

Grundsätzlich ist der organisatorische Aufbau einer SE mit dem einer deutschen Aktiengesellschaft vergleichbar. Nach Art. 38 SE-VO verfügt die SE über eine Hauptversammlung der Aktionäre sowie entweder über ein Aufsichtsorgan *und* ein Leitungsorgan (sog. dualistisches System) oder nur über ein Verwaltungsorgan (sog. monistisches System). Die Entscheidung für das dualistische oder das monistische System trifft die Satzung der SE. Damit steht bereits die wichtigste Besonderheit im Rahmen der Organisationsverfassung der SE fest: das Wahlrecht zwischen dem dualistischen System kontinentaleuropäischer Prägung, bei welchem Leitungs- und Aufsichtsorgan – also Vorstand und Aufsichtsrat – voneinander getrennt sind, und dem am angelsächsischen Recht orientierten Board-System, bei welchem Leitungs- und Aufsichtsorgan in einem Organ – dem Verwaltungsrat – zusammengefasst sind. Im deutschen Aktienrecht ist bisher nur das dualistische System verankert. Soweit die Satzung der SE eine Entscheidung zugunsten des monistischen Systems trifft, verdrängen die hierauf anwendbaren Bestimmungen des SEAG die entsprechenden Vorschriften des Aktiengesetzes vollständig.

Die Vorstellung, dass der Verwaltungsrat die Geschäfte der Gesellschaft führt und zugleich Kontroll- und Überwachungsfunktion für die eigene Geschäftsführung ausübt, ist für das deutsche Rechtsverständnis ungewöhnlich. Im angelsächsischen Bereich wird üblicherweise das Weniger an unternehmensinterner Kontrolle durch ein Mehr an kapitalmarktrechtlichen, der Kontrolle dienenden Vorschriften ersetzt. Aufgrund der jüngsten Entwicklungen im deutschen Kapitalmarktrecht (beispielsweise dem Erlass des Wertpapierhandelsgesetzes, des Wertpapiererwerbs- und Übernahmegesetzes, des Anlegerschutzverbesserungsgesetzes, des Gesetzes zur Unternehmensintegrität und Modernisierung des Anfechtungsrechts) stellt auch im Inland das monistische System eine anerkannte Alternative zum dualistischen System dar. Komplexe Fragen entstehen nur bei der Umsetzung der Mitbestimmung im monistischen System, auf die an dieser Stelle jedoch nicht weiter eingegangen werden soll.

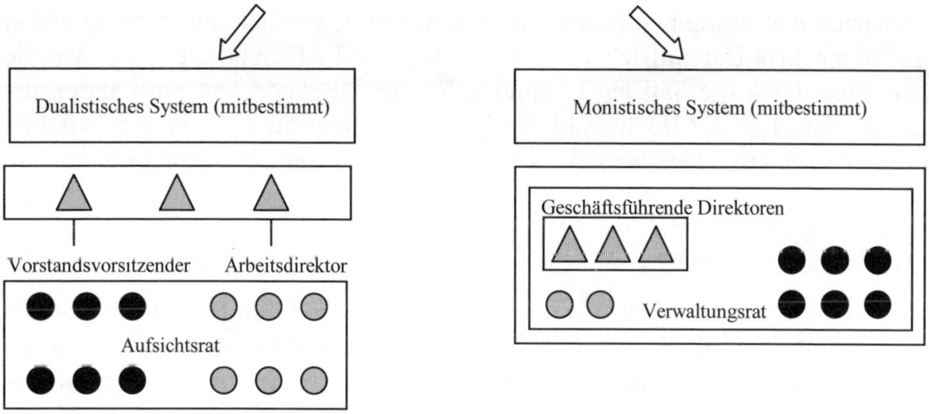

Abbildung 9: Organisationsverfassung der SE

Der Verwaltungsrat im monistischen System

Der Verwaltungsrat führt die Geschäfte der Gesellschaft, bestimmt die Grundlinien ihrer Tätigkeit und hat zugleich Überwachungsfunktion. Zu diesem Zweck hat er beispielsweise ein umfassendes Einsichtsrecht in die Bücher und Schriften der Gesellschaft. Der Verwaltungsrat bestellt aus seiner Mitte für die laufende Geschäftsführung einen oder mehrere geschäftsführende Direktoren, die an die Beschlüsse des Verwaltungsrats gebunden und berichtspflichtig sind und die jederzeit von ihm abberufen werden können. Nach Art. 43 Abs. 2 SE-VO besteht der Verwaltungsrat aus mindestens drei Mitgliedern; die Satzung einer deutschen SE mit einem Grundkapital von weniger als € 3 Mio. kann allerdings auch eine geringere Anzahl von Verwaltungsratsmitgliedern vorsehen. Die Höchstzahl für die Besetzung des Verwaltungsrats ist nach § 23 SEAG abhängig von der Höhe des Grundkapitals und beträgt zwischen neun und 21 Mitgliedern. Die Mitglieder des Verwaltungsrats setzen sich aus Vertretern der Anteilseigner sowie entweder gemäß Vereinbarung nach § 21 SEBG oder nach den Auffangregelungen der §§ 34 bis 38 SEBG, aus Arbeitnehmervertretern zusammen. Die Mitglieder des Verwaltungsrats werden durch die Hauptversammlung bestellt.

Vorstand und Aufsichtsrat im dualistischen System

Im dualistischen System leitet der Vorstand die Geschäfte der Gesellschaft in eigener Verantwortung. Der Vorstand besteht gemäß § 38 Abs. 2 SEBG in einer mitbestimmten SE unabhängig von der Höhe des Grundkapitals aus mindestens zwei Personen, von welchen eine für Arbeit und Soziales zuständig sein muss. In der nicht mitbestimmten SE kann die Satzung der SE auch vorsehen, dass der Vorstand nur aus einer Person bestehen soll. Der Vorstand wird vom Aufsichtsrat bestellt und abberufen.

Der Aufsichtsrat überwacht die Führung der Geschäfte der SE durch den Vorstand. Er ist insbesondere berechtigt, vom Vorstand jegliche Informationen zu verlangen und bestimmte Arten von Geschäften von seiner Zustimmung abhängig zu machen. Der Aufsichtsrat hat gemäß § 17 SEAG mindestens drei Mitglieder. Eine durch die Satzung bestimmte höhere Mitgliederzahl muss durch drei teilbar sein. Für die Höchstzahl der Mitglieder und die Besetzung mit Arbeitnehmervertretern gelten vorstehende Ausführungen zum Verwaltungsrat entsprechend.

Die Hauptversammlung

Die Hauptversammlung der Aktionäre fasst in erster Linie Beschlüsse über die Angelegenheiten, die ihr durch die SE-VO oder das SEEG in alleiniger Zuständigkeit übertragen sind. Hierzu gehören beispielsweise Änderungen der Satzung. Sie tagt mindestens einmal im Kalenderjahr innerhalb der ersten sechs Monate nach Abschluss eines Geschäftsjahres. Ihre Einberufung kann darüber hinaus durch Aktionäre beantragt werden, deren Anteil am gezeichneten Kapital mindestens 10% – in Deutschland sind bereits 5% ausreichend – beträgt. Die Hauptversammlung beschließt grundsätzlich mit einfacher Mehrheit der abgegebenen Stimmen. Satzungsänderungen bedürfen jedoch mindestens einer Mehrheit von zwei Dritteln der abgegebenen Stimmen, wobei in einer deutschen SE die einfache Mehrheit auch diesbezüglich ausreichend ist, sofern mindestens die Hälfte des gezeichneten Kapitals anwesend oder vertreten ist.

Wesentliche gemeinsame Bestimmungen für das monistische und das dualistische System

Über die vorstehend dargestellten Unterschiede beider Systeme hinaus gibt es selbstredend eine Vielzahl von Bestimmungen, die für beide Strukturen in gleicher Weise Anwendung finden. Nur exemplarisch seien zwei Regelungen herausgegriffen:

Nach Art. 47 Abs. 1 SE-VO besteht die Möglichkeit, juristische Personen oder andere Gesellschaften zu Mitgliedern des Vorstands, des Aufsichtsrats oder des Verwaltungsrats zu bestellen, soweit dies nach dem Recht des Sitzstaats der SE zugelassen ist. In der Bundesrepublik Deutschland ist dies allerdings nach wie vor nicht möglich.

Die Organe der SE sind erst beschlussfähig, wenn die Hälfte der Mitglieder anwesend oder vertreten sind, Art. 50 Abs. 1 lit. a) SE-VO. Bei der Beschlussfassung gilt das Mehrheitsprinzip, soweit in der SE-VO oder der Satzung der Gesellschaft nichts anderes geregelt ist. Eine Besonderheit stellt dar, dass bei Stimmengleichheit die Stimme des Vorsitzenden des jeweiligen Organs den Ausschlag gibt. Die Satzung der SE kann jedoch hiervon abweichende Regelung treffen, allerdings nur dann, wenn sich das Aufsichtsorgan der SE nicht zur Hälfte aus Arbeitnehmervertretern zusammensetzt.

14.6 Die Mitbestimmung in der SE

Für das deutsche Recht neu ist die Ausgestaltung der Mitbestimmung. Die Beteiligung der Arbeitnehmer ist nicht per se gesetzlich festgelegt. Sie ist grundsätzlich im Wege von Verhandlungen zwischen einem sog. besonderen Verhandlungsgremium, das die Arbeitnehmer aller beteiligten Gesellschaften vertritt, und der Geschäftsleitung dieser Gesellschaften festgelegt. Nur wenn in den Verhandlungen keine Einigung erzielt wird, greift eine gesetzliche Auffangregelung. Hiernach richtet sich die Mitbestimmung der Arbeitnehmer im Aufsichts- oder Verwaltungsrat der SE grundsätzlich nach dem höchsten Anteil der Arbeitnehmervertreter in den Gründungsgesellschaften. Die Arbeitnehmervertreter sind in den Aufsichts- oder Verwaltungsrat anteilig nach einem bestimmten Schlüssel aus Arbeitnehmern derjenigen Mitgliedsstaaten zu entsenden, in welchen die SE Arbeitnehmer beschäftigt. Dies trägt dem supranationalen Charakter der SE Rechnung.

14.7 Sitzverlegung einer SE

Nach Art. 8 SE-VO ist die Verlegung des Sitzes der SE von einem EU-Mitgliedsstaat in einen anderen ohne weiteres zulässig, soweit nicht eines der wenigen Sitzverlegungsverbote – ein solches besteht beispielsweise bei einer SE in Liquidation – oder eine Beschränkung greift. Dies ist ein weiterer Meilenstein für die europäische Niederlassungsfreiheit und die Internationalisierung des Gesellschaftsrechts. Zwar war nach richtungweisenden Entscheidungen des Europäischen Gerichtshofs der Zuzug von Gesellschaften anderer innergemeinschaftlicher Rechtsordnungen bereits möglich, der Wegzug deutscher Gesellschaften ins Ausland führte bzw. führt jedoch nach der herrschenden Meinung in der Literatur zu deren zwangsweiser Auflösung. Dies gilt nicht für die deutsche SE.

Die Sitzverlegung ist identitätswahrend möglich, führt als weder zur Auflösung der SE noch zur Gründung einer neuen juristischen Person. Die SE besteht als solche fort, unterliegt aber nach Sitzverlegung einem anderen rechtlichen Regime, wird also beispielsweise von einer SE deutscher Prägung zu einer SE belgischer Ausformung. Anlässlich der Sitzverlegung ist widersprechenden Aktionären im Verlegungsplan eine angemessene Barabfindung anzubieten. Weiterhin sind die Folgen für die Arbeitnehmer und ihre Beteiligung zu regeln. Gläubiger der Gesellschaft werden anlässlich des Wegzugs dadurch geschützt, dass ihnen gegebenenfalls angemessene Sicherheit zu leisten ist. Vor Leistung dieser Sicherheit erfolgt keine Eintragung der Sitzverlegung im Handelsregister.

Die steuerlichen Folgen der Sitzverlegung sind im Fluss und noch nicht abschließend geklärt. Die Sitzverlegung dürfte im Falle des Wegzugs einer deutschen SE zu einer Aufdeckung stiller Reserven führen, wenn das deutsche Besteuerungsrecht durch den Wegzug beschränkt wird oder ganz erlischt.

14.8 Die SE im deutschen Steuerrecht

Grundsätzlich sind hinsichtlich der Besteuerung der SE – insbesondere im Zusammenhang mit ihrer regelmäßig grenzüberschreitenden Gründung und Sitzverlegung – viele Einzelfragen noch offen.

Nach derzeitigem Stand liegt in Deutschland der Entwurf eines Gesetzes über steuerliche Begleitmaßnahmen zur Einführung der Europäischen Aktiengesellschaft und zur Änderung weiterer steuerlicher Vorschriften vom 19. September 2005 (SEStEG-E) vor. Durch diesen Entwurf sollen die deutschen steuerlichen Vorschriften zur Umstrukturierung von Unternehmen an aktuelle Entwicklungen und Vorgaben des EU-Rechts, insbesondere an die Vorschriften zur Regelung der Rechtsform der SE, angepasst und einheitliche Grundsätze für inländische und grenzüberschreitende Umstrukturierungen geschaffen werden. Inhaltlich hat der Gesetzesentwurf zum Ziel, das deutsche Besteuerungsrecht weitestmöglich zu wahren.

Die laufende Besteuerung der SE mit Sitz in der Bundesrepublik Deutschland entspricht nach dem SEStEG-E im Wesentlichen der Besteuerung einer deutschen Aktiengesellschaft. Demnach ist eine SE mit Sitz in Deutschland insbesondere unbeschränkt körperschaftsteuerpflichtig (§ 1 Nr. 1 KStG) und unterliegt der Gewerbesteuer (§ 2 Abs. 2 Satz 1 GewStG). Ebenso gelten beispielsweise die Bestimmungen hinsichtlich des Jahresabschlusses und der Gewinnermittlung für eine inländische Aktiengesellschaft auch für die SE.

Die steuerlichen Folgen der grenzüberschreitenden Gründung einer SE durch Verschmelzung waren bislang weitgehend ungeklärt. Explizite Regelungen, die die Steuerneutralität oder einen Steueraufschub im Rahmen der Gründung – insbesondere bei „Wegzug" von Besteuerungsgrundlagen – sichern, fehlten bislang noch im deutschen Steuerrecht. Mit dem SEStEG-E liegt nun ein Gesetzesentwurf vor, der entsprechende Regelungen enthält. Auf die Besteuerung der einzelnen Gründungsformen soll an dieser Stelle jedoch nicht näher eingegangen werden. Zusammenfassend sei lediglich erwähnt, dass die Gründung einer SE unter bestimmten Voraussetzungen und bei entsprechender steuerlicher Gestaltung zu Buchwerten und damit ertragsteuerneutral erfolgen kann.

Soweit jedoch das Besteuerungsrecht der Bundesrepublik Deutschland infolge der Gründung eingeschränkt wird oder ganz erlischt, führt dies in der Regel zur Aufdeckung stiller Reserven und damit zur Gewinnrealisierung.

14.9 Würdigung

Zusammenfassend kann festgehalten werden, dass die SE eine durchaus interessante Gestaltungsoption auch für den Mittelstand darstellt, vor allem soweit Unternehmen international tätig sind und bereits eine internationale Gesellschaftsstruktur aufweisen können. So ist das Interesse an der SE mittlerweile beachtlich und wächst zunehmend. Als Nachteil lässt sich vermerken, dass der Gründungsvorgang in der Regel aufwendig ist. Gleiches gilt aufgrund ihrer Natur als Aktiengesellschaft und den im Übrigen für die SE geltenden gesellschaftsrechtlichen Bestimmungen für die Handhabung dieser Gesellschaftsform in der täglichen Praxis. Steuerlich ergeben sich in der laufenden Besteuerung keine Vor- oder Nachteile gegenüber den bisher bekannten deutschen Kapitalgesellschaften. Sowohl die Errichtung als auch die grenzüberschreitende Sitzverlegung der SE können unter bestimmten Voraussetzungen steuerneutral erfolgen.

Gesetzesfundstellen

Verordnung (EG) Nr. 2157/201 des Rates vom 8. Oktober 2001, ABl. EG L 294 vom 10. November 2001, S. 1; Richtlinie 201/86/EG des Rates vom 8. Oktober 2001 zur Ergänzung des Statuts der Europäischen Gesellschaft hinsichtlich der Beteiligung der Arbeitnehmer, ABl. EG L 294 vom 10. November 2001, S. 22; Gesetz zur Einführung der Europäischen Gesellschaft vom 22. Dezember 2004, BGBl. Teil I, S. 3675; Entwurf eines Gesetzes über steuerliche Begleitmaßnahmen zur Einführung der Europäischen Gesellschaft und zur Änderung weiterer steuerrechtlicher Vorschriften, Stand 19. September 2005.

Literaturhinweise

Brandt, Ulrich: Ein Überblick über die Europäische Aktiengesellschaft (SE) in Deutschland, Betriebsberater–Special zu BB 2005, Heft 8; *Grobys, Marcel*: SE–Betriebsrat und Mitbestimmung in der Europäischen Gesellschaft, Neue Zeitschrift für Arbeitsrecht 2005, S. 84 – 91; *Hahn, Hartmut*: Formwechsel und Sitzverlegung nach dem künftigen Gesetz über steuerliche Begleitmaßnahmen zur Einführung der Europäischen Gesellschaft und zur Änderung weiterer steuerrechtlicher Vorschriften, IStR 2005, S. 677 – 684; *Hirte, Heribert*: Die Europäische Aktiengesellschaft – ein Überblick nach In-Kraft-Treten der deutschen Ausführungsgesetzgebung (Teil I), DStR 2005, S. 653 – 658; *Hirte, Heribert*: Die Europäische Aktiengesellschaft – ein Überblick nach In-Kraft-Treten der deutschen Ausführungsgesetzgebung (Teil II), DStR 2005, S. 700 – 704; *Jannert, Dirk/Frodermann, Jürgen*: Handbuch der Europäischen Aktiengesellschaft – Societas Europaea –, Heidelberg 2005; *Körner, Andreas*: Europarecht und Umwandlungssteuerrecht, IStR 2006, S. 109 – 113; *Köstler, Roland*: Die Beteiligung der Arbeitnehmer in der Europäischen Aktiengesellschaft nach den deutschen Umsetzungsgesetzen, DStR 2005, S. 745 – 750; *Rödder, Thomas*: Gründung und Sitzverlegung der Europäischen Aktiengesellschaft (SE) – Ertragsteuerlicher Status quo und erforderliche Gesetzesänderungen, DStR 2005, S. 893 – 897; *Schwarz, Günther Christian*: Kommentar zur Verordnung (EG) Nr. 2157/2001 des Rates über das Statut der Europäischen Gesellschaft (SE), München 2006; *Thiel, Jochen*: Europäisierung des Umwandlungssteuerrechts: Grundprobleme der Verschmelzung, DB 2005, S. 2316 – 2321; *Voß, Klaus*: Die Globalisierung der Betriebseinbringung und des Anteiltausches durch den Entwurf des Gesetzes über steuerliche Begleitmaßnahmen zur Einführung der Europäischen Gesellschaft und zur Änderung weiterer steuerrechtlicher Vorschriften (SEStEG), BB 2006, S. 469 – 475; *Walden, Daniel/Meyer-Landrut*, Andreas: Die grenzüberschreitende Verschmelzung zu einer europäischen Gesellschaft: Planung und Vorbereitung, DB 2005, S. 2119 – 2127.

15 Europäische Genossenschaft (SCE)

15.1 Zielsetzung der Verordnung zur SCE

Um der Erreichung eines europäischen Binnenmarkts weiter näher zu kommen, hat das Europäische Parlament neben der Beseitigung der Handelsschranken ein möglichst unkompliziertes, länderübergreifendes Tätigkeitsfeld für Unternehmen aus der EU zum Ziel erklärt. Bisher wurde die Möglichkeit, den Geschäftsbetrieb zur Ausdehnung auf Gemeinschaftsebene umzustrukturieren, durch die unterschiedlichen einzelstaatlichen Regelungen beschränkt. Zur Beseitigung dieses Binnenmarkthemnisses wurde z.B. die Verordnung 2157/2001 „über das Statut der Europäischen Gesellschaft“ (Societas Europae – SE) (siehe Abschnitt III.14) verabschiedet. Um den Besonderheiten von Genossenschaften Rechnung zu tragen, wurde zudem die Verordnung 1435/2003 „über das Statut der Europäischen Genossenschaft“ (Societas Cooperativa Europae = SCE) (siehe Abschnitt III.15) am 22. Juli 2003 verabschiedet (http://europa.eu.int/eur-lex/pri/de/oj/dat/2003/l_207/l_20720030818de00010024.pdf). Die Europäische Genossenschaft hat, vergleichbar mit der deutschen Genossenschaft, eine eigene Rechtsspersönlichkeit, deren Hauptzweck es ist, „den Bedarf der Mitglieder zu decken und/oder deren wirtschaftliche und/oder soziale Tätigkeiten zu fördern“. Sie bietet Unternehmern die Möglichkeit, ihren Geschäftsbetrieb ohne das kostenintensive Gründen von Tochtergesellschaften europaweit auszudehnen.

15.2 Grundkapital, Sitz und Satzung

Das Grundkapital einer Europäischen Genossenschaft setzt sich aus Geschäftsanteilen zusammen und beträgt mindestens € 30.000. Eine Änderung des Grundkapitals bedarf weder einer Bekanntmachung noch einer Satzungsänderung. Eine SCE muss einen in der Satzung festgelegten Sitz innerhalb der EU haben, an dem sich auch die Hauptverwaltung befinden muss. Eine Verlegung des Sitzes innerhalb der EU ändert die Rechtspersönlichkeit der Genossenschaft nicht. Den Gründungsmitgliedern obliegt die Pflicht der Erstellung einer Satzung. Die Satzung richtet sich dabei nach dem Recht des Mitgliedsstaates in dem die SCE ihren Sitz hat. Im Falle der Neugründung einer SCE dient die Satzung als Gründungsurkunde. Sie ist von den Gründungsmitgliedern schriftlich zu erstellen und zu unterzeichnen. Der Umfang der Satzung wird in Art. 5 Abs. 4 der Verordnung bestimmt. Die Bezeichnung der Firma hat den Zusatz „SCE“ zu tragen. Grundsätzlich ist die Haftung der Mitglieder auf das jeweils eingezahlte Kapital beschränkt. Viele SCE werden deshalb voraussichtlich den Zusatz „mit beschränkter Haftung“ tragen. Allerdings kann die Satzung die Haftungsbeschränkung aufheben.

Sofern die Satzung es vorsieht, kann sich die SCE durch die Ausgabe von Wertpapieren und/oder Schuldverschreibungen auch Fremdkapital beschaffen. Gemäß

Art. 64 Abs. 1 der SCE-Verordnung können die Titel auch von außen stehenden Personen gezeichnet werden. Ein Erwerb der Mitgliedschaft und somit des Stimmrechts durch das Halten von Titeln ist allerdings nicht möglich.

15.3 Mitgliedschaft

Juristische Personen sowohl des öffentlichen als auch des privaten Rechts können ebenso Mitglied in einer SCE werden wie natürliche Personen oder Gesellschaften i.S.d. Art. 48 Abs. 2 EGV. Die Erbringung von Dienstleistungen und die Lieferung von Waren zwischen der Gesellschaft und ihren Mitgliedern, was für die Rechtsform der Genossenschaft nach deutschem Recht bisher charakteristisch war, verliert durch die Einführung des sog. nicht nutzenden oder investierenden Mitglieds an Bedeutung. Ein investierendes Mitglied ist weder an der Nutzung oder Erbringung von Dienstleistungen noch an der Nutzung oder Produktion von Waren beteiligt. Der Zweck der Mitgliedschaft besteht in der Einbringung von Kapital in die Genossenschaft. Die Zulassung von investierenden Mitgliedern bedarf einer Regelung in der Satzung. Sie darf nicht dem Recht des betroffenen Mitgliedsstaates widersprechen und benötigt zudem eine Zustimmung durch die Generalversammlung oder dem zur Entscheidung befugten Organ. Im Gegensatz zu den nutzenden Mitgliedern sind investierende Mitglieder, vorbehaltlich einer anders lautenden Bestimmung der Satzung, nicht zu einer Beteiligung am Geschäftsbetrieb berechtigt.

15.4 Entstehung einer SCE

Eine SCE kann durch Neugründung, Verschmelzung oder Umwandlung nach den folgenden Kriterien entstehen:

Neugründung

- Eine Neugründung kann durch mindestens fünf natürliche Personen, deren Wohnsitze in mindestens zwei Mitgliedsstaaten liegen, erfolgen oder
- durch mindestens fünf natürliche Personen und nach dem Recht eines Mitgliedsstaats gegründete Gesellschaften i.S.d. Art. 48 Abs. 2 EGV bzw. juristische Personen, deren (Wohn-)Sitze in mindestens zwei verschiedenen Mitgliedsstaaten liegen bzw. die dem Recht mindestens zweier verschiedener Mitgliedsstaaten unterliegen, oder
- durch nach dem Recht eines Mitgliedsstaats neu gegründete Gesellschaften i.S.d. Art. 48 Abs. 2 EGV bzw. juristische Personen, die dem Recht mindestens zweier Mitgliedsstaaten unterliegen.

Verschmelzung

- Genossenschaften, die nach dem Recht eines Mitgliedsstaates gegründet wurden und den satzungsmäßigen Sitz sowie die Hauptverwaltung in einem

Mitgliedsstaat haben, können verschmolzen werden, sofern mindestens zwei dem Recht unterschiedlicher Mitgliedsstaaten unterliegen.

- Zur Gründung einer SCE durch Verschmelzung ist gem. Art. 22 SCE-VO die Aufstellung eines Verschmelzungsplans erforderlich.

Umwandlung

- Eine bestehende Genossenschaft, die den satzungsmäßigen Sitz sowie die Hauptverwaltung in einem Mitgliedsstaat hat und seit mindestens zwei Jahren eine Niederlassung oder Tochter in einem anderen Mitgliedsstaat nach dessen Recht unterhält, kann umgewandelt werden.
- Die Umwandlung hat keinen Einfluss auf die Rechtsidentität der Genossenschaft. Der Formwechsel vollzieht sich durch die Aufstellung eines Umwandlungsplans und eines -berichts gem. Art. 35 SCE-VO.

15.5 Struktur

Die Generalversammlung einer SCE tritt mindestens einmal jährlich zusammen, spätestens sechs Monate nach Ende des Geschäftsjahres. Ihr obliegt die Pflicht der Feststellung des Jahresabschlusses und die Entscheidung über die Ergebnisverwendung. Analog zu § 43 Abs. 3 GenG wird in Art. 59 Abs. 1 SCE-VO festgelegt, dass jedes Mitglied nur eine Stimme hat. Das Demokratieprinzip, das im deutschen Recht die Trennung von Personen- und Kapitalgesellschaften verdeutlicht, gilt also auch für die SCE.

Es sind prinzipiell zwei unterschiedliche Organstrukturen möglich. Im monistischen System gibt es neben der Generalversammlung nur ein Verwaltungsorgan, während es im dualistischen System, vergleichbar mit dem deutschen Recht, ein Leitungs- und ein Aufsichtsorgan gibt:

Monistisches System

Das Verwaltungsorgan, bestehend aus einem oder mehreren Mitgliedern, hat Vertretungsbefugnis gegenüber Dritten sowie vor Gericht und besitzt Geschäftsführungsbefugnis, die aber auch durch ein oder mehrere Mitglieder des Organs wahrgenommen werden kann. Die Bestellung des Verwaltungsorgans erfolgt durch die Generalversammlung. Zur Beratung über den Gang der Geschäfte und die Entwicklungen hat eine Versammlung des Verwaltungsorgans regelmäßig, aber mindestens vierteljährlich zu erfolgen.

Dualistisches System

Die Geschäftsführung unterliegt dem Leitungsorgan, dessen Mitglied(er) Vertretungsbefugnis nach außen haben. Die Mitglieder werden vom Aufsichtsorgan bestellt und abberufen. Eine Doppelmitgliedschaft in Leitungs- und Aufsichtsorgan ist nicht möglich. Ferner hat das Leitungsorgan dem Aufsichtsorgan mindestens einmal im Vierteljahr über den Gang der Geschäfte zu berichten. Es besteht ebenfalls die Pflicht zur Mitteilung von den Geschäftsverlauf wesentlich beeinflussbaren Ereignissen.

Dem Aufsichtsorgan obliegt die Überwachung der Geschäftsführung durch das Leitungsorgan, eine Vertretungsbefugnis nach außen sowie Geschäftsführungsbefugnis liegen aber nicht vor. Die Mitglieder des Aufsichtsorgans werden durch die Generalversammlung bestellt und abberufen.

15.6 Jahresabschluss und dessen Prüfung

Gemäß Art. 68 Abs. 1 der SCE-Verordnung unterliegt die Erstellung, Kontrolle und Offenlegung des Jahresabschlusses und des konsolidierten Abschlusses sowie des Lageberichts dem Recht des Staates, in dem die SCE ihren Sitz hat. Die Bestimmung in § 54 GenG, wonach der Abschlussprüfer Mitglied in einem Prüfungsverband sein muss, findet sich in Art. 71 SCE-VO wieder. Diese Besonderheit deutschen Rechts bleibt also auch für Europäische Genossenschaften erhalten.

Literaturhinweise

Blomeyer, Wolfgang: Auf dem Weg zur Europäischen Genossenschaft, BB 2000, S. 1741 – 1748; *Deipenbrock, Gudula:* Corporate Governance in der Europäischen Economie Sociale – Unternehmenskontrolle und -steuerung im Vorschlag über ein Statut der Europäischen Genossenschaft, EWS 2002, S. 410 – 416; *El Mahi, Farida:* Die Europäische Genossenschaft, DB 2004, S. 967 – 972; *Schulze, Reiner:* Die Europäische Genossenschaft (SCE), NZG 2004, S. 792 – 796.

IV Das 10-Punkte-Programm der Bundesregierung

Am 25. Februar 2003 wurde von der Bundesregierung der „Maßnahmenkatalog zur Stärkung der Unternehmensintegrität und des Anlegerschutzes“ (im Folgenden kurz: 10-Punkte-Programm) verabschiedet, mit dessen Umsetzung das Vertrauen der Aktionäre in die Integrität der Unternehmensführungen und in den Aktienmarkt gestärkt werden soll. Heute ist bereits ein Großteil des 10-Punkte-Programms in Reformgesetze eingegangen, die teils bereits in Kraft getreten sind.

Nachfolgend werden der Wortlaut des 10-Punkte-Programms sowie erste Hinweise zu dessen Umsetzung wiedergegeben:

1. *Persönliche Haftung von Vorstands- und Aufsichtsratsmitgliedern gegenüber der Gesellschaft: Verbesserung des Klagerechts der Aktionäre*
2. *Einführung der persönlichen Haftung von Vorstands- und Aufsichtsratmitgliedern gegenüber Anlegern für vorsätzliche oder grobfahrlässige Falschinformationen des Kapitalmarkts; Verbesserung der kollektiven Durchsetzung von Ansprüchen der Anleger*

Mit dem Gesetz zur Unternehmensintegrität und Modernisierung des Anfechtungsrechts (UMAG), welches die Haftung der Organe (Vorstand, Aufsichtsrat) und die Anfechtungsklage in der Hauptversammlung neu regelt, wurde eine Umsetzung der beiden ersten Punkte des Programms erreicht. Gegenüber dem Anlegerschutzverbesserungsgesetz (AnSVG) konzentrieren sich die geplanten Maßnahmen weniger auf das Außenverhältnis, sondern vielmehr auf das Innenverhältnis der Gesellschaften (insbesondere der Aktiengesellschaft). Ferner wird durch das vorgelegte Gesetz zur Einführung von Kapitalanleger-Musterverfahren (KapMuG) ein beschleunigtes Verfahren zur Durchsetzung von Anlegeransprüchen etabliert.

3. *Weiterentwicklung des Deutschen Corporate Governance Kodex, insbesondere zur Transparenz von aktienbasierten oder anreizorientierten Vergütungen („Aktienoptionen“) der Vorstände*

Dieser deklaratorische Punkt wurde bereits in der Neufassung des Deutschen Corporate Governance Kodex vom 21. Mai 2003 unter Ziffer 4.2 berücksichtigt. Ohnehin wird der Kodex jährlich auf erforderliche Anpassungen überprüft. Die im Kodex enthaltene Empfehlung zur Offenlegung von Vorstandsvergütungen börsennotierter Gesellschaften wurde in der Praxis in aller Regel nicht gefolgt. Insoweit hat sich der Gesetzgeber mit dem Vorstandsvergütungs-Offenlegungsgesetz (VorstOG) für eine gesetzliche Regulierung entschlossen.

4. *Fortentwicklung der Bilanzregeln und Anpassung an internationale Rechnungslegungsgrundsätze*
5. *Stärkung der Rolle des Abschlussprüfers*

Mit dem Gesetz zur Einführung internationaler Rechnungslegungsstandards und zur Sicherung der Qualität der Abschlussprüfung, kurz Bilanzrechtsreformgesetz (BilReG) wurden die Punkte 4 und 5 des 10-Punkte-Programms umgesetzt. Ziel dieses Gesetzes ist die Fortentwicklung und Internationalisierung der Rechnungslegungsvorschriften sowie die Stärkung der Rolle des Abschlussprüfers. Es wurden nicht nur entsprechende Vorgaben des europäischen Bilanzrechts in nationales Recht umgesetzt, sondern auch das Vertrauen in die Aussagekraft von Unternehmensabschlüssen und den unabhängigen Abschlussprüfer neu gestärkt.

Ferner sollen Qualität, Integrität und Unabhängigkeit des Abschlussprüfers mit dem Abschlussprüferaufsichtsgesetz (APAG) zusätzlich gestärkt werden. Nach In-Kraft-Treten dieses Gesetzes ist der Berufsstand der Wirtschaftsprüfer unter eine berufsstandsunabhängige Aufsicht gestellt worden, ähnlich dem Public Company Accounting Oversight Board, welches in Verbindung mit dem Sarbanes-Oxley Act in den USA etabliert wurde. Über die neu gegründete Abschlussprüferaufsichtskommission (sog. APAK), ist ein zusätzliches öffentliches Aufsichtselement (Public Oversight) über die Wirtschaftsprüferkammer gestellt werden soll. Die APAK hat ihre Arbeit Mitte 2005 aufgenommen.

6. *Überwachung der Rechtmäßigkeit konkreter Unternehmensabschlüsse durch eine unabhängige Stelle („Enforcement“)*

Mit dem Gesetz zur Kontrolle von Unternehmensabschlüssen, dem Bilanzkontrollgesetz (BilKoG) soll die Überwachung von Unternehmensabschlüssen durch eine unabhängige Stelle mittels eines zweistufigen Enforcement-Verfahrens umgesetzt werden. Auf der ersten Stufe prüft ein von staatlicher Seite beauftragtes privatrechtliches Gremium (Deutsche Prüfstelle für Rechnungslegung – DPR) die Jahres- und Konzernabschlüsse sowie (Konzern-)Lageberichte von kapitalmarktorientierten Unternehmen auf Verstöße gegen gesetzliche Vorschriften. Die zweite Stufe des Enforcement-Verfahrens wird insbesondere betreten, sofern sich das zu prüfende Unternehmen weigert, mit der Prüfstelle zu kooperieren. In einem solchen Falle wird die Bundesanstalt für Finanzdienstleistungsaufsicht (BaFin) mit einbezogen, um das Unternehmen zur Zusammenarbeit zu verpflichten bzw. eine Prüfung oder Veröffentlichung festgestellter Rechnungslegungsfehler zu erzwingen.

7. *Fortführung der Börsenreform und Weiterentwicklung des Aufsichtsrechts*
8. *Verbesserung des Anlegerschutzes im Bereich des sog. „Grauen Kapitalmarkts“*
9. *Sicherstellung der Verlässlichkeit von Unternehmensbewertungen durch Finanzanalysten und Rating-Agenturen*

10. Verschärfung der Strafvorschriften für Delikte im Kapitalmarktbereich

Mit dem Anlegerschutzverbesserungsgesetz, wurden die Bereiche der Kapitalmarktinformationen und des Schutzes vor unzulässigen Marktpraktiken abgedeckt. Die rasche Umsetzung war erforderlich, da eine Transformation der Marktmissbrauchsrichtlinie (vgl. Abschnitt III.4) bis zum 12. Oktober 2004 erfolgen musste. Insofern richtet sich das Gesetz primär auf das Außenverhältnis der betroffenen Gesellschaften. Die Einführung dieses Gesetzes war mit Änderungen des Wertpapierhandelsgesetzes, des Verkaufsprospektgesetzes, des Börsengesetzes und der WpÜG-Angebotsverordnung verbunden. Im Zuge dessen ist beispielsweise eine effektivere Überwachung der Finanzanalysten durch die BaFin und die Einführung einer allgemeinen Prospektpflicht für den sog. „grauen Kapitalmarkt" eingeführt worden.

V Bisherige nationale Entwicklungen

1 KonTraG, KapAEG, KapCoRiLiG und TransPuG

Aufgrund von zahlreichen Unternehmenszusammenbrüchen und -schieflagen in den 90er Jahren (Balsam, Bremer Vulkan, Metallgesellschaft) wurden vom deutschen Gesetzgeber mit der Einführung des KonTraG weit reichende Maßnahmen zur Verbesserung der Unternehmensführung und -überwachung ergriffen. Im Zuge dessen wurden speziell aktien- und handelsrechtliche Vorschriften modifiziert und Anpassungen in der Rechnungslegung, Abschlussprüfung und der deutschen Corporate Governance vorgenommen. Insbesondere wurden neue risikoorientierte Berichterstattungspflichten eingeführt sowie das Erfordernis der Einrichtung und Prüfung eines Risikofrüherkennungssystems (für amtlich notierte Aktiengesellschaften). Ferner wurden die Prüfungsvorschriften und Regelungen zum Aufsichtsrat und zur Hauptversammlung grundlegend erneuert. Parallel dazu entfachte die Daimler Benz AG das Bedürfnis nach einer befreienden Konzernrechnungslegung nach US-amerikanischen Grundsätzen. Andere Unternehmen folgten, wobei sich neben den US-GAAP zunehmend die International Accounting Standards (IAS) – die heutigen International Financial Reporting Standards (IFRS) – als international anerkannte Rechnungslegungsnormen etablierten. Den Wünschen nach befreienden Konzernabschlüssen, die nach IAS oder US-GAAP aufzustellen waren, kam der deutsche Gesetzgeber mit dem KapAEG nach.

Eine Ausweitung der Rechnungslegungs-, Offenlegungs- und Prüfungspflichten von Kapitalgesellschaften auf bestimmte Personenhandelsgesellschaften – namentlich auf alle OHG und KG ohne Vollhafter, die eine natürliche Person sind (sog. &Co.-Gesellschaften) – wurde im Jahr 2000 durch das Gesetz zur Durchführung der Richtlinie des Rates der Europäischen Union zur Änderung der Kapitalgesellschaften Bilanz- und der Konzernbilanzrichtlinie hinsichtlich ihres Anwendungsbereichs (90/605/EWG), zur Verbesserung der Offenlegung von Jahresabschlüssen und zur Änderung anderer handelsrechtlicher Bestimmungen (Kapitalgesellschaften- &Co.-Richtlinie-Gesetz – KapCoRiLiG) herbeigeführt. Zugleich waren mit diesem Gesetz einige Erleichterungs- und Befreiungsvorschriften zum Jahres- und Konzernabschluss verbunden.

Insgesamt ergab sich somit die in Abbildung 10 dargestellte Ausgangslage auf nationaler Ebene.

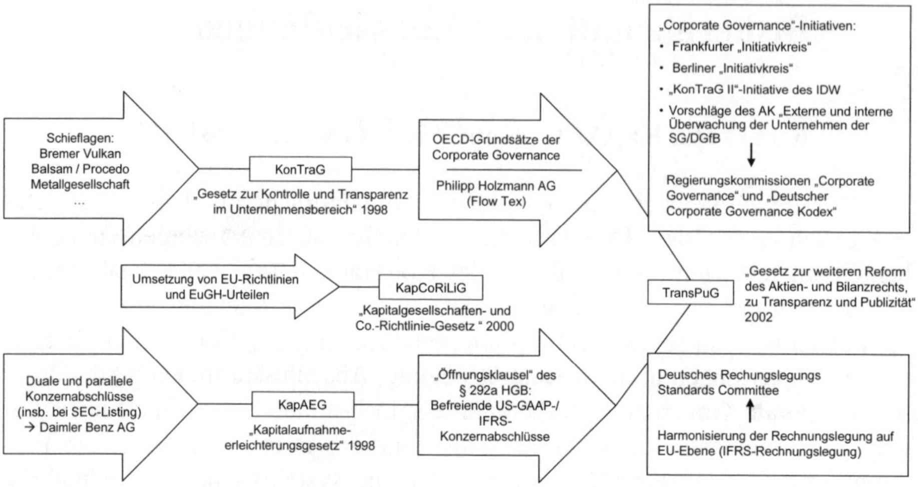

Abbildung 10: Deutsche Gesetzesreformen zur Corporate Governance

Trotz des KonTraG wurde der Diskussionsbedarf um die Zukunft und Ausgestaltung der deutschen Corporate Governance infolge des Zusammenbruchs der Philipp Holzmann AG neu entfacht. Neben zahlreichen privaten Corporate Governance-Initiativen wurden in der Folge zwei Regierungskommissionen eingesetzt. Es handelte sich hierbei zum einen um die Regierungskommission „Corporate Governance – Unternehmensführung – Unternehmenskontrolle – Modernisierung des Aktienrechts" (Baums-Kommission) und zum anderen um die Regierungskommission „Deutscher Corporate Governance Kodex" (Cromme-Kommission). Auf Grundlage der Ergebnisse der Baums-Kommission sowie auf Basis eines Reformvorschlags des deutschen Standardisierungsrats des DRSC zur Harmonisierung der Konzernrechnungslegung wurde im Februar 2002 der erste Regierungsentwurf zur Umsetzung der empfohlenen Maßnahmen in Form des Transparenz- und Publizitätsgesetzes vorgestellt, auf das im Folgenden detaillierter eingegangen wird.

2 Erste Schritte zur Verbesserung der Corporate Governance in Deutschland

Ein Ziel dieses Transparenz- und Publizitätsgesetzes war es, die Informationsversorgung gegenüber dem Aufsichtsrat zu verbessern, womit Gesetzesänderungen im Aktiengesetz ebenso wie im Handelsgesetzbuch verbunden waren. Anzumerken ist, dass im Zuge dessen dem Aufsichtsrat zwar mehr Rechte erteilt wurden, aber gleichzeitig auch erheblich mehr Pflichten auferlegt wurden. Neben einer „maßvoll erweiterten Publizität" wurden weiterhin einige Bestimmungen über Gegenstand und Umfang der Abschlussprüfung, insbesondere des Prüfungsberichts, konkretisiert und teilweise verschärft. Zusätzlich wurde das deutsche Konzernbilanzrecht in Teilbereichen an internationale Gepflogenheiten angepasst, sodass die seitens der Baums-Kommission und des DRSC ausgesprochenen Empfehlungen alsbald umgesetzt wurden. Mit dem TransPuG, durch das als Artikelgesetz insbesondere Vorschriften des Aktiengesetzes und des Handelsgesetzbuchs geändert wurden, waren im Wesentlichen die nachfolgenden Änderungen verbunden.

2.1 Änderung des Aktiengesetzes

- Der Bericht des Vorstands an den Aufsichtsrat (§ 90 AktG) hat seit der Einführung des TransPuG auch auf Abweichungen von früher berichteten Zielen unter Angabe von Gründen einzugehen („follow up"). Die sich daraus ergebende Planabweichungsanalyse hat in der Regel in schriftlicher Form idealerweise vor der Aufsichtsratssitzung zu erfolgen. Im Falle vorhandener Tochter- und Gemeinschaftsunternehmen ist über diese ebenfalls schriftlich zu berichten.
- Die in § 110 Abs. 3 AktG geregelte Sitzungsfrequenz des Aufsichtsrats wurde im Rahmen des TransPuG auf zwei Sitzungen im Kalenderhalbjahr festgelegt. Auf Beschluss des Aufsichtsrats einer nicht börsennotierten Gesellschaft kann eine Sitzung pro Kalenderhalbjahr anberaumt werden. Wichtig ist, dass das TransPuG auch Aufsichtsratssitzungen in Form von Telefon- oder Videokonferenz ermöglicht.
- In Verbindung mit dem TransPuG wurde § 161 AktG neu eingeführt, aufgrund dessen Vorstand und Aufsichtsrat einer börsennotierten Gesellschaft verpflichtet sind, jährlich eine sog. Entsprechenserklärung abzugeben. Der Inhalt dieser Entsprechenserklärung bezieht sich auf die vom Bundesministerium der Justiz im amtlichen Teil des elektronischen Bundesanzeigers bekannt gemachten Empfehlungen der Regierungskommission Deutscher Corporate Governance Kodex, deren Einhalten erklärt werden soll (s. hierzu auch Abschnitt V.3). Anzumerken ist, dass im Rahmen dieser Entsprechenserklärung sowohl eine zukunftsbezogene („wird entsprochen") als auch eine vergangenheitsbezogene („wurde entsprochen") Aussage bzgl. der Einhaltung der Empfehlungen zu treffen ist. Die Nichteinhaltung einzelner Empfehlungen ist in der Entsprechenserklärung anzugeben. Über die Abgabe der Entsprechenserklärung und deren für die Aktionäre dauerhafte Zugänglichkeit ist nach § 285 Nr. 16 HGB (für Konzerne § 314 Abs. 1 Nr. 8 HGB) im Anhang zu berichten. Da die Entsprechenserklärung selbst nicht Gegenstand der Anhangangabe ist, ist sie auch nicht Prüfungsgegenstand des Abschlussprüfers. Wird die Entsprechenserklärung nicht abgegeben oder nicht jährlich aktualisiert, hat der Abschlussprüfer seinen Bestätigungsvermerk einzuschränken. Die Entsprechenserklärung ist mit den übrigen Anlagen gem. § 325 HGB zum Handelsregister einzureichen. Näheres zum Deutschen Corporate Governance Kodex sowie dessen Umsetzungen in der Praxis wird in Abschnitt VIII erläutert.

- Mit der Einführung des TransPuG wird die Bedeutung des Konzernabschlusses für den Kapitalmarkt unterstrichen. So hat der Aufsichtsrat über den Konzernabschluss nach der Prüfung des Abschlussprüfers über die wichtigsten Prüfungsergebnisse in dessen Beisein zu beraten und den Konzernabschluss „zu billigen" (§ 171 Abs. 2 Satz 5 AktG). Anschließend hat der Aufsichtsrat in einem Bericht zum Ergebnis seiner Prüfung des Konzernabschlusses Stellung zu nehmen (§§ 170, 171, 173, 175 AktG).

2.2 Änderung des Handelsgesetzbuchs

- Alle Konzerne, die Wertpapiere auf einem organisierten Markt i.S.d. § 2 Abs. 5 WpHG ausgegeben haben, sind verpflichtet, eine Kapitalflussrechnung, eine Segmentberichterstattung sowie einen Eigenkapitalspiegel zu erstellen. Damit wurden diese Informationsinstrumente zu eigenständigen Bestandteilen des Jahresabschlusses und sind nicht mehr, wie es vormals die Segmentberichterstattung und Kapitalflussrechnung waren, integrale Bestandteile des Konzernanhangs.
- Das TransPuG führte zu einer Aufhebung des § 308 Abs. 3 HGB. Zur Angleichung an die internationale Rechnungslegung sind demnach steuerlich motivierte Ansätze oder Bewertungen, wie z.B. Sonderposten mit Rücklageanteil, im Konzernabschluss nicht mehr zulässig.
- Durch das TransPuG wurde die verpflichtende Prüfung des Risikofrüherkennungssystems i.S.d. § 91 Abs. 2 AktG von bisher nur amtlich notierten auf alle börsennotierten Aktiengesellschaften ausgedehnt (§ 317 Abs. 4 HGB).

Literaturhinweise

Böcking, Hans-Joachim/Orth, Christian: Offene Fragen und Systemwidrigkeiten bei den neuen Rechnungslegungs- und Prüfungsvorschriften, DB 1998, S. 1873 – 1879; *Böcking, Hans-Joachim/Orth, Christian*: Neue Vorschriften zur Rechnungslegung und Prüfung durch das KonTraG und das KapAEG, DB 1998, S. 1241 – 1246; *Claussen, Carsten P.*: Wie ändert das KonTraG das Aktiengesetz?, DB 1998, S. 177 – 186; *Dörner, Dietrich*: Ändert das KonTraG die Anforderungen an den Abschlussprüfer?, DB 1998, S. 1 – 8; *Giese, Arlett/Rabenhorst, Dirk/ Schindler, Joachim*: Erleichterungen bei der Rechnungslegung, Prüfung und Offenlegung von Konzerngesellschaften, BB 2001, S. 511 – 518; *Hommelhoff, Peter*: Zum Ersatz des deutschen Konzernabschlusses durch den internationalen Konzernabschluss, in: Baetge, Jörg (Hrsg.), Aktuelle Entwicklungen in Rechnungslegung und Wirtschaftsprüfung, Düsseldorf 1997, S. 109 – 134; *Pfitzer, Norbert/Oser, Peter/Orth, Christian*: Zur Reform des Aktienrechts, der Rechnungslegung und Prüfung durch das TransPubG – Darstellung und kritische Würdigung des Referentenentwurfs, DB 2002, S. 157 – 165; *Strobel, Wilhelm*: Neuerungen des Handelsbilanzrechts in Richtung internationaler Normen, BB 1996, S. 1601 – 1607; *Strobel, Wilhelm*: Die Neuerungen des KapCoRiLiG für den Einzel- und Konzernabschluss, DB 2000, S. 53 – 59; *Wiese, Götz Tobias*: KonTraG: Erwerb eigener Aktien und Handel in eigenen Aktien, DB 1998, S. 609.

3 Deutscher Corporate Governance Kodex (DCGK)

Im Juli 2001 unterbreitete die Regierungskommission „Corporate Governance“ (sog. „Baums-Kommission“) den Vorschlag zur Ausarbeitung eines Kodex guter Corporate Governance. Der Kodex sollte von einer eigens hierfür gebildeten Folgekommission zur Verbesserung der Unternehmensleitung, -überwachung und -transparenz erarbeitet werden. Unter Leitung von Herrn Dr. Cromme wurde die Regierungskommission „Deutscher Corporate Governance Kodex“ (DCGK) eingerichtet, welche schließlich die Verhaltensregeln für Aufsichtsräte und Vorstände (insbesondere) börsennotierter Gesellschaften entwickelt hat und seither jährlich überprüft.

Mit Hilfe des Kodex sollen gesetzliche Regelungen zur Leitung und Überwachung deutscher börsennotierter Gesellschaften für nationale und internationale Investoren transparent gemacht werden, um auf diese Weise das Vertrauen in die Unternehmensführung der Gesellschaften zu stärken. Der Kodex vereint einen Großteil der über verschiedene Einzelgesetze verstreuten gesetzlichen Vorschriften zur Unternehmensführung und -kontrolle. Zudem enthält der Kodex neben den gesetzlich verpflichtenden Vorschriften auch eine Reihe so genannter Empfehlungen; diese sind zwar nicht zwingend anzuwenden, über ein Abweichen haben Vorstand und Aufsichtsrat allerdings in der Entsprechenserklärung zu berichten. Ferner wurden in den Kodex weitere Anregungen aufgenommen, auf die jedoch in der Erklärung nicht abzustellen ist – sie stellen lediglich weitergehende Grundsätze guter Corporate Governance dar. Vor allem internationalen Kritikpunkte an der deutschen Unternehmensverfassung, wie z.B. der im internationalen Vergleich mangelhaften Ausrichtung an Aktionärsinteressen, wurde Rechnung getragen, indem gerade internationale Standards im Kodex ihre Berücksichtigung finden. Durch die Verpflichtung zur Abgabe einer Entsprechenserklärung zu den Empfehlungen gem. § 161 AktG wurde eine gesetzliche Einbindung des Kodex verankert.

Weitere Ausführungen zum Kodex finden sich in Abschnitt V.3.

VI Reformen infolge internationaler und nationaler Entwicklungen

1 Bilanzrechtsreformgesetz (BilReG)

1.1 Vorschriften zum Einzelabschluss

Größenmerkmale für Kapitalgesellschaften (§ 267 HGB)

Die Größenmerkmale für Kapitalgesellschaften, die sich an der Bilanzsumme, den Umsatzerlösen und der Zahl der Arbeitnehmer orientieren, wurden im Zuge der Umsetzung der EU-Schwellenwertrichtlinie um 16,8% erhöht. Dies dient dem Ziel, dass weiterhin die Gesellschaften in den bisherigen Größenklassen verbleiben, die infolge der wirtschaftlichen und monetären (insb. Inflationsanpassung) Entwicklung andernfalls die Grenzwerte ggf. überschritten hätten. Wenngleich diese Änderung auf europarechtliche Vorgaben zurückzuführen ist, erstaunt es, dass das dritte Kriterium (Arbeitnehmerzahl) seit Jahrzehnten trotz der Minderung des Faktors Arbeit in der EU (durch Verlagerung/Rationalisierung) sowie der Steigerung der Arbeitseffektivität unverändert bleibt. Wie bisher wird die nächst höhere Größenklasse erreicht, wenn zwei der drei Kriterien an den Abschlussstichtagen von zwei aufeinander folgenden Geschäftsjahren überschritten werden. Die Grenzwerte der Größenmerkmale nach § 267 HGB ergeben sich aus nachstehender Abbildung 11.

	Kleine Kapitalgesellschaft	**Mittelgroße Kapitalgesellschaft**	**Große Kapitalgesellschaft**
Bilanzsumme	≤ 4.015.000 €	≤ 16.060.000 €	> 16.060.000 €
Umsatzerlöse	≤ 8.030.000 €	≤ 32.120.000 €	> 32.120.000 €
Arbeitnehmer	≤ 50	≤ 250	> 250

Abbildung 11: Größenmerkmale für Kapitalgesellschaften nach § 267 HGB

In dem Maße, in dem Kapitalgesellschaften infolge der Erhöhung der Schwellenwerte nunmehr unterhalb dieser Werte bleiben, werden die an die Überschreitung der Größenkriterien geknüpften zusätzlichen Berichtspflichten reduziert.

Die Befreiungen für kleine Kapitalgesellschaften und die Erleichterungen für mittelgroße Kapitalgesellschaften konnten bei kalendergleichem Geschäftsjahr erstmals für einen Abschluss zum 31. Dezember 2004 in Anspruch genommen werden. Unseres Erachtens sind für die Beurteilung, ob für den Abschluss 2004 die Schwellenwerte an zwei aufeinander folgenden Abschlussstichtagen (hier: 31. Dezember 2004 und 31. Dezember 2003) über- oder unterschritten sind, jeweils die neuen, höheren Schwellenwerte nach Maßgabe des BilReG zugrunde zu legen (Rückwirkung). Eine entsprechende Auffassung wird mittlerweile auch vom Institut der Wirtschaftsprüfer vertreten. Eine neuerliche Anpassung der Schwellenwerte ist bereits geplant. Zu den auf Ebene der EU geplanten Anpassungen siehe Abschnitt III.6.

Berücksichtigung ausschüttungsbedingter Körperschaftsteuerminderungen (§ 278 HGB)

Entgegen dem Referentenentwurf ist in der verabschiedeten Fassung des BilReG die Streichung von § 278 HGB nicht mehr enthalten. Die nach dem Übergang vom Anrechnungsverfahren auf das Halbeinkünfteverfahren kontrovers diskutierte Frage, ob § 278 HGB lex specialis zu § 37 Abs. 2 KStG ist und damit die Frage, in welchem Geschäftsjahr ausschüttungsbedingte Körperschaftsteuerminderungen zu berücksichtigen sind, wird daher fortbestehen. Insbesondere war fraglich, ob die Vorschrift nach Umstellung vom Anrechnungs- auf das Halbeinkünfteverfahren obsolet sei, da Gewinnausschüttungen nicht mehr zu einer rückwirkenden Änderung der Körperschaftsteuerschuld des ausschüttenden Unternehmens führen, sondern in dem Jahr Körperschaftsteuerminderungen nach sich ziehen, „in dem“ die Ausschüttung erfolgt. Da diese Auffassung und Interpretation des § 278 HGB umstritten ist, hat der Gesetzgeber gut daran getan, es bei dieser Vorschrift zu belassen, zumal § 278 HGB darauf basiert, dass die Änderung der Höhe der Körperschaftsteuer unmittelbar mit dem Vorgang der Gewinnerzielung zusammenhängt und insofern in dem handelsrechtlichen Abschluss zu berücksichtigen ist, an dessen Ergebnis sie anknüpft. § 278 HGB stellt auf die Ertragsentstehung (handelsrechtliche Realisation) und nicht auf die Anspruchsentstehung ab (wie z.B. nach IAS 12.52B), weshalb es trotz der Einführung des Halbeinkünfteverfahrens dieser Vorschrift bedarf.

Offenlegung von Prüfungs- und Beratungsgebühren im Anhang (§ 285 Satz 1 Nr. 17 HGB)

Unternehmen, die einen organisierten Markt i.S.v. § 2 Abs. 5 WpHG in Anspruch nehmen, müssen nach § 285 Satz 1 Nr. 17 HGB im Anhang für Geschäftsjahre, die nach dem 31. Dezember 2004 beginnen, das für den Abschlussprüfer im Geschäftsjahr als Aufwand erfasste Honorar (Prüfungs- und Beratungsgebühren) angeben. Grundsätzlich sind kleine Kapitalgesellschaften von der Angabepflicht ausgenommen. Nach den Größenkriterien des § 267 Abs. 1 HGB als kleine Kapitalgesellschaften zu klassifizierende Gesellschaften, die einen organisierten Markt in Anspruch nehmen, gelten jedoch gem. § 267 Abs. 3 HGB stets als große Kapitalgesellschaften, sodass die Befreiungsvorschrift des § 288 Satz 1 HGB ins Leere läuft.

Mit dieser Ergänzung der Anhangangaben sollen die Vergütung und die Vergütungsbestandteile des Abschlussprüfers für den Abschlussadressaten transparent gemacht werden. Die Angaben geben nach Auffassung des Gesetzgebers Aufschluss über mögliche Interessenkonflikte und/oder die mögliche Befangenheit des Abschlussprüfers. Nach dem Sinn und Zweck der Vorschrift ist somit eine Aufgliederung in die in § 285 Satz 1 Nr. 17 HGB genannten Vergütungselemente erforderlich. Entsprechend ist eine Trennung in Honorare für

- die Abschlussprüfung,
- sonstige Bestätigungs- oder Bewertungsleistungen,
- Steuerberatungsleistungen und
- sonstige Leistungen

vorzunehmen. Auch der Rechnungslegungshinweis des Instituts der Wirtschaftsprüfer IDW RH HFA 1.006, Tz. 8 stellt abermals klar, dass die Angabe eines einzigen Betrags nicht zulässig ist. Bei gemeinschaftlichen Prüfungen (Joint Audits) sind die Angaben für jeden Abschlussprüfer getrennt zu machen.

Es sind ausschließlich die Honorare angabepflichtig, die der bestellte und mit der Durchführung der Abschlussprüfung beauftragte Abschlussprüfer i.S.d. § 318 HGB erhalten bzw. für erbrachte Dienstleistungen noch zu beanspruchen hat. Auch durch verbundene Unternehmen des Abschlussprüfers erbrachte Leistungen sind im Rahmen der Angabepflicht zu erfassen, nicht jedoch Leistungen von Unternehmen, mit denen der Abschlussprüfer in einem sog. internationalen Verbund bzw. Netzwerk zusammenarbeitet.

Als „Honorar“ ist die Gesamtvergütung für die Tätigkeit des Abschlussprüfers für die berichtende Gesellschaft zu verstehen, soweit diese in der Gewinn- und Verlustrechnung als Aufwand erfasst wird. Eingeschlossen ist dabei der berechnete Auslagenersatz (Fahrtkosten, Übernachtungskosten, Berichts- und Schreibkosten).

Hinsichtlich der Differenzierung der Leistungsarten enthalten weder das Gesetz noch die Gesetzesmaterialen zum BilReG Kriterien für eine entsprechende Zuordnung von Leistungen. Entsprechende Anforderungen zur Ausgestaltung der Anhangangabe werden durch IDW RH HFA 1.006 definiert. Danach sind in die Leistungen für die Abschlussprüfung auch Honorare für Leistungen im Rahmen der Erweiterung des gesetzlichen Prüfungsauftrags (z.B. Prüfung des Risikofrüherkennungssystems, Prüfung der Ordnungsmäßigkeit der Geschäftsführung i.S.d. § 53 HGrG) zu erfassen, da diese in einem sachlichen und zeitlichen Zusammenhang zur Abschlussprüfung stehen. Ist der Prüfer des Jahresabschlusses eines Mutterunternehmens gleichzeitig Prüfer des Konzernabschlusses, ist auch das für die Konzernabschlussprüfung zu leistende Honorar im Anhang zum Einzelabschluss anzugeben. Gleiches gilt für Honorare für die Prüfung sog. „Konzernpackages“.

Unter den sonstigen „Bestätigungs- und Bewertungsleistungen“ sind alle anderen prüfungsnahen Dienstleistungen zu erfassen, für die der Abschlussprüfer gem. §§ 48 Abs. 1 i.V.m. 2 Abs. 1 WPO das Berufssiegel führen kann, d.h. die lediglich in (zeitlichem) Zusammenhang mit oder in Ergänzung zur Abschlussprüfung durchgeführt wurden, z.B. freiwillige Prüfungen analog § 53 HGrG oder analog § 317 Abs. 4 HGB. Darüber hinaus sind dieser Kategorie u.a. Honorare für Prüfungen nach UmwG und andere gesondert beauftragte Prüfungen nach Spezialgesetzen (z.B. § 36 WpHG) sowie prüferische Durchsichten oder Prüfungen von Zwischenabschlüssen zuzurechnen.

Der Vergütungsbestandteil „Steuerberatungsleistungen“ umfasst sämtliche Vergütungen für Leistungen gem. § 1 StBerG.

Unter die „sonstigen Leistungen“ sind schließlich diejenigen Leistungen zu fassen, die nicht unter die zuvor genannten Vergütungskategorien zu subsumieren sind (Auffangtatbestand). Hierzu können z.B. Honorare für Schulungsmaßnahmen oder Personalberatung gehören.

Maßgebend für die Abgrenzung der anzugebenden Honorare ist der Zeitpunkt der Aufwandserfassung beim Unternehmen. Für gesetzliche Abschlussprüfungen besteht eine Rückstellungspflicht, sodass für das zu prüfende Geschäftsjahr – abgesehen von sog. Spitzen – der Aufwand grundsätzlich periodengerecht erfasst wird, auch wenn die Leistung (teilweise) erst nach dem Abschlussstichtag erbracht bzw. in einem vorangehenden Geschäftsjahr vereinbart wird. Spätere Nachzahlungen oder die Auflösung von Rückstellungen stehen einer (korrekten) Anhangangabe nicht entgegen. Bei den übrigen Leistungen wird regelmäßig auf den Zeitpunkt der Leistungserbringung abzustellen sein.

Anhangangaben bezüglich derivativer Finanzinstrumente (§ 285 Satz 1 Nr. 18 HGB)

Gemäß dem in teilweiser Umsetzung der Fair Value-Richtlinie bzw. Modernisierungsrichtlinie neu eingefügten § 285 Satz 1 Nr. 18 HGB sind für nach dem 31. Dezember 2003 beginnende Geschäftsjahre zusätzliche Angaben zu derivativen Finanzinstrumenten im Anhang notwendig. Die Angabepflicht besteht für alle Kapitalgesellschaften sowie für Gesellschaften, die nach den Vorschriften für Kapitalgesellschaften Rechnung zu legen haben. Größenabhängige Erleichterungen sind vom Gesetzgeber nicht vorgesehen.

Die Angabepflicht umfasst zum einen Informationen zu Art und Umfang der eingesetzten Finanzinstrumente (§ 285 Satz 1 Nr. 18a HGB) und zum anderen die Angabe des beizulegenden Zeitwerts der betreffenden Finanzinstrumente, soweit dieser verlässlich ermittelbar ist (§ 285 Satz 1 Nr. 18b HGB). Kann der beizulegende Zeitwert nicht ermittelt werden, sind die Gründe hierfür anzugeben.

Eine handelsrechtliche Definition der Begriffe „Finanzinstrumente" bzw. „derivative Finanzinstrumente" existiert nicht. Auch die zugrunde liegenden europäischen Richtlinien lassen dies bewusst offen. Der Gesetzgeber hat auf eine Definition bewusst verzichtet, da nach einhelliger Auffassung der hierzu befragten Experten Finanzinstrumente schwer zu definieren sind und der dynamischen Fortentwicklung von Finanzinstrumenten auf den Finanz- und Kapitalmärkten Rechnung getragen werden soll. Eine Auslegung kann demzufolge entsprechend dem KWG, dem WpHG oder nach den IFRS erfolgen. Nach dem Rechnungslegungshinweis des IDW (IDW RH HFA 1.005) gelten als Finanzinstrumente die Vermögensgegenstände und Schulden, die auf vertraglicher Basis zu Geldzahlungen oder zum Zugang bzw. Abgang von anderen Finanzinstrumenten führen. Eigenkapitalinstrumente bei Emittenten stellen hingegen keine Finanzinstrumente dar.

Derivative Finanzinstrumente sind gem. IDW RH HFA 1.005, Tz. 5 als Fest- oder Optionspreisgeschäfte ausgestaltete Termingeschäfte, deren Wert von einer Basisvariablen abhängt, die durch Geldzahlungen oder Zu- bzw. Abgang von anderen Finanzinstrumenten erfüllt werden können und deren Erfüllung auch auf Nettobasis möglich ist. Der Begriff „derivative Finanzinstrumente" umfasst gem. § 285 Satz 2 HGB Verträge über den Erwerb oder die Veräußerung von Waren, bei denen jede der Vertragsparteien zur Abgeltung in bar oder durch ein anderes Finanzinstrument berechtigt ist. Ausgenommen hiervon sind Verträge, die den erwarteten Bedarf absichern, der sich aus Erwerb, Veräußerung oder dem eigenen Gebrauch ergibt, sofern eine derartige Absicht bei Begründung des Geschäfts bestand, zum Zeitpunkt des Abschlusses fortbesteht und der Vertrag mit der Lieferung der Ware als erfüllt gilt.

In Anlehnung an § 1 Abs. 11 Nr. 2 Satz 4 KWG sind die derivativen Finanzinstrumente entsprechend der ihnen zugrunde liegenden Risiken in folgende Kategorien zu untergliedern:

- zinsbezogene Geschäfte,
- währungsbezogene Geschäfte,
- aktien-/indexbezogene Geschäfte und
- sonstige Geschäfte.

Zu den Arten derivativer Finanzinstrumente zählen Optionen, Futures, Forwards und Swaps. Dabei ist für die Anhangangabe unerheblich, ob es sich hierbei um bilanzwirksame oder bilanzunwirksame schwebende Geschäfte handelt. Die Darstellung des Umfangs derivativer Finanzinstrumente erfordert die Angabe ihres Nominalwerts.

Darüber hinaus sind folgende Angaben bezüglich derivativer Finanzinstrumente notwendig:

- ihr beizulegender Zeitwert sowie
- ein ggf. vorhandener Buchwert (z.B. aktivierte bzw. passivierte Optionsprämien, ggf. zu bildende Rückstellungen für drohende Verluste aus schwebenden Geschäften, aus der täglichen Abrechnung resultierende Variation Margins für Futures) und der Bilanzposten, in dem dieser erfasst wurde.

Quantitative Angaben sind nur für die einzelnen Kategorien derivativer Finanzinstrumente notwendig, eine verbale Beschreibung der Arten von zu einer Kategorie gehörenden Instrumente ist ausreichend.

Vorgehensweise zur Ermittlung des beizulegenden Zeitwerts (§ 285 Satz 3 bis 5 HGB)

§ 285 Satz 3 bis 5 HGB gibt die Vorgehensweise zur Ermittlung des beizulegenden Zeitwerts von Finanzinstrumenten vor. Danach ist entsprechend der in Abbildung 12 dargestellten Verfahrensweise vorzugehen.

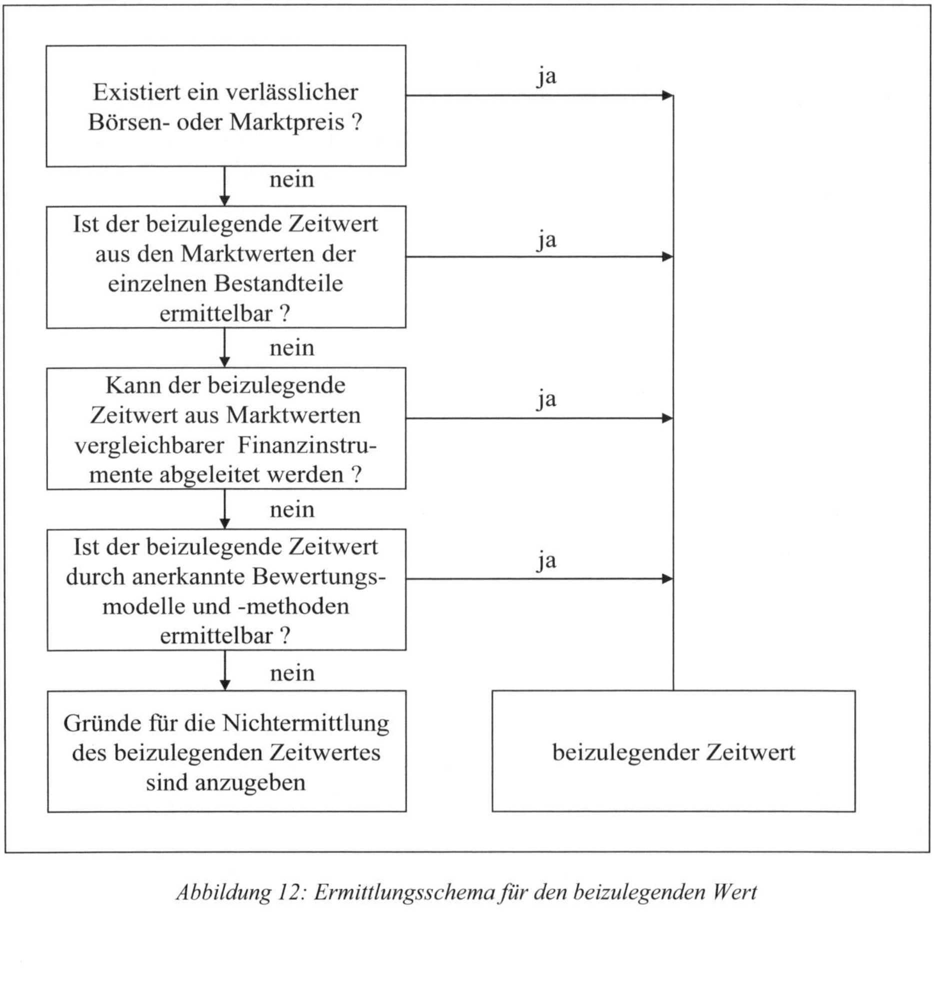

Abbildung 12: Ermittlungsschema für den beizulegenden Wert

Bei der Verwendung von anerkannten Bewertungsmodellen und -methoden sind die ihnen zugrunde liegenden Annahmen im Anhang anzugeben.

Als verlässlich feststellbarer Marktwert ist ein vorhandener Börsen- oder Marktpreis anzusehen. Anerkannte Bewertungsmodelle stellen Analysen diskontierter Cashflows (z.B. DCF-Methode), Ertragswertverfahren oder Optionspreismodelle (z.B. Black/Scholes, Binomialmodell oder Cox/Ross/Rubinstein) dar.

Anhangangaben zu Finanzinstrumenten des Anlagevermögens, die über ihrem beizulegenden Zeitwert ausgewiesen werden (§ 285 Satz 1 Nr. 19 HGB)

§ 285 Satz 1 Nr. 19 HGB fordert ferner Angaben für zu den Finanzanlagen gehörende Finanzinstrumente (§ 266 Abs. 2 A. III HGB), die über ihrem beizulegenden Zeitwert in der Bilanz ausgewiesen werden. Die Angabepflicht besteht für alle Kapitalgesellschaften sowie für Gesellschaften, die nach den Vorschriften für Kapitalgesellschaften Rechnung zu legen haben. Größenabhängige Erleichterungen sind vom Gesetzgeber nicht vorgesehen.

Diese Angaben betreffen die Offenlegung der Ausübung des Wahlrechts nach §§ 253 Abs. 2 Satz 3 und 279 Abs. 1 Satz 2 HGB, das bei nur vorübergehender Wertminderung von Vermögensgegenständen, die Finanzanlagen sind, ein Wertbeibehaltungswahlrecht begründet. Bei voraussichtlich dauernder Wertminderung besteht jedoch eine Pflicht zur außerplanmäßigen Abschreibung.

Neben den Angaben über den Buchwert und den beizulegenden Zeitwert der einzelnen betroffenen Vermögensgegenstände bzw. gleichartigen Gruppen von Vermögensgegenständen sind die Gründe für das (teilweise) Unterlassen einer Abschreibung gem. § 253 Abs. 2 Satz 3 HGB und die Anhaltspunkte, die auf eine nur vorübergehende Wertminderung schließen lassen (z.B. Erwartungen hinsichtlich der künftigen Steigerung des beizulegenden Zeitwerts aufgrund bereits eingeleiteter Maßnahmen beim Unternehmen), zu nennen.

Die Angabe des beizulegenden Zeitwerts ist nur dann erforderlich, wenn ein solcher für Zwecke der Bewertung ermittelt werden musste, d.h. am Abschlussstichtag Anhaltspunkte vorlagen, dass dieser unter dem Buchwert des Finanzinstruments lag. Für die Ermittlung des beizulegenden Zeitwerts ist nach der in § 285 Satz 3 bis 5 HGB beschriebenen Vorgehensweise zu verfahren. Dabei kann die Angabe von Buchwert und beizulegendem Zeitwert in angemessenen Gruppierungen entsprechend der jeweils angegebenen (gleichartigen) Begründung für die Nichtvornahme einer Abschreibung erfolgen. Bei der Bildung dieser Gruppie rungen darf es jedoch zu keiner Verrechnung von stillen Reserven und stillen Lasten kommen. Folglich sind in die Gruppierung nur Finanzanlagen einzubeziehen, bei denen der Buchwert den beizulegenden Zeitwert übersteigt.

Ist eine Abschreibung wegen voraussichtlich nur vorübergehender Wertminderung einer Finanzanlage unterlassen worden, sind die entsprechenden Anhaltspunkte hierfür anzugeben. Das bedeutet, dass Angaben z.B. über feststellbare

Werterhöhungen zwischen Abschlussstichtag und Erstellung des Jahresabschlusses, über fundierte nachvollziehbare Erwartungen und Chancen hinsichtlich zukünftiger Werterhöhungen (z.B. wegen vorliegender Anlaufverluste), über die Kurzfristigkeit von Ergebnisschwankungen bei Beteiligungen oder Anteilen an verbundenen Unternehmen oder über eingeleitete bzw. geplante Maßnahmen (z.B. Kostensenkungsprogramm), die voraussichtlich zu einer Steigerung des beizulegenden Zeitwerts führen werden, erforderlich sind.

Auswirkungen fehlender/fehlerhafter Anhangangaben

Soweit eine der Angabepflichten nach § 285 Satz 1 Nr. 17 bis 19 HGB nicht oder nicht ordnungsgemäß erfüllt wird, hat der Abschlussprüfer den Bestätigungsvermerk einzuschränken. Dies gilt ohne Rücksicht auf die Auswirkung des Verstoßes auf die Gesamtbeurteilung des Jahresabschlusses, da diesen Bestimmungen nach ihrem Sinn und Zweck eine besondere Bedeutung beizumessen und der Verstoß nicht geringfügig ist.

Größenabhängige Erleichterungen für kleine Kapitalgesellschaften (§ 288 HGB)

Die in § 288 Satz 1 HGB geregelten größenabhängigen Erleichterungen für kleine Kapitalgesellschaften i.S.d. § 267 Abs. 1 HGB wurden um eine Befreiung von den neuen Anhangangaben nach § 285 Satz 1 Nr. 17 und 18 HGB ergänzt.

Hierbei läuft der Verweis auf § 285 Satz 1 Nr. 17 HGB indes ins Leere, da diese Anhangangabe nur für Unternehmen verpflichtend ist, die einen organisierten Markt i.S.d. § 2 Abs. 5 WpHG in Anspruch nehmen. Da aber kapitalmarktorientierte Unternehmen i.S.d. § 267 Abs. 3 HGB stets, d.h. unabhängig von den Schwellenwerten des § 267 Abs. 1 und 2 HGB, als große Kapitalgesellschaft klassifiziert werden, fällt eine kleine Kapitalgesellschaft i.S.d. § 267 Abs. 1 HGB grundsätzlich nicht in den Anwendungsbereich der Erleichterungsvorschrift. Eine Ausnahme besteht derzeit lediglich für den Fall, dass eine kleine Kapitalgesellschaft einen organisierten Markt i.S.d. § 2 Abs. 5 WpHG nicht (!) durch von ihr ausgegebene Wertpapiere i.S.d. § 2 Abs. 1 Satz 1 WpHG in Anspruch nimmt. Hierbei scheint es sich jedoch um ein redaktionelles Versehen des Gesetzgebers zu handeln, da eine weitere Differenzierung des Kriteriums „kapitalmarktorientiert“ nicht zielführend und zudem unbegründet ist. Bislang wurde neben § 286 Abs. 3 HGB auch in § 267 Abs. 3 HGB auf kapitalmarktorientierte Unternehmen Bezug genommen, die, soweit sie Wertpapiere i.S.d. § 2 Abs. 1 Satz 1 WpHG ausgegeben oder eine Zulassung zum Handel am organisierten Markt beantragt haben, als große Kapitalgesellschaften klassifiziert wurden. Die Regelung des § 285 Satz 1 Nr. 17 HGB beschränkt die Pflicht zur Anhangangabe indes nicht auf die Ausgabe von Wertpapieren i.S.d. § 2 Abs. 1 Satz 1 WpHG. Zu hoffen bleibt, dass die derzeitige Formulierung geändert wird.

Ohnehin besteht für kleine Kapitalgesellschaften derzeit keine handelsrechtliche Verpflichtung, ihren Jahresabschluss durch einen gesetzlichen Abschlussprüfer prüfen zu lassen, sodass insoweit die im Vordergrund stehenden Honorarangaben zur Abschlussprüfung im Jahresabschluss nicht erforderlich sind.

Eine tatsächliche Befreiung besteht hinsichtlich der Angabe zu Finanzinstrumenten gem. § 285 Satz 1 Nr. 18 HGB, wohingegen eine Befreiung von der Berichterstattung der den Finanzanlagen zugeordneten Finanzinstrumente gem. § 285 Satz 1 Nr. 19 HGB nicht besteht. Die Fair Value-Richtlinie sieht lediglich ein Wahlrecht zur Befreiung von der Angabe i.S.d. Nr. 18 vor, sodass eine parallele Erleichterung für die nach Nr. 19 geforderte Anhangangabe nicht möglich war. Dies verdeutlicht einmal mehr, welche Bedeutung eine Zuordnung der Finanzinstrumente zu den Finanzanlagen künftig haben wird.

Erweiterte Lageberichterstattungspflichten: Hintergründe zum neuen § 289 HGB

Im Mittelpunkt der neuen Lageberichterstattung steht neben den Chancen und Risiken der künftigen Entwicklung nunmehr auch die Analyse der bedeutsamsten finanziellen und nichtfinanziellen Leistungsindikatoren. Mit der Neufassung und Erweiterung des § 289 HGB wurden die Vorgaben der Modernisierungsrichtlinie hinsichtlich der Lageberichterstattung umgesetzt. Diese hatten zunächst eine Vereinheitlichung der Berichterstattung zum Ziel. Daneben sollte eine zusätzliche Orientierung hinsichtlich des erforderlichen Informationsgehalts, der zur Vermittlung eines den tatsächlichen Verhältnissen entsprechenden Bildes erwartet wird, gegeben werden (vgl. Richtlinie 2003/51/EG des Europäischen Parlaments und des Rates vom 18. Juni 2003).

Die Änderungen zielen darauf ab, den Informationsgehalt von Lageberichten sowie deren Vergleichbarkeit (innerhalb der EU) zu verbessern. Der Lagebericht wandelt sich somit von einem vergangenheits- und stichtagsbezogenen zu einem „wert- und zukunftsorientierten" Bericht der Unternehmensleitung.

Bezugnahme auf das Geschäftsergebnis (§ 289 Abs. 1 HGB)

Die bisherige Berichterstattungspflicht über Geschäftsverlauf und Lage der Kapitalgesellschaft bleibt erhalten. Ergänzt wird die Vorschrift in § 289 Abs. 1 HGB um die Bezugnahme auf das Geschäftsergebnis (vgl. hierzu auch IDW RH HFA 1.007). Bei der Erweiterung der Lageberichterstattung um den expliziten Einbezug des Geschäftsergebnisses handelt es sich u.E. lediglich um eine gesetzgeberische Klarstellung, da bereits nach geltendem Recht im Rahmen der vergangenheitsorientierten, zeitraumbezogenen Darstellung des Geschäftsverlaufs eine Bezugnahme auf das Geschäftsergebnis und die sie bestimmenden wesentlichen wirtschaftlichen Einflussfaktoren zu erfolgen hatte, wenngleich eine Angabe nicht stets als zwingend erforderlich erachtet wurde. Nach wie vor wird im Rahmen des sog. Wirtschaftsberichts, wie der erweiterte Lagebericht bisweilen in der Literatur bezeichnet wird, zum Zwecke der Vermittlung eines den tatsächlichen Verhältnissen entsprechenden Bildes der Vermögens-, Finanz- und Ertragslage auf das Geschäftsergebnis abzustellen sein. Fraglich ist jedoch, ob dies in einem gleichrangigen Umfang zu erfolgen hat, wie es die Darstellung des Geschäftsverlaufs und die Lage der Gesellschaft erfordern. Dies ist u.E. zu negieren, da bereits der Gesetzeswortlaut das Geschäftsergebnis als Bestandteil des Geschäftsverlaufs einordnet. Das Geschäftsergebnis ist im Rahmen der Darstellung (Satz 1) und Analyse (Satz 2 und 3) des Geschäftsverlaufs zu behandeln. Unter dem Geschäftsergebnis ist gem. IDW RH HFA 1.007, Tz. 6 das Jahresergebnis i.S.v. § 275 Abs. 2 Nr. 20 bzw. Abs. 3 Nr. 19 HGB zu verstehen.

Die erforderliche Analyse des Geschäftsverlaufs und der Lage der Gesellschaft richtet sich nach dem Umfang und der Komplexität der Geschäftstätigkeit. Die vorzunehmende Analyse umfasst die wesentlichen finanziellen Leistungsmerkmale, wie Ergebnisentwicklung und Ergebniskomponenten, Liquidität und Kapitalausstattung, und enthält ergänzende Hinweise zum Jahresabschluss, soweit dies zu dessen Verständnis dient. Es bleibt letztlich ein Ermessenspielraum der Rechnungsleger erhalten, welcher die normkonforme Umsetzung und Prüfung der Lageberichterstattung erschwert.

War bisher nach § 289 Abs. 2 Nr. 2 HGB auf die voraussichtliche Entwicklung der Kapitalgesellschaft und nach § 289 Abs. 1 HGB auf die Risiken der künftigen Entwicklung einzugehen, so soll nunmehr „die voraussichtliche Entwicklung mit ihren wesentlichen Chancen und Risiken“ beurteilt und erläutert werden. Hiermit wurde zum einen die „räumliche“ Trennung der beiden Berichtselemente (Prognose- und Risikobericht) an sich aufgehoben.

Zum anderen wurden explizit die Chancen der künftigen Entwicklung gleichwertig in die Berichterstattung einbezogen. Hierbei findet u.E. die Berichterstattung ihre Grenzen in einer Darstellung, die zu Nachteilen für die Gesellschaft führt. Eine Saldierung von Chancen und Risiken ist unzulässig. Darüber hinaus soll der qualitative Erklärungsgehalt der wesentlichen Chancen und Risiken durch weiterführende Angaben wie z.B. ihren Ursachen, ihren möglichen Auswirkungen und ihren Eintrittswahrscheinlichkeiten erhöht werden.

Ergänzend sind die wesentlichen Prämissen, die den zukunftsbezogenen Aussagen der Unternehmensleitung zugrunde liegen, anzugeben. Soweit dies dem Verständnis dient, enthält der Lagebericht ergänzende Hinweise zum Konzernabschluss. Redundanzen können vermieden werden, wenn eine eindeutige Bezugnahme des Lageberichts auf den Abschluss zur Information des Adressaten ausreicht. Der neu gefasste § 289 Abs. 1 HGB ist auf Geschäftsjahre anzuwenden, die nach dem 31. Dezember 2004 beginnen, wobei die Berichtspflicht aus dem bisherigen § 289 Abs. 2 Nr. 2 HGB a.F. (voraussichtliche Entwicklung der Kapitalgesellschaft) durchgehend bestehen bleibt (Klarstellung in Art. 58 Abs. 2 Satz 2 EGHGB).

Risikoberichterstattung bzgl. Finanzinstrumenten (§ 289 Abs. 2 Nr. 2a und b HGB)

In Umsetzung der Fair Value-Richtlinie regelt § 289 Abs. 2 Nr. 2a und b HGB die Risikoberichterstattung hinsichtlich eingesetzter Finanzinstrumente. Unter Finanzinstrumenten werden in diesem Zusammenhang sowohl Finanzanlagen, Wertpapiere, Derivate und Darlehensverbindlichkeiten als auch Forderungen und Verbindlichkeiten aus Lieferung und Leistung subsumiert (vgl. IDW RH HFA 1.005, Tz. 32).

In Bezug auf die Verwendung von Finanzinstrumenten ist auf die Risikomanagementziele und -methoden einschließlich der Absicherungsmethoden einzugehen. Bei den Zielen ist die Risikoeinstellung der Geschäftsführung hinsichtlich der Finanzinstrumente anzugeben sowie die mit Hedge-Geschäften angestrebten Sicherungsziele. Bezüglich der Methoden ist die Vorgehensweise bei der Steuerung der aus Finanzinstrumenten entstehenden Risiken darzulegen. Weiterhin sind sowohl durchgeführte als auch geplante Hedge-Geschäfte derart zu erläutern, dass Systematik, Art und Umfang der Sicherungsgeschäfte ersichtlich werden. Eine Pflicht zur Berichterstattung besteht unabhängig vom Bilanzansatz der Finanzinstrumente, sodass schwebende Geschäfte ebenfalls erfasst sind. Der Umfang der Berichterstattung dürfte sich aufgrund der begrifflichen Übereinstimmung der Fair Value-Richtlinie mit IAS 32.56 (überarbeitet 2004) an den dort genannten Pflichten orientieren (vgl. IDW RH HFA 1.005, Tz. 34).

Preisänderungs-, Ausfall- und Liquiditätsrisiken sowie Risiken aus Zahlungsstromschwankungen im Zusammenhang mit Finanzinstrumenten müssen gleichfalls erläutert werden. Die „Risiken aus Zahlungsstromschwankungen" können auch als „Cashflow-Risiken" bezeichnet werden. Es kann davon ausgegangen werden, dass sich die Auslegung des § 289 Abs. 2 Nr. 2b HGB an IAS 32.43a-d (überarbeitet 2000) zu orientieren hat, da Letzterer wörtlich mit Art. 1 Nr. 4 der Fair Value-Richtlinie übereinstimmt. Dieses Verständnis wird ferner durch die Intention des BilReG, das deutsche Bilanzrecht weiter an internationale Rechnungslegungsstandards anzupassen, gestützt. Was in der Praxis unter den verschiedenen Risikokategorien zu verstehen ist, erschließt sich aus IAS 32.43a (überarbeitet 2000) (vgl. auch IDW RH HFA 1.005, Tz. 36). Das Preisänderungsrisiko umfasst Währungsrisiken durch Änderungen des Wechselkurses, Zinsrisiken infolge sich ändernder Marktzinssätze und Marktrisiken aufgrund volatiler Marktpreise. Von einem Ausfallrisiko ist zu sprechen, wenn der Vertragspartner des Finanzinstruments seine Verpflichtung nicht oder nicht rechtzeitig erfüllen kann. Liquiditätsrisiken können entstehen, wenn die Gesellschaft vor Problemen bei der zeitgerechten Beschaffung von Finanzmitteln steht oder sich außer Stande sieht, einen Vermögenswert kurzfristig zu marktgerechten Konditionen zu veräußern. Cashflow-Risiken entstehen durch die Unsicherheit über die Höhe zukünftiger Cashflows.

Das Abstellen auf Risikomanagementziele erfordert grundsätzlich das Vorhandensein eines Risikomanagementsystems. Dies ist nach § 91 Abs. 2 AktG jedoch nur für Aktiengesellschaften zwingend vorgeschrieben, während die Berichterstattungspflicht nach § 289 Abs. 2 Nr. 2 HGB nicht auf Aktiengesellschaften beschränkt ist, sondern für alle mittelgroßen und großen Kapitalgesellschaften und Personenhandelsgesellschaften i.S.d. § 264a HGB gilt. Insofern ist fraglich, ob auch für diese Unternehmen eine Dokumentationspflicht trotz fehlender Systempflicht besteht. Im Rahmen der Gesetzesbegründung zum KonTraG hat der Gesetzgeber auf eine Implementierung entsprechender Vorschriften im GmbHG unter Verweis auf die Ausstrahlungswirkung der Vorschrift verzichtet. Wenngleich im Falle des Einsatzes von Finanzinstrumenten es u.E. zu den Sorgfaltspflichten eines ordentlichen Geschäftsmannes gem. § 43 Abs. 1 GmbHG zählt, ein entsprechendes System zu errichten, so besteht hierzu keine explizite Verpflichtung. Indes bleibt auch dann, wenn eine Verpflichtung zur Einrichtung eines institutionalisierten Risikomanagementsystems negiert werden sollte, die Berichterstattungspflicht über Finanzrisiken und deren Behandlung davon unberührt. § 289 Abs. 2 Nr. 2 HGB war bereits für Geschäftsjahre anzuwenden, die nach dem 31. Dezember 2003 begonnen haben.

Abschließend ist darauf hinzuweisen, dass der DRS 15 *de jure* keine Bindungswirkung für den Lagebericht nach § 289 HGB entfaltet. Gleichwohl hat sich die dort geforderte Berichterstattung *de facto* an diesem Standard zu orientieren. In der Gesetzesbegründung zum BilReG wird explizit darauf hingewiesen, dass die Regelungen des § 315 HGB auf den § 289 Abs. 1 bis 2 HGB verweisen. Daraus kann gefolgert werden, dass der DRS 15 ebenfalls für den Lagebericht nach § 289 HGB anwendbar ist, was vom Deutschen Standardisierungsrat (DSR) auch empfohlen wird (DRS 15.5). Diese Sichtweise wird durch den IDW RH HFA 1.007, Tz. 2 untermauert, der die Anwendung von DRS 5 und DRS 15 im Lagebericht damit begründet, dass sowohl der DRS 5 als auch der DRS 15 Auslegungen der allgemeinen gesetzlichen Grundsätze zur Lageberichterstattung seien. Somit resultiert eine Ausstrahlungswirkung des DRS 15 und DRS 5 auf den Lagebericht nach § 289 HGB.

Bezugnahme auf nichtfinanzielle Leistungsindikatoren (§ 289 Abs. 3 HGB)

In den neuen §§ 289 Abs. 3 und 315 Abs. 1 Satz 4 HGB wird großen Kapitalgesellschaften i.S.d. § 267 Abs. 3 HGB sowie allen Konzernen die Einbeziehung nichtfinanzieller Leistungsindikatoren – im Sinne einer stakeholderorientierten Berichterstattung – in die Analyse des Geschäftsverlaufs und der Lage der Gesellschaft verpflichtend vorgeschrieben, sofern diese für das Verständnis des Geschäftsverlaufs oder der Lage von Bedeutung sind. Das Gesetz nennt beispielhaft ökologische und soziale Belange (Umwelt- oder Arbeitnehmerbelange), wobei es sich hierbei um keine abschließende Aufzählung handelt. Laut IDW RH HFA 1.007 wird damit vom Gesetzgeber auch kein entsprechender Berichtsschwerpunkt gesetzt (IDW RH HFA 1.007, Tz 15). Gleichwohl zielen die Änderungen gemäß der Gesetzesbegründung darauf ab, dass „ökologische und soziale Bezüge der Geschäftstätigkeit stärker als bisher üblich in die Berichterstattung einbezogen werden." (BT-Drs. 15/3419, S. 30).

Weitere nichtfinanzielle Leistungsindikatoren sind regelmäßig die Entwicklung des Kundenstamms, das Humankapital, der Bereich Forschung und Entwicklung, unter Umständen auch die – z.B. durch Sponsoring oder karitative Zuwendungen seitens des Unternehmens geförderte – gesellschaftliche Reputation der Kapitalgesellschaft. Eine Berichtspflicht kann sich unter Umständen auch bei Gesellschaften ergeben, die nicht vom § 289 Abs. 3 HGB erfasst sind, z.B. wenn Entwicklungen im Personal- und Sozialbereich für die Gesamtbeurteilung des Geschäftsverlaufs und der Lage erforderlich sind.

Mit der Offenlegung finanzieller Leistungsindikatoren betreten zumindest große, börsennotierte Kapitalgesellschaften kein Neuland. Dagegen ist die Einbeziehung nichtfinanzieller Indikatoren in der Praxis der Lageberichterstattung bislang kaum üblich und stellt die Unternehmen vor die Herausforderung zu entscheiden, unter welchen Bedingungen und in welcher Form eine entsprechende Berichterstattung zu erfolgen hat.

Der Lagebericht ist ausschließlich auf das Ziel der Informationsvermittlung ausgerichtet. Er soll ein von den handelsrechtlichen Vorschriften des Jahresabschlusses unabhängiges Bild der Gesellschaft aus dem Blickwinkel der Unternehmensleitung (Management Report) vermitteln. Damit wird die klassische Finanzberichterstattung zu einem umfassenden „Business Reporting" erweitert.

Maßgebliches Kriterium für die Einbeziehung von Informationen in den Lagebericht ist ihre Entscheidungsrelevanz für die Berichtsadressaten, die insbesondere in Zeiten von Unternehmenskrisen und -skandalen an einer verstärkten Transparenz der Unternehmensberichterstattung interessiert sein dürften. Neben den Gesellschaftern eines Unternehmens, zählen auch Gläubiger, Lieferanten und Arbeitnehmer zu den Adressaten eines Lageberichts.

Von Interesse sind solche Indikatoren, die künftige Erträge besser prognostizierbar machen und Vergleiche innerhalb der Branche (benchmarking) ermöglichen. Das WP-Handbuch definiert nichtfinanzielle Leistungsindikatoren als „Kennzahlen für wettbewerbs- und erfolgsbestimmende Faktoren [...], die als selbst geschaffenes immaterielles Vermögen i.d.R. nicht bilanziert werden dürfen". Der Begriff „Indikator" sollte jedoch nicht in erster Linie im Sinne der Messbarkeit einer Angabe, sondern vielmehr „als für das Verständnis der wirtschaftlichen Lage des Unternehmens notwendiger Einflussfaktor" (IDW RH HFA 1.007, Tz. 10) interpretiert werden.

Der IDW RH HFA 1.007 nennt beispielhaft eine Reihe von Aspekten der Unternehmenstätigkeit, die unter die neuen gesetzlichen Anforderungen fallen können:

- Arbeitnehmerbelange: Mitarbeiterfluktuation, Betriebszugehörigkeit, Vergütungs- und Ausbildungsstrukturen, Fortbildungs- und interne Förderungsmaßnahmen.
- Umweltaspekte: Emissionswerte, Energieverbrauch, Durchführung eines Umwelt-Audit. Anhaltspunkte hinsichtlich der Berichterstattung über Umweltbelange finden sich in der EU-Empfehlung vom 30. Mai 2001 zur „Berücksichtigung von Umweltaspekten in Jahresabschluss und Lagebericht von Unternehmen: Ausweis, Bewertung und Offenlegung".
- Weitere Angaben: Kundenkreis und dessen Zusammensetzung, Kundenzufriedenheit, Lieferantenbeziehungen, Patentanmeldungen, Produktqualität.

Bereits heute stellen insbesondere große, kapitalmarktorientierte Gesellschaften ökologische und soziale Aspekte der Unternehmenstätigkeit in einem so genannten Nachhaltigkeitsbericht dar. Der Schwerpunkt der Berichterstattung liegt regelmäßig darauf aufzuzeigen, wie das Unternehmen seine Verantwortung gegenüber der Gesellschaft wahrnimmt (Corporate Social Responsibility). Die Veröffentlichung von Informationen an anderer Stelle entbindet jedoch nicht von der Pflicht zur Berichterstattung im Lagebericht (vgl. DRS 15.11). Stellen Unternehmen einen Nachhaltigkeitsbericht auf, sollte im Lagebericht allerdings darauf verwiesen werden.

Nach § 289 a.F. HGB hatte die Pflichtdarstellung im Lagebericht zumindest den Geschäftsverlauf und die Lage der Gesellschaft zu erfassen mit der Folge, dass der Inhalt des Lageberichts nicht abschließend bestimmt wurde. Das Tatbestandsmerkmal „zumindest" ist im Zuge des BilReG entfallen; nichtsdestotrotz darf der Lagebericht auch weiterhin Angaben enthalten, die über die gesetzlichen Mindestanforderungen hinausgehen. Nach der Regierungsbegründung zum BilReG handelt es sich bei der Streichung lediglich um eine redaktionelle Vereinfachung (vgl. BT-Drs. 15/3419). Allerdings sind die Möglichkeiten freiwilliger Angaben nicht unbegrenzt. So darf der Lagebericht nicht als Werbemedium verstanden werden, welches durch die Prüfungspflicht eine Aufwertung erhalten würde. Insbesondere darf der Aspekt der wirtschaftlichen Lage des Unternehmens nicht durch die Darstellung nichtfinanzieller Aspekte der Unternehmenstätigkeit in den Hintergrund treten (vgl. IDW RH HFA 1.007, Tz 13). Dazu führt DRS 15.10 aus: „Eine freiwillige weitergehende Berichterstattung über sonstige nichtfinanzielle Leistungsindikatoren ist nur zulässig, sofern sie den Informationsgehalt des Lageberichts erhöht."

Das Deutsche Rechnungslegungs Standards Committee hat mit dem im Bundesanzeiger bekannt gemachten DRS 15 hinsichtlich des Detaillierungsgrads und des Umfangs von Lageberichten die folgenden Grundsätze für die Lageberichterstattung aufgestellt: Sie soll vollständig, verlässlich sowie klar und übersichtlich sein, die Sicht der Unternehmensleitung vermitteln und sich auf die nachhaltige Wertschaffung konzentrieren. Mit dem letzten Grundsatz wurde der Wortlaut des Gesetzes dahin gehend erweitert, dass „... alle Sachverhalte, die aus Sicht der

Unternehmensleitung einen wesentlichen Einfluss auf die Höhe des Unternehmenswerts nehmen können“ (DRS 15.3), darzustellen und zu analysieren sind. Die Einbeziehung nichtfinanzieller Leistungsindikatoren wird im DRS 15 im Detail nicht weitergehend konkretisiert.

Würdigung der neuen Lagerberichtspflichten nach §§ 289 Abs. 3 und 315 Abs. 1 Satz 4 HGB

Mit den neuen §§ 289 Abs. 3 und 315 Abs. 1 Satz 4 HGB sind erstmals Elemente in die gesetzliche Unternehmensberichterstattung aufgenommen worden, die das Spektrum der Berichterstattung über Geschäftsverlauf und Lage eines Unternehmens um nichtfinanzielle Aspekte erweitern. Aus Sicht der Berichtsadressaten, insbesondere der Aktionäre, ist diese Entwicklung hin zu einem vollständigeren Bild sicher wünschenswert. Fraglich bleibt indes, wie weit der Adressatenkreis für die Lageberichterstattung zu ziehen ist und an wessen Informationsbedürfnissen sich der Lagebericht auszurichten hat. So wird ein Aktionär vermutlich andere Anforderungen an die Unternehmensberichterstattung stellen als ein Lieferant.

Die gesetzlichen Vorschriften sind hier wenig konkret und eröffnen Ermessensspielräume hinsichtlich Umfang und Detaillierungsgrad, die es u.E. fraglich erscheinen lassen, ob die angestrebte Vereinheitlichung der Lageberichterstattung durch die neue gesetzliche Regelung erreicht werden kann. In diesem Zusammenhang sollten sich die Standardsetter mit praktischen Anwendungshinweisen („guidance“) einbringen; zudem werden sich Best Practices bei den betroffenen Unternehmen als Anwender der neuen Vorschriften etablieren.

Als Interpretationshilfe können u.a. Berichtsstandards dienen, welche z.B. im Zusammenhang mit der Nachhaltigkeitsberichterstattung aufgestellt worden sind. Hervorzuheben sind hier die „2002 Sustainability Reporting Guidelines“ der Global Reporting Initiative (GRI, www.globalreporting.org), welche neben grundlegenden Berichtsprinzipien sog. „technische Protokolle“ umfassen, die Definitionen und Berechnungsmethoden von Indikatoren in einem branchenspezifischen Kontext darstellen. Zu beachten bleibt aber die Maßgabe der gesetzlichen Vorschrift, den Geschäftsverlauf und die Lage der Gesellschaft in den Mittelpunkt der Analyse zu stellen.

Abschließend sei erwähnt, dass das Instrument der Lageberichterstattung auch auf internationaler Ebene zunehmend an Bedeutung gewinnt. So hat das IASB im Oktober 2005 ein Diskussionspapier zum „Management Commentary“ veröffentlicht und dazu aufgerufen, zu den Möglichkeiten einer internationalen Vereinheitlichung der Lageberichterstattung Stellung zu nehmen. Das American Institute of Certified Public Accountants hat unter dem Begriff des „Enhanced Business Reporting“ bereits ein Rahmenkonzept zur Erweiterung der traditionellen Berichterstattung um nichtfinanzielle Leistungsindikatoren erarbeitet.

1.2 Vorschriften zum Konzernabschluss

Einschränkung der Befreiung zur Aufstellung von Teilkonzernabschlüssen und -lageberichten (§ 291 Abs. 3 Nr. 1 HGB)

§ 291 HGB regelt die Befreiung von der Pflicht zur Aufstellung von Teilkonzernabschlüssen und -lageberichten für Töchter eines Mutterunternehmens mit Sitz in der EU/im EWR. Für nach dem 31. Dezember 2004 beginnende Geschäftsjahre ist entsprechend der Vorgabe der Modernisierungsrichtlinie der in § 291 Abs. 3 Nr. 1 HGB enthaltene Ausschluss von der Befreiung für amtlich notierte Aktiengesellschaften auf nunmehr kapitalmarktorientierte Gesellschaften erweitert worden. Hierbei erfolgt die Qualifikation einer Gesellschaft als kapitalmarktorientiert indes nicht unter Verweis auf § 2 Abs. 5 WpHG, sondern auf Art. 1 Nr. 13 der Wertpapierdienstleistungsrichtlinie. Wenngleich die Definitionen sich im Einzelnen unterscheiden, sind alle Unternehmen, die selbst einen organisierten Markt i.S.d. § 2 Abs. 5 WpHG durch Ausgabe von Wertpapieren i.S.d. § 2 Abs. 1 Satz 1 WpHG in Anspruch nehmen, von dieser Befreiungsvorschrift ausgeschlossen. Zu beachten bleibt im Einzelfall der Verweis auf die Wertpapierdienstleistungsrichtlinie.

Aufhebung von § 292a HGB mit besonderen Übergangsregelungen

Mit der ursprünglich bis zum 31. Dezember 2004 zeitlich befristeten gesetzlichen Regelung in § 292a HGB besteht für kapitalmarktorientierte Mutterunternehmen die Möglichkeit, unter bestimmten Bedingungen einen befreienden Konzernabschluss und -lagebericht nach international anerkannten Rechnungslegungsstandards (z.B. IFRS, US-GAAP) aufzustellen und somit auf die Aufstellung eines Konzernabschlusses und -lageberichts nach deutschen Vorschriften zu verzichten. Der Begriff „kapitalmarktorientiert" umfasst dabei alle Mutterunternehmen, die selbst *oder* durch eines ihrer Tochterunternehmen einen organisierten Markt i.S.d. § 2 Abs. 5 WpHG bereits in Anspruch nehmen oder die Zulassung beantragt haben.

Im Zuge der Übergangsbestimmungen im BilReG nimmt Art. 58 Abs. 3 Satz 4 EGHGB eine Erweiterung des zeitlichen Anwendungsbereichs des § 292a HGB auf Geschäftsjahre vor, die vor dem 1. Januar 2005 beginnen. Ohne diese Änderung hätte z.B. ein Mutterunternehmen, dessen Geschäftsjahr vom 1. Oktober 2004 bis 30. September 2005 läuft und das bisher einen befreienden IFRS-Konzernabschluss und -lagebericht nach § 292a HGB aufgestellt hat, einen Konzernabschluss und -lagebericht zum 30. September 2005 nach HGB aufzustellen, weil die Verpflichtung zur Aufstellung eines IFRS-Konzernabschlusses gemäß der IAS-Verordnung erst für Geschäftsjahre, die am oder nach dem 1. Januar 2005 beginnen, greift. Zudem wird durch Art. 58 Abs. 3 Satz 5 EGHGB auch der persönliche Anwendungsbereich des § 292a HGB auf nicht kapitalmarktorientierte Mutterunternehmen erweitert; diese Ergänzung gilt für nach dem 31. Dezember 2002 und vor dem 1. Januar 2005 beginnende Geschäftsjahre.

Vor dem Hintergrund der IAS-Verordnung vom 19. Juli 2002 wurde die Vorschrift des § 292a HGB aufgehoben. Für bestimmte Gesellschaften sind gem. Art. 57 EGHGB jedoch Übergangsbestimmungen vorgesehen. Demnach findet Art. 4 der IAS-Verordnung auf Gesellschaften, von denen

- lediglich Schuldtitel zum Handel in einem geregelten Markt eines Mitgliedsstaats der EU oder eines Vertragsstaats des EWR zugelassen sind oder
- deren Wertpapiere zum öffentlichen Handel in einem Drittstaat zugelassen sind und die zu diesem Zweck seit dem Geschäftsjahr, das vor dem 11. September 2002 begann, nach anderen international anerkannten Rechnungslegungsstandards (z.B. US-GAAP) bilanzieren,

erst von dem Geschäftsjahr an Anwendung, das nach dem 31. Dezember 2006 beginnt. Das in Art. 9 IAS-Verordnung vorgesehene Wahlrecht zur Einräumung von Erleichterungsvorschriften bei der Umstellung auf IFRS wurde somit in deutsches Recht übernommen. Die betroffenen Unternehmen (z.B. an der SEC gelistete US-GAAP-Bilanzierer) können gem. Art. 58 Abs. 5 Satz 2 EGHGB für Geschäftsjahre, die vor dem 1. Januar 2007 beginnen, die Befreiungsregel des § 292a HGB weiterhin in Anspruch nehmen. Zudem sieht Art. 58 Abs. 5 Satz 1 EGHGB für die Mutterunternehmen, die lediglich Schuldtitel begeben, die befristete Beachtung der bisherigen Fassung des § 297 Abs. 1 HGB, insbesondere seines Satzes 2, also das Erfordernis einer Kapitalflussrechnung, einer Segmentberichterstattung und eines Eigenkapitalspiegels, im Konzernabschluss vor.

Befreiung von der Pflicht zur Aufstellung eines Konzernabschlusses (§ 293 HGB)

Die Schwellenwerte für die größenabhängige Befreiung von der Pflicht zur Aufstellung eines Konzernabschlusses und -lageberichts in § 293 Abs. 1 und 2 HGB (Brutto- und Nettomethode) wurden für Geschäftsjahre, die nach dem 31. Dezember 2003 beginnen, entsprechend der EU-Vorgaben um 16,8% erhöht. Die neuen Schwellenwerte ergeben sich aus nachstehender Abbildung 13.

Gemäß Art. 58 Abs. 1 EGHGB findet die neue Fassung des § 293 HGB erstmals auf Konzernabschlüsse und -lageberichte für das nach dem 31. Dezember 2003 beginnende Geschäftsjahr Anwendung. Unseres Erachtens sind für die Beurteilung, ob für den Abschluss 2004 die Schwellenwerte an zwei aufeinander folgenden Abschlussstichtagen (hier: 31. Dezember 2004 und 31. Dezember 2003) über- oder unterschritten sind, jeweils die neuen, höheren Schwellenwerte nach Maßgabe des BilReG zugrunde zu legen (Rückwirkung).

	Bruttomethode	Nettomethode
Bilanzsumme	≤ 19.272.000 €	≤ 16.060.000 €
Umsatzerlöse	≤ 38.544.000 €	≤ 32.120.000 €
Arbeitnehmer	≤ 250	≤ 250

Abbildung 13: Schwellenwerte zur größenabhängigen Befreiung von der Pflicht zur Aufstellung eines Konzernabschlusses und -lageberichts

Einbeziehung von Tochterunternehmen mit konzernfremder Tätigkeit (§ 295 HGB)

Das Verbot der Einbeziehung von Tochterunternehmen gem. § 295 HGB wurde aufgehoben. Dieses war im Grundsatz unvereinbar mit der Einheitstheorie sowie dem Grundsatz der Vollständigkeit bei der Abgrenzung des Konsolidierungskreises, weshalb auch nach IFRS und US-GAAP ein Verbot als nicht gerechtfertigt erachtet wird. Insoweit erfolgt eine begrüßenswerte Anpassung an international anerkannte Rechnungslegungsgrundsätze. Ohnehin war die Streichung aufgrund einer entsprechenden Änderung in der Modernisierungsrichtlinie zwingend vorzunehmen. § 295 HGB ist letztmalig auf vor dem 1. Januar 2005 beginnende Geschäftsjahre anzuwenden.

Nach § 295 Abs. 1 letzter Halbsatz HGB war im Falle eines Konsolidierungsverbots eines Tochterunternehmens subsidiär zu prüfen, ob die Voraussetzungen des § 311 HGB (Bewertung der Beteiligung am Tochterunternehmen nach der Equity-Methode) erfüllt waren; dieser Halbsatz war nach h.M. auch im Falle der Konsolidierungswahlrechte des § 296 HGB analog anzuwenden. Auch wenn infolge der Streichung des § 295 Abs. 1 letzter Halbsatz HGB diese Analogie nunmehr ausscheidet, ist auch im Falle der Konsolidierungswahlrechte des § 296 HGB künftig unverändert subsidiär zu prüfen, ob die Voraussetzungen des § 311 HGB erfüllt sind, da die Vorschriften zur Vollkonsolidierung die Anwendung der Equity-Methode nicht präkludieren und § 311 HGB ohnedies lex specialis gegenüber der Anschaffungskostenmethode ist.

Erweiterung eines handelsrechtlichen Konzernabschlusses um einen Eigenkapitalspiegel, eine Kapitalflussrechnung und eine Segmentberichterstattung (§ 297 Abs. 1 HGB)

Die bisher auf kapitalmarktorientierte Mutterunternehmen beschränkte Pflicht zur Aufstellung einer Kapitalflussrechnung und eines Eigenkapitalspiegels wird gem. § 297 Abs. 1 Satz 1 HGB auf alle Mutterunternehmen ausgeweitet. Eine Konkretisierung dieser Aufstellungspflichten erfolgt durch die DRS 2 bzw.

DRS 7. Die Segmentberichterstattungspflicht nach DRS 3 wird dagegen nunmehr fakultativ. Dies gilt jedoch nicht für die Abschlüsse, die nach § 315a HGB unter Beachtung der IFRS aufgestellt werden und für die IAS 1, 7 und 14 zu beachten sind. Entsprechendes gilt übergangsweise für Konzernabschlüsse, die entsprechend Art. 57 Nr. 2 EGHGB nach anderen international anerkannten Rechnungslegungsgrundsätzen aufgestellt werden (insb. US-GAAP). Diese Regelung findet Anwendung auf Geschäftsjahre, die nach dem 31. Dezember 2004 beginnen.

Eine Besonderheit ergibt sich für Mutterunternehmen, die infolge der Ausgabe von Schuldtiteln (Schuldtitelemittenten i.S.d. Art. 1 Nr. 13 der Wertpapierdienstleistungsrichtlinie) den Kapitalmarkt in Anspruch nehmen. Sofern sie selbst durch Ausgabe von Schuldtiteln einen organisierten Markt in Anspruch nehmen, sind sie gem. Art. 58 Abs. 5 Satz 1 EGHGB für Geschäftsjahre, die vor dem 1. Januar 2007 beginnen, weiterhin zur Segmentberichterstattung nach § 297 Abs. 1 HGB a.F. verpflichtet. Gemäß Art. 9 IAS-Verordnung i.V.m. Art. 57 Nr. 1 EGHGB sind Schuldtitelemittenten erst nach dem 31. Dezember 2006 zur Rechnungslegung nach IFRS verpflichtet und unterliegen somit IAS 14. Zu beachten ist dabei, dass IAS 14 seinerseits einen eigenen Anwendungsbereich der Segmentberichterstattungspflicht definiert, sodass im Einzelfall bestimmte Schuldtitelemittenten künftig nicht zur Segmentberichterstattung verpflichtet sein können.

Abweichendes gilt für Mutterunternehmen, die alleine über ihre Tochterunternehmen den organisierten Markt durch Ausgabe von Schuldtiteln in Anspruch nehmen. Entsprechend Art. 57 Nr. 1 EGHGB ist die Bezugnahme auf die Tochterunternehmen entfallen. Somit findet Art. 58 Abs. 5 Satz 1 EGHGB auf diese Muttergesellschaften keine Anwendung; die Pflicht zur Segmentberichterstattung gem. § 297 Abs. 1 HGB a.F. entfällt. Eine solche Pflicht besteht auch nicht für nach dem 31. Dezember 2006 beginnende Geschäftsjahre auf Grundlage der IAS-Verordnung, sofern nicht gem. § 315a Abs. 3 HGB freiwillig nach IFRS bilanziert wird.

Erweiterte Konzernanhangangaben (§ 314 Abs. 1 Nr. 9 bis 11 HGB)

Die Angabepflicht nach § 285 Satz 1 Nr. 17 HGB gilt gem. § 314 Abs. 1 Nr. 9 HGB entsprechend für den Konzernabschluss. Demnach sind Honorare, die der Konzernabschlussprüfer für Leistungen an das Mutterunternehmen sowie deren Tochterunternehmen erhalten hat, anzugeben. Die Angabe erstreckt sich ausschließlich auf in den Konzernabschluss einbezogene Tochterunternehmen, da nur das im Konzernabschluss als Aufwand erfasste Honorar anzugeben ist. Bei zusammengefassten Anhängen sind die Angaben getrennt nach Leistungen an das Mutterunternehmen und Leistungen an den restlichen Konzern zu machen. Die gesetzliche Formulierung ist insoweit irreführend, als dass die Bezugnahme auf das Mutterunternehmen und deren Töchter unmittelbar in § 314 Abs. 1 Nr. 9d HGB in grammatikalischen Zusammenhang gebracht wurde.

Praktische Umsetzungsprobleme hinsichtlich der Angabepflichten nach § 314 Abs. 1 Nr. 9 HGB wird es insoweit geben, als Tochterunternehmen, die nicht selbst nach § 285 Satz 1 Nr. 17 HGB zur Offenlegung verpflichtet sind, eigens für Zwecke der Konzernanhangangabe diese zu ermitteln haben.

Darüber hinaus ist zu beachten, dass jedes von der Angabepflicht betroffene Mutterunternehmen innerhalb eines mehrstufigen Konzerns wie ein selbstständiges Mutterunternehmen eines eigenständigen Konzerns zu behandeln ist, d.h., dass jeder Teilkonzern isoliert zu betrachten ist.

Die Angabepflichten gem. § 285 Satz 1 Nr. 18 HGB bezüglich derivativer Finanzinstrumente gelten entsprechend für den Konzernabschluss gem. § 314 Abs. 1 Nr. 10 HGB, sodass an dieser Stelle auf obige Ausführungen verwiesen werden kann.

§ 314 Abs. 1 Nr. 11 HGB fordert die in § 285 Satz 1 Nr. 19 HGB definierten Angabepflichten auch für den Konzernanhang. Eine entsprechende Angabepflicht ergibt sich gleichfalls für Kreditinstitute und Versicherungsunternehmen gem. §§ 340i und 341i HGB.

Erweiterung der Konzernlageberichterstattung (§ 315 HGB)

Die gesetzlichen Vorschriften zur Konzernlageberichterstattung gem. § 315 HGB wurden analog zu § 289 HGB erweitert. Sie gelten auch für IFRS-Konzernabschlüsse kapitalmarktorientierter Mutterunternehmen (§ 315a HGB). Die bisherige Berichterstattungspflicht über Geschäftsverlauf und Lage des Konzerns bleibt auch nach den neuen Regelungen erhalten und wird analog zu § 289 HGB um die Bezugnahme auf das Geschäftsergebnis (vgl. hierzu auch IDW RH HFA 1.007) sowie die Einbeziehung nichtfinanzieller Leistungsindikatoren in die Analyse des Geschäftsverlaufs ergänzt. Der neu gefasste § 315 Abs. 1 HGB ist auf Geschäftsjahre anzuwenden, die nach dem 31. Dezember 2004 beginnen, wobei die Berichtspflicht aus dem bisherigen § 315 Abs. 2 Nr. 2 HGB (voraussichtliche Entwicklung des Konzerns) durchgehend bestehen bleibt (Klarstellung in Art. 58 Abs. 2 Satz 2 EGHGB).

Die Risikoberichterstattung hinsichtlich eingesetzter Finanzinstrumente für den Konzern ist in § 315 Abs. 2 Nr. 2a und b HGB geregelt. Diese § 289 Abs. 2 Nr. 2 HGB gleich lautenden Bestimmungen des § 315 Abs. 2 Nr. 2 HGB sind ebenfalls bereits für Geschäftsjahre anzuwenden, die nach dem 31. Dezember 2003 beginnen.

Weiterhin für die Konzernlageberichterstattung relevant ist DRS 15. Dieser regelt die Lageberichterstattung für alle Mutterunternehmen, die zur Aufstellung eines Konzernabschlusses und Konzernlageberichts verpflichtet sind oder einen solchen freiwillig aufstellen. DRS 15 konkretisiert die Anforderungen des § 315 HGB bezüglich der Konzernlageberichterstattung. Der Standard empfiehlt überdies eine Anwendung für den Lagebericht nach § 289 HGB.

Ziel des DRS 15 ist es, den Adressaten des Konzernlageberichts zum einen entscheidungsrelevante und zum anderen verlässliche Informationen bereit zu stellen. Der Konzernlagebericht soll ein zutreffendes Bild über den Geschäftsverlauf und die Lage des Konzerns vermitteln. Hierbei soll auch die voraussichtliche Entwicklung mit ihren wesentlichen Chancen und Risiken erläutert und beurteilt werden. Es sind alle Sachverhalte darzustellen, die in der Lage sind, einen wesentlichen Einfluss auf den Unternehmenswert zu nehmen. Dadurch soll es zu einer Verringerung der Informationsasymmetrien zwischen dem Management und den Adressaten der Rechnungslegung kommen. DRS 15 ist erstmals für Geschäftsjahre anzuwenden, die nach dem 31. Dezember 2004 beginnen.

Der Standard definiert zu Beginn fünf Grundsätze für die Lageberichterstattung:

- Vollständigkeit,
- Verlässlichkeit,
- Klarheit und Übersichtlichkeit,
- Vermittlung der Sicht der Unternehmensleitung,
- Konzentration auf nachhaltige Wertschaffung.

Der Grundsatz der Vollständigkeit besagt, dass der Konzernlagebericht sämtliche wesentlichen Informationen beinhaltet, die ein sachverständiger Adressat braucht, um sich ein Bild über den Geschäftsverlauf, die Lage und die voraussichtliche Entwicklung machen zu können. Verweise auf den Konzernabschluss sind möglich, allerdings muss der Konzernlagebericht auch ohne Rückgriff auf den Konzernabschluss die Darstellung und Analyse des Geschäftsverlaufs und der wirtschaftlichen Lage des Konzerns vermitteln. Chancen und Risiken dürfen nicht gegeneinander verrechnet werden. Beinhaltet der Konzernabschluss gleichfalls eine Segmentberichterstattung, so müssen auch im Konzernlagebericht segmentbezogene Information enthalten sein.

Der Konzernlagebericht soll verlässlich sein, d.h. die Informationen müssen zutreffend und nachvollziehbar sein. Es ist zwischen Tatsachen und Meinungsäußerungen zu unterscheiden. Chancen und Risiken sind ausgewogen darzustellen. Die Angaben müssen plausibel und konsistent sein – auch im Hinblick auf den Konzernabschluss. Es ist klar zwischen stichtags- und vergangenheitsbezogenen Informationen und zukunftsbezogenen Erwartungen zu trennen. Bei Letzteren sind die Prämissen anzugeben, die den Erwartungen zugrunde liegen.

Ein nach den Prinzipien des DRS 15 aufgestellter Konzernlagebericht soll klar und übersichtlich sein. Daher ist die Trennung zwischen dem Konzernabschluss und den übrigen veröffentlichten Informationen des Konzerns auf der einen Seite und dem Konzernlagebericht auf der anderen Seite deutlich zu machen. Vor diesem Hintergrund sollten auch der Konzernlagebericht und der Lagebericht des Mutterunternehmens nicht zusammengefasst werden, insbesondere dann nicht, wenn bei beiden unterschiedliche Rechnungslegungsgrundsätze angewandt wurden. Sollte es doch zu einer Zusammenfassung der beiden Lageberichte kommen, so sind die Informationen, die nur das Mutterunternehmen betreffen von denen zu trennen, die sich auf den Konzern beziehen. Um einen Vergleich zwischen verschiedenen Konzernen zu erleichtern, sollte der Konzernlagebericht gem. den Empfehlungen des DRS 15 durch Überschriften gegliedert sein. Um eine bessere intertemporale Vergleichbarkeit zu gewährleisten, gilt für die Darstellung und die Systematik der Stetigkeitsgrundsatz. Die Informationen müssen sachlich, zeitlich und formal vergleichbar sein. Änderungen, die zu Beeinträchtigungen führen können, sind zu erläutern und zu begründen.

Der Konzernlagebericht soll die Sicht der Unternehmensleitung vermitteln. Dazu umfasst der Konzernlagebericht eine ausgewogene und umfassende Analyse des Geschäftsverlaufs und der wirtschaftlichen Lage, die dem Umfang und der Komplexität der Geschäftstätigkeit gerecht wird. Hierbei ist die Beurteilung der einzelnen Gesichtspunkte durch die Unternehmensleitung zu betonen.

Schließlich soll sich der Konzernlagebericht auf die nachhaltige Wertschaffung konzentrieren. Es sind alle zum Berichtszeitpunkt bekannten Ereignisse, Entscheidungen und Faktoren aufzuführen und darzulegen, die nach der Meinung der Unternehmensleitung einen wesentlichen Einfluss auf die zukünftige Wertentwicklung des Unternehmens haben können. Voraussetzung für die Verwendung zu Prognosezwecken ist eine geeignete Aufbereitung der vergangenheits- und gegenwartsbezogenen Informationen. Diese Informationen beinhalten sowohl finanzielle als auch nichtfinanzielle Leistungsindikatoren wie z.B. Informationen über Umwelt- und Arbeitnehmerbelange. Einmaleffekte des abgelaufenen Geschäftsjahres sind anzugeben. Ebenso ist über wesentliche Abweichungen der wirtschaftlichen Lage zum Berichtszeitpunkt von den Prognosen des vorhergehenden Konzernlageberichts zu berichten. Die Prognose beinhaltet explizit die Berichterstattung über bestehende Planungen und Erwartungen aus Sicht der Unternehmensleitung für die nächsten zwei Geschäftsjahre, welche mindestens qualitative Informationen angibt, die im Rahmen der wesentlichen Rahmenbedingungen der Geschäftstätigkeit zu erläutern sind.

Ausgangspunkt für die Analyse des Geschäftsverlaufs und der wirtschaftlichen Lage ist ein Überblick über den Konzern, seine Geschäftstätigkeit und deren Rahmenbedingungen. Dieser Überblick umfasst die individuelle organisatorische und rechtliche Struktur des Konzerns. Die Lage des Konzerns hinsichtlich der Standorte, der Produkte und der Absatzmärkte sowie die wichtigsten rechtlichen und wirtschaftlichen Geschäftsfaktoren sind aufzuführen. Kapitalmarktorientierte Unternehmen müssen über das interne Steuerungssystem sowie über die dabei zum Einsatz kommenden Kennzahlen berichten. Die Forschungs- und Entwicklungsaktivitäten sind anzugeben und zu erläutern und im Vergleich zu den F&E-Ausgaben des Vorjahres einzuordnen. Der Geschäftsverlauf soll eingebettet sowohl in den makroökonomischen als auch in den branchenspezifischen Kontext dargestellt werden. Schließlich soll die Geschäftsleitung bewerten, ob das Geschäftsjahr günstig oder ungünstig verlaufen ist.

Im Rahmen der Darstellung der Ertrags-, Finanz- und Vermögenslage werden zeitraumbezogene Informationen über die Entwicklung der Geschäftstätigkeit im abgelaufenen Geschäftsjahr vermittelt. Dabei sollen die hier bereitgestellten Informationen über die Detailtiefe der Informationen des Konzernabschlusses hinausgehen. Wichtig in diesem Zusammenhang sind die für den Geschäftsverlauf ursächlichen Ereignisse und Entwicklungen sowie die Faktoren, die einen wesentlichen Einfluss auf die Ertrags-, Finanz- und Vermögenslage hatten oder möglicherweise haben können. Schließlich rundet eine Gesamtaussage zur wirtschaftlichen Lage des Konzerns im Zeitpunkt der Aufstellung der Konzernberichterstattung die Darstellung der Ertrags-, Finanz- und Vermögenslage ab.

Ein besonderes Augenmerk ist bei der Darstellung der Ertragslage auf die Entwicklung des Ergebnisses, des Umsatzes und der Auftragslage sowie auf die wesentlichen Veränderungen in der Zusammensetzung der Aufwendungen und Erträge zu legen. Diese Entwicklungen sind zu analysieren. Wesentliche Veränderungen zum Vorjahr sind darzulegen, ungewöhnliche und einmalige Effekte sind zusätzlich zu quantifizieren.

Entscheidend für die Darstellung der Finanzlage sind die Grundsätze und Ziele des Finanzmanagements, die Kapitalstruktur, die Kapitalausstattung und eine auf der Kapitalflussrechnung aufbauende Liquiditätsanalyse. Bei der Darstellung der Kapitalstruktur ist diese nach in- und externen Finanzierungsquellen zu unterteilen. Darüber hinaus ist auf die Art und die Struktur hinsichtlich Fälligkeit, Währungen und Zinsen einzugehen. Offene Kreditlinien sind anzugeben. Wesentliche Finanzierungsmaßnahmen sind ebenso anzugeben wie außerbilanzielle Finanzierungsinstrumente.

Für das Bild der Vermögenslage sind die Höhe und die Zusammensetzung des Vermögens zentral. Die Auswirkungen außerbilanzieller Finanzierungsinstrumente auf die Vermögenslage sowie deren Veränderungen gegenüber dem Vorjahr sind zu erläutern.

Vorgänge von besonderer Bedeutung, die nach dem Schluss des Geschäftsjahres eintreten sind mit ihren Auswirkungen auf die Ertrags-, Finanz- und Vermögenslage im Nachtragsbericht anzugeben.

Bezüglich der Berichterstattung über die Risiken der voraussichtlichen Entwicklung sowie hinsichtlich der Verwendung von Finanzinstrumenten wird auf DRS 5 verwiesen. Im Prognosebericht ist auf die voraussichtliche Entwicklung mit ihren wesentlichen Chancen und Risiken für die beiden folgenden Geschäftsjahre einzugehen. Die Erwartungen der Geschäftsleitung sind schließlich zu einer Gesamtaussage über die voraussichtliche Entwicklung des Konzerns zusammenzufassen. Nach DRS 15 hat die Darstellung des Prognoseberichts getrennt vom Risikobericht zu erfolgen.

Anwendung der IFRS im Rahmen der Konzernrechnungslegung (§ 315a HGB)

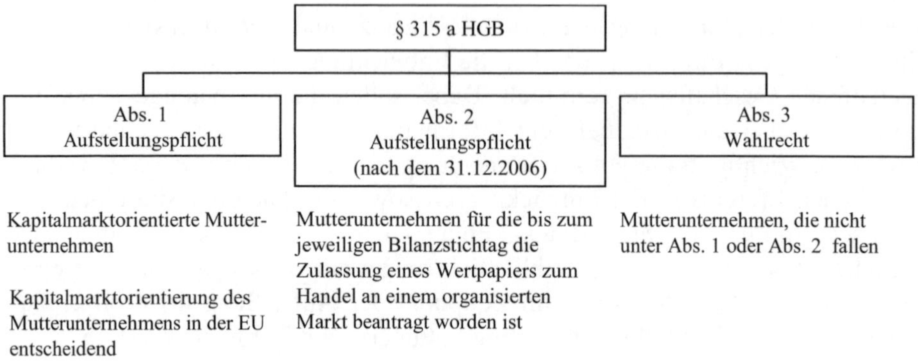

Abbildung 14: Konzernabschluss nach IFRS

Ob ein Mutterunternehmen zur Konzernrechnungslegung verpflichtet ist, bestimmt sich ausschließlich nach den Vorschriften der §§ 290 bis 293 HGB (nicht nach IAS 27). Besteht Konzernrechnungslegungspflicht, bestimmen sich die hierbei anzuwendenden Rechnungslegungsgrundsätze (HGB oder IFRS) danach, ob das Mutterunternehmen „kapitalmarktorientiert" i.S.v. § 315a HGB i.V.m. Art. 4 der IAS-Verordnung ist. § 315a HGB, der die unmittelbar geltende IAS-Verordnung ergänzt, wurde als Zehnter Titel in den Unterabschnitt über die Konzernrechnungslegung neu eingefügt.

Nach Art. 4 der IAS-Verordnung ist ein Mutterunternehmen „kapitalmarktorientiert", wenn es selbst Eigen- oder Fremdkapitalinstrumente an einem geregelten Markt emittiert hat; ein Mutterunternehmen, das Eigen- oder Fremdkapitalinstrumente lediglich durch Tochterunternehmen ausgegeben hat, qualifiziert dagegen – anders als nach dem inzwischen aufgehobenen § 292a HGB – nicht als kapitalmarktorientiert i.S.v. Art. 4 der IAS-Verordnung. Für die Abgrenzung des Begriffs des „geregelten" Markts verweist Art. 4 der IAS-Verordnung auf Art. 1 Abs. 13 der Wertpapierdienstleistungsrichtlinie. Neben der Anerkennung durch den Herkunftsmitgliedsstaat und dem regelmäßigen Funktionieren zeichnet sich ein „geregelter" Markt insbesondere dadurch aus, dass die Funktions- sowie Zugangsbedingungen von den zuständigen Behörden erlassen oder genehmigt worden sind. Nach Art. 16 der Wertpapierdienstleistungsrichtlinie muss jeder Mitgliedsstaat ein aktuelles Verzeichnis der von ihm genehmigten Märkte führen. Die Kommission ist verpflichtet, einmal jährlich ein Verzeichnis der ihr mitgeteilten geregelten Märkte im Amtsblatt der EU zu veröffentlichen. In Anbetracht der stetigen Änderung dieses Verzeichnisses macht die EU-Kommission zudem eine aktualisierte Fassung dieser Aufstellung auf ihrer offiziellen Internetseite (http://europa.eu.int/comm/internal_market/en/finances/mobil/isd) zugänglich.

Nach § 315a Abs. 1 HGB sind kapitalmarktorientierte Mutterunternehmen ab dem 1. Januar 2005 verpflichtet, Konzernabschlüsse nach den von der EU übernommenen (Endorsement) IFRS aufzustellen.

§ 315a Abs. 2 HGB erweitert die Konzernrechnungslegungspflicht nach IFRS auf Mutterunternehmen, die bis zum Abschlussstichtag die Zulassung eines Eigen- oder Fremdkapitaltitels zum Handel an einem organisierten Markt i.S.d. WpHG im Inland lediglich beantragt haben; § 315a Abs. 2 HGB ist erstmals für nach dem 31. Dezember 2006 beginnende Geschäftsjahre anzuwenden.

Schließlich eröffnet § 315a Abs. 3 HGB für Mutterunternehmen, die nicht unter § 315a Abs. 1 oder 2 HGB fallen (= nicht-kapitalmarktorientierte Mutterunternehmen), ein Wahlrecht, freiwillig einen IFRS-Konzernabschluss (anstelle eines HGB-Konzernabschlusses) aufzustellen.

Sofern ein Konzernabschluss nach § 315a HGB aufstellt wird, sind neben den von der EU übernommenen IFRS überdies bestimmte Regelungen der Richtlinien zu beachten. Zwar bilden die IFRS ein in sich geschlossenes Regelwerk, dessen Vergleichbarkeit nicht durch ergänzende oder abweichende nationale Rechnungslegungsvorschriften eingeschränkt werden soll. Allerdings konnte die EU-Kommission kapitalmarktorientierte Mutterunternehmen von bestimmten Pflichten der Bilanz- und der Konzernbilanzrichtlinie, die in den IFRS kein Pendant finden, nicht befreien. Dies betrifft im Wesentlichen:

- die Frage der Konzernaufstellungspflicht,
- bestimmte Angaben im Anhang zum Konzernabschluss,
- den Konzernlagebericht,
- die Prüfung des Konzernabschlusses und Konzernlageberichts sowie
- die Offenlegung des Konzernabschlusses, des Konzernlageberichts und ergänzender Unterlagen.

Der deutsche Gesetzgeber hat dem Rechnung getragen, in dem er in § 315a Abs. 1 HGB ergänzend die Beachtung bestimmter, abschließend genannter Normen des HGB kodifiziert hat. Dies betrifft namentlich § 294 Abs. 3 HGB, der Mitwirkungspflichten der Tochterunternehmen bei der Aufstellung des Konzernabschlusses regelt, sowie § 298 Abs. 1 HGB, soweit dieser auf die §§ 244 und 245 HGB betreffend Sprache, Währung und Unterzeichnung des Abschlusses verweist. Ergänzend ist § 313 Abs. 2 bis 4 HGB, der Angaben zum Beteiligungsbesitz fordert, zu berücksichtigen. Im Anhang zum IFRS-Konzernabschluss werden ferner nach § 314 Abs. 1 Nr. 4 und 6 HGB Angaben zur Beschäftigtenzahl und zum Personalaufwand, zu den Bezügen der Organmitglieder und zu den diesen gewährten Vorschüssen und Krediten verlangt. § 314 Abs. 1 Nr. 8 HGB, der für jedes in den Konzernabschluss einbezogene börsennotierte Unternehmen Angaben zu der in § 161 AktG geregelten Entsprechenserklärung fordert, ist ebenfalls zu beachten. Gleiches gilt für die neue Regelung des § 314 Abs. 1 Nr. 9

HGB, die bestimmte Angaben über die Vergütung des Abschlussprüfers regelt. Schließlich sind die Pflicht zur Aufstellung eines Konzernlageberichts sowie die Vorschriften zur Prüfung (§§ 316 bis 324 HGB) und Offenlegung (§§ 325 bis 329 HGB) von Konzernabschluss und -lagebericht zu beachten.

1.3 Vorschriften zur Prüfung

Erweiterung des Prüfungsumfangs (§ 317 HGB)

Als eine aus der Rechnungslegung resultierende Folgeänderung wurde der in § 317 HGB definierte Prüfungsumfang erweitert. Gemäß § 317 Abs. 2 Satz 1 HGB ist neben dem Jahresabschluss auch ein ggf. nach § 325 Abs. 2a HGB aufgestellter IFRS-Einzelabschluss vom Abschlussprüfer des Einzelabschlusses zu prüfen. Durch den Verweis auf die Prüfung eines ggf. nach § 325 Abs. 2a HGB (allein) zu Offenlegungszwecken aufgestellten IFRS-Einzelabschlusses wird klargestellt, dass der Prüfer des Jahresabschlusses auch gleichzeitig Prüfer dieses Einzelabschlusses ist und dieser Gegenstand der Prüfung ist. Die Vorschrift steht insofern auch in Einklang mit § 324a HGB.

Ferner sind in Bezug auf die erweiterte Lageberichterstattungspflichten der §§ 289 Abs. 1 Satz 4 bzw. 315 Abs. 1 Satz 5 HGB neben den Risiken auch die dargestellten Chancen vom Abschlussprüfer zu überprüfen. So hat der Abschlussprüfer künftig im Rahmen des bisherigen Risiko- und Prognoseberichts die nach dem Wortlaut des Gesetzes nunmehr grundsätzlich in einem zusammengefassten Berichtsteil des Lageberichts darzustellenden Chancen und Risiken hinsichtlich ihrer Plausibilität und ihrer formellen Darstellung zu überprüfen. Schwierigkeiten bereitet hierbei der Umstand, dass die nach DRS 15 vorgesehene Gliederung des Konzernlageberichts weiterhin zwei gesonderte Teilberichte empfiehlt. Soweit ein Unternehmen die Lageberichterstattung entsprechend dem Wortlaut der §§ 289 und 315 HGB innerhalb eines zusammenhängenden Berichtsabschnitts darlegt, in dem die künftige Entwicklung hinsichtlich der Chancen und Risiken beschrieben wird, stellt sich die Frage, ob eine Abweichung von diesem Standard Auswirkungen auf das Prüfungsergebnis bzw. die Prüfungsberichterstattung hat. Da für die vom Bundesministerium der Justiz bekannt gegebenen DRS die Vermutungsregelung des § 342 Abs. 2 HGB gilt, wonach die DRS als die Konzernrechnungslegung betreffende GoB anzusehen sind, wird ein entsprechender Hinweis im Prüfungsbericht gem. IDW PS 450, Tz. 134 unumgänglich sein. Nicht verkannt werden darf, dass es sich nach derzeitigem Stand nur um eine Gliederungsempfehlung handelt, weshalb auf eine diesbezügliche Prüfungsberichterstattung verzichtet werden kann. Hinsichtlich der Lageberichterstattung nach § 289 HGB entfalten die DRS ohnehin keine gesetzliche GoB-Vermutung. Im Ergebnis bedeutet dies: Orientiert sich die Lageberichterstattung am Wortlaut des Gesetzes, so ist eine Berichterstattung im Prüfungsbericht nicht geboten. Entsprechendes gilt, wenn der Lagebericht des Mutterunternehmen mit dem Konzernlagebericht gem. §§ 315 Abs. 3 i.V.m. 298 Abs. 3 HGB zusammengefasst wird.

Auswirkungen auf den Bestätigungsvermerk ergeben sich ohnehin nur, soweit die Lageberichterstattung derart zu beanstanden ist, dass eine positive Gesamtaussage nicht möglich ist. Ein Verstoß gegen die diesbezüglichen formalen Anforderungen bzw. Empfehlungen des für den Konzernlagebericht zu beachtenden DRS 15 kann keinen solchen Anlass darstellen, da sie in Widerspruch zum Gesetzeswortlaut stehen.

Wahl und Abberufung des Abschlussprüfers (§ 318 HGB)

Die Neuregelung des § 318 Abs. 3 HGB, der die gerichtliche Bestellung eines anderen als des gewählten Abschlussprüfers auf Antrag der Organe der Gesellschaft regelt, steht in Zusammenhang mit der Verschärfung der Auswahlkriterien und Ausschlussgründe der §§ 319 und 319a HGB. Der Antrag ist grundsätzlich zwei Wochen nach dem Tag der Wahl zu stellen. Zudem wurden die Antragsgrenzen für AG und KGaA halbiert und so eine Antragserleichterung herbeigeführt: Eine Antragstellung seitens der Aktionäre/Gesellschafter ist zulässig, wenn sie zusammen 5% des Grundkapitals oder einen Börsenwert von € 500.000 erreichen. Zudem wurde der zeitliche Anwendungsbereich erweitert, der nach Kenntniserlangung eine Antragstellung binnen zwei Wochen ermöglicht, wenn ein Befangenheitsgrund erst nach der Wahl bekannt wird oder eintritt, sodass künftig sachlich nicht mehr zu unterscheiden sein wird, ob die Befangenheit bereits im Zeitpunkt der Wahl vorgelegen hat oder erst später aufgetreten ist (jedoch: Fristbeginn). Eine Antragstellung im Fall einer Nachtragsprüfung gem. § 316 Abs. 3 HGB ist explizit ausgeschlossen worden.

Die Neuregelung wirft zwei Fragen auf: Zum einen ist fraglich, warum sprachlich zwischen den Ausschlussgründen i.S.d. §§ 319 und 319a HGB und dem Vorliegen eines Befangenheitsgrundes differenziert wird. Letzterer reicht aus, um nach erfolgter Wahl einen Antrag stellen zu können. Unseres Erachtens kann aus dem Wortlaut keine Differenzierung abgeleitet werden. Ein Befangenheitsgrund liegt vor, wenn eine Abberufung des gewählten Abschlussprüfers aus einem in der Person des gewählten Prüfers liegenden Grund geboten erscheint. Weiter ist fraglich, warum explizit die Nachtragsprüfung ausgeschlossen wird. Sofern hinsichtlich des Abschlussprüfers die Besorgnis der Befangenheit besteht, hat er seinerseits gem. § 49 WPO seine Tätigkeit zu versagen, sofern der Grund nicht unverzüglich beseitigt werden kann. Im Einzelfall hat eine Kündigung aus wichtigem Grund i.S.d. § 318 Abs. 6 HGB zu erfolgen.

Verschärfung der Unabhängigkeitsanforderungen an den Abschlussprüfer (§ 319 HGB)

Erhebliche Änderungen haben sich auch im Hinblick auf die Regelungen zur Unabhängigkeit des Abschlussprüfers ergeben. Der übergeordnete Grundsatz des Selbstprüfungsverbots bleibt unverändert bestehen. Allerdings werden bestimmte Auslegungsfragen und Konkretisierungen gesetzlich geregelt bzw. verankert. Nach der Vorschrift des § 319 Abs. 2 HGB ist ein Wirtschaftsprüfer bzw. eine Wirtschaftsprüfungsgesellschaft dann als Abschlussprüfer ausgeschlossen, wenn Gründe vorliegen, nach denen die Besorgnis der Befangenheit besteht. Hierzu zählen insbesondere Beziehungen geschäftlicher, finanzieller oder persönlicher Art.

Neben den in § 319 Abs. 2 HGB geregelten allgemeinen Tatbeständen (Generalklausel) werden in § 319 Abs. 3 HGB kasuistisch enumerativ Ausschlusstatbestände genannt, für die eine unwiderlegbare Vermutung besteht, dass die Besorgnis der Befangenheit vorliegt. Damit schließen diese Tatbestände das Tätigwerden als Abschlussprüfer aus.

Künftig soll neben dem Besitz von Anteilen an der zu prüfenden Kapitalgesellschaft auch der Besitz von anderen, nicht nur unwesentlichen finanziellen Interessen an dem zu prüfenden Unternehmen (u.a. Schuldverschreibungen, Schuldscheine, Optionen und andere Wertpapiere) zum Ausschluss als Abschlussprüfer führen. Dies gilt auch für den Anteilsbesitz an sämtlichen mit der zu prüfenden Gesellschaft i.S.v. § 271 Abs. 2 HGB verbundenen Unternehmen sowie an Unternehmen, die von der zu prüfenden Gesellschaft mehr als 20% der Anteile besitzen.

Unzulässig bleibt die personelle Verflechtung. Ein Wirtschaftsprüfer darf nicht Abschlussprüfer eines Unternehmens sein, wenn er oder eine Person, mit der er seinen Beruf gemeinsam ausübt, gesetzlicher Vertreter, Mitglied des Aufsichtsrats oder Arbeitnehmer des zu prüfenden Unternehmens oder eines Unternehmens ist, das mit dem zu prüfenden Unternehmen i.S.v. § 271 Abs. 2 HGB verbunden ist oder von diesem mehr als 20% der Anteile besitzt.

Die Neufassung der Ausschlusstatbestände des § 319 Abs. 3 Nr. 3 HGB ist die signifikanteste und in der Öffentlichkeit am meisten kontrovers diskutierte Neuerung. Das kategorische Verbot der Erbringung bestimmter Dienstleistungen für das zu prüfende Unternehmen spiegelt die bereits im Rahmen des 10-Punkte-Programms der Bundesregierung ausdrücklich geäußerte Absichtserklärung zur Eingrenzung von Beratungsdienstleistungen wider. Damit folgt das Gesetz mit den §§ 319 und 319a HGB den Regelungen der Sec. 201 Sarbanes-Oxley Act. Insgesamt dienen die im Folgenden aufgelisteten Befangenheitsgründe einer Präzisierung des im deutschen Berufsrecht bereits verankerten Grundsatzes des Selbstprüfungsverbots:

- Verbot der über die Prüfungstätigkeit hinausgehenden Mitwirkung bei der Führung der Bücher und der Aufstellung des zu prüfenden Abschlusses,
- Verbot der Mitwirkung bei der Durchführung der internen Revision in verantwortlicher Position,
- Verbot der Erbringung von Unternehmensleitungs- oder Finanzdienstleistungen sowie
- Verbot der Erbringung von eigenständigen versicherungsmathematischen oder Bewertungsleistungen, die sich auf den zu prüfenden Jahresabschluss nicht nur unwesentlich auswirken.

Diese Tätigkeiten führen nur dann zum Ausschluss eines Wirtschaftsprüfers als Abschlussprüfer, wenn sie nicht von untergeordneter Bedeutung sind.

Die Gefahr der Beeinträchtigung der Unabhängigkeit ist im Fall der Ausschlusstatbestände indes auch dann gegeben, wenn die hier aufgeführten Dienstleistungen von einem Unternehmen für die zu prüfende Kapitalgesellschaft erbracht werden, bei dem der Wirtschaftsprüfer gesetzlicher Vertreter, Arbeitnehmer, Mitglied des Aufsichtsrats oder Gesellschafter, der mehr als 20% der den Gesellschaftern zustehenden Stimmrechte besitzt, ist.

Neu aufgenommen wurde die Regelung zur Anwendung der Ausschlussgründe des § 319 Abs. 3 HGB auf die Ehegatten und Lebenspartner der Abschlussprüfer. Damit ist ein Wirtschaftsprüfer künftig auch dann von der Abschlussprüfung ausgeschlossen, wenn der Ehegatte oder der Lebenspartner einen Ausschlusstatbestand nach § 319 Abs. 3 Satz 1 Nr. 1, 2 oder 3 HGB erfüllt. Der Forderung, die Ausschlussgründe auch auf Personen auszuweiten, mit denen der Wirtschaftsprüfer in gerader Linie verwandt oder verschwägert ist, oder auf frühere Ehegatten und Lebenspartner des Wirtschaftsprüfers wurde nicht entsprochen.

Die Regelungen des § 319 HGB gelten für eine Wirtschaftsprüfungsgesellschaft mit der Maßgabe, dass sie dann von der Abschlussprüfung ausgeschlossen ist, wenn sie selbst, einer ihrer gesetzlichen Vertreter, ein Gesellschafter, der mehr als 20% der den Gesellschaftern zustehenden Stimmrechte besitzt, ein i.S.v. § 271 Abs. 2 HGB verbundenes Unternehmen, ein bei der Prüfung in verantwortlicher Position beschäftigter Gesellschafter oder eine andere von ihr beschäftigte Person, die das Ergebnis der Prüfung beeinflussen kann, nach § 319 Abs. 2 oder 3 HGB oder ein Mitglied des Aufsichtsrats nach § 319 Abs. 3 Satz 1 Nr. 2 HGB ausgeschlossen ist. Eine Wirtschaftsprüfungsgesellschaft ist auch dann von der Abschlussprüfung eines Unternehmens ausgeschlossen, wenn mehrere Gesellschafter, die zusammen mehr als 20% der den Gesellschaftern zustehenden Stimmrechte besitzen, jeweils einzeln oder zusammen nach § 319 Abs. 2 oder 3 HGB ausgeschlossen sind. Damit soll eine Umgehung der Regelung verhindert werden.

Die Bestimmungen des neuen § 319 HGB finden gem. Art. 58 Abs. 4 EGHGB generell erstmals auf das nach dem 31. Dezember 2004 beginnende Geschäftsjahr bzw. die Prüfung des entsprechenden Abschlusses Anwendung. Die Regelung des § 319 Abs. 1 Satz 3 HGB zur Teilnahme an der Qualitätskontrolle nach § 57a WPO ist erstmals auf das nach dem 31. Dezember 2005 beginnende Geschäftsjahr anzuwenden. Diese Übergangsregelung gilt nicht für die Abschlussprüfung amtlich notierter Aktiengesellschaften, für die die Verpflichtung zur Teilnahme an einer Qualitätskontrolle nach § 57a WPO bereits vor der Verabschiedung des Bilanzrechtsreformgesetzes bestand. Die Regelung des § 319 Abs. 3 Satz 1 Nr. 3 HGB, die eine Auflistung künftig unzulässiger Nichtprüfungsleistungen enthält, ist auf Abschlussprüfungen für vor dem 1. Januar 2006 beginnende Geschäftsjahre nicht anzuwenden, wenn der Auftrag zur Erbringung dieser Leistungen vor dem 29. Oktober 2004 erteilt worden ist und die Tätigkeit nach der bis zum Tag der Verkündigung des BilReG geltenden Fassung des Handelsgesetzbuchs zulässig war.

Sondervorschriften für Abschlussprüfer von Unternehmen in öffentlichem Interesse (§ 319a HGB)

Für Unternehmen, die im öffentlichen Interesse stehen, werden in § 319a HGB besondere, über § 319 HGB hinausgehende Ausschlussgründe geregelt. Der Anwendungsbereich des § 319a HGB erstreckt sich ausschließlich auf Unternehmen, die einen organisierten Markt i.S.d. § 2 Abs. 5 WpHG in Anspruch nehmen (sog. kapitalmarktorientierte Unternehmen). Die ursprünglich im Regierungsentwurf vorgesehene Ausweitung des Anwendungsbereichs des § 319a HGB auf Kreditinstitute, Finanzdienstleistungsinstitute, Versicherungsunternehmen sowie Pensionsfonds mit einer Bilanzsumme über € 150 Mio. wurde gestrichen. Damit sind Kreditinstitute, Finanzdienstleistungsinstitute und Versicherungsunternehmen, soweit sie keine kapitalmarktorientierte Unternehmen i.S.d. § 319a Abs. 1 Satz 1 HGB sind, von der Anwendung der besonderen Ausschlussgründe des § 319a HGB befreit (zu branchenspezifischen Regelungen für Kreditinstitute, die Genossenschaften, rechtsfähige wirtschaftliche Vereine oder Sparkassen sind, vgl. § 340k HGB in der Fassung des BilReG).

Das Erfordernis strengerer Anforderungen an die Unabhängigkeit des Abschlussprüfers im Fall von Unternehmen von öffentlichem Interesse wird mit der besonderen Bedeutung begründet, die der Verantwortung des Abschlussprüfers als dem Garanten für die Ordnungsmäßigkeit von geprüften Unternehmensabschlüssen gegenüber der Öffentlichkeit zukommt.

Das Kernstück des § 319a HGB ist die Aufnahme eines ausdrücklichen Verbots zur Erbringung bestimmter Dienstleistungen für das zu prüfende Unternehmen. Hierzu wird die „Negativliste" des § 319 Abs. 3 Nr. 3 HGB um folgende Ausschlusstatbestände erweitert:

- die Mitwirkung bei der Entwicklung, Einrichtung und Einführung von Rechnungslegungsinformationssystemen, sofern diese Tätigkeit nicht von untergeordneter Bedeutung ist, und
- die Erbringung von Rechts- oder Steuerberatungsleistungen, die über das Aufzeigen von Gestaltungsalternativen hinausgehen und sich auf die Darstellung der Vermögens-, Finanz- und Ertragslage in dem zu prüfenden Jahresabschluss unmittelbar und nicht nur unwesentlich auswirken. Das noch im Regierungsentwurf zum Bilanzrechtsreformgesetz vorgesehene Verbot der gerichtlichen Vertretung eines Unternehmens in Rechts- und Steuerangelegenheiten ist in der endgültigen Fassung entfallen.

Die Verpflichtung zur internen Rotation, wonach ein Abschlussprüfer von der Abschlussprüfung eines Unternehmens ausgeschlossen ist, wenn er einen Bestätigungsvermerk über die Prüfung des Jahresabschlusses des Unternehmens bereits in sieben oder mehr Fällen gezeichnet hat, wird hinsichtlich ihres persönlichen Anwendungsbereichs deutlich erweitert. Die Regelung gilt künftig über den Kreis der Aktiengesellschaften, die zum Handel im amtlichen Markt zugelassen sind, hinaus für alle kapitalmarktorientierten Unternehmen. Im Vergleich zu der ursprünglichen Fassung des Regierungsentwurfs sieht die Neuregelung des § 319a HGB eine Abkühlungsphase (sog. Cooling-off-Period) von drei Jahren vor, nach deren Ablauf der jeweilige Wirtschaftsprüfer erneut für die zu prüfende Gesellschaft tätig werden darf. Die Möglichkeit eines sog. Fresh Starts, d.h. der Außerachtlassung der bis zum In-Kraft-Treten des BilReG bereits durchgeführten Prüfungstätigkeiten, ist im Gesetz nicht vorgesehen, jedoch eine verlängerte Übergangsfrist bis zum 31. Dezember 2006. Die Verpflichtung zum Wechsel der Prüfungsgesellschaft im Rahmen einer sog. externen Rotation wurde vom Gesetzgeber ausdrücklich abgelehnt.

Ferner darf der Prüfer eines kapitalmarktorientierten Unternehmens in den letzten fünf Jahren jeweils nicht mehr als 15% seiner gesamten Honorare von dem zu prüfenden Unternehmen oder dessen Tochterunternehmen bezogen haben. Die Inanspruchnahme einer befristeten Ausnahmegenehmigung der Wirtschaftsprüferkammer zur Vermeidung von Härtefällen ist nicht vorgesehen.

Die Bestimmungen des § 319a HGB finden grundsätzlich erstmals auf Abschlussprüfungen für das nach dem 31. Dezember 2004 beginnende Geschäftsjahr Anwendung. Die Regelungen zur Umsatzabhängigkeitsgrenze nach § 319a Abs. 1 Satz 1 Nr. 1 HGB und zur internen Rotation nach § 319a Abs. 1 Satz 1 Nr. 4 und Satz 4 HGB finden erstmals auf Abschlussprüfungen für das nach dem 31. Dezember 2006 beginnende Geschäftsjahr Anwendung. Die Regelung des § 319a Abs. 1 Satz 1 Nr. 2 HGB, die eine Auflistung künftig unzulässiger Nichtprüfungsleistungen enthält, ist auf Abschlussprüfungen für vor dem 1. Januar 2006 beginnende Geschäftsjahre nicht anzuwenden, wenn der Auftrag zur Erbringung dieser Leistungen vor dem 29. Oktober 2004 erteilt worden ist und die Tätigkeit nach der bis zum Tag der Verkündigung des BilReG geltenden Fassung des HGB zulässig war.

Erweiterung der Angaben im Prüfungsbericht (§ 321 HGB)

Die Vorschrift des § 321 HGB hat zwei Änderungen erfahren, die jeweils auf Geschäftsjahre Anwendung finden, die nach dem 31. Dezember 2004 beginnen. Die Ergänzung des § 321 Abs. 2 Satz 3 HGB stellt grundsätzlich nur eine Folgeänderung dar, die sich vorrangig aus der Pflicht bzw. der Möglichkeit zur Rechnungslegung nach den IFRS ergibt, sodass im Prüfungsbericht bzgl. der Aussage des Abschlussprüfers zum „true and fair view“ (Stellungnahme zur Gesamtaussage) künftig anstelle eines Verweises auf die Vorschriften des HGB auf die zugrunde liegenden „sonstigen maßgeblichen Rechnungslegungsstandards“ verwiesen werden muss. Hierbei darf jedoch nicht verkannt werden, dass Satz 3 im inneren Zusammenhang mit § 321 Abs. 2 Satz 4 und 5 HGB steht, sodass diese formale Änderung materielle Auswirkungen auf die Berichterstattung über die wesentlichen Bewertungsgrundlagen und ihrer Änderungen (Satz 4) sowie die diesbezügliche Aufgliederungs- und Erläuterungspflicht (Satz 5) hat. Daher besteht für den Abschlussprüfer künftig nur insoweit eine Berichtspflicht, als die wesentlichen Auswirkungen von Änderungen oder sachverhaltsgestaltenden Maßnahmen nicht bereits aus der Rechnungslegung selbst ersichtlich werden. Infolge der deutlich umfangreicheren Angaben (sog. „disclosures“), die nach den IFRS gefordert werden, ist davon auszugehen, dass die nach § 321 Abs. 2 HGB geforderte Berichterstattung im Prüfungsbericht zu einem IFRS-Abschluss gegenüber einem HGB-Abschluss einen deutlich geringeren Umfang einnehmen wird, zumal auch nach berufsständischen Grundsätzen bloße Wiederholungen zu vermeiden sind.

Nach § 321 Abs. 3 Satz 2 HGB ist in dem besonderen Abschnitt des Prüfungsberichts zu Gegenstand, Art und Umfang der Prüfung künftig auch auf die angewandten Rechnungslegungs- und Prüfungsgrundsätze einzugehen. Hierbei handelt es sich um eine gesetzgeberische Klarstellung, die bereits nach berufsständischen Grundsätzen gute Übung ist. Die nunmehr explizite Forderung zur Angabe der Prüfungs- und Rechnungslegungsgrundsätze stellt keine Änderung der bisherigen Berichterstattungspflichten entsprechend den berufsständischen Grundsätzen des IDW PS 450 dar. Insbesondere kann aus der Wortwahl „Rechnungslegungs- und Prüfungsgrundsätze“ keine Einschränkung gegenüber der in IDW PS 450 geforderten Berichterstattung über die „Rechnungslegungsvorschriften“ bzw. die „Grundsätze ordnungsmäßiger Abschlussprüfung“ abgeleitet werden. Es handelt sich folglich nur um eine gesetzgeberische Klarstellung. Fragwürdig ist indes, aus welchen Gründen der Gesetzgeber neuerlich partiell Einzelregelungen aus berufsständischen Standards übernimmt, die dort Bestandteil eines umfassenden und in sich geschlossenen Berichtskonzepts sind.

Offenlegung des Prüfungsberichts in besonderen Fällen (§ 321a HGB)

Nach dem neuen § 321a HGB ist die Offenlegung des Prüfungsberichts in besonderen Fällen vorgesehen. Wird im Zusammenhang mit unerwarteten Unternehmensschieflagen eine mangelhafte Prüfung oder Berichterstattung des Abschlussprüfers angenommen, so besteht für den Abschlussprüfer bis dato infolge der gesetzlichen Verschwiegenheitspflicht keine Möglichkeit, zu den in der Öffentlichkeit geäußerten Vermutungen Stellung zu nehmen. Die Vorschrift soll aber auch der Überprüfung dienen können, ob der Abschlussprüfer seinen gesetzlichen Berichtspflichten gegenüber den Adressaten des Prüfungsberichts nachgekommen ist. Zugleich kann sie diesen von dem Vorwurf einer unzureichenden Prüfung und/oder Berichterstattung entlasten. Mit einer Offenlegung der Prüfungsberichte erfolgt nunmehr insoweit eine Klarstellung, als deutlich wird, worauf der Prüfer die Empfänger des Prüfungsberichts aufmerksam gemacht hat.

Zur Abgrenzung, wann eine Einsicht in die Prüfungsberichte zu den Jahres- und/oder Konzernabschlüssen der letzten drei Geschäftsjahre zu gewähren ist, wird auf die Eröffnung des Insolvenzverfahrens bzw. die Abweisung des Eröffnungsantrags mangels Masse abgestellt. Als informationsberechtigte Person, der Einsicht in den Prüfungsbericht gewährt wird, soll derjenige Gläubiger oder Gesellschafter bestimmt werden, dem ein berechtigtes Interesse an den Ursachen für die Eröffnung des Insolvenzverfahrens zuzubilligen ist. Gesellschaftern einer AG oder einer KGaA werden diese Einsichtsrechte nur zugestanden, wenn ihre Anteile bei Geltendmachung des Anspruchs 1% des Grundkapitals oder einen Börsenwert von € 100.000 erreichen. Die Frage, zu welchem Zeitpunkt die quantitativen Voraussetzungen der Gesellschafter der AG bzw. KG vorliegen müssen, bestimmt sich u.E. analog zur Vorschrift des § 318 Abs. 3 HGB, sodass eine diesbezüglich gefestigte Meinungsbildung besteht. Gläubiger und Gesellschafter können selbst oder durch einen von ihnen bestimmten Wirtschaftsprüfer oder vereidigten Buchprüfer Einsicht nehmen. Die Berechtigten sind zur Verschwiegenheit über den Inhalt der von ihnen eingesehen Unterlagen verpflichtet.

Diese Regelungen gelten gleichermaßen für den Prüfungsbericht zum Konzernabschluss einer insolvent gewordenen Muttergesellschaft. § 321a HGB findet erstmals auf Geschäftsjahre Anwendung, die nach dem 31. Dezember 2004 beginnen, sodass wegen der Möglichkeit zur Einsichtnahme in die Prüfungsberichte der letzten drei Geschäftsjahre bei kalendergleichem Geschäftsjahr die Abschlüsse der Jahre 2005, 2004 und 2003 einsehbar wären.

Zu hinterfragen ist die Möglichkeit einer Einsichtnahme durch einen vereidigten Buchprüfer anstelle des Gläubigers bzw. Gesellschafters, die an das Vorliegen der Voraussetzungen des § 319 Abs. 1 Satz 2 HGB geknüpft ist. Dies ist u.E. dahin gehend zu interpretieren, dass eine Einsichtnahme durch einen vereidigten Buchprüfer nur in den Fällen gestattet ist, in denen das insolvente Unternehmen im Rahmen einer gesetzlichen Abschlussprüfung auch durch einen vereidigten Buchprüfer geprüft werden darf. Hieraus ist jedoch der Umkehrschluss zu ziehen, dass eine Einsichtnahme in Prüfungsberichte, die im Rahmen freiwilliger Abschlussprüfungen erstellt werden, von der Vorschrift des § 321a HGB nicht erfasst ist. Betroffen sind demnach ausschließlich prüfungspflichtige Unternehmen. Klarstellend sei darauf verwiesen, dass der Einsichtnehmende nicht der Abschlussprüfer des Unternehmens ist, sondern dieser lediglich über eine bestimmte Formalqualifikation (WP/vBP bzw. Wirtschaftsprüfungsgesellschaften oder Buchprüfungsgesellschaften, nicht dagegen Steuerberater bzw. Steuerberatungsgesellschaften) verfügen muss.

Das Recht auf Einsichtnahme in den Prüfungsbericht richtet sich gegen denjenigen, der im Besitz der Prüfungsberichte ist, wobei aus der Gesetzesbegründung ersichtlich ist, dass der Gesetzgeber von dem Regelfall ausgeht, dass der Insolvenzverwalter Besitzer der Prüfungsberichte ist. Hierbei wird verkannt, dass auch der Abschlussprüfer selbst stets im Besitz mindestens eines Exemplars eines Prüfungsberichts pro Geschäftsjahr ist. Auch können weitere Anfertigungen des Prüfungsberichts im Besitz Dritter sein (z.B. Banken infolge § 18 KWG). Unklar ist, ob auch diese Besitzer zur Gewährung der Einsichtnahme verpflichtet sind. Dies kann u.E. indes nicht gewollt sein, zumal ein Widerspruchsrecht zur Einsichtnahme für den Fall, dass erhebliche Nachteile für die Gesellschaft aus der Einsicht zu erwarten sind, nur seitens des Insolvenzverwalters oder der gesetzlichen Vertreter des Schuldners besteht. Daher ist die Vorschrift dahin gehend auszulegen, dass der Anspruch sich nur an die originären Adressaten des Prüfungsberichts (Aufsichtsrat und gesetzliche Vertreter bzw. Insolvenzverwalter) richten kann. Ferner beschränkt sich das Einsichtsrecht auf die im Rahmen der gesetzlichen Abschlussprüfung zu treffenden Feststellungen im Prüfungsbericht, d.h. es besteht kein Einsichtsrecht bezüglich der Berichterstattung im Rahmen von Auftragserweiterungen. Ferner sind Management Letter und ähnlicher Schriftverkehr keine Bestandteile des Prüfungsberichts.

Auch hinsichtlich des Widerspruchsrechts bzgl. der Offenlegung besteht ein erheblicher Ermessenspielraum, zumal der alleinige Verweis auf die Vermeidung der Offenbarung von Betriebs- oder Geschäftsgeheimnissen und den daraus resultierenden erheblichen Nachteilen für die Gesellschaft ein unzureichendes Abgrenzungskriterium darstellt. Kann Gläubigern oder Gesellschaftern, die zugleich Wettbewerber der Gesellschaft sind, die Einsichtnahme unter Hinweis auf § 321a Abs. 3 HGB verweigert werden? Dies führt sodann zu der Frage, wann überhaupt ein berechtigtes Interesse der Gläubiger oder Gesellschafter an den Ursachen für die Eröffnung des Insolvenzverfahrens vorliegt. Diese Frage wird vermutlich im Rahmen künftiger gerichtlicher Überprüfungen zu klären sein, die einzelfallabhängige Interpretationen mit sich bringen werden.

Da eine Einsichtnahme auch in die Prüfungsberichte zum Konzernabschluss einer insolventen Muttergesellschaft gestattet wird, stellt sich ferner die Frage, ob hiermit eine Einsichtnahmemöglichkeit in die Prüfungsberichte der einbezogenen Tochterunternehmen verbunden ist. Dies kann weder aus dem Wortlaut des

§ 321a Abs. 4 HGB abgeleitet werden noch sind die Tochterunternehmen unmittelbar von der Insolvenz betroffen. Zudem können berechtigte Interessen der Tochterunternehmen bestehen, die bereits einer Einsichtnahme in den Prüfungsbericht des Konzerns entgegenstehen.

Änderungen beim Bestätigungsvermerk (§ 322 HGB)

Der erst durch das KonTraG neu gefasste Bestätigungsvermerk wurde durch Änderung des § 322 HGB neuerlich angepasst. Ziel war die Verankerung der internationalen Rechnungslegungsgrundsätze im deutschen Bilanzrecht und die Anpassungen an die detaillierten Vorgaben der Modernisierungsrichtlinie. Die Regelungen sind erstmals auf Geschäftsjahre anzuwenden, die nach dem 31. Dezember 2004 beginnen.

In § 322 Abs. 1 Satz 2 HGB wurden die bisherigen Kernelemente des Bestätigungsvermerks (Beschreibung von Gegenstand, Art und Umfang der Prüfung) um die angewandten Rechnungslegungs- und Prüfungsgrundsätze ergänzt. Insoweit erfolgte eine analoge Änderung zum Prüfungsbericht (§ 321 HGB). Auch beim Bestätigungsvermerk handelt es sich lediglich um eine gesetzgeberische Klarstellung, da bereits nach geltenden Berufsgrundsätzen entsprechende Angaben im Bestätigungsvermerk verpflichtet sind.

Des Weiteren werden in § 322 Abs. 2 Satz 1 HGB die zulässigen Formen der Testatserteilung aufgeführt, die das Ergebnis der Abschlussprüfung zweifelsfrei abbilden müssen. Neben den bisherigen Formen des uneingeschränkten, des eingeschränkten sowie des versagten Bestätigungsvermerks ist nunmehr auch der sog. Nichterteilungsvermerk („disclaimer of opinion") aufgeführt. Neben den Abstufungen einer uneingeschränkt positiven Gesamtaussage, der eingeschränkt positiven Gesamtaussage und einer nicht positiven Gesamtaussage ist es nunmehr auch möglich, dass der Abschlussprüfer zu keiner Gesamtaussage gelangt und insofern ein abschließendes Prüfungsurteil verweigern darf. Die neue Form des Nichterteilungsvermerks ist qualitativ zwischen einer Versagung und einer Einschränkung einzuordnen, wenngleich der Gesetzgeber diese Form einer Versagung gleichgestellt hat. Die einzelnen Berichterstattungspflichten zu den jeweiligen Formen ergeben sich aus den neuen Absätzen 3 bis 5. Diesbezüglich ist auf zwei Neuerungen hinzuweisen: Zum einen wird in § 322 Abs. 3 HGB Bezug genommen auf sonstige zugrunde liegende Rechnungslegungsgrundsätze als Folge der Pflicht/Möglichkeit zur Rechnungslegung nach IFRS (Satz 1). Zudem ist explizit geregelt, dass der Abschlussprüfer ergänzende Hinweise in den Bestätigungsvermerk aufnehmen kann, ohne ihn hierdurch einzuschränken. Dies entsprach auch bisheriger berufsständischer Übung, die insbesondere in IDW PS 400, Tz. 75 und 77 zum Ausdruck kommt. Insofern greift der Gesetzgeber einzelne berufsständische Regelungsinhalte auf und gibt ihnen so einen höheren Verbindlichkeitsgrad.

Im Rahmen der Beurteilung des Prüfungsergebnisses im Bestätigungsvermerk ist weiterhin auf Risiken, die den Fortbestand des Unternehmens oder eines Konzernunternehmens gefährden, gesondert einzugehen. Der neu eingefügte § 322 Abs. 2 Satz 4 HGB stellt jedoch klar, dass auf Risiken, die den Fortbestand eines Tochterunternehmens gefährden, im Bestätigungsvermerk zum Konzernabschluss des Mutterunternehmens nicht eingegangen werden muss, wenn das Tochterunternehmen für die Darstellung der Vermögens-, Finanz- und Ertragslage von untergeordneter Bedeutung ist. An das Kriterium der untergeordneten Bedeutung sind hierbei dieselben Anforderungen zu stellen, die auch den Absätzen 2 der §§ 303 bis 305 HGB zugrunde zu legen sind. Die Frage der Wesentlichkeit eines Tochterunternehmens wird insoweit in Abhängigkeit des Einzelsachverhalts zu entscheiden sein.

Gemäß § 322 Abs. 3 HGB hat der Prüfer im Bestätigungsvermerk künftig neben den Grundsätzen ordnungsmäßiger Buchführung auch auf sonstige zugrunde liegende maßgebliche Rechnungslegungsgrundsätze Bezug zu nehmen. Somit hat der Prüfer bei einem Jahres- /Konzernabschluss nach IFRS darauf zu achten, dass die in EU-Recht übernommenen internationalen Rechnungslegungsstandards vollständig angewendet und die ergänzend anwendbaren handelsrechtlichen Vorschriften ebenfalls beachtet worden sind. Nach Satz 2 hat der Abschlussprüfer darüber hinaus die Möglichkeit, auf Umstände hinzuweisen, auf die er in besonderer Weise (i.d.R. durch eine Ergänzung) aufmerksam macht, ohne jedoch den Bestätigungsvermerk einzuschränken.

§ 322 Abs. 5 HGB regelt den neu eingeführten Nichterteilungsvermerk bzw. den „disclaimer of opinion“. Der Nichterteilungsvermerk setzt voraus, dass der Prüfer nach Abwägung aller angemessenen, d.h. rechtlich zulässigen und wirtschaftlich vertretbaren Möglichkeiten zur Erlangung eines abschließenden Prüfungsurteils nicht in der Lage war. Zudem darf eine Einschränkung des Prüfungsurteils infolge des Vorliegens eines Prüfungshemmnisses nicht ausreichen, um dem vorliegenden Mangel in seiner Beurteilungsgrundlage (in Form der hinreichenden Prüfsicherheit) Rechnung tragen zu können. Mit der Erteilung eines sog. Nichterteilungsvermerks gilt der Bestätigungsvermerk als versagt, da für die Feststellung bzw. Billigung von Abschlüssen eine abgeschlossene Abschlussprüfung vorausgesetzt wird (§ 316 Abs. 1 Satz 2 und Abs. 2 Satz 2 HGB). Könnte der Abschlussprüfer nicht qua Gesetz zu einer Versagung gelangen, bestünde ansonsten eine faktische Feststellungssperre, deren Missachtung zu den in § 256 AktG geregelten Folgewirkungen führt (Nichtigkeitsgründe).

Die Regelungen des § 322 Abs. 6 HGB greifen den geltenden Absatz 3 auf und erweitern diesen. Danach hat sich das Prüfungsurteil auch darauf zu erstrecken, ob der Lagebericht oder der Konzernlagebericht mit dem Jahresabschluss, gegebenenfalls dem IFRS-Einzelabschluss nach § 325 Abs. 2a HGB (s. Ausführungen weiter unten), oder dem Konzernabschluss in Einklang steht und ob insgesamt ein zutreffendes Bild von der Vermögens-, Finanz- und Ertragslage des Unternehmens oder des Konzerns vermittelt wird. Die Prüfung der zutreffenden Darstellung der Risiken der künftigen Entwicklung wird nun auch auf die Chancen der künftigen Entwicklung ausgeweitet.

Prüfungspflicht von IFRS-Einzelabschlüssen i.S.d. § 325 Abs. 2a HGB

§ 324a HGB steht in unmittelbaren Zusammenhang mit § 325 Abs. 2a HGB, der durch das BilReG eingeführt wurde und das Wahlrecht einer befreienden Offenlegung eines nach IFRS aufgestellten Einzelabschlusses regelt. Voraussetzung einer Offenlegung nach § 325 Abs. 2a HGB ist, dass der Einzelabschluss nach § 324a HGB geprüft wurde. Hierbei verweist § 324a Abs. 1 HGB auf die Prüfungsvorschriften der §§ 316 bis 324 HGB. Als Abschlussprüfer gilt der bestellte Prüfer des Jahresabschlusses. Eine Besonderheit besteht darin, dass der Prüfungsbericht zur Prüfung des Einzelabschlusses mit dem Prüfungsbericht zum handelsrechtlichen Einzelabschluss zusammengefasst werden kann.

In diesem Wahlrecht liegt indes zugleich auch die Problematik der Vorschrift. Wenngleich eine Zusammenfassung des Prüfungsberichts auch seitens des Berufsstands ausdrücklich begrüßt wird, ergeben sich Fragen hinsichtlich der praktischen Umsetzung. Insbesondere darf eine derartige Berichterstattung nicht dazu führen, dass die Berichtsadressaten hinsichtlich der Berichterstattung zum Jahresabschluss keine klare Abgrenzung mehr erkennen können und insoweit gegen die originären Berichtspflichten aus § 321 HGB sowie die berufsständischen Grundsätze der Klarheit und Übersichtlichkeit verstoßen wird. Bis zur Verabschiedung berufsständischer Grundsätze ordnungsmäßiger Prüfungsberichterstattung bei zusammengefassten Prüfungsberichten i.S.d. § 325 Abs. 2a HGB besteht daher ein hohes Maß an Unsicherheit. Unseres Erachtens ist zu empfehlen, bis zum Vorliegen entsprechender Standards, auf eine zusammengefasste Prüfungsberichterstattung zu verzichten.

1.4 Vorschriften zur Offenlegung

Künftig besteht ein Wahlrecht, anstelle eines HGB-Einzelabschlusses einen geprüften IFRS-Einzelabschluss befreiend offen zu legen (§ 325 Abs. 2a HGB). Darüber hinaus sind einzelne Vorschriften des HGB zu beachten. Insbesondere ist ein Lagebericht offen zu legen, der „in dem erforderlichen Umfang" auch Bezug nimmt auf den HGB-Jahresabschluss. Der Abschluss dient ausschließlich Informationszwecken und ist nicht Grundlage der Steuer- oder Ausschüttungsbemessung. Daher ist er aktienrechtlich auch nicht festzustellen, sondern lediglich durch den Aufsichtsrat zu billigen; Entsprechendes gilt auch für die GmbH. Die Vorschriften über die Prüfung dieses IFRS-Einzelabschlusses durch den Abschlussprüfer (§§ 324a i.V.m. 316 ff. HGB) sowie den Aufsichtsrat gelten entsprechend (§ 171 Abs. 4 Satz 1 AktG).

Voraussetzung einer befreienden Offenlegung eines solchen Abschlusses ist seine Prüfung, die in § 324a HGB festgeschrieben ist. Der Abschlussprüfer des Jahresabschlusses ist auch der Prüfer des für Zwecke der Offenlegung erstellten IFRS-Einzelabschlusses, eine gesonderte Bestellung ist nicht erforderlich. Der entsprechende Prüfungsbericht kann mit dem Prüfungsbericht zum Jahresabschluss zusammengefasst werden.

Die Regelungen zur befreienden Offenlegung geprüfter IFRS-Einzelabschlüsse finden Anwendung für nach dem 31. Dezember 2004 beginnende Geschäftsjahre. Inwieweit diese Vorschrift in der Praxis Anwendung findet, bleibt abzuwarten. Der Anwender und sein Prüfer werden u.a. mit dem Problem der Lageberichterstattung konfrontiert, die nach § 325 Abs. 2a HGB parallel auf zwei Rechenwerke „Bezug“ zu nehmen hat. Zu vermuten ist, dass die Berichterstattung vollumfänglich auf den Jahresabschluss und den IFRS-Einzelabschluss abzustellen hat und lediglich hinsichtlich der Redundanzen eine Berichterstattung unterbleiben kann. Da die Vorschrift den Einzelabschluss betrifft, wird der Anwender auch nicht auf die Entwicklung eines auslegenden Standards seitens des DRSC hoffen können. In Ermangelung klarer gesetzlicher Vorgaben wird auch der Abschlussprüfer mit diesem Problem im Rahmen der Lageberichtsprüfung konfrontiert, sodass zu hoffen bleibt, dass seitens des IDW entsprechende Standards entwickelt werden, die auch die Unternehmen für ihre Zwecke heranziehen können.

1.5 Branchenspezifische Regelungen

Auswirkungen ergeben sich durch das BilReG auch auf die §§ 340 ff. HGB, die Bank- und Versicherungsspezifika regeln. Im Allgemeinen wird dabei den Veränderungen, die vorstehend erläutert wurden, Rechnung getragen. Anzuwenden sind die geänderten Vorschriften, sofern es sich nicht um redaktionelle Klarstellungen handelt, auf Geschäftsjahre, die nach dem 31. Dezember 2004 beginnen. Die zusätzlichen Anhangangaben gem. § 285 Satz 1 Nr. 18 HGB sowie die erweiterten Berichterstattungspflichten im Lagebericht haben auch Kreditinstitute und Versicherungsunternehmen bereits in Abschlüsse für Geschäftsjahre, die nach dem 31. Dezember 2003 beginnen, aufzunehmen.

Die Änderung des § 340a HGB konkretisiert die Verweisung auf den Lagebericht nach § 289 HGB, den Kreditinstitute nach den Vorschriften für große Kapitalgesellschaften aufzustellen haben.

Mit den Ergänzungen in § 340i Abs. 2 HGB wird klargestellt, dass Kreditinstitute, die in den Anwendungsbereich der IAS-Verordnung fallen und daher einen IFRS-Konzernabschluss aufstellen (§ 315a Abs. 1 HGB), wie alle übrigen Unternehmen nur die §§ 290 bis 293 HGB (Frage der Konzernrechnungslegungspflicht) und die in § 315a Abs. 1 HGB explizit für anwendbar erklärten, nicht aber die übrigen Vorschriften des HGB zu Konzernabschluss und Konzernlagebericht anzuwenden haben. § 340a bis g und j HGB ist für den IFRS-Konzernabschluss nicht anzuwenden. Sofern § 315a Abs. 1 HGB auf § 314 Abs. 1 Nr. 6c HGB (Vorschüsse und Kredite an Geschäftsführer usw.) verweist, tritt an dessen Stelle der § 34 Abs. 2 Nr. 2 i.V.m. § 37 RechKredV, der eine analoge Regelung für Kreditinstitute enthält.

Im Übrigen findet die Kreditinstituts-Rechnungslegungsverordnung in den Fällen des § 315a Abs. 1 HGB keine Anwendung. § 340j Abs. 1 HGB, der die Abgrenzung des Konsolidierungskreises, namentlich das Verbot der Einbeziehung nach § 295 Abs. 1 HGB für Banken spezifiziert, wurde aufgrund der ersatzlosen Streichung von § 295 HGB aufgehoben. Die in § 340k HGB geregelte Prüfung der Jahres- und Konzernabschlüsse von Kreditinstituten wurde an die Änderungen der §§ 319 und 319a HGB angepasst.

Die Offenlegungsvorschriften des § 340l HGB wurden um einen neuen Absatz 5 ergänzt, der weitere Einzelheiten zu Offenlegungspflichten von Kreditinstituten nach § 325 Abs. 2a HGB regelt. Besonders zu nennen ist dabei, dass auch Kreditinstitute, die nicht in der Rechtsform einer Kapitalgesellschaft organisiert sind, anstelle eines HGB-Einzelabschlusses einen IFRS-Einzelabschluss mit befreiender Wirkung offen legen können. Für derartige Abschlüsse sind allerdings zusätzlich die in § 325 Abs. 2a Satz 3 HGB genannten Vorschriften des HGB anzuwenden. § 340a bis h HGB und die RechKredV finden keine Anwendung.

§ 340n HGB (Bußgeldvorschriften) wurde bezüglich der durch dieses Gesetz vorgenommenen Änderungen angepasst. Inhaltlich nahezu analoge Änderungen wurden bei Versicherungsunternehmen und Pensionsfonds eingeführt.

Die wichtigsten im Zusammenhang mit dem BilReG aufgrund von EU-Vorgaben vorgenommenen Änderungen bzgl. des Anwendungsbereichs der IFRS, der Fragen der Bilanzierung und Bewertung sowie der Fragen der Konsolidierung sind in der Anlage 1 dieses Buchs in einer Tabelle zusammengefasst.

Gesetzesfundstellen

Gesetz zur Einführung internationaler Rechnungslegungsstandards und zur Sicherung der Qualität der Abschlussprüfung (Bilanzrechtsreformgesetz – BilReG), BR-Drs. 852/04 vom 5. November 2004; Entwurf eines Gesetzes zur Einführung internationaler Rechnungslegungsstandards und zur Sicherung der Qualität der Abschlussprüfung (Bilanzrechtsreformgesetz – BilReG), BT-Drs. 15/3419 vom 24. Juni 2004.

Literaturhinweise

Adler u.a.: Rechnungslegung und Prüfung der Unternehmen (ADS), 6. Aufl., Stuttgart, 1995-2000; *AICPA*: Special Committee Formed to Enhance Business Reporting, abrufbar unter: http://www.aicpa.org/pubs/tpcpa/nov2003/special.htm; *Arbeitskreis Bilanzrecht der Hochschullehrer Rechtswissenschaft*: Stellungnahme zum Referentenentwurf eines Bilanzrechtsreformgesetzes, BB 2004, S. 546 – 548; *Böcking, Hans-Joachim*: Zum Verhältnis von neuem Lagebericht, Anhang und IFRS, BB 2005, Beilage 3, S. 5 – 8; *Böcking, Hans-Joachim*: Der neue Lagebericht. Verschärfung der Berichterstattung, Accounting 2005, S. 5 – 7; *Böcking, Hans-Joachim*: Internationalisierung der Rechnungslegung und ihre Auswirkungen auf die Grundprinzipien des deutschen Rechts, Der Konzern 2004, S. 177 – 183; *Deutsches Rechnungslegungs Standards Committee*: DRS 5, Risikoberichterstattung, Deutsche Rechnungslegungs Standards, Stuttgart: Schäffer-Poeschel 2005; *Deutsches Rechnungslegungs Standards Committee*: DRS 15, Lageberichterstattung, Deutsche Rechnungslegungs Standards, Stuttgart: Schäffer-Poeschel 2005; *Ellrott, Helmut*: Kommentierung zu § 285 und § 289 HGB, Beck'scher Bilanzkommentar, 6. Aufl., München 2006; *Fink, Christian/Keck, Barbara*: Lageberichterstattung nach BilReG und DRS 15: Eine kritische Würdigung, KoR 2005, S. 137 – 146; *Freidank, Carl-Christian/Steinmeyer, Volker*: Fortentwicklung der Lageberichterstattung nach dem BilReG aus betriebswirtschaftlicher Sicht, BB 2005, S. 2512 – 2517; *Gabriel, Claudia/Ernst, Christoph*: Die Entwürfe des Bilanzkontrollgesetzes und des Bilanzrechtsreformgesetzes: Stärkung von Unternehmensintegrität und Anlegerschutz, Der Konzern 2004, S. 102 – 109; *Heuser, Paul J./Theile, Carsten*: Auswirkungen des Bilanzrechtsreformgesetzes auf den Jahresabschluss und Lagebericht der GmbH, GmbHR 2005, S. 201-206; *Hoffmann, Wolf-Dieter/Lüdenbach, Norbert*: Bilanzrechtsreformgesetz – Seine Bedeutung für den Einzel- und Konzernabschluss der GmbH, GmbHR 2004, S. 145 – 150; *IASB*: Management Commentary, abrufbar unter: http://www.iasb.org/uploaded_files/documents/16_43_DPManagementCommentary.pdf; *IDW*: Stellungnahme des IDW zum Referentenentwurf des Bilanzrechtsreformgesetzes, IDW-FN 2004, S. 1 – 13; *IDW*: WP Handbuch 2006 – Wirtschaftsprüfung, Rechnungslegung, Beratung, Band I, 13. Aufl., Düsseldorf 2006; *IDW*: Anhangangaben nach § 285 Satz 1 Nr. 18 und 19 HGB sowie Lageberichterstattung nach § 289 Abs. 2 Nr. 2 HGB in der Fassung des Bilanzrechtsreformgesetzes (IDW RH HFA 1.005); *IDW*: Anhangangaben nach § 285 Satz 1 Nr. 17 bzw. § 314 Abs. 1 Nr. 9 HGB über das Abschlussprüferhonorar (IDW RH HFA 1.006); *IDW*: Lageberichterstattung nach § 289 Abs. 1 und 3 bzw. § 315 Abs. 1 HGB in der Fassung des Bilanzrechtsreformgesetzes (IDW RH HFA 1.007); *Kajüter, Peter*: Berichterstattung über Chancen und Risiken im Lagebericht, BB 2004, S.427 – 433; *Kirsch, Hans-Jürgen/Scheele, Alexander*: Neugestaltung von Prognose- und Risikoberichterstattung im Lagebericht durch das Bilanzrechtsreformgesetz, WPg 2005, S. 1149 – 1154; *Loew, Thomas u.a.*: Nachhaltigkeitsberichterstattung in Deutschland. Ergebnisse und Trends im Ranking 2005, Institut für ökologische Wirtschaftsforschung gGmbH 2005; *Lück, Wolfgang/Bungartz, Oliver*: Risikoberichterstattung deutscher Unternehmen – Ein Beitrag zur Verbesserung der Wettbewerbsfähigkeit von Unternehmen am internationalen Kapitalmarkt, DB 2004, S. 1789 – 1792; *Peemöller, Volker H./Oehler, Ralph*: Referentenentwurf eines Bilanzrechtsreformgesetzes: Neue Regelung zur Unabhängigkeit des Abschlussprüfers, BB 2004, S. 539 – 546; *Peemöller, Volker H./Oehler, Ralph*: Regierungsentwurf des BilReG: Änderungen gegenüber dem Referentenentwurf, BB 2004, S. 1158 – 1161; *Pfitzer, Norbert/Oser, Peter/Orth, Christian*: Offene Fragen und Systemwidrigkeiten des Bilanzrechtsreformgesetz (BilReG), DB 2004, S. 2593 – 2602; *Pfitzer, Norbert/Orth, Christian/Hettich, Natalie*: Stärkung der Unabhängigkeit des Abschlussprüfers? – Kritische Würdigung des Referentenentwurfs zum Bilanzrechtsreformgesetz, DStR 2004, S. 328 – 336; *Pottgießer, Gabi*: Die Zukunft der deutschen Rechnungslegung – Darstellung und Beurteilung der Referentenentwürfe zum Bilanzkontrollgesetz und Bilanzrechtsreformgesetz, StuB 2004, S. 166 – 172; *Solfrian, Gregor*: Änderungen in der Lageberichterstattung durch das Bilanzrechtsreformgesetz sowie den DRS 15, Steuer- und Bilanzpraxis 2005, S. 911 – 918; *Steiner, Eberhard/Gross, Beatrix*: Auswirkungen des Bilanzrechtsreformgesetzes auf die Rechnungslegung, StuB 2004, S. 551 – 558; *Sultana, Ahmad/Willeke, Clemens*: Die neuen Anhangangaben durch das Bilanzrechtsreformgesetz – Darstellung und Erläuterung von § 285 Satz 1 Nr. 17-19 HGB, StuB 2005, S. 951 – 957; *Wendlandt, Klaus/Knorr, Liesl*: Der Referentenentwurf des „Bilanzrechtsreformgesetzes" – Darstellung der wesentlichen bilanzrechtlichen Änderungen des HGB und der Folge für die IAS/IFRS-Anwendung in Deutschland, Zeitschrift für kapitalmarktorientierte Rechnungslegung 2004, S. 45 – 49; *Wimsheim, Klaus Wolf*: Neuerungen im (Konzern-)Lagebericht durch das Bilanzrechtsreformgesetz (BilReG) – Anforderungen und ihre praktische Umsetzung, DStR 2005, S. 438 – 442.

2 Gesetz über die Offenlegung von Vorstandsvergütungen (VorstOG)

2.1 Zielsetzung und Anwendungsbereich

Mit dem Gesetz über die Offenlegung von Vorstandsvergütungen (Vorstandsvergütungs-Offenlegungsgesetz – VorstOG), das am 11. August 2005 in Kraft getreten ist, hat der Gesetzgeber die in der Praxis bislang nur unzureichend befolgte Empfehlung 4.2.4 des DCGK in zwingendes Recht umgesetzt: Danach sind künftig die Bezüge von Vorstandsmitgliedern börsennotierter Aktiengesellschaften (i.S.d. § 3 Abs. 2 AktG) individualisiert offen zu legen. Die Hauptversammlung kann jedoch durch einen entsprechenden Beschluss die Gesellschaft von dieser Pflicht befreien. Ziele des VorstOG sind die Erhöhung der Transparenz der Vorstandsvergütungen und der Anlegerschutz. Insbesondere soll eine Beurteilung erleichtert werden, ob der Aufsichtsrat seiner Pflicht nach § 87 Abs. 1 AktG nachgekommen ist, die Bezüge des Vorstands in einem angemessenen Verhältnis zu dessen Aufgaben und zur Lage der Gesellschaft festzulegen. Die Regelungen des VorstOG sind auf Jahres- und Konzernabschlüsse anzuwenden, die sich auf Geschäftsjahre beziehen, die nach dem 31. Dezember 2005 begonnen haben.

2.2 Erweiterung der Anhangangaben zum Jahres- und Konzernabschluss

2.2.1 Berichterstattung im Anhang zum Jahresabschluss (§285 Satz 1 Nr. 9a Satz 4 bis 9 HGB)

Bezüge der Vorstandsmitglieder

Nach § 285 Satz 1 Nr. 9a Satz 5 HGB sind im Anhang zum Jahresabschluss börsennotierter Aktiengesellschaften – neben der Angabe der Gesamtbezüge – die Bezüge jedes einzelnen Mitglieds des Vorstands jeweils unter Namensnennung individualisiert anzugeben. Darüber hinaus müssen die individuellen Bezüge jedes einzelnen Vorstandsmitglieds nach erfolgsbezogenen und erfolgsunabhängigen Bestandteilen aufgeschlüsselt und zudem die Komponenten mit einer langfristigen Anreizwirkung (z.B. Aktienoptionen oder Erfolgsbeteiligungen) gesondert angegeben werden (so bereits die Empfehlung 4.2.4 des DCGK). Sachbezüge sind den jeweiligen Komponenten entsprechend zuzuordnen.

Auf eine gesetzliche Verpflichtung zur individualisierten Angabe der Bezüge der Aufsichtsratsmitglieder hat der Gesetzgeber bewusst verzichtet. Diesbezüglich verbleibt es lediglich bei der entsprechenden Empfehlung 5.4.7 des DCGK, der eine individualisierte Offenlegung fordert.

Leistungen für den Fall der Beendigung der Tätigkeit

Eine Angabepflicht besteht gem. § 285 Satz 1 Nr. 9a Satz 6 HGB ausdrücklich auch für Leistungen, die einem Vorstandsmitglied für den Fall der Beendigung seiner Tätigkeit zugesagt worden sind. Die Angabepflicht erstreckt sich auf alle Versorgungs- und Abfindungszusagen, die einem Vorstandsmitglied sowohl für den Fall der regulären als auch der vorzeitigen Beendigung seiner Tätigkeit zugesagt worden sind. Diese umfassen sowohl Zusagen auf wiederkehrende Leistungen als auch auf Einmalleistungen. Mit diesen Angaben sollen den Aktionären Informationen darüber vermittelt werden, wie sich der Vorstand im Falle eines Übernahmeangebots verhalten könnte.

Im Anhang sind die wesentlichen Inhalte der Zusagen darzustellen, wenn sie in ihrer rechtlichen Ausgestaltung von den den Arbeitnehmern erteilten Zusagen nicht unerheblich abweichen (§ 285 Satz 1 Nr. 9a Satz 7 HGB). Folglich sind diejenigen vereinbarten Versorgungs- und Abfindungszusagen anzugeben, die über den Standard der nach dem Gesetz zur Verbesserung der betrieblichen Altersversorgung (Betriebsrentengesetz – BetrAVG) im Allgemeinen gewährten Leistungen hinausgehen. Anzugeben sind die Basisdaten und der wesentliche Inhalt der Zusage, nicht aber deren versicherungsmathematischer Barwert.

Leistungen von Dritten

Leistungen, die dem einzelnen Vorstandsmitglied von einem Dritten im Hinblick auf seine Tätigkeit als Vorstandsmitglied zugesagt oder im Geschäftsjahr gewährt worden sind, müssen ebenfalls angegeben werden (§ 285 Satz 1 Nr. 9a Satz 8 HGB). Dazu gehören alle Leistungen, die über den Rahmen einer bloßen Annehmlichkeit oder eines Gelegenheitsgeschenks hinausgehen, sowie beispielsweise Geldleistungen und geldwerte Vorteile, die dem Vorstand von einem Bieter im Rahmen eines Angebots zum Erwerb von Wertpapieren i.S.d. §§ 11 ff. WpÜG zugesagt wurden. „Dritter" ist grundsätzlich jede Person oder jedes andere als das den betreffenden Jahresabschluss aufstellende Unternehmen. Nach Ansicht des Gesetzgebers haben die Organe einer börsennotierten Aktiengesellschaft dafür Sorge zu tragen, dass sich die einzelnen Vorstandsmitglieder intern verpflichten, solche Drittzuwendungen zu melden. Damit sollen mögliche Interessenkonflikte offen gelegt werden.

Weitergehende Angaben zu bestimmten Bezügen

Enthält der Jahresabschluss weitergehende Angaben zu bestimmten Bezügen, sind auch diese individuell für jedes einzelne Vorstandsmitglied anzugeben (§ 285 Satz 1 Nr. 9a Satz 9 HGB). Zielsetzung dieser Vorschrift ist es, die Gewährung von Aktienoptionen in vollem Umfang transparent zu machen.

Börsennotierte Aktiengesellschaften können anstelle ihres HGB-Jahresabschlusses einen nach IFRS aufgestellten Einzelabschluss offen legen (vgl.

§ 325 Abs. 2a HGB). Innerhalb des IFRS-Regelwerks sieht IFRS 2 Share-based Payment für Aktienoptionen und deren Gewährung umfangreiche Vorschriften zur Bewertung und Angaben im Anhang des Abschlusses vor. Da § 285 Satz 1 Nr. 9 HGB auch für IFRS-Einzelabschlüsse nach § 325 Abs. 2a HGB zu beachten ist, sind im zugehörigen Anhang Angaben zu Aktienoptionen gem. IFRS 2 für jedes Vorstandsmitglied individualisiert zu machen.

Bewertung von Bezugsrechten und sonstigen aktienbasierten Vergütungen

Bezugsrechte und sonstige aktienbasierte Vergütungen sind mit ihrer Anzahl und dem beizulegenden Zeitwert zum Zeitpunkt ihrer Gewährung anzugeben; spätere Wertänderungen sind nur zu berücksichtigen, soweit sie auf einer Änderung der Ausübungsbedingungen beruhen (§ 285 Satz 1 Nr. 9a Satz 4 HGB). Gesetzgeberische Zielsetzung dieser Regelung – neben der Einführung der Pflicht zur einmaligen Angabe der Anzahl der Rechte und ihrem beizulegenden Zeitwert im Jahr der Gewährung – ist es, „in Übereinstimmung mit IFRS 2" (BT-Drs. 15/5577, S. 7) klarzustellen, wie Aktienoptionen und andere Bezugsrechte, die einen Teil der Gesamtbezüge darstellen, für Zwecke der Erfüllung der Anhangangabe zu bewerten sind. In die Gesamtbezüge sind die Bezugsrechte mit dem Anteil ihres beizulegenden Zeitwerts, der im Aufwand der Periode erfasst wurde, einzubeziehen.

Der Gesetzgeber hat indes verkannt, dass gem. IFRS 2.30 im Rahmen der Bewertung von aktienbasierten Vergütungen mit Barausgleich („cash-settled share-based payment transactions", z.B. sog. „Phantom Stocks" oder SARs) – im Gegensatz zur Bewertung von aktienbasierten Vergütungstransaktionen, die durch Eigenkapitalinstrumente beglichen werden (sog. „equity-settled share-based payment transactions") – nicht nur Wertänderungen, die auf Änderungen der Ausübungsbedingungen beruhen, sondern auch Wertänderungen, die aus Änderungen der Marktbedingungen resultieren, zu berücksichtigen sind. Die beabsichtigte Übereinstimmung mit IFRS 2 ist daher bei aktienbasierten Vergütungen mit Barausgleich nach dem Wortlaut des § 285 Satz 1 Nr. 9a Satz 4 HGB allein nicht erreicht worden. Mit Blick auf die Intention des Gesetzgebers ist diese Vorschrift unseres Erachtens so auszulegen, dass bei der Bewertung von aktienbasierten Vergütungen mit Barausgleich auch Wertänderungen, die auf einer Änderung der Marktbedingungen basieren, zu berücksichtigen sind.

2.2.2 Berichterstattung im Anhang zum Konzernabschluss (§ 314 Abs. 1 Nr. 6a Satz 4 bis 9 HGB)

Gemäß § 314 Abs. 1 Nr. 6a Satz 5 bis 9 HGB haben Mutterunternehmen, die börsennotierte Aktiengesellschaften sind, die Bezüge jedes Vorstandsmitglieds unter Namensnennung auch im Anhang zum Konzernabschluss gesondert anzugeben. § 314 Abs. 1 Nr. 6a Satz 5 bis 9 HGB stimmt formell und inhaltlich weitgehend mit § 285 Satz 1 Nr. 9a Satz 5 bis 9 HGB überein, sodass auf die entsprechenden Ausführungen verwiesen werden kann.

Zu beachten ist indes, dass im Anhang zum Konzernabschluss alle Bezüge individualisiert anzugeben sind, die sowohl vom Mutterunternehmen als auch vom Tochterunternehmen gewährt werden.

2.3 Opting Out-Regelung

2.3.1 Opting Out im Jahresabschluss (§286 Abs. 5 HGB)

Die Befreiungsregelung des § 286 Abs. 4 HGB, nach der die in § 285 Satz 1 Nr. 9a und b HGB verlangten Angaben über die Gesamtbezüge der dort bezeichneten Personen unterbleiben können, wenn sich anhand dieser Angaben die Bezüge eines Mitglieds dieser Organe feststellen lassen, ist für börsennotierte Aktiengesellschaften nicht mehr anwendbar. Gemäß § 286 Abs. 5 HGB können aber die Angaben nach § 285 Satz 1 Nr. 9a Satz 5 bis 9 HGB unterbleiben, falls die Hauptversammlung dies durch Beschluss mit mindestens 3/4-Mehrheit des bei der Beschlussfassung vertretenen Grundkapitals entscheidet (sog. „Opting Out-Regelung"). Damit unterwirft der Gesetzgeber den Verzicht auf die individualisierte Offenlegung dem Ermessen der Aktionäre, wobei aus Gründen des Minderheitenschutzes der erforderliche Beschluss mit qualifizierter Mehrheit zu erfolgen hat. Vorstände, die gleichzeitig Aktionäre sind, dürfen beim Beschluss unter entsprechender Anwendung von § 136 Abs. 1 AktG nicht mit stimmen.

Ein solcher Beschluss darf für höchstens fünf Jahre gefasst werden; danach bedarf es eines neuen Hauptversammlungsbeschlusses. Ein neuerlicher Beschluss kann mit Wirkung für den nächsten der Hauptversammlung folgenden Jahresabschluss gefasst und vor oder nach Ablauf der Frist wiederholt werden.

Verzichtet die Hauptversammlung auf die Pflichtangaben über die individualisierten Vorstandsbezüge, bleibt es jedoch bei der allgemeinen Pflicht zur Angabe der Gesamtbezüge gem. § 285 Satz 1 Nr. 9a Satz 1 bis 3 HGB. Außerdem ist in der Entsprechenserklärung nach § 161 AktG anzugeben, dass der Empfehlung 4.2.4 des DCGK bzgl. der individualisierten Angaben nicht gefolgt wurde.

2.3.2 Opting Out im Konzernabschluss (§ 314 Abs. 2 Satz 2 HGB)

§ 314 Abs. 2 Satz 2 HGB verweist auf § 286 Abs. 5 HGB, sodass der Gesetzgeber die Anwendbarkeit der Opting Out-Regelung auch auf die Angaben im Anhang zum Konzernabschluss ausgedehnt hat (vgl. BT-Drs. 15/5577, S. 5 und 8).

Im Zusammenhang mit § 315a HGB ist dem Gesetzgeber ein redaktionelles Versehen unterlaufen. So sind kapitalmarktorientierte (und mithin auch börsennotierte) Aktiengesellschaften als Mutterunternehmen gem. § 315a Abs. 1 HGB ab

2005 zur Aufstellung eines IFRS-Konzernabschlusses verpflichtet. In diesem haben sie – neben der Beachtung der von der EU übernommenen IFRS – überdies bestimmte, in § 315a Abs. 1 HGB genannte Einzelnormen des HGB zu beachten. Zwar verweist § 315a Abs. 1 HGB auf die Anwendung des § 314 Abs. 1 Nr. 6a HGB, dagegen fehlt ein Verweis auf § 314 Abs. 2 Satz 2 HGB mit der Folge, dass bei wörtlicher Auslegung des Gesetzes börsennotierte Mutterunternehmen – auch bei Existenz eines befreienden Hauptversammlungsbeschlusses – zur individuellen Angabe der Vorstandsbezüge im Konzernanhang verpflichtet wären. Die Befreiungsvorschrift des § 314 Abs. 2 Satz 2 HGB würde bei börsennotierten Mutterunternehmen insoweit „ins Leere" laufen.

Dies steht indes augenscheinlich im Widerspruch zur Intention des Gesetzgebers. Unseres Erachtens ist deshalb auch bei börsennotierten Mutterunternehmen eine Befreiung von der individuellen Offenlegung der Vorstandsbezüge im Konzernanhang möglich.

Bezüglich der Beschlussfassung der Hauptversammlung zur Inanspruchnahme der Opting Out-Regelung gelten die Ausführungen zum Jahresabschluss entsprechend. Es ist darauf hinzuweisen, dass die Beschlüsse der Hauptversammlung zu den Angabepflichten im Jahres- und Konzernabschluss gemeinsam in einer Abstimmung gefasst werden können, wenn der Tagesordnungspunkt in der Hauptversammlung entsprechend bezeichnet wurde.

2.4 Berichterstattung über das Vergütungssystem für Organmitglieder im (Konzern-)Lagebericht

Im Lagebericht zum Jahresabschluss und im Konzernlagebericht börsennotierter Aktiengesellschaften soll gem. § 289 Abs. 2 Nr. 5, 315 Abs. 2 Nr. 4 HGB auf die Grundzüge des Vergütungssystems für die Gesamtbezüge der Organmitglieder eingegangen werden (sog. „Vergütungsbericht"); Organmitglieder sind Vorstand und Aufsichtsrat sowie die ehemaligen Mitglieder dieser Organe. Der Gesetzgeber hat – ausweislich der Gesetzesmaterialien – hierbei bewusst auf eine Pflicht zur Aufstellung eines Vergütungsberichts im Lagebericht verzichtet. Danach soll die gewählte Soll-Vorschrift es den Unternehmen ermöglichen, den Vergütungsbericht als Bestandteil des Lageberichts zu veröffentlichen.

In praxi ist die Frage aufgetreten, ob die geschlossene Darstellung des Vergütungssystems einschließlich der Anhangangaben gem. §§ 285 bzw. 314 HGB im Lagebericht von der Pflicht zur gesonderten Anhangangabe befreit. Es dürfte u.E. nicht zu beanstanden sein, wenn im Rahmen des Anhangs auf die Berichterstattung im Lagebericht verwiesen wird – insofern gelten die Pflichtangaben nach §§ 285 bzw. 314 HGB als erfüllt. Wird der Vergütungsbericht einschließlich der Anhangangaben jedoch außerhalb des (Konzern-)Lageberichts und damit außerhalb der vom gesetzlichen Abschlussprüfer geprüften Rechnungslegungsbestandteile, z.B. im Geschäftsbericht, wiedergegeben, so gelten die Pflichtanhangangaben als nicht erfüllt. Dies hätte zur Folge, dass der Abschlussprüfer den Bestätigungsvermerk diesbezüglich einschränken muss. Sofern im Rahmen des Vergütungsberichts als Bestandteil des Lageberichts für die einzelnen Vorstandsmitglieder zugleich auch die individuellen Bezüge mit ihren Komponenten angegeben werden, kann also auf die entsprechende Angabe im (Konzern-)Anhang verzichtet werden (§§ 289 Abs. 2 Nr. 5 Satz 2, 315 Abs. 2 Nr. 4 Satz 2 HGB). In diesem Fall bleibt es wegen der Vorgaben der 4. EU-Richtlinie aber bei der Pflicht zur Angabe der Gesamtbezüge im (Konzern-)Anhang. Voraussetzung für die Individualangabe der Vorstandsvergütungen allein im (Konzern-)Lagebericht ist, dass in diesem zugleich auch die Angaben zur Vergütungsstruktur gemacht werden.

Nach dem Willen des Gesetzgebers sollen in den Lagebericht folgende Inhalte aufgenommen werden:

- Erläuterungen zum Verhältnis der erfolgsunabhängigen und erfolgsbezogenen Komponenten sowie der Komponenten mit langfristiger Anreizwirkung; dabei soll auch auf die einzelnen Parameter der Erfolgsbindung eingegangen werden,
- Angaben zu Bedingungen, an die Aktienoptionen und andere aktienbasierte Vergütungsformen geknüpft sind, und
- vereinbarte Bedingungen für Bonusleistungen.

Die Angaben zur Vergütungsstruktur können im (Konzern-)Lagebericht unterbleiben, soweit sie nach vernünftiger kaufmännischer Beurteilung dazu geeignet sind, dem Unternehmen bzw. dem Konzern einen erheblichen Nachteil zuzufügen. Denkbar sind Fälle, in denen die Vergütung an „sensible“ Ziele geknüpft wurden, deren Veröffentlichung im (Konzern-)Lagebericht zu Wettbewerbsnachteilen führen könnte (z.B. Steigerung des Umsatzes in einem bestimmten Geschäftsfeld oder einem bestimmten geographischen Raum).

2.5 Erhöhung der Bußgeldbeträge bei Verstößen gegen die Berichterstattungspflichten

Der Höchstbetrag der Geldbuße für Ordnungswidrigkeiten wurde von € 25.000 auf € 50.000 erhöht (vgl. §§ 334 Abs. 3, 340n Abs. 3, 341n Abs. 3 HGB). Die Erhöhung ist Ausfluss der im sog. „10-Punkte-Programm“ unter Nr. 10 geforderten Verschärfung der Strafvorschriften für Delikte im Kapitalmarktbereich.

Literaturhinweise

Leuering, Dieter/Simon, Stefan: Offene Fragen zur Offenlegung der Vorstandsvergütung, NZG, S. 945 – 950; *van Kann, Jürgen:* Das neue Gesetz über die Offenlegung von Vorstandsvergütungen, DStR 2005, S. 1496 –1500.

3 Bilanzkontrollgesetz (BilKoG)

3.1 Zielsetzung

Mit dem am 21. Dezember 2004 in Kraft getretenen „Bilanzkontrollgesetz" (BilKoG) wurde in Deutschland ein zweistufiges Verfahren zur Überwachung der Rechtmäßigkeit von Unternehmensabschlüssen kapitalmarktorientierter Unternehmen (sog. „Enforcement-Verfahren") eingeführt. Ziel des Enforcements der Rechnungslegung ist die Stärkung des Kapitalmarkts durch Wiederherstellung des verloren gegangenen Vertrauens der Anleger in die Richtigkeit und Qualität der Unternehmensinformationen. Das Enforcement-Verfahren soll nach dem Willen des Gesetzgebers zum einen Unregelmäßigkeiten bei der Erstellung von Unternehmensabschlüssen und der übrigen Berichterstattung präventiv entgegenwirken und zum anderen, im Fall festgestellter Unregelmäßigkeiten, den Kapitalmarkt über diesen Umstand informieren.

Das zweistufige Enforcement-Verfahren vereint in sich Elemente beider in anderen Staaten bereits existierender Modelle zur Überwachung und Durchsetzung der Rechnungslegung: das privatrechtlich organisierte und auf dem Grundsatz der Selbstregulierung basierende System, das im deutschen Enforcement-Verfahren durch die sog. „Prüfstelle für Rechnungslegung" auf der ersten Stufe des Verfahrens umgesetzt wird, sowie das staatlich-regulatorische System, das durch den Einsatz einer staatlichen, mit Sanktionsbefugnis ausgestatteten Regulierungsbehörde gekennzeichnet ist. Diese Aufgabe wird auf der zweiten Stufe des Verfahrens durch die BaFin wahrgenommen.

Abbildung 15: Enforcement-Verfahren nach dem BilKoG

3.2 Gründung der Deutschen Prüfstelle für Rechnungslegung

Am 14. Mai 2004 wurde in Berlin der Verein „Deutsche Prüfstelle für Rechnungslegung DPR e.V." gegründet und am 30. März 2005 als Prüfstelle im Sinne von § 342b Abs. 1 HGB durch das Bundesministerium der Justiz im Einvernehmen mit dem Bundesministerium der Finanzen anerkannt. Zweck des Vereins ist die Trägerschaft einer weisungsunabhängigen Prüfstelle nach den Bestimmungen der §§ 342b bis 342e HGB sowie die fachliche Zusammenarbeit mit den Enforcement-Einrichtungen aus Drittländern und entsprechenden internationalen Organisationen. Zu den Gründungsmitgliedern gehörten insgesamt 15 Berufs- und Interessenverbände, darunter die Bundesverbände der Industrie, der Banken und der Versicherungswirtschaft, der Deutsche Gewerkschaftsbund, die Schutzvereinigungen der Kapitalanleger, das Deutsche Rechnungslegung Standards Committee und die Berufsorganisationen der Wirtschaftsprüfer.

Die Organe des Vereins umfassen neben dem Vereinsvorstand, der allein für die Verwaltung des Vereins zuständig ist, und der Mitgliederversammlung einen sog. „Nominierungsausschuss". Der Nominierungsausschuss hat die Aufgabe, die Mitglieder der Prüfstelle im Rahmen eines öffentlichen Ausschreibungsverfahrens auszuwählen. Damit obliegt es dem Nominierungsausschuss, sicherzustellen, dass die ordnungsgemäße Tätigkeit der Prüfstelle entsprechend den in § 342b Abs. 1 Satz 2 HGB aufgelisteten Voraussetzungen gewährleistet ist. Die Ernennung der vom Nominierungsausschuss ausgewählten Kandidaten bedarf der Zustimmung des Bundesministeriums der Justiz im Einvernehmen mit dem Bundesministerium der Finanzen. Der Vorstand und der Nominierungsausschuss setzen sich u.a. aus hochrangigen Vertretern der Industrie, der Lehre und des Berufstands der Wirtschaftsprüfer zusammen. Die Organisation des Vereins „Deutsche Prüfstelle für Rechnungslegung e.V." ist in Abbildung 16 dargestellt.

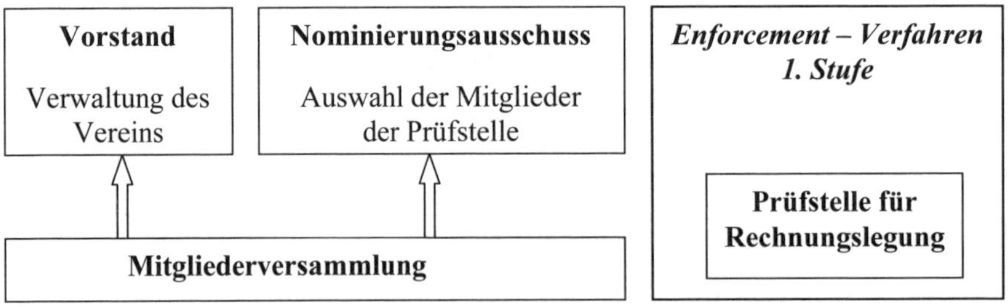

Abbildung 16: Deutsche Prüfstelle für Rechnungslegung e.V.

Die Prüfstelle besteht nach der Satzung des Vereins aus mindestens fünf Mitgliedern. Die Mitglieder der Prüfstelle üben ihre Tätigkeit weisungsunabhängig aus.

Daneben hat die Prüfstelle mit neun großen und mittelgroßen Wirtschaftsprüfungsgesellschaften ein Rahmenabkommen abgeschlossen, in dem die

Bereitstellung von qualifizierten Prüfern auf Honorarbasis geregelt wird (sog. „Prüferpool"). Nach Angaben im Tätigkeitsbericht der Prüfstelle für das zweite Halbjahr 2005 umfasst der Prüferpool derzeit etwa 180 Personen, wobei eine Hinzuziehung weiterer Personen im Bedarfsfall vorgesehen ist.

Mit ausländischen Enforcement-Einrichtungen und weiteren europäischen Regulierungsbehörden, darunter insbesondere die Autorité des marchés financiers (AMF) in Frankreich, der Financial Reporting Review Panel in Großbritannien und die SEC in den USA sowie das Committee of European Securities Regulators (CESR), sind umfassende Kooperationen mit dem Ziel geplant, die Belastung der Unternehmen durch mehrfache Enforcement Maßnahmen zu vermeiden.

Die Prüfstelle hat ihre Tätigkeit am 1. Juli 2005 aufgenommen. Die Prüfung im Rahmen des Enforcement-Verfahrens erfolgt erstmals für Abschlüsse, deren Geschäftsjahr am 31. Dezember 2004 oder später endet. Bis Ende Januar 2006 wurden von der Prüfstelle insgesamt 65 Prüfungen begonnen, von denen bis Ende Januar 2006 bereits 16 abgeschlossen wurden. Die Prüfstelle geht davon aus, dass künftig etwa 30 bis 40 Prüfungen pro Quartal durchgeführt werden können.

Bei den bereits abgeschlossenen Prüfungen wurde in mindestens zwei Fällen eine fehlerhafte Rechnungslegung festgestellt. Darüber hinaus verweist die Prüfstelle in ihrem Tätigkeitsbericht auf mehrere Problembereiche, die sie im Rahmen ihrer bisherigen prüferischen Tätigkeit festgestellt hat. Hervorzuheben ist die Problematik der erschwerten Anwendung und Auslegung der IFRS aufgrund der fehlenden Begründungen zu den wesentlichen Änderungen und Neuerungen in den einzelnen Standards, der mangelhaften Hierarchie von Prinzipien und Begriffen in den IFRS sowie der erheblichen Ermessensspielräume, die insbesondere auf die Ausdehnung der Fair Value-Bewertung zurückzuführen sind. Daneben wurden die Weigerung der Abschlussprüfer, der Prüfstelle Einsicht in deren Arbeitspapiere zu gewähren, und die mangelnde Kooperationsbereitschaft einzelner Unternehmen während der „Rechnungslegungssaison" moniert. Die mangelnde Kooperationsbereitschaft äußert sich vorwiegend in Form von zeitlichen Verzögerung bei der Beantwortung von Anfragen der Prüfstelle und der Vorlage angeforderter Unterlagen. Nach Ansicht der Prüfstelle müssen die Unternehmen bei angemessener Organisation und Dokumentation des Rechnungswesens in der Lage sein, die Anfragen der Prüfstelle auch zum Zeitpunkt der laufenden Abschlussarbeiten ohne übermäßigen Zeitaufwand beantworten zu können.

Es bleibt insgesamt abzuwarten, ob die Einführung eines – neben der Prüfung der Unternehmensabschlüsse durch den Abschlussprüfer und den Aufsichtsrat – weiteren Verfahrens zur Überprüfung der Ordnungsmäßigkeit der Rechnungslegung in der Tat die erwartete präventive Wirkung entfaltet und zu einer nachhaltigen Verbesserung in der Qualität der Unternehmensabschlüsse führt.

Die Einzelheiten des zweistufigen Verfahrens werden nachfolgend dargestellt.

3.3 Erste Stufe: Prüfung durch die Deutsche Prüfstelle für Rechnungslegung

Das BilKoG sieht für die erste Stufe des Enforcement-Verfahrens die Einrichtung einer von Unternehmen und Abschlussprüfern unabhängigen privatrechtlich organisierten Prüfstelle für Rechnungslegung vor. In diesem Element des Enforcement-Verfahrens findet das Selbstregulierungsprinzip seinen Niederschlag. Die Anerkennung einer privatrechtlichen Einrichtung als Prüfstelle für Rechnungslegung erfolgte durch das Bundesministerium der Justiz im Einvernehmen mit dem Bundesministerium der Finanzen. Ausführliche Informationen zur Gründung und Organisation der „Deutschen Prüfstelle für Rechnungslegung " (DPR; im Folgenden auch „Prüfstelle") wurden im vorigen Abschnitt dargestellt. Die internationale Bezeichnung der Prüfstelle lautet „Financial Reporting Enforcement Panel" (FREP).

3.3.1 Betroffene Unternehmen

Der Prüfung unterliegen ausschließlich (Konzern-)Abschlüsse sowie (Konzern-) Lageberichte von Unternehmen, deren Wertpapiere i.S.d. § 2 Abs. 1 Satz 1 WpHG (insbesondere Aktien, Schuldverschreibungen, Genussscheine und Optionsscheine) an einer inländischen Börse im amtlichen oder geregelten Markt gehandelt werden (im Folgenden „kapitalmarktorientierte Unternehmen"). Nicht Gegenstand der Enforcement-Prüfung sind Unternehmen, deren Wertpapiere im Freiverkehr gehandelt werden. Entscheidend für die Einstufung als kapitalmarktorientiertes Unternehmen ist, dass die Zulassung zum Kapitalmarkt zum Zeitpunkt der Einleitung des Prüfungsverfahrens vorliegen muss. Ob eine Kapitalmarktzulassung zum Bilanzstichtag des betreffenden Unternehmens vorlag, ist nach derzeit h.M. dagegen unerheblich. Folglich können Abschlüsse einer Prüfung unterzogen werden, die von seinerzeit nicht-kapitalmarktorientierten Unternehmen aufgestellt wurden. Die Abschlüsse nicht-kapitalmarktorientierter Unternehmen sind nicht Gegenstand des Enforcement-Verfahrens. Dies gilt auch für Jahresabschlüsse von in den Konzernabschuss kapitalmarktorientierter Mutterunternehmen einbezogenen, selbst nicht-kapitalmarktorientierten Tochterunternehmen.

Nach dem Willen des Gesetzgebers werden durch das Enforcement-Verfahren sowohl Unternehmen mit Sitz im Inland als auch im Ausland erfasst. Ausschlaggebend ist allein die Inanspruchnahme des organisierten Kapitalmarkts in Deutschland.

3.3.2 Aufgaben der Prüfstelle

Aufgabe der Prüfstelle ist es, die (Konzern-)Abschlüsse sowie (Konzern-) Lageberichte kapitalmarktorientierter (Mutter-) Unternehmen auf Übereinstimmung mit den gesetzlichen Vorschriften einschließlich der Grundsätze ordnungsmäßiger Buchführung respektive der sonstigen durch Gesetz zugelassenen Rechnungslegungsstandards zu überprüfen.

Die Prüfstelle wird bei folgenden Anlässen tätig:

- Vorliegen konkreter Anhaltspunkte für einen Verstoß gegen die Rechnungslegungsvorschriften (Anlassprüfung),
- auf Verlangen der Bundesanstalt für Finanzdienstleistungsaufsicht (BaFin) (Anlass- bzw. Anweisungsprüfung) oder
- ohne besonderen Anlass, im Rahmen von Stichprobenprüfungen.

Die Anlassprüfung setzt das Vorhandensein „konkreter Umstände tatsächlicher Art“ voraus. So sieht der Gesetzgeber z.B. die Anregungen von Aktionären oder Gläubigern des betroffenen Unternehmens oder die Berichterstattung in der Wirtschaftspresse als mögliche konkrete Anhaltspunkte für eine Überprüfung der Rechnungslegung im Rahmen des Enforcements. Bloße Vermutungen, Spekulationen und Hypothesen sollen für die Einleitung einer Überprüfung dagegen nicht ausreichen. Es liegt im Ermessen der Prüfstelle den notwendigen Konkretisierungsgrad solcher Hinweise und Berichte für die Einleitung einer Anlassprüfung festzulegen. Die Frage, ob ein vermuteter Fehler in der Rechnungslegung auf einen bewussten Verstoß gegen die einschlägigen Vorschriften oder auf mangelnde Fachkenntnisse oder Umsetzungsmöglichkeiten zurückzuführen ist, ist für die Einleitung einer Anlassprüfung dagegen nicht von Bedeutung. Der Einleitung bzw. der Fortsetzung einer Anlassprüfung steht überdies nicht entgegen, dass ein Unternehmen außerhalb des Enforcement-Verfahrens einen oder mehrere Fehler in der Rechnungslegung freiwillig berichtigt und den Kapitalmarkt hierüber in formiert, wenn dennoch ausreichende Zweifel an der Ordnungsmäßigkeit der Rechnungslegung des betroffenen Unternehmens verbleiben.

Gemäß § 342b Abs. 2 Satz 4 HGB kann die Prüfung trotz des Vorliegens konkreter Anhaltspunkte für einen Verstoß gegen die Rechnungslegungsvorschriften unterbleiben, wenn offensichtlich kein öffentliches Interesse an der Prüfung besteht. Auf die Prüfung kann damit bei offensichtlich unwesentlichen Verstößen bzw. Verstößen, deren Auswirkungen aus Sicht der Kapitalmarktteilnehmer als belanglos eingestuft werden können, verzichtet werden. Dies bedeutet indes nicht, dass eine Prüfung nur durch Fehler veranlasst ist, die eine Nichtigkeit des Abschlusses nach § 256 AktG bewirken würden. Ferner findet eine Prüfung nicht statt, solange eine Klage auf Nichtigkeit des Jahresabschlusses gem. § 256 Abs. 7 AktG oder Sonderprüfungen gem. §§ 142, 258 AktG nicht abgeschlossen sind.

Auch die Vorgehensweise im Fall von Stichprobenprüfungen soll gewährleisten, dass die betroffenen Unternehmen durch das Enforcement-Verfahren nicht übermäßig belastet werden. Die Grundsätze für die stichprobenartige Prüfung gemäß § 342b Abs. 2 Satz 3 Nr. 3 HGB wurden von der Prüfstelle im Einvernehmen mit dem Bundesministerium der Justiz und dem Bundesministerium der Finanzen am 5. September 2005 beschlossen und orientieren sich an dem Standard Nr. 1 des Committee of European Securities Regulators (CESR) „Durchsetzung von Grundsätzen zu kapitalmarktrelevanten Informationen in Europa“ sowie an dem CESR Fin Sub-Committee on Enforcement Diskussionspapier vom 7. Juni 2005. Demnach erfolgt die Auswahl der zu prüfenden Unternehmen auf der Grundlage eines kombinierten Systems, das eine risikoorientierte Auswahl und eine Zufallsauswahl vereint und zugleich Kosten-Nutzen-Überlegungen berücksichtigt. Das risikoorientierte Auswahlverfahren zieht dabei besonders risikobehaftete Umstände im Bereich der Rechnungslegung und Unternehmenstätigkeit in Betracht, wie erstmalige Zulassung zum Kapitalmarkt, kritische Branchen- oder Unternehmensentwicklung, außergewöhnliche Transaktionen und Sachverhaltsgestaltungen oder tief greifende Veränderungen der Geschäftstätigkeit. Nach Angaben der Prüfstelle werden derzeit 15 bis 20% der Stichprobenprüfungen nach den Risikokriterien ausgewählt. Die Bestimmung der restlichen Prüfungen erfolgt nach einer Zufallsauswahl. Die Planung der Prüfstelle sieht vor, dass die DAX-, MDAX-, TecDAX- oder SDAX-Unternehmen etwa alle vier bis fünf Jahre und die anderen Unternehmen in einem Zeitraum von acht bis zehn Jahren einer Prüfung unterzogen werden.

Insgesamt sieht die Verfahrensordnung der Prüfstelle den Grundsatz des Primats der Anlassprüfungen vor den Stichprobenprüfungen vor, d.h. die Stichprobenprüfungen werden nur in dem Umfang durchgeführt, in dem die Kapazitäten der Prüfstelle nicht durch Anlassprüfungen beansprucht sind.

Vor der Einleitung einer Anlass- oder Stichprobenprüfung ist die Prüfstelle gem. § 342b Abs. 6 Satz 1 Nr. 1 HGB verpflichtet, die BaFin über diese Absicht zu unterrichten. Wenn der BaFin keine Hinderungsgründe nach § 342b Abs. 3 HGB bekannt sind, wird das betreffende Unternehmen durch die Prüfstelle über die beabsichtigte Prüfung in Kenntnis gesetzt und zur Mitwirkung aufgefordert. Erklärt das Unternehmen seine Bereitschaft, an der Prüfung freiwillig mitzuwirken, wird das Verfahren durch die Prüfstelle eingeleitet. Andernfalls stellt die Prüfstelle das Verfahren ein und berichtet hierüber gem. § 342b Abs. 6 Satz 1 Nr. 2 HGB an die BaFin, die nun auf der zweiten Stufe des Enforcement-Verfahrens tätig werden kann.

Nicht zu den Aufgaben der Prüfstelle gehört die Erteilung verbindlicher Auskünfte über die bilanzielle Behandlung einzelner Geschäftsvorfälle oder ähnliche Abstimmungsverfahren außerhalb eines eingeleiteten Prüfungsverfahrens (sog. „Pre-Clearance“).

Gemäß § 342b Abs. 1 Satz 2 HGB muss die Prüfstelle gewährleisten, dass die Prüfungen unabhängig, sachverständig, vertraulich und unter Einhaltung eines festgelegten Verfahrensablaufs erfolgen. Die Prüfstelle und ihre Beschäftigten sind zur gewissenhaften und unparteiischen Prüfung verpflichtet; sie haften für durch die Prüfungstätigkeit verursachte Schäden nur bei Vorsatz. Die bei der Prüfstelle Beschäftigten sind zudem zur Verschwiegenheit verpflichtet. Die Verschwiegenheitspflicht erstreckt sich auf die Geschäfts- und Betriebsgeheimnisse des geprüften Unternehmens und die der Prüfstelle bzw. deren Mitarbeitern i.R.d. Prüfungstätigkeit bekannt gewordenen Erkenntnisse über das geprüfte Unternehmen. Die Tatsache, dass eine Enforcement-Prüfung eingeleitet wurde, unterliegt dagegen nicht der Verschwiegenheitspflicht. Wer vorsätzlich oder fahrlässig gegen diese Pflicht verstößt, ist zum Ersatz des daraus entstehenden Schadens verpflichtet. Die Haftungshöchstgrenze bei einer fahrlässigen Verletzung der Verschwiegenheitspflicht beträgt entsprechend der für gesetzliche Abschlussprüfer geltenden Haftungsbegrenzung nach § 323 Abs. 2 Satz 2 HGB € 4 Mio. pro Prüfung. Werden mehrere Unternehmen geschädigt (sog. „Serienschäden"), so beschränkt sich der Haftungshöchstbetrag auf € 8 Mio. Die Anforderungen an die Unabhängigkeit, Integrität und Verschwiegenheit sowie die Organisation der Prüfstelle und die Gestaltung der Prüfungsverfahren sind im Einzelnen in der Verfahrensordnung der Prüfstelle verbindlich festgelegt.

Die Prüfstelle ist befugt, sich zur Durchführung ihrer Prüfungen auch anderer Personen zu bedienen. Die Verpflichtung zur Einhaltung der Anforderungen an die Unabhängigkeit, Integrität und Verschwiegenheit sowie das Erfordernis umfassender Kenntnisse und Erfahrungen im Bereich der Rechnungslegung gilt auch für Dritte, die im Auftrag der Prüfstelle an einem Prüfverfahren beteiligt sind. Jede Person, die in ein Prüfverfahren einbezogen werden soll, ist verpflichtet, im Vorfeld der Aufnahme ihrer Tätigkeit schriftlich zu bestätigen, dass ihr keine Tatsachen oder Umstände bekannt sind, die einen Ausschlussgrund in ihrer Person begründen würden (Unabhängigkeitserklärung).

3.3.3 Gegenstand und Umfang der Prüfung

Gegenstand einer Prüfung durch die Prüfstelle ist stets der zuletzt festgestellte Jahresabschluss sowie der zugehörige Lagebericht bzw. der zuletzt gebilligte Konzernabschluss einschließlich des zugehörigen Konzernlageberichts. Ob im Verlauf der Prüfung ein Folgeabschluss festgestellt/gebilligt wird, ist für die ordnungsgemäße Durchführung und den Abschluss der Enforcement-Prüfung ohne Bedeutung; der Folgeabschluss wird nicht Gegenstand des Verfahrens. Dies gilt im gleichen Maße für den (Konzern-)Lagebericht.

Zeitliche Verzögerungen der Prüfung i.R.d. Enforcement-Verfahrens aufgrund der Aufstellung und/oder gesetzlichen Prüfung des Folgeabschlusses werden von der Prüfstelle nicht geduldet.

Unstreitig ist, dass ein – sofern vorhanden – nach internationalen Rechnungslegungsstandards (IFRS) aufgestellter Konzernabschluss aufgrund seiner Bedeutung für die Kapitalmarktteilnehmer neben dem handelsrechtlichen Jahresabschluss des kapitalmarktorientierten Mutterunternehmens in das Enforcement-Verfahren einzubeziehen ist. Fraglich ist dagegen, ob ein nach § 325 Abs. 2a HGB offen gelegter IFRS-Einzelabschluss parallel oder ersetzend zum regulären handelsrechtlichen Jahresabschluss des kapitalmarktorientierten Unternehmens ebenfalls Gegenstand der Enforcement-Prüfung sein kann. Nach sinngemäßer Auslegung des Gesetzes könnte die Einbeziehung des IFRS-Einzelabschusses in das Enforcement-Verfahren in Anbetracht seines Stellenwerts für die Anlageentscheidungen der Kapitalmarktteilnehmer als sinnvoll erachtet werden. Bei einer wortlautgetreuen Auslegung des Gesetzes ist die Einbeziehung gleichwohl zu verneinen, denn ein IFRS-Einzelabschluss i.S.d. § 325 Abs. 2a HGB erfüllt nicht den Tatbestand eines „Jahresabschlusses" gem. § 342b Abs. 2 HGB. Dies gilt umso mehr als der nach Vorschriften des HGB aufgestellte Jahresabschluss ebenfalls offen zu legen ist und seine Bedeutung – zumindest aufgrund der Ausschüttungsbemessungsfunktion – nicht gänzlich negiert werden kann. Zwischenabschlüsse sowie sonstige Berichte (z.B. Bericht des Verschmelzungsprüfers nach § 12 UmwG) unterliegen zweifelsohne nicht dem Enforcement-Verfahren.

Der Prüfung unterliegen sämtliche Pflicht- und freiwillige Bestandteile eines Jahres- bzw. Konzernabschlusses. Diese umfassen im Fall eines handelsrechtlichen Konzernabschlusses – neben Bilanz, GuV und Anhang – auch die Kapitalflussrechnung und den Eigenkapitalspiegel sowie die Segmentberichterstattung, wenn das Mutterunternehmen diese freiwillig aufgestellt hat. Bei Anwendung anderer Rechnungslegungsnormen bestimmen sich die Bestandteile eines (Konzern-)Abschlusses nach deren Vorschriften (z.B. IAS 1.8). So ist beispielsweise die Segmentberichterstattung ein Pflichtbestandteil des Anhangs in einem IFRS-Abschluss eines kapitalmarktorientierten Unternehmens i.S.d. IAS 14.3. Der Umfang der Enforcement-Prüfung geht dabei grundsätzlich nicht über den Umfang der gesetzlichen Abschlussprüfung hinaus, die sich darauf erstreckt festzustellen, ob die für die Rechnungslegung geltenden gesetzlichen Vorschriften einschließlich der Grundsätze ordnungsmäßiger Buchführung und sie ergänzende Bestimmungen des Gesellschaftsvertrags oder der Satzung beachtet wurden und der Abschluss ein den tatsächlichen Verhältnissen entsprechendes Bild der Vermögens-, Finanz- und Ertragslage des Unternehmens vermittelt. So ist beispielsweise der Inhalt einer Entsprechenserklärung i.S.d. § 161 AktG nicht Gegenstand der gesetzlichen Abschlussprüfung. Der Abschlussprüfer prüft lediglich, ob die Angabepflichten im Zusammenhang mit der Entsprechenserklärung erfüllt wurden, d.h. ob die Angaben zur Entsprechenserklärung im Konzernanhang enthalten, vollständig und zutreffend sind (§ 314 Abs. 1 Nr. 8 HGB). Die Enforcement-Prüfung erstreckt sich ferner nicht auf das Risikofrüherkennungssystem (§ 91 Abs. 2 AktG) und den Abhängigkeitsbericht (§ 312 AktG).

Der (Konzern-)Lagebericht wird ebenfalls nach dem Maßstab geprüft, der insoweit auch im Rahmen der Abschlussprüfung anzuwenden ist (§ 317 Abs. 2 HGB).

Die Prüfung erstreckt sich gem. § 342b Abs. 2 Satz 1 HGB darauf, ob die Abschlüsse den gesetzlichen Vorschriften einschließlich der Grundsätze ordnungsmäßiger Buchführung oder der sonstigen durch Gesetz zugelassenen Rechnungslegungsstandards entsprechen. Diese können die Rechnungslegungsnormen des HGB, die (übernommenen) IFRS oder andere international anerkannte Rechnungslegungsgrundsätze (z.B. US-GAAP) umfassen. Die Abschlüsse der Unternehmen mit Sitz im Ausland werden auf der Grundlage der für diese Unternehmen jeweils maßgebenden Rechnungslegungsstandards überprüft. Die Überprüfung umfasst im Einzelnen sowohl die Ansatz- und Bewertungspflichten als auch die Ausweis- und Angabepflichten.

In der Begründung zum BilKoG wird gleichwohl ausdrücklich festgestellt, dass sowohl im Fall der Anlassprüfung als auch der Stichprobenprüfung keine zweite vollumfängliche Abschlussprüfung i.S.d. § 317 HGB durchzuführen ist. Vielmehr beschränkt sich die Untersuchung auf die – im Rahmen einer Anlassprüfung – bekannten bzw. – im Rahmen einer Stichprobenprüfung – festgestellten Anhaltspunkte für eine fehlerhafte Rechnungslegung. Werden im Rahmen der Prüfung Anhaltspunkte für weitere Fehler identifiziert, so ist die Prüfstelle befugt, den Prüfungsumfang zu erweitern.

3.3.4 Mitwirkung des geprüften Unternehmens

Die Prüfung durch die Prüfstelle erfolgt zunächst auf Basis freiwilliger Mitwirkung des von der Prüfung betroffenen Unternehmens. Der Grundsatz der freiwilligen Mitwirkung findet auch auf eine Prüfung Anwendung, die auf Verlangen der BaFin auf der ersten Stufe des Enforcement-Verfahrens durch die Prüfstelle stattfindet. Die Prüfstelle ist mit keinerlei hoheitlichen Kompetenzen ausgestattet und verfügt über keinerlei unmittelbare Sanktionsinstrumente. Eine Entscheidung über die Mitwirkung des Unternehmens auf der ersten Stufe des Enforcement-Verfahrens obliegt nach h.M. dem Vorstand als dem für die Aufstellung der Unternehmensabschlüsse verantwortlichen Organ. Der Vorstand ist nach § 90 Abs. 1 Satz 3 AktG verpflichtet, dem Aufsichtsratsvorsitzenden über die Bekanntmachung der Einleitung des Prüfungsverfahrens unverzüglich zu berichten. Ferner sind im Zusammenhang mit der Einleitung des Prüfungsverfahrens und den i.R.d. Prüfungsverfahrens getroffenen Feststellungen ggf. die Pflichten zur Ad hoc-Publizität zu beachten.

Eine Prüfung durch die Prüfstelle findet nicht statt, wenn das Unternehmen seine Mitwirkung verweigert oder diese im Rahmen der Prüfungsdurchführung widerruft bzw. den Auskunfts- und Vorlagepflichten nicht nachkommt. In diesem Fall beendet die Prüfstelle das Verfahren und unterrichtet hierüber die BaFin. Der

BaFin steht es frei, eine Prüfung auf der zweiten Stufe des Enforcement-Verfahrens mit öffentlich-rechtlichen Mitteln durchzusetzen.

Wirkt das Unternehmen bei der Prüfung durch die Prüfstelle mit, so sind die gesetzlichen Vertreter und sonstigen Personen, derer sich die gesetzlichen Vertreter bedienen, verpflichtet, richtige und vollständige Auskünfte zu erteilen und richtige und vollständige Unterlagen vorzulegen. Ein diesbezügliches Verweigerungsrecht besteht gem. § 37o Abs. 4 Satz 3 WpHG i.V.m. § 4 Abs. 9 WpHG lediglich bei Gefahr strafrechtlicher Verfolgung. Über die Einbindung sonstiger Personen in das Enforcement-Verfahren entscheiden allein die gesetzlichen Vertreter des Unternehmens; der Prüfstelle und den betreffenden Personen (z.B. dem Abschlussprüfer) steht kein diesbezügliches Initiativ- oder Entscheidungsrecht zu.

Werden im Rahmen des eingeleiteten Enforcement-Verfahrens auf der ersten Stufe die Auskünfte nicht richtig oder nicht vollständig erteilt oder die Unterlagen nicht richtig oder nicht vollständig vorgelegt, so wird dies gem. § 342e Abs. 2 HGB mit einer Geldbuße von bis zu € 50.000 geahndet. Dies gilt nur, wenn das Unternehmen seine Mitwirkung gegenüber der Prüfstelle erklärt hat.

3.3.5 Rolle des Abschlussprüfers

Der Abschlussprüfer des betroffenen Unternehmens ist auf der ersten Stufe des Enforcement-Verfahrens nur dann verpflichtet, der Prüfstelle Auskünfte zu erteilen, wenn er durch die gesetzlichen Vertreter des Unternehmens als Auskunftsperson gegenüber der Prüfstelle benannt und ausdrücklich von seiner Verschwiegenheitspflicht entbunden wird. Eine Pflicht zur Vorlage der Arbeitspapiere des Abschlussprüfers, die dieser nicht vom Unternehmen im Rahmen der Abschlussprüfung erhalten hat, ist abzulehnen. Dies gilt nicht für die Handakten i.S.d. § 51b Abs. 4 WPO. Wird der Abschlussprüfer von seiner Verschwiegenheitspflicht entbunden und erteilt er der Prüfstelle dennoch keine Auskünfte oder verweigert er die Einsichtnahme in seine Arbeitspapiere, so kann dies seitens der Prüfstelle als eine Verweigerung der Mitwirkung gewertet werden, wenn sie sich dadurch gehindert sieht, die eingeleitete Prüfung ordnungsgemäß durchzuführen. Obgleich das geprüfte Unternehmen diese Verweigerung nicht zu vertreten hat, würde die Prüfstelle in diesem Fall ihre Prüfung beenden und an die BaFin hierüber berichten.

Insgesamt trägt die Einbeziehung des Abschlussprüfers in das Enforcement-Verfahren zur schnellen und sachgerechten Klärung einzelner Bilanzierungs- und Bewertungsfragen bei. Eine Einbindung des Abschlussprüfers ist deshalb grundsätzlich zu empfehlen. Der Abschlussprüfer verfügt über eine angemessene Kenntnis des betreffenden Unternehmens und die für eine Beurteilung erforderliche Fachexpertise. Seine rechtzeitige Einbindung in das Prüfungsverfahren liegt sowohl im Interesse der Prüfstelle und des Unternehmens als auch des Abschlussprüfers selbst, dessen Prüfungsergebnisse im Rahmen des Enforcement faktisch einer erneuten Prüfung unterzogen oder gar in Frage gestellt werden, zumal dessen vermeintlichen beruflichen Verfehlungen der WPK mitgeteilt werden. Ferner erscheint seine Einbeziehung vor dem Hintergrund einer ggf. erforderlichen Nachtragsprüfung gem. § 316 Abs. 3 HGB sinnvoll.

Die Einbindung des Abschlussprüfers in die Enforcement-Prüfung kann zunächst mittelbar, in Form von Stellungnahmen und Auskünften zu einzelnen Bilanzierungsfragen erfolgen, die das Unternehmen dann für Zwecke seiner Argumentation gegenüber der Prüfstelle verwendet. Die Einbindung kann auch unmittelbar erfolgen, indem der Abschlussprüfer direkt gegenüber der Prüfstelle im Namen des Unternehmens und als seine Auskunftsperson auftritt und der Prüfstelle die erforderlichen Auskünfte erteilt oder Unterlagen vorlegt.

In der Literatur wird ausführlich die Frage diskutiert, ob die Mitwirkung des Abschlussprüfers i.R.d. Enforcement-Verfahrens einer vom ursprünglichen Prüfungsauftrag gesonderten vertraglichen Vereinbarung bedarf.

Nach derzeit vorherrschender Auffassung wird der Standpunkt vertreten, dass die Mitwirkung des Abschlussprüfers i.R.d. Enforcement-Verfahrens eine Fortsetzung seiner Tätigkeit als gesetzlicher Abschlussprüfer darstellt. Die Tätigkeit wird vom ursprünglichen Prüfungsauftrag miterfasst; sie wird indes gesondert, d.h. zusätzlich vergütet. Für diese Art der Fortsetzung des Prüfungsauftrags, die den Grundsätzen einer Nachtragsprüfung entspricht, gelten die Bestimmungen des § 323 HGB.

Im Übrigen resultiert aus der Einbeziehung des Abschlussprüfers in das Prüfungsverfahren als eine weitere Auskunftsperson keine Unabhängigkeitsproblematik für seine bisherige bzw. künftige Rolle als gesetzlicher Abschlussprüfer des betreffenden Unternehmens. Der Abschlussprüfer darf allerdings nicht im Rahmen einer Enforcement-Prüfung im Auftrag der Prüfstelle, als deren „Prüfungsgehilfe“ bei einem seiner Prüfungsmandanten tätig werden, da dies mit dem Grundsatz der Unabhängigkeit und Unbefangenheit konfligieren und einen Verstoß gegen die Anforderungen des § 342b Abs. 1 Satz 2 und Abs. 7 HGB begründen würde. Die §§ 319, 319a HGB und die Unabhängigkeitsvorschriften der WPO und der Berufssatzung gelten sinngemäß.

3.3.6 Berichterstattung über die Ergebnisse der Prüfung und Veröffentlichung festgestellter Fehler

Die Prüfstelle hat die Ergebnisse der Prüfung in einem Prüfungsbericht darzulegen. Sie ist verpflichtet, die Prüfungsergebnisse sowohl dem geprüften Unternehmen als auch der BaFin mitzuteilen. Eine Mitteilung gegenüber der Öffentlichkeit erfolgt nicht. Die Unternehmensleitung hat jedoch zu prüfen, ob für das Unternehmen aus der Mitteilung der Prüfstelle Ad hoc-Publizitätspflichten resultieren.

Ergibt die Prüfung keine Beanstandungen, wird das Verfahren vor der Prüfstelle mit einem Bericht an die BaFin abgeschlossen. Stellt die Prüfstelle dagegen Fehler im Rahmen der Rechnungslegung fest, erhält das Unternehmen Gelegenheit zur

Äußerung, ob es mit dem Prüfungsergebnis der Prüfstelle einverstanden ist. Diese Entscheidung obliegt den gesetzlichen Vertretern des Unternehmens. Sollten keine Einwendungen erhoben werden, wird die BaFin die Veröffentlichung der festgestellten Fehler samt wesentlichen Teilen der Begründung anordnen; eine Veröffentlichung, die nur den geänderten Abschluss beinhaltet, wird nicht als ausreichend erachtet. Die Veröffentlichung der festgestellten Fehler hat unverzüglich durch das Unternehmen im elektronischen Bundesanzeiger sowie entweder in einem überregionalen Börsenpflichtblatt oder über ein elektronisch betriebenes Informationsverarbeitungssystem zu erfolgen, welches bei Kreditinstituten, nach § 53 Abs. 1 Satz 1 KWG tätigen Unternehmen sowie anderen Unternehmen, die ihren Sitz im Inland haben und die an einer inländischen Börse zur Teilnahme am Handel zugelassen sind, und Versicherungsunternehmen weit verbreitet ist. Auf die Bekanntmachung festgestellter Fehler wird verzichtet, wenn kein öffentliches Interesse an einer Veröffentlichung besteht oder die Veröffentlichung geeignet ist, den berechtigten Interessen des Unternehmens zu schaden.

Die Frage, ob und bejahendenfalls wie Fehler, die im Rahmen eines Enforcement-Verfahrens festgestellt werden, zu berichtigen sind, fällt ausschließlich in die Kompetenz des zur Aufstellung des Abschlusses/Lageberichts verantwortlichen Unternehmensorgans. Die Gesetzesmaterialien verweisen insoweit auf die bestehenden Regelungen zur Änderung von Abschlüssen. Bei Fehlern, die zur Nichtigkeit eines Jahresabschlusses nach § 256 AktG führen, wäre der betreffende Abschluss grundsätzlich neu aufzustellen, zu prüfen, festzustellen und offen zu legen. Dagegen erfolgt eine Korrektur von Fehlern, die nicht zur Nichtigkeit des Jahresabschlusses führen, regelmäßig in laufender Rechnung. Dies gilt auch in Fällen, in denen die Nichtigkeit entsprechend § 256 Abs. 6 AktG durch Zeitablauf bereits geheilt ist. Dabei sind die Korrektur und deren Auswirkungen auf die Darstellung der Vermögens-, Finanz- und Ertragslage des Unternehmens einschließlich der quantitativen Auswirkungen auf die betroffenen Abschlussposten angemessen zu erläutern (IDW RS HFA 6). Im Fall eines IFRS-Konzernabschlusses erfolgt die Fehlerkorrektur nach Maßgabe von IAS 8. Im Übrigen stehen weder der Prüfstelle noch der BaFin Zwangsmittel zur Durchsetzung einer Fehlerkorrektur zur Verfügung.

Die Prüfstelle ist gem. § 342b Abs. 8 HGB verpflichtet, Tatsachen, die den Verdacht einer Straftat im Zusammenhang mit der Rechnungslegung eines Unternehmens begründen, der für die Verfolgung zuständigen Behörde anzuzeigen. Tatsachen, die auf das Vorliegen einer Berufspflichtverletzung durch den Abschlussprüfer schließen lassen, sind der WPK zu übermitteln. Die Beurteilung des Vorliegens und der Schwere der Berufspflichtsverletzung sowie der Konsequenzen aus dieser ist nicht Gegenstand des Enforcement-Verfahrens. Die WPK ihrerseits hat sich verpflichtet, der Prüfstelle die von ihr festgestellten Rechnungslegungsfehler mitzuteilen. Für die Übermittlung von Daten an die Finanzbehörden gelten für die Prüfstelle gem. § 342c Abs. 3 HGB die bereits für die BaFin geltenden allgemeinen Regelungen des § 8 Abs. 2 WpHG.

3.3.7 Finanzierung des Enforcement-Verfahrens

Die Finanzierung des Enforcement-Verfahrens erfolgt über eine gesonderte Umlage, die von allen kapitalmarktorientierten Unternehmen erhoben wird. Mit der Bilanzkontrollkosten-Umlageverordnung (BilKoUmV) vom 9. Mai 2005 wurde die Umlage von Kosten nach § 17d FinDAG im Detail geregelt. Die umlagefähigen Kosten werden im § 2 BilKoUmV konkretisiert. Der Umlagebetrag bemisst sich nach der Höhe der inländischen Börsenumsätze des umlagepflichtigen Unternehmens im betreffenden Jahr und beträgt nach § 7 BilKoUmV mindestens € 250 und höchstens € 15.000. Ist zum Stichtag absehbar, dass die vom Unternehmen geleistete Umlagevorauszahlung nicht ausreicht, um die erwartete Umlage zu decken, so hat das Unternehmen in Höhe der Differenz zwischen erwarteter Umlage und Vorauszahlung eine Rückstellung für ungewisse Verbindlichkeiten zu bilden.

3.4 Zweite Stufe: Prüfung durch die BaFin

Die Prüfung von Abschlüssen und die Veröffentlichung von festgestellten Fehlern sollen im Zuge der zweiten Stufe, die eine Überprüfung der Unternehmensabschlüsse durch die BaFin vorsieht, gewährleistet werden.

3.4.1 Funktionen der BaFin im Rahmen des Enforcement-Verfahrens

Die BaFin ist befugt, eine Prüfung mit öffentlich-rechtlichen Mitteln durchzusetzen, wenn das kapitalmarktorientierte Unternehmen der Prüfstelle die Mitwirkung verweigert, ihr keine Akteneinsicht gewährt oder die Prüfung auf sonstige Weise behindert. Die BaFin wird auch dann tätig, wenn das betroffene Unternehmen mit dem Prüfungsergebnis der Prüfstelle nicht einverstanden ist oder wenn erhebliche Zweifel an der Richtigkeit des Prüfungsergebnisses der Prüfstelle bestehen und zwar unabhängig davon, wie das Prüfungsurteil der Prüfstelle lautet und ob sich das geprüfte Unternehmen mit den Feststellungen der Prüfstelle einverstanden erklärt hat oder nicht. In allen diesen Fällen ordnet die BaFin eine erneute Prüfung der Rechnungslegung an. Ferner kann die BaFin gem. § 37p Abs. 1 Satz 4 WpHG die Prüfung auch dann an sich ziehen, wenn sie eine Prüfung nach § 44 Abs. 1 Satz 2 KWG oder § 83 Abs. 1 Nr. 2 VAG durchführt oder durchgeführt hat und die Prüfungen denselben Gegenstand betreffen.

Im Gegensatz zur Prüfung auf der ersten Stufe des Enforcement-Verfahrens erstreckt sich die Untersuchungskompetenz der BaFin gem. § 37o Abs. 1 Satz 4 WpHG sowohl auf die Überprüfung von zuletzt festgestellten Jahresabschlüssen und den zugehörigen Lageberichten bzw. den zuletzt gebilligten Konzernabschlüssen und den zugehörigen Konzernlageberichten als auch auf die Überprüfung von (Konzern-)Abschlüssen bzw. (Konzern-)Lageberichten weiter zurückliegender Jahre, sofern diese zuvor Gegenstand der Prüfung durch die Prüfstelle gewesen sind.

Eine Prüfung findet nicht statt, solange eine Klage auf Nichtigkeit des Jahresabschlusses gem. § 256 Abs. 7 AktG anhängig ist oder Sonderprüfungen gem. §§ 142, 258 AktG durchgeführt werden.

Die BaFin ist nach § 37o Abs. 3 WpHG berechtigt, sich bei der Durchführung der Prüfung der Prüfstelle sowie anderer Einrichtungen und Personen zu bedienen.

3.4.2 Auskunftspflichten des geprüften Unternehmens und anderer Personen

Ein von der Prüfung betroffenes Unternehmen, die Mitglieder seiner Organe, seine Beschäftigten sowie seine Abschlussprüfer (sowohl die Prüfer des Einzelabschlusses als auch die Prüfer des Konzernabschlusses, sofern nicht identisch) haben der BaFin und den Personen, derer sich die Bundesanstalt bei der Durchführung ihrer Aufgaben bedient, auf Verlangen Auskünfte zu erteilen und Unterlagen vorzulegen, soweit dies für Zwecke der Prüfung erforderlich ist. Die Auskunftspflichten gelten auch für die nach den handelsrechtlichen Vorschriften in den Konzernabschluss einzubeziehenden Tochterunternehmen; die Berücksichtigung anderer Rechnungslegungsvorschriften bei der Bestimmung des Konsolidierungskreises ist im Gesetz nicht vorgesehen. Damit sind auch die Organmitglieder, die Beschäftigten und die Abschlussprüfer dieser Tochterunternehmen auskunftsverpflichtet. Ein Auskunftsverweigerungsrecht gem. § 37o Abs. 4 Satz 3 i.V.m. § 4 Abs. 9 WpHG besteht lediglich bei Gefahr strafrechtlicher Verfolgung.

Die Auskunftspflicht des Abschlussprüfers beschränkt sich auf seine Tätigkeit als gesetzlicher Abschlussprüfer des betreffenden Unternehmens. Sie erstreckt sich ausschließlich auf solche Tatsachen, die ihm im Rahmen der Abschlussprüfung bekannt geworden sind. So würden sich beispielsweise die Auskunftspflichten des Abschlussprüfers eines in den Konzernabschluss einzubeziehenden Tochterunternehmens nur auf solche Sachverhalte beziehen, die für den Konzernabschluss relevant sind bzw. in diesem abgebildet wurden.

Eine Entbindung des Abschlussprüfers von seiner Verschwiegenheitspflicht ist auf der zweiten Stufe des Enforcement-Verfahrens nicht erforderlich. Ein Herausgabeanspruch für die Arbeitspapiere des Abschlussprüfers, die er nicht vom Unternehmen im Rahmen der Abschlussprüfung erhalten hat, ist abzulehnen. Die Mitwirkung auf der zweiten Stufe des Enforcement-Verfahrens bedarf – wie bereits die Einbindung auf der ersten Stufe des Verfahrens – keiner gesonderten vertraglichen Vereinbarung. Die Mitwirkung ist auf den Auftrag zur gesetzlichen Abschlussprüfung zurückzuführen und ist damit Gegenstand des ursprünglichen Prüfungsauftrags. Es gelten die Bestimmungen des § 323 HGB. Das Tätigwerden im Rahmen des Enforcement-Verfahren ist dem Abschlussprüfer zu vergüten.

3.4.3 Veröffentlichung des Prüfungsergebnisses und mögliche Rechtsmittel

Ergibt die Prüfung durch die BaFin, dass die Rechnungslegung fehlerhaft ist, so stellt die Bundesanstalt den Fehler fest (§ 37q Abs. 1 WpHG) und ordnet eine unverzügliche Bekanntmachung des festgestellten Fehlers samt wesentlichen Teilen der Begründung an (analog der ersten Stufe des Enforcement-Verfahrens). Bei der Fehlerfeststellung und der Anordnung der Bekanntmachung durch die Bundesanstalt handelt es sich um Verwaltungsakte i.S.d. § 35 VwVfG; die Vorschriften des VwVfG zur Bestimmtheit, Form und Begründung eines Verwaltungsakts gelten entsprechend.

Auf eine zunächst vorgesehene Befugnis der BaFin, dem betroffenen Unternehmen eine konkrete Art der Fehlerkorrektur vorzugeben und die Berichtigung festgestellter Fehler durchzusetzen, wurde letztlich ausdrücklich mit der Begründung verzichtet, dass sich die Anforderungen an die Art der Fehlerkorrektur bereits aus den materiellen Rechnungslegungsvorschriften ergeben würden (zu näheren Ausführungen s.o.).

Gemäß § 37q Abs. 2 Satz 2 und 3 WpHG kann die BaFin von der Anordnung zur Bekanntmachung festgestellter Fehler absehen, wenn kein öffentliches Interesse an der Veröffentlichung besteht oder die Veröffentlichung geeignet ist, den berechtigten Interessen des Unternehmens zu schaden.

Die BaFin ist verpflichtet, Tatsachen, die den Verdacht einer Straftat im Zusammenhang mit der Rechnungslegung eines Unternehmens begründen, der für die Verfolgung zuständigen Behörde anzuzeigen. Sie ist befugt, diesen Behörden personenbezogene Daten der Betroffenen, gegen die sich der Verdacht richtet oder die als Zeugen in Betracht kommen, zu übermitteln. Dabei sind insbesondere die Tatsachen, die auf das Vorliegen einer Berufspflichtverletzung durch den Abschlussprüfer schließen lassen, der WPK und Tatsachen, die auf das Vorliegen eines Verstoßes des Unternehmens gegen börsenrechtliche Vorschriften schließen lassen, der zuständigen Börsenaufsichtsbehörde mitzuteilen. Für die Übermittlung von Daten an die Finanzbehörden gilt die allgemeine Regelung des § 8 Abs. 2 WpHG.

Gegen im Enforcement-Verfahren erlassene Verwaltungsakte der BaFin kann Beschwerde beim Oberlandesgericht eingereicht werden (§ 37u WpHG). Damit soll insbesondere der größeren Sachnähe der ordentlichen Gerichtsbarkeit Rechnung getragen werden. Vor Einlegung einer Beschwerde sind die Rechtmäßigkeit und die Zweckmäßigkeit der Verfügungen der BaFin in einem Widerspruchsverfahren zu prüfen (§ 37t WpHG). Einer solchen Nachprüfung bedarf es nicht, wenn der Abhilfebescheid oder der Widerspruchsbescheid erstmalig eine Beschwerde enthält. Weder der Widerspruch noch die Beschwerde gegen die Maßnahmen bzw. Verfügungen der Bundesanstalt hat aufschiebende Wirkung.

3.4.4 Kosten des Verfahrens

Die konkreten Kosten einer Prüfung auf der zweiten Stufe werden jeweils dem betroffenen Unternehmen auferlegt, es sei denn, dass das Ergebnis der Prüfung auf der zweiten Stufe zugunsten des Unternehmens vom Ergebnis der Prüfstelle auf der ersten Stufe abweicht. Die Finanzierung des Enforcement-Verfahrens ist in den §§ 17a ff. FinDAG und in der Bilanzkontrollkosten-Umlageverordnung im Einzelnen geregelt.

Gesetzesfundstelle

Gesetz zur Kontrolle von Unternehmensabschlüssen (Bilanzkontrollgesetz – BilKoG), BGBl. 2004, Teil I, S. 3408 – 3415; Verordnung über die Umlegung von Kosten der Bilanzkontrolle nach § 17d des Finanzdienstleistungsaufsichtsgesetzes (Bilanzkontrollkosten-Umlageverordnung – BilKoUmV) vom 9. Mai 2005, BGBl. 2005, Teil I, S. 1259 – 1261.

Literaturhinweise

CESR: Standard Nr. 1 „Durchsetzung von Grundsätzen zu kapitalmarktrelevanten Informationen in Europa", abrufbar unter http://www.cesr-eu.org/index.php; *DPR:* Grundsätze für die stichprobenartige Prüfung gemäß § 342b Abs. 2 Satz 3 Nr. 3 HGB, abrufbar auf der Homepage der DPR unter „http://www.frep.info.de"; *DPR:* Tätigkeitsbericht für den Zeitraum vom 1. Juli bis 31. Dezember 2005, abrufbar auf der Homepage der DPR unter „http://www.frep.info. de"; *DPR:* Verfahrensordnung der Prüfstelle, abrufbar auf der Homepage der DPR unter „http://www.frep.info.de"; *Ellrott, Helmut et. al. (Hrsg.):* Beck'scher Bilanz-Kommentar, 6. Aufl., München 2006; *Ernst, Christoph:* BB-Gesetzgebungsreport: Regierungsentwurf des BilKoG, BB 2004, S. 936 – 937; *IDW*: Stellungnahme des IDW zum Referentenentwurf des Bilanzkontrollgesetzes, IDW-FN 2004, S. 13 – 20; *Gabriel, Claudia/Ernst, Christoph:* Die Entwürfe des Bilanzkontrollgesetzes und des Bilanzrechtsreformgesetzes: Stärkung von Unternehmensintegrität und Anlegerschutz, Der Konzern 2004, S. 102 – 109; *Gelhausen, Hans Friedrich/Hönsch, Henning:* Das neue Enforcement-Verfahren für Jahres- und Konzernabschlüsse, AG 2005, S. 511 – 529; *Haller, Peter/Bernais, Nina:* Enforcement und BilKoG, Berlin 2005; *Hommelhoff, Peter/Mattheus, Daniela:* BB-Gesetzgebungsreport: Verlässliche Rechnungslegung – Enforcement nach dem geplanten Bilanzkontrollgesetz, BB 2004, S. 93 – 100; *Kämpfer, Georg*: Enforcementverfahren und Abschlussprüfer, BB 2005, Beilage 3 zu Heft 20, S. 13 – 16; *Mattheus, Daniela/Schwab, Martin:* Fehlerkorrektur nach dem Rechnungslegungs-Enforcement: Private Initiative vor staatlicher Intervention, BB 2004, S. 1099 – 1106; *Mattheus, Daniela/Schwab, Martin:* Rechtsschutz für Aktionäre beim Rechnungslegungs-Enforcement, DB 2004, S. 1975 – 1983; *Pottgießer, Gabi:* Die Zukunft der deutschen Rechnungslegung – Darstellung und Beurteilung der Referentenentwürfe zum Bilanzkontrollgesetz und Bilanzrechtsreformgesetz, StuB 2004, S. 166 – 172; *Wolf, Klaus:* Entwicklungen im Enforcement unter Berücksichtigung des Referentenentwurfs für ein Bilanzkontrollgesetz (BilKoG), DStR 2004, S. 244 – 248.

4 Abschlussprüferaufsichtsgesetz (APAG)

4.1 Zielsetzung

Am 1. Januar 2005 ist das Gesetz zur Fortentwicklung der Berufsaufsicht über Abschlussprüfer in der Wirtschaftsprüferordnung (Abschlussprüferaufsichtsgesetz – APAG) in Kraft getreten. Damit erlangte der unter Anhörung der WPK erarbeitete Entwurf der Bundesregierung weitestgehend unverändert gesetzliche Bestandskraft. Das Gesetz ist Teil der Umsetzung des von der Bundesregierung am 25. Februar 2003 verabschiedeten „Maßnahmenkatalogs zur Stärkung der Unternehmensintegrität und des Anlegerschutzes", dem sog. „10-Punkte-Programm". Der Aspekt einer Stärkung der Rolle des Abschlussprüfers wurde im Zuge der öffentlichen Diskussion um die Qualität, die Integrität und die Unabhängigkeit des Abschlussprüfers in das Programm aufgenommen. Vor dem Hintergrund, dass infolge des Sarbanes-Oxley Acts of 2002 in den USA die Berufsaufsicht dem Public Company Accounting Oversight Board (PCAOB) als berufsstandsunabhängige Aufsicht übertragen wurde, wurde auch in Europa und in Deutschland zunehmend die Notwendigkeit gesehen, eine entsprechende öffentliche Berufsaufsicht auch auf europäischer und insbesondere auch auf nationaler Ebene zu etablieren.

Auf der europäischen Ebene fanden diese Überlegungen in der neuen 8. EU-Richtlinie (sog. „Abschlussprüferrichtlinie") ihren Niederschlag. Die am 11. Oktober 2005 verabschiedete Richtlinie schreibt Mitgliedsstaaten zwingend vor, eine unabhängige und wirksame öffentliche Aufsicht über den Berufsstand der Wirtschaftsprüfer einzurichten. Für Zwecke einer wirksamen Koordination der neuen öffentlichen Aufsichtssysteme für Abschlussprüfer und Prüfungsgesellschaften in der EU hat die EU-Kommission am 14. Dezember 2005 die European Group of Auditors' Oversight Bodies (EGAOB) aus hochrangigen Vertretern der öffentlichen Aufsichtseinrichtungen der Mitgliedsstaaten oder – sofern eine öffentliche Aufsicht über Abschlussprüfer noch nicht besteht – aus Vertretern der zuständigen Ministerien eingesetzt.

Mit dem deutschen Abschlussprüferaufsichtsgesetz wurden die europäischen Vorgaben bereits im Vorfeld der Verabschiedung der neuen Richtlinie antizipiert. Das Gesetz verfolgt vorrangig das Ziel, den Berufsstand in Deutschland unter eine berufsträgerunabhängige Aufsicht zu stellen, ohne jedoch das für freie Berufe bewährte Konzept der mittelbaren Staatsverwaltung aufzugeben.

Dies wurde im Rahmen einer sog. „überwachten Selbstverwaltung" durch die Errichtung einer vom Berufsstand unabhängigen „Kommission für die Aufsicht über die Abschlussprüfer in Deutschland" (Abschlussprüferaufsichtskommission – APAK) umgesetzt, welche die Aufsicht über die WPK führt und insoweit der Rechtsaufsicht durch das Bundesministerium für Wirtschaft und Technologie vorangestellt bzw. zwischengeschaltet ist. Die APAK wurde damit als ein zusätzliches öffentliches fachbezogenes Aufsichtselement (Public Oversight) in den bisherigen Prozess integriert. Demnach unterliegt der Abschlussprüfer erstinstanzlich der Berufsaufsicht durch die WPK. Vor Bekanntgabe etwaiger berufsaufsichtlicher Entscheidungen ist die APAK zu informieren; ihr obliegt die Letztentscheidungsbefugnis in dieser ersten Instanz. Letztinstanzlich verbleibt es bei der ministeriellen Rechtsaufsicht. Fälle, die der Berufsgerichtsbarkeit unterliegen, bleiben hiervon unberührt.

Hervorzuheben ist, dass gegenüber dem ursprünglichen, am 1. Juli 2004 veröffentlichten Referentenentwurf nunmehr sämtliche der Berufsaufsicht unterliegenden Wirtschaftsprüfer und Wirtschaftsprüfungsgesellschaften sowie vereidigte Buchprüfer und Buchprüfungsgesellschaften, die Abschlussprüfungen durchführen oder durchführen können, der Aufsicht der APAK unterliegen – was faktisch dazu führt, dass nunmehr alle Kammermitglieder erfasst werden. Der Referentenentwurf hatte noch vorgesehen, dass die APAK unmittelbar nur für den Teil des Berufsstands der Wirtschaftsprüfer die Aufsicht übernehmen soll, der gesetzlich vorgeschriebene Abschlussprüfungen durchführt. Insofern sollten nicht alle Abschlussprüfer zwingend der Aufsicht der APAK unterstellt werden (neben freiwilligen Abschlussprüfungen wären auch die Berufsangehörigen nicht erfasst, die ausschließlich andere Dienstleistungen, wie z.B. Steuerberatung erbringen). Von dieser ursprünglichen Überlegung ist offenbar ganz bewusst Abstand genommen worden, mit der Folge, dass auch die Kosten des neuen Verfahrens über die WPK letztlich auf alle Berufsangehörigen und Prüfungsgesellschaften verteilt werden.

Neben der Einführung einer öffentlichen Aufsicht wurde mit dem APAG insbesondere auch das erst mit der 5. WPO-Novelle etablierte Verfahren der externen Qualitätskontrolle (auch Peer Review genannt) reformiert. Gleichwohl ist dieses Vorhaben nicht isoliert zu betrachten, da die Aufgaben des bislang für die Überwachung des Prozesses der externen Qualitätskontrolle zuständigen Qualitätskontrollbeirats auf die APAK übertragen wurden. Hierbei wurden der APAK weitreichendere Weisungs- und Informationsrechte eingeräumt.

Zunächst ist jedoch darauf hinzuweisen, dass mit der Einführung eines neuen § 55b WPO die Pflicht zur Einrichtung und Dokumentation eines Qualitätssicherungssystems explizit gesetzlich verankert wurde. Das verpflichtend einzurichtende interne Qualitätssicherungssystem ist demnach im Rahmen der externen Qualitätskontrolle gem. §§ 57a ff. WPO alle drei Jahre einer Prüfung zu unterziehen. Wird hiergegen verstoßen, dürfen die Berufsangehörigen bzw. Prüfungsgesellschaften keine gesetzlich vorgeschriebenen Abschlussprüfungen mehr durchführen. Eine externe Qualitätskontrolle ist von einem Prüfer für Qualitätskontrolle durchzuführen, der seitens des Geprüften beauftragt wird. Die Beauftragung eines Prüfers für Qualitätskontrolle unterliegt nunmehr einem besonderen Verfahren, wonach vor einer Beauftragung zunächst der Kommission für Qualitätskontrolle (§ 57e WPO) drei Vorschläge zu unterbreiten sind. Seitens der

Kommission können einzelne oder alle Vorschläge (insbesondere bei Verstößen gegen § 57a Abs. 4 WPO, die die Unabhängigkeit des Prüfers infrage stellen) abgelehnt werden (sog. „Widerspruchsrecht"), sodass eine neue Vorschlagsliste vorgelegt werden muss; die Absicht, Vorschläge abzulehnen, ist innerhalb von vier Wochen seit Einreichung der zu kontrollierenden Person mitzuteilen, ansonsten gelten die Vorschläge als anerkannt. Nach erfolgter externer Qualitätskontrolle wird eine Bescheinigung über die Teilnahme an dem Verfahren erteilt. Sofern Gründe vorliegen, die einen Widerruf der Teilnahmebescheinigung begründen können, ist zuvor die APAK zu informieren.

Zur Umsetzung des Konzepts einer „Public Oversight" wurde rechtstechnisch mit dem als Artikelgesetz konzipierten APAG die Wirtschaftsprüferordnung (WPO) grundlegend geändert (sog. „6. WPO-Novelle"). Neben zahlreichen redaktionellen Änderungen, wie z.B. Paragraphenverweisen, konzentrieren sich die inhaltlichen Änderungen der WPO auf die neu konzipierte öffentliche Berufsaufsicht. Zur Hervorhebung dieses neuen Elements der Berufsaufsicht wurde ein neuer fünfter Teil in die WPO aufgenommen, der die Bezeichnung „Berufsaufsicht" trägt und die teils neu eingefügten §§ 61a bis 66a WPO umfasst.

Kern des APAG bildet die Vorschrift des § 66a WPO, welche die Aufgabenbereiche, die Befugnisse, die Rechtsform, die Zusammensetzung sowie die Organisation und das Verhältnis der APAK zur WPK regelt.

4.2 Rechtsform, Zusammensetzung, Organisation und Finanzierung

Die Einrichtung der APAK erfolgte mit Wirkung ab 1. Januar 2005. Die APAK ist eine unter der Rechtsaufsicht des Bundesministeriums für Wirtschaft und Technologie stehende, nicht rechtsfähige Personengemeinschaft eigener Art (sui generis). Sie setzt sich aus mindestens sechs, höchsten zehn ehrenamtlich tätigen Personen zusammen, die keine Berufsangehörigen sind und dies auch nicht in den letzten fünf Jahren vor ihrer Ernennung waren (Cooling-Off-Period). Die Mitglieder der APAK werden vom Ministerium für die Dauer von vier Jahren ernannt; sie sind dennoch nicht weisungsgebunden. Fachliche Voraussetzung einer Ernennung ist die Ausübung einer früheren Tätigkeit in rechnungslegungs- und aufsichtsrelevanten Bereichen. Die Mitglieder unterliegen den Verschwiegenheitspflichten; § 64 WPO gilt sinngemäß.

Die Kommission wählt einen Vorsitzenden und einen Stellvertreter. Sie kann zudem entscheidungsbefugte Ausschüsse bilden und sich der Mitarbeiter der Kammer bedienen. Sie hat jährlich vorab ein Arbeitsprogramm zu veröffentlichen und einen abschließenden Tätigkeitsbericht abzugeben. Die internationale Bezeichnung der Kommission ist „Auditor Oversight Commission" (AOC). Die Organisations- und Verfahrensregeln sind in der Geschäftsordnung der APAK niedergelegt.

Die Kommission hat Anfang 2005 ihren ersten Tätigkeitsbericht vorgelegt. Der Bericht umfasst den Zeitraum vom 1. Januar bis 31. Dezember 2004. Darin nimmt die APAK insbesondere Stellung zur Angemessenheit und Funktionsfähigkeit des Systems der Qualitätskontrolle. Die Kommission hat jedoch darauf verzichtet, weitere Empfehlungen abzugeben. Nach der Auffassung der Kommission müssen zunächst Erfahrungen mit der praktischen Anwendung der bereits ergriffenen Maßnahmen gesammelt werden, bevor ggf. weitere Schritte zur Verbesserung des Systems der Qualitätskontrolle vorgenommen werden können.

Die APAK hat derzeit neun Mitglieder (Stand: 31. März 2006): Dr. h.c. Volker Röhricht (Vorsitzender), Richter am Bundesgerichtshof a.D., Prof. Dr. Kai-Uwe Marten (stellvertretender Vorsitzender), Professor für Rechnungswesen und Wirtschaftsprüfung an der Universität Ulm, Dr. Elke König, Finanzvorstand und Mitglied des Vorstands der Hannover Rückversicherung AG, Dr. Siegfried Luther, Geschäftsführer der Reinhard Mohn Verwaltungs GmbH, Eva Mayr-Stihl, stellvertretende Vorsitzende des Beirats der STIHL Holding AG & Co. KG und Mitglied des Beirats der STIHL AG, Dr. h.c. Edgar Meister, Mitglied des Vorstands der Deutschen Bundesbank, Manfred Schmidt, Ministerialrat im Bundesministerium für Wirtschaft und Technologie a.D., sowie Prof. Dr. Christine Windbichler, Professorin für Gesellschaftsrecht an der Humboldt-Universität Berlin, und Dr. Claus-Peter Wulff, leitender Oberstaatsanwalt a.D. Dr. h.c. Volker Röhricht, Prof. Dr. Kai-Uwe Marten sowie Dr. Siegfried Luther und Eva Mayr-Stihl waren zuvor Mitglieder des Qualitätskontrollbeirats der WPK, der infolge der Reformmaßnahmen in der APAK aufgegangen ist und dessen bisherigen Aufgaben nunmehr von dieser wahrgenommen werden.

Die APAK wird über Beiträge der WPK finanziert. Hierdurch kommt es zu einer Mehrbelastung aller Wirtschaftsprüfer und Wirtschaftsprüfungsgesellschaften bzw. vereidigten Buchprüfer und Buchprüfungsgesellschaften.

4.3 Aufgabenbereiche

Die APAK führt eine öffentliche fachbezogene Aufsicht über Wirtschaftsprüfungsgesellschaften und Wirtschaftsprüfer sowie vereidigte Buchprüfer und Buchprüfungsgesellschaften. Ferner soll sie kammerbezogene Aufgabenbereiche, wie die Prüfung und Eignungsprüfung, die Bestellung bzw. die Anerkennung zum Wirtschaftsprüfer sowie den Widerruf und die Registrierung als Abschlussprüfer, die externe Qualitätskontrolle, die Berufsaufsicht sowie die Berufsgrundsätze und Fortbildung mitverantworten. Daneben obliegt der APAK auch die Aufsicht über die Annahme von internationalen Prüfungsstandards. Diese Aufgabe der APAK wurde im Rahmen des Gesetzgebungsverfahrens in zweifacher Hinsicht infrage gestellt. Zunächst ist zu unterstellen, dass die Einschränkung auf die Annahme internationaler Standards nicht dazu führt, dass sich die APAK die Annahme nationaler, vom IDW verlautbarter Prüfungsstandards nicht gleichfalls vorbehalten wird. Ferner dürfte es aber auch fraglich sein, ob ein sog. „Endorsement“ internationaler Prüfungsstandards auf nationaler Ebene realisierbar sein wird, da bereits auf EU-Ebene ab 2008 Adaption der International Standards on Auditing (ISA) vorgesehen ist. Vor diesem Hintergrund kann davon ausgegangen werden, dass sich die Annahme von Prüfungsstandards faktisch auf die nationalen Standards beschränken wird. In ihrem Arbeitsprogramm für das Jahr 2005 hat die APAK z.B. insbesondere die Bereiche Berufsaufsicht und Qualitätskontrolle als die Schwerpunkte ihrer Aufsichtstätigkeit gewählt. Das Arbeitsprogramm für das Jahr 2006 war zum Zeitpunkt des Redaktionsschlusses dieses Buches noch nicht veröffentlicht. Es ist gleichwohl davon auszugehen, dass sich die Aufsichtstätigkeit der APAK weiterhin auf die Bereiche Berufsaufsicht und Qualitätskontrolle konzentriert.

In ihrer Funktion als Berufsaufsicht kooperiert die APAK mit der durch das Bilanzkontrollgesetz etablierten Prüfstelle für Rechnungslegung (DPR) und geht voraussichtlich den von der DPR festgestellten Unrichtigkeiten in der Rechnungslegung bzw. konkreten Hinweisen auf bestehende Fehler und Täuschungen nach. Derzeit werden bereits von der WPK die im Rahmen der Durchsicht von Jahres- und Konzernabschlüssen festgestellten Mängel der DPR gemeldet.

Auf internationaler Ebene wird die APAK mit anderen nationalen sowie supranationalen Stellen kooperieren, insbesondere auch mit dem US-amerikanischen PCAOB sowie dem europäischen Pendant, der EGAOB. In diesem Zusammenhang kann sie auch für die Aufsicht erforderliche (unternehmensbezogene und prüferbezogene) Daten und Informationen austauschen.

4.4 Befugnisse und Verhältnis zur WPK

Die APAK beaufsichtigt die WPK und ihre Organe dahin gehend, ob diese ihre gesetzlich obliegenden Aufgaben geeignet, angemessen und verhältnismäßig erfüllen. Die WPK ist verpflichtet, über seitens der APAK festzulegende Kriterien mit aufsichtsrelevantem Bezug zu berichten. Hierunter werden alle Vorgänge erfasst, die von der WPK bearbeitet werden und zu einer Entscheidung mit unmittelbarer Rechtswirkung nach außen führen; ein Bezug zur gesetzlichen Abschlussprüfung ist nicht erforderlich. Folglich hat die APAK weit reichende Informations- und Einsichtsrechte. Sie kann Entscheidungen der Kammer(-organe) unter Angabe der Gründe zwecks Zweitprüfung zurückverweisen und kann schließlich bei Nichtabhilfe unter Aufhebung dieser Entscheidungen Weisungen erteilen.

Die Kammer ist verpflichtet, die Weisungen und Entscheidungen der APAK sowie die sich hieraus ergebenden Bekanntgaben, Androhungen, Verhängungen und Vollstreckungen in eigenem Namen vorzunehmen. Die Kammer hat jedoch das Recht, sich an das Bundesministerium zu wenden, wenn sie an der Rechtmäßigkeit der Weisungen und Entscheidungen zweifelt.

Einen Gesamtüberblick über das neue Prüferaufsichtssystem in Deutschland gibt folgende Graphik:

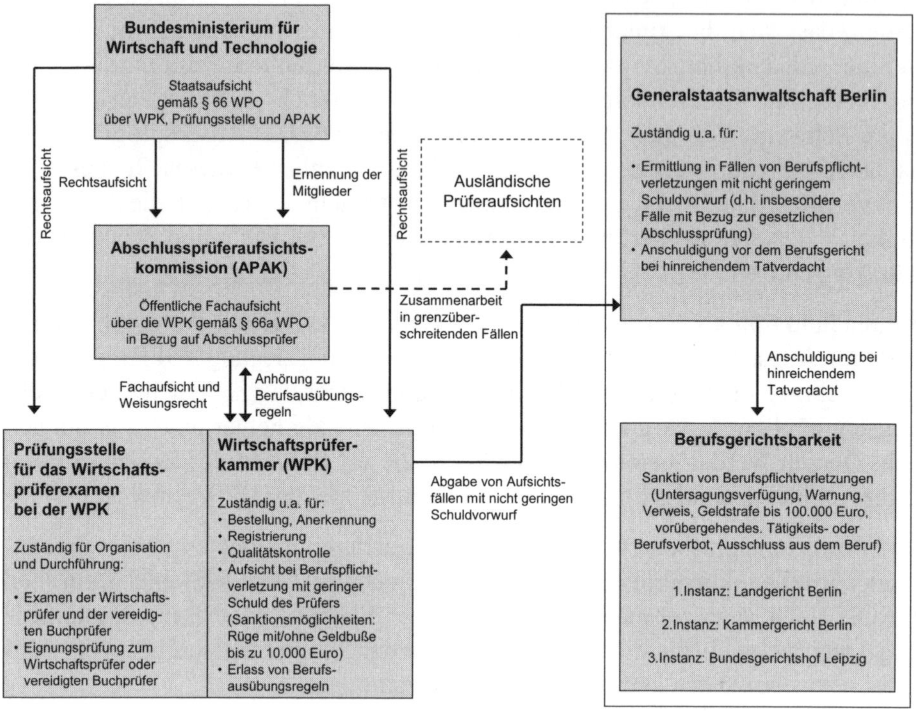

Abbildung 17: Aufsicht über die Wirtschaftprüfer in Deutschland (entnommen: Homepage der APAK „www.apak-aoc.de“)

Der deutsche Gesetzgeber hat die aus der neuen 8. EU-Richtlinie resultierende Verpflichtung zur Einrichtung eines wirksamen öffentlichen Aufsichtssystems über den Berufsstand der Wirtschaftsprüfer durch die Gründung der APAK bereits weitgehend erfüllt. Derzeit wird geprüft, ob aus den Vorgaben der neuen Richtlinie weiterer Handlungsbedarf resultiert. Dies wird unter dem Stichwort „7. WPO-Novelle“, insbesondere im Zusammenhang mit dem Initiativrecht der Berufsaufsicht, bei Bedarf Sonderuntersuchungen bei Wirtschaftsprüfern bzw. Wirtschaftsprüfungsgesellschaften durchzuführen und geeignete Maßnahmen einzuleiten, diskutiert. Hierzu hat der Gesetzgeber am 3. März 2006 einen Referentenentwurf des Gesetzes zur Stärkung der Berufsaufsicht und zur Reform berufsrechtlicher Regelungen in der Wirtschaftsprüferordnung (Berufsaufsichtsreformgesetz) veröffentlicht (zu Einzelheiten vgl. Abschnitt VII.4).

Schlussendlich ist festzustellen, dass nunmehr neben der Überwachung der Rechnungslegung durch die DPR bzw. die BaFin auch die Abschlussprüfer einer öffentlichen, berufsstandsunabhängigen Überwachung durch die Abschlussprüferaufsichtskommission sowie das Bundesministerium für Wirtschaft und Technologie unterliegen. Diese Maßnahmen sind Ausfluss zahlreicher, öffentlich diskutierter Unternehmenskrisen. Abzuwarten bleibt, ob die getroffenen Maßnahmen dazu beitragen, das Vertrauen in die Rechnungslegung und Prüfung zurück zu gewinnen, zumal ansonsten für die Rechnungsleger und die Prüfer die Gefahr besteht, dass eine staatliche Aufsichtslösung erwogen werden könnte.

Gesetzesfundstelle

Gesetz zur Fortentwicklung der Berufsaufsicht über Abschlussprüfer in der Wirtschaftsprüferordnung (Abschlussprüferaufsichtsgesetz – APAG), BGBl. 2005, Teil I, S. 3846 – 3851; Referentenentwurf eines Gesetzes zur Stärkung der Berufsaufsicht und zur Reform berufsrechtlicher Regelungen in der Wirtschaftsprüferordnung (Berufsaufsichtsreformgesetz), abrufbar auf der Homepage des BMWi unter http://www.bmwi.de/BMWi/Navigation/root,did=10228.html.

Literaturhinweise

APAK: Arbeitsprogramm 2005 der Kommission für die Aufsicht über die Abschlussprüfer in Deutschland (Abschlussprüferaufsichtskommission), abrufbar auf der Homepage der APAK unter „http://www.apak-aoc.de"; *APAK:* Geschäftsordnung der Kommission für die Aufsicht über die Abschlussprüfer in Deutschland (Abschlussprüferaufsichtskommission), abrufbar auf der Homepage der APAK unter „http://www.apak-aoc.de"; *APAK:* Bericht der Abschlussprüferaufsichtskommission (als Nachfolgerin des Qualitätskontrollbeirates bei der Wirtschaftsprüferkammer) für das Jahr 2004, abrufbar auf der Homepage der APAK unter „http://www.apak-aoc.de"; *Baetge, Jörg/Lienau, Achim*: Änderungen der Berufsaufsicht der Wirtschaftsprüfer, DB 2004, S. 2277 – 2281; *Heininger, Klaus/Bertram, Klaus:* Neue Anforderungen an Berufsaufsicht und Qualitätskontrolle durch das Abschlussprüferaufsichtsgesetz (APAG), DB 2004, S. 1737 – 1741; *Marten, Kai-Uwe/Köhler, Annette G.:* Vertrauen durch öffentliche Aufsicht – Die Abschlussprüferkommission als Kernelement der WPO-Novellierung, WPg 2005, S. 145 – 152; *Pfitzer, Norbert:* Aktuelles zur Qualitätssicherung und Qualitätskontrolle, WPg 2006, S. 186 – 197.

5 Gesetz zur Unternehmensintegrität und Modernisierung des Anfechtungsrechts (UMAG)

5.1 Zielsetzung

Das am 1. November 2005 in Kraft getretene Gesetz zur Unternehmensintegrität und Modernisierung des Anfechtungsrechts (UMAG) greift die beiden ersten Leitlinien des 10-Punkte-Programms der Bundesregierung zur Verbesserung der Unternehmensintegrität und des Anlegerschutzes (vgl. Abschnitt IV) auf und setzt so den aktienrechtlichen Reformprozess der vergangenen Jahre fort. Im Zentrum der Novelle steht die Neujustierung des Systems aktienrechtlicher Rechtsbehelfe. So stärkt das Gesetz die Kontrollrechte der Anteilseigner, indem es Minderheiten bei der Durchsetzung von Kompensationsansprüchen gegenüber den Verwaltungsorganen eine originäre Prozessstandschaft zubilligt, die Schwellenwerte für die aktienrechtliche Sonderprüfung senkt und die Kommunikationsmöglichkeiten der Anteilseigner durch die Einrichtung eines Aktionärsforums verbessert. Gleichzeitig wurde jedoch die Anfechtungsklage gegen vorschriftswidrige Beschlüsse der Hauptversammlung erschwert und eine so genannte „Business Judgement Rule" kodifiziert, die in ihrem Sinn sorgfältig handelnde Organmitglieder auch im Falle eines unternehmerischen Misserfolgs vor Schadensersatzansprüchen schützt. Abgerundet wird die Reform durch eine Neuregelung der Anmeldung und Legitimation zur Hauptversammlung unter Berücksichtigung zeitgemäßer elektronischer Verfahren.

5.2 Organhaftung und Verfolgung von Ersatzansprüchen

5.2.1 Organhaftung

Im Mittelpunkt der aktienrechtlichen Auseinandersetzung steht seit jeher der Konflikt zwischen dem Interesse des Managements an einer interventionsfreien Entscheidungsfindung einerseits und den Interessen der Anteilseigner an einem effektiven Schutz vor einer nicht am Gesellschaftswohl ausgerichteten Unternehmensführung andererseits. Diesem Widerstreit wird der Gesetzgeber bisher in der Weise gerecht, dass er die Mitglieder des Vorstands und des Aufsichtsrats verpflichtet, gegenüber der Gesellschaft für den Ersatz von Schäden einzustehen, die aus einer zumindest einfach fahrlässig begangenen Sorgfaltspflichtverletzung resultieren (§ 93 Abs. 2 Satz 1 AktG). Maßstab ist das Verhalten eines ordentlichen und gewissenhaften Geschäftsleiters. Im Streitfall muss ein Organmitglied gem. § 93 Abs. 2 Satz 2 AktG beweisen, dass es die ihm obliegende Sorgfalt angewandt hat.

An diesen normierten Sorgfaltspflichten der Organmitglieder knüpfen die Reformbestrebungen des UMAG an. Die nunmehr in § 93 Abs. 1 Satz 2 AktG verankerte „Business Judgement Rule" qualifiziert das Verhalten eines Organmitglieds stets dann als hinreichend sorgfältig, wenn es „bei einer unternehmerischen Entscheidung vernünftigerweise annehmen durfte, auf der Grundlage angemessener Information zum Wohle der Gesellschaft zu handeln".

Der Gesetzgeber stellt damit klar, dass unternehmerische Entscheidungen, die zukunftsgerichtet und mithin unsicher sind, allein aufgrund nachträglich gewonnener Erkenntnisse nicht in Zweifel gezogen werden dürfen. Damit hat das UMAG einen Safe Haven abgegrenzt, der die Organmitglieder auch im Falle eines wirtschaftlichen Misserfolgs vor Ersatzansprüchen schützt, solange sie dessen Grenzen beachten. Durch diese Regel soll sowohl übertriebener Risikofreude als auch zu großer Zaghaftigkeit bei der unternehmerischen Entscheidungsfindung vorgebeugt werden.

Der hinter dieser Rechtsfigur stehende Gedanke wurde bereits durch eine Entscheidung des BGH aus dem Jahr 1997 etabliert (ARAG/Garmenbeck – BGH vom 21. April 1997 – II ZR 175/95, BGHZ 135, S. 253) und durch das UMAG nunmehr kodifiziert, womit jedoch keine wesentliche Präzisierung der den Safe Haven abgrenzenden Tatbestandsmerkmale einherging.

Die unternehmerische Entscheidung als zentrales Element der Business Judgement Rule steht, ausweislich der Gesetzesmaterialien, im Gegensatz zur rechtlich gebundenen Entscheidung. Dies erlaubt eine Negativabgrenzung der Bereiche, die gesetzliche Gebote (z.B. Treue- und Informationspflichten) und Verbotsnormen (z.B. Kartellabsprachen, Insidergeschäfte) betreffen sowie statuarische oder vertragliche Vorgaben, die den Organmitgliedern keinen Beurteilungsspielraum gewähren. Als subsumierbar werden dagegen nach verbreiteter Auffassung alle rechtlich neutralen Maßnahmen mit Außenwirkung angesehen, die auf die Verfolgung des Unternehmenszwecks gerichtet sind. Gleiches gilt für nach außen gerichtete rechtlich gebundene Maßnahmen, die den Organmitgliedern jedoch einen Ermessenspielraum zubilligen (z.B. Wahrnehmung von Wahlrechten bei Rechnungslegung und Bilanzierung).

Praktisch bedeutsam, aber noch weitestgehend ungeklärt ist, inwiefern nach innen gerichtete Organisations-, Planungs- und Überwachungsaufgaben einen unternehmerischen Einschlag aufweisen. Die Auffassung, Organisationsakte im Binnenverhältnis seien generell von der Definition der unternehmerischen Entscheidung auszunehmen, ist in der Literatur durchaus verbreitet. Eine Stütze findet diese Betrachtungsweise jedoch weder in den Gesetzesmaterialien, noch ergibt sie sich aus dem Regelungszweck der Normvorschrift. Da die Business Judgement Rule darauf zielt, die Risikopräferenzrate des Managements zu steuern, scheint es u.E. sachgerecht, auch im Binnenverhältnis das Ausmaß der rechtlichen Bindung und den damit einhergehenden Ermessensspielraum als Selektionsmaßstab heranzuziehen. Reduzieren gesetzliche oder satzungsmäßige Vorgaben die Pflichten der Organe auf reine Vollzugshandlungen (z.B. Einberufung der Hauptversammlung, Auszahlung beschlossener Dividenden) scheidet eine Qualifizierung damit in Zusammenhang stehender Maßnahmen als unternehmerische Entscheidung aus. Bei Pflichten, die zwar dem Grunde nach bestehen, deren Umsetzung und konkrete Ausgestaltung jedoch im Ermessen der Organe liegt (z.B. Einrichtung eines angemessenen internen Kontrollsystems) und bei denen sich daher ebenso wie bei Maßnahmen mit Außenwirkung die Frage nach einem optimalen Ressourceneinsatz stellt, ist eine Qualifizierung als unternehmerische Entscheidung dagegen als durchaus sachgerecht zu betrachten.

Das Tatbestandsmerkmal der „Annahme" stellt klar, dass die Voraussetzungen der Entscheidungsfindung aus der Sicht des betreffenden Organs zu beurteilen sind. Dieser Perspektivenwechsel wird durch den Zusatz „darf" begrenzt und objektiviert. Als Maßstab für die Überprüfung, ob die Annahme des Organs nicht zu beanstanden ist, dient das Merkmal „vernünftigerweise", womit unmittelbar auf Ausführungen der höchstrichterlichen Rechtsprechung im ARAG-Garmenbeck-Urteil Bezug genommen wird. Das „Vernunftkriterium" soll die unternehmerische Entscheidung nicht (schein-)objektivieren. Die Begründung zum Regierungsentwurf akzeptiert ausdrücklich, dass Instinkt, Erfahrung, Phantasie und Gespür für Märkte essenzielle Bestandteile unternehmerischen Handelns sind. Verlangt werden kann u.E. somit letztlich wohl ein widerspruchsfreier

Ableitungszusammenhang zwischen den getroffenen Annahmen und der gewählten Handlungsalternative, wobei Erstere zumindest einer Plausibilitätskontrolle standhalten müssen.

Ein Handeln zum Wohle der Gesellschaft liegt nach der Gesetzesbegründung jedenfalls dann vor, wenn es dem Unternehmenserhalt, der (langfristigen) Stärkung der Ertragslage und der Wettbewerbsfähigkeit des Unternehmens oder des Konzerns dient.

Wesentlich schwieriger als die Definition des „Unternehmenswohls" gestaltet sich die Antwort auf die Frage, welche Informationsbasis im Einzelfall als angemessen zu betrachten ist. Der Gesetzgeber stellt in der Gesetzesbegründung klar, dass Information nicht allumfassend sein kann. Welche Intensität der Informationsbeschaffung im Sinne der Norm „angemessen" ist, ist deshalb anhand des Zeithorizonts, der Bedeutung und der Art der Maßnahme und unter Berücksichtigung anerkannter betriebswirtschaftlicher Verhaltensmaßstäbe zu entscheiden. Keinesfalls zielt der Entwurf darauf, dass durch routinemäßiges Einholen von Sachverständigengutachten, Beratervoten oder externen Marktanalysen eine rein formale Absicherung stattfindet. Die Frage, ob und in welchem Umfang externe Gutachten eingeholt werden, ist nach betriebswirtschaftlichen Notwendigkeiten sowie den eigenen Möglichkeiten der Gesellschaft zu beantworten und nicht nach formalen Absicherungsstrategien zu entscheiden. Das individuell angemessene Informationsniveau beurteilt sich zudem bei jedem einzelnen Vorstandsmitglied in Abhängigkeit seines Ressorts. Klare Leitlinien für die Abgrenzung der „angemessenen Informationsbasis" werden sich wegen der Situationsabhängigkeit dieser Problematik wohl erst im Wege der höchstrichterlichen Rechtsprechung herausbilden.

Da der Haftungsfreiraum, den die Business Judgement Rule gewährt, lediglich eine Ausnahme der in § 93 Abs. 1 Satz 1 AktG formulierten Generalnorm darstellt, liegt die Darlegungs- und Beweislast für das Vorliegen der Tatbestandsmerkmale nach § 93 Abs. 2 Satz 2 AktG beim betroffenen Organ.

5.2.2 Verfolgung von Ersatzansprüchen

Kennzeichnend für das deutsche Aktienrecht ist die im internationalen Vergleich recht geringe Zahl geltend gemachter Schadensersatzansprüche, die sich gegen Vorstand oder Aufsichtsrat einer AG richten. Zwar hat die Rechtsprechung längst klargestellt, dass der für die Verfolgung von Ersatzansprüchen gegenüber dem Vorstand zuständige Aufsichtsrat nur unter strengen Vorraussetzungen von ihrer Geltendmachung absehen darf; da ein solches Verfahren aber regelmäßig den Vorwurf impliziert, seinen Überwachungsaufgaben nicht gewissenhaft nachgekommen zu sein, besteht für den Aufsichtrat kein entsprechender Anreiz. Der Verfolgung durch die Anteilseigner selbst standen bisher hohe Quoren und das Fehlen einer eigenen Prozessstandschaft entgegen. An dieser Schwachstelle setzt der durch das UMAG neu eingefügte § 148 AktG an.

Neben der Möglichkeit der Verfolgung von Schadensersatzansprüchen gegen Organmitglieder durch die Organe selbst oder durch die Hauptversammlung wird mit dieser Norm den Aktionären unabhängig von einer vorherigen Beschlussfassung der Hauptversammlung die Durchsetzung von Schadensersatzansprüchen gegen Organmitglieder künftig wesentlich erleichtert. So wurde das Minderheiten-Quorum, das nach bisheriger Rechtslage 5% des Grundkapitals oder € 500.000 Nominalwert betrug, auf 1% des Grundkapitals oder € 100.000 Nominalwert herabgesetzt. Die noch im Regierungsentwurf vorgesehene Orientierung am Börsenwert statt am Nennwert wurde im Zuge des Gesetzgebungsverfahrens wegen Zweifel an der Praktikabilität wieder aufgegeben,

Überschreitet ein Aktionär oder eine Gruppe von Aktionären gemeinsam diese Schwellenwerte, so können sie in eigenem Namen die Ersatzansprüche der Gesellschaft gegen die Organmitglieder gerichtlich geltend machen. Zuständig ist das Landgericht am Sitz der Gesellschaft, das die Zulässigkeit der Klage nach Maßgabe des § 148 Abs. 1 AktG prüft. Mit diesem Zulassungsverfahren implementiert der Gesetzgeber einen „Filter“, zur Vermeidung aussichtsloser oder missbräuchlicher Aktionärsklagen. Das mediatisierte Verfahren nach § 147 Abs. 3 AktG, das auch bisher schon von einer Aktionärsminderheit angestrengt werden konnte, hat sich in der Praxis nicht bewährt und wurde abgeschafft.

Das Gericht hat die Klage nach § 148 Abs. 1 AktG nur dann zuzulassen, wenn die Antrag stellenden Aktionäre nachweisen, dass sie das notwendige Quorum an Aktien schon länger halten, als sie aufgrund einer Veröffentlichung Kenntnis von der behaupteten Pflichtverletzung haben mussten, und sie die Gesellschaft unter Fristsetzung vergeblich aufgefordert hatten, selbst Klage zu erheben. Weiterhin müssen Tatsachen vorliegen, die den Verdacht rechtfertigen, dass der Gesellschaft durch Unredlichkeit oder grobe Verletzung des Gesetzes oder der Satzung ein Schaden entstanden ist und der Klageerhebung im Übrigen auch „keine überwiegenden Gründe des Gesellschaftswohls“ entgegenstehen.

Bei dem Organhaftungsprozess ist die Gesellschaft nach § 148 Abs. 2 Satz 7 AktG im Zulassungsverfahren wie auch im Klageverfahren beizuladen. Die Gesellschaft ist zudem nach § 148 Abs. 3 AktG jederzeit berechtigt, ihren Ersatzanspruch selbst gerichtlich geltend zu machen; mit Klageerhebung durch die Gesellschaft wird ein anhängiges Zulassungs- oder Klageverfahren von Aktionären über diesen Ersatzanspruch unzulässig. Die Gesellschaft ist dabei nach ihrer Wahl berechtigt, ein anhängiges Verfahren in der Lage zu übernehmen, in der es sich zum Zeitpunkt der Übernahme befindet. Die Aktionäre, die den Prozess bisher betrieben haben, sind beizuladen.

Die Antrag stellenden Aktionäre tragen die Kosten des Verfahrens, wenn ihr Antrag auf Klagezulassung bereits im Zulassungsverfahren abgewiesen wird. Wird die Klage der Aktionärsminderheit jedoch zugelassen, hat die Gesellschaft die gesamten Verfahrenskosten unabhängig vom Ausgang des Prozesses zu übernehmen. Die Aktionärsminderheit kann ihre Klage nur binnen zwei Monaten nach Zulassung erheben. Ein Urteil wirkt nach § 148 Abs. 5 AktG, auch wenn es auf Klageabweisung lautet, für und gegen die Gesellschaft und sämtliche Aktionäre.

Es wird erwartet, dass das deutlich herabgesetzte Minderheitenquorum in Verbindung mit dem ebenfalls durch das UMAG eingeführten Aktionärsforum (vgl. Abschnitt VI.9) zu einer steigenden Zahl von Schadensersatzprozessen gegen Organmitglieder führen wird. Das in § 127a AktG verankerte Medium soll Aktionären mithilfe des elektronischen Bundesanzeigers auch außerhalb der Hauptversammlung ein eigenes Kommunikationsforum zur Verfügung stellen. Hierdurch wird die Organisation einer von (Klein-) Aktionären gemeinsam betriebenen Schadensersatzklage gegen Organmitglieder wesentlich erleichtert. Vorstand und Aufsichtsrat können zu einem Klageaufruf im elektronischen Bundesanzeiger nicht direkt Stellung nehmen. § 127a Abs. 4 AktG sieht aber vor, dass die Gesellschaft im elektronischen Bundesanzeiger auf eine Stellungnahme zu einer solchen Aufforderung auf ihrer eigenen Internetseite hinweisen kann.

5.2.3 Sonderprüfung

Die Durchführung einer Sonderprüfung bildet oftmals den Weg zur Ermittlung des notwendigen Tatsachenmaterials für die Verfolgung von Schadensersatzansprüchen gegen Organmitglieder. Neben der Veranlassung einer Sonderprüfung aufgrund eines Hauptversammlungsbeschlusses nach § 142 Abs. 1 AktG besteht auch die Möglichkeit einer gerichtlichen Bestellung auf Antrag einer Aktionärsminderheit nach § 142 Abs. 2 AktG, falls die Hauptversammlung den Antrag auf Sonderprüfung abgelehnt hat. Aus Gründen der Systemkongruenz wird das abgesenkte Quorum von 1% Anteil am Grundkapital oder € 100.000 Nominalwert, wie es in dem neuen § 148 Abs. 1 Satz 1 AktG für die Verfolgung von Schadensersatzansprüchen verankert ist, gem. § 142 Abs. 2 Satz 1 AktG in Zukunft auch für die gerichtliche Bestellung eines Sonderprüfers auf Antrag einer Aktionärsminderheit gelten.

Mit der Herabsetzung des Quorums ist in der Unternehmenspraxis damit zu rechnen, dass die Zahl der Sonderprüfungen auf Antrag einer Minderheit als Vorstufe eines Haftungsprozesses in Zukunft deutlich ansteigen wird. Auch wenn das Organmitglied für die Frage, ob es der erforderlichen Sorgfalt nachgekommen ist, beweispflichtig ist, kann eine Sonderprüfung zur weiteren Sachverhaltserhellung beitragen. Erst recht wird die Sonderprüfung vielfach notwendig sein, um den der Gesellschaft entstandenen Schaden zu ermitteln. Insoweit sind in jedem Fall die Aktionäre beweispflichtig.

5.3 Anmeldung und Teilnahme an der Hauptversammlung sowie Frage- und Rederecht

Der reformierte § 123 Abs. 2 AktG beseitigt die, häufig als Verkaufssperre fehl interpretierte, Wertpapierhinterlegung als Voraussetzung für die Ausübung der Aktionärsrechte in der Hauptversammlung. Die Möglichkeit, die Anmeldung zur und, im Falle von Inhaberaktien, auch die Teilnahme an der Hauptversammlung sowie die Stimmrechtsausübung statuarisch zu regeln, bleibt jedoch erhalten. Für börsennotierte Aktiengesellschaften (§ 3 Abs. 2 AktG) wird dieses Recht allerdings insofern eingeschränkt, als § 123 Abs. 3 Satz 2 AktG vorsieht, dass ein in Textform (§ 126b BGB) erstellter Nachweis des Anteilsbesitzes durch das depotführende Institut als Legitimation ausreicht. Der Nachweis muss sich auf den Beginn des 21. Tages vor der Hauptversammlung beziehen. Damit wird ein international üblicher „record date" eingeführt. Zusammen mit dem Wegfall des Hinterlegungserfordernisses soll hierdurch die besonders bei ausländischen Anlegern bisweilen bestehende Fehlvorstellung über die beschränkte Handelbarkeit der Aktien zwischen dem Hinterlegungstag und dem Tag der Hauptversammlung beseitigt und klargestellt werden, dass zwischen dem Anmeldetag und dem Tag der Hauptversammlung keinerlei Einschränkung der Handelbarkeit der Aktien besteht. Wer sich zum Stichtag ordnungsgemäß zur Hauptversammlung angemeldet hat, gilt, auch wenn er seine Aktien zwischenzeitlich veräußert hat, der Gesellschaft gegenüber als Aktionär und ist zur Stimmrechtsausübung berechtigt. Wer Aktien zwischen dem Stichtag und dem Tag der Hauptversammlung erwirbt, hat dagegen allein aufgrund dieses Erwerbs keine Berechtigung, als Aktionär an der Hauptversammlung teilzunehmen.

5.3.1 Auskunfts- und Rederecht

In der Praxis wird das Auskunfts- und Rederecht der Aktionäre im Rahmen der Hauptversammlung nicht selten zur Verfolgung sachfremder Zwecke genutzt. Ursächlich dafür ist, dass die unvollständige oder fehlerhafte Beantwortung von Aktionärsfragen durch den Vorstand einen Grund für die Anfechtung von Hauptversammlungsbeschlüssen darstellt, der mitunter von Aktionären auch bewusst provoziert wird. Die in dem Katalog des bisherigen § 131 Abs. 3 AktG enthaltenen gesetzlichen Auskunftsverweigerungsgründe haben sich in der Praxis als wenig effizient erwiesen. Im Interesse der Straffung und Konzentration der Hauptversammlung wie auch mit Blick auf die Unterbindung missbräuchlicher Anfechtungsklagen ist durch das UMAG eine Einschränkung des Auskunfts- und des Rederechts der Aktionäre erfolgt. Sie soll nicht zuletzt auch dem Ziel dienen, die inhaltliche Qualität und Attraktivität der Hauptversammlung zu steigern. Die Gesetzesbegründung betont ausdrucklich, dass eine normale Hauptversammlung, in der keine tief greifenden Umstrukturierungsmaßnahmen zu beschließen sind, in vier bis sechs Stunden abwickelbar sein muss.

Während nach bisher geltendem Recht nur eine zeitliche Beschränkung des Rede- nicht aber des Fragerechts der Aktionäre zulässig war, erlaubt die neue Vorschrift des § 131 Abs. 2 Satz 2 AktG den Versammlungsleiter kraft Satzung oder Geschäftsordnung zu ermächtigen, die Rede- und Fragezeit der Aktionäre angemessen zu beschränken. Die in der Praxis bisweilen erfolgte missbräuchliche Umgehung der Redezeitbeschränkung durch das Vortragen eines umfangreichen Fragenkatalogs kann somit in Zukunft unterbunden werden. Ebenfalls im Interesse der Straffung der Hauptversammlung liegt die neue Vorschrift des § 131 Abs. 3 Nr. 7 AktG. Danach braucht der Vorstand generell Fragen zu Gegenständen der Tagesordnung in der Hauptversammlung nicht mehr zu beantworten, über die den Aktionären entsprechende Informationen in Textform bereits auf der Internetseite der Gesellschaft mindestens eine Woche vor der Hauptversammlung verfügbar gemacht wurden und die ihnen auch während der Hauptversammlung zugänglich sind. Dies betrifft insbesondere typische, alljährlich wiederkehrende Standardfragen, sog. Frequently Asked Questions (FAQ), aber etwa auch Fragen zu komplexen Zahlenangaben und statistischem Datenmaterial. Die aufwendige Behandlung von Fragen zu allgemein bekannten oder zugänglichen Sachverhalten und Informationen soll nach der Gesetzesänderung nicht mehr zur zeitlichen Belastung der Hauptversammlung führen müssen. Der Vorstand wird das Internet als Informationsmedium vor allem dann nutzen, wenn die Fragen rechtzeitig vor der Hauptversammlung schriftlich eingereicht oder per E-Mail übersandt werden und die Antwort voraussichtlich eine Vielzahl von Aktionären interessieren wird. Werden in der Hauptversammlung Zusatz- und Ergänzungsfragen zu bereits im Internet beantworteten Fragen gestellt, so müssen diese vom Vorstand in der Hauptversammlung beantwortet werden, sofern nicht die Möglichkeit der Auskunftsverweigerung nach § 131 Abs. 3 Nr. 1 bis 6 AktG besteht.

5.4 Anfechtung von Hauptversammlungsbeschlüssen

5.4.1 Modernisierung des Anfechtungsrechts

In der Praxis werden Anfechtungsklagen vielfach auf Informationsmängel gestützt, die sich auf Fragen von Aktionären im Zusammenhang mit der Bewertung des Unternehmens beziehen. Der neu gefasste § 243 Abs. 4 Satz 2 AktG schließt in Zukunft die Anfechtung von Hauptversammlungsbeschlüssen wegen Mängeln der Information in der Hauptversammlung ausdrücklich aus, wenn mit der Klage die unrichtige, unvollständige oder unzureichende Information über die Ermittlung, Höhe und Angemessenheit von Ausgleich, Abfindung, Zuzahlung oder sonstigen Kompensationen gerügt wird, sofern zur Klärung derartiger Bewertungsfragen den Aktionären gesetzlich die Durchführung eines Spruchverfahrens offen steht. Dies betrifft vor allem die Höhe der Zuzahlung oder Abfindung der Aktionäre bei Fällen der Strukturänderung nach dem UmwG, Kompensationsleistungen bei Abschluss von Unternehmensverträgen nach §§ 291 ff. AktG oder Abfindungen nach §§ 327a f. AktG im Fall des Squeeze-out. Die neue Regelung liegt auf der Linie der jüngsten Rechtsprechung des BGH (BGH vom 18. Dezember 2000 – II ZR 1/99, BGHZ 146, S. 179) und wird die Hauptversammlung in Zukunft von dem Risiko der Anfechtung von Hauptversammlungsbeschlüssen wegen sog. „Bewertungsrügen“ wesentlich entlasten, für die das Spruchverfahren nach verbreiteter Ansicht ohnehin das speziellere und der Sache nach geeignete Verfahren darstellt. Die Anfechtung von Hauptversammlungsbeschlüssen im Extremfall der vollständigen Informationsverweigerung bleibt indes unverändert zulässig. Der Anfechtungsausschluss erstreckt sich im Übrigen auch nur auf Mängel der Information in der Hauptversammlung. Informationspflichten, die vor oder außerhalb der Hauptversammlung zu erfüllen sind, wie z.B. Vertragsberichte bei Abschluss eines Unternehmensvertrags, Verschmelzungsberichte oder Berichte bei einem Squeeze-out, bleiben von der neuen Vorschrift unberührt. Das bestehende gesetzlich angeordnete Informationsniveau der Aktionäre im zeitlichen Vorlauf einer Hauptversammlung soll also durch die Gesetzesänderungen nicht reduziert werden.

5.4.2 Freigabeverfahren

Ein weiteres Kernelement des UMAG bildet die in dem neuen § 246a AktG vorgesehene Ausdehnung des sog. Freigabeverfahren's auf die Anfechtung von eintragungsbedürftigen Hauptversammlungsbeschlüssen über Maßnahmen der Kapitalbeschaffung oder der Kapitalherabsetzung gem. §§ 182 ff. AktG sowie den Abschluss von Unternehmensverträgen gem. §§ 291 ff. AktG. Mit dem Freigabeverfahren wird auf das für Umwandlungsfälle bereits in § 16 Abs. 3 UmwG sowie für die Eingliederung bzw. den Squeeze-out in §§ 319 Abs. 6 und 327e Abs. 2 AktG gesetzlich geregelte und in der Praxis inzwischen bewährte Vorbild zurückgegriffen. Das dort vorgesehene Prinzip der zwingenden Registersperre, das die Eintragung von angefochtenen Beschlüssen bis zum Ausgang des Freigabeverfahrens verhindert, wurde allerdings nicht übernommen. Das in § 246a AktG vorgesehene Freigabeverfahren, das als Eilverfahren ausgestaltet ist, bei dem das Gericht über den Eintragungsantrag der Gesellschaft binnen drei Monaten entscheiden soll, eröffnet der Gesellschaft die Möglichkeit, die Eintragung eines Beschlusses der Hauptversammlung in das Handelsregister ungeachtet der erhobenen Anfechtungsklage zu erwirken, wenn das Gericht die Klage entweder für unzulässig oder offensichtlich unbegründet hält oder wenn es im Rahmen einer Abwägung zwischen den Interessen der klageerhebenden Aktionäre an einer Verhinderung der Maßnahme und den Interessen der Gesellschaft am alsbaldigen Vollzug des angefochtenen Hauptversammlungsbeschlusses ein überwiegendes Interesse der Gesellschaft feststellt. Damit wird der Gefahr begegnet, dass ein Unternehmen bei besonders wichtigen Strukturentscheidungen über längere Zeit hinweg gelähmt ist.

Lässt das Gericht trotz der Anfechtung des Hauptversammlungsbeschlusses seine Umsetzung durch Eintragung in das Handelsregister zu, so ist die Entscheidung nach § 246a Abs. 3 AktG für das Registergericht bindend. Darüber hinaus bestimmt § 246a Abs. 4 AktG – ähnlich wie z.B. schon § 16 Abs. 3 Satz 6 UmwG im Fall der Verschmelzung – ausdrücklich, dass auch im Fall des Erfolgs einer Anfechtungs- oder Nichtigkeitsklage als Ersatz des Schadens die Beseitigung der Wirkung der Eintragung im Handelsregister nicht verlangt werden kann, d.h., dass die Maßnahme (z.B. die durchgeführte Kapitalerhöhung oder der vollzogene Beherrschungs- und Gewinnabführungsvertrag) keinesfalls mehr rückgängig gemacht werden muss. Die vom Gericht freigegebenen Maßnahmen, z.B. die Kapitalerhöhung oder Kapitalherabsetzung sowie der abgeschlossene Unternehmensvertrag, haben damit also auch für die Zukunft in jedem Fall Bestand, selbst wenn die Anfechtungsklage erfolgreich wäre und sich der Hauptversammlungsbeschluss als nichtig erweisen sollte.

5.5 Ausblick

Die funktionale Trennung von Eigentum und Verfügungsgewalt an den Ressourcen einer Institution ist kennzeichnend für kapitalmarktorientierte Unternehmen. Während die Analyse der damit einhergehenden Problematik im Rahmen der „Principal-Agent-Theorie“ in der Ökonomie bereits auf eine lange Tradition zurückblicken kann, wurden deren Erkenntnisse in den Rechtswissenschaften nur zögerlich adaptiert. Da der Gesetzgebungsprozess auf nationaler Ebene auch in materieller Hinsicht von Vertretern der letztgenannten Disziplin dominiert wird, verharrt das deutsche Gesellschaftsrecht methodisch bei der naiven Abbildung des gesetzgeberischen Willens, ohne strategische Interdependenzen zwischen den Akteuren zu berücksichtigen. Mit der durch das UMAG erfolgten Verankerung einer „Business Judgement Rule“ wird dagegen gezielt der Versuch unternommen, die individuelle Risikopräferenzrate von Managern am gesellschaftlich Gewollten auszurichten. Auch die Reformen, die den Handlungsspielraum der Anteilseigner betreffen, orientieren sich am tatsächlichen individuell-rationalen Verhalten von Aktionären und treffen eine bewusste Abwägung zwischen dessen disziplinierender Wirkung auf das Gebaren der Verwaltungsorgane und dem immanenten Missbrauchspotenzial.

Insofern wird das UMAG seinem Namen gerecht und unternimmt erste Schritte in Richtung gesellschaftsrechtlicher Moderne. Es scheint allerdings fraglich, ob die Reformen weitreichend genug sind, um das damit verfolgte Primärziel, die Steigerung der Attraktivität des Finanzplatzes Deutschland, zu erreichen.

Literaturhinweise

Butzke, Volker: Die Hauptversammlung der Aktiengesellschaft, in: Obermüller/Werner/Winden, 4. Aufl. 2001; *Diekmann, Hans/Leuering, Dieter:* Der Referentenentwurf eines Gesetzes zur Unternehmensintegrität und Modernisierung des Anfechtungsrechts, NZG 2004, S. 249 – 257; *Fleischer, Holger:* Die „Business Judgement Rule“ im Spiegel von Rechtsvergleichung und Rechtsökonomie, FS Wiedemann, 2002, S. 827 – 849; *Fleischer, Holger:* Die „Business Judgement Rule“: Vom Richterrecht zur Kodifizierung, ZIP 2004, S. 685 – 692; *Fleischer, Holger:* Das Gesetz zur Unternehmensintegrität und Modernisierung des Anfechtungsrechts, NJW 2005, S. 3525 –

3530; *Kinzl, Ulrich-Peter:* Wie angemessen muss „angemessene Information“ als Grundlage für Vorstandsentscheidungen sein?, DB 2004, S. 1653 – 1365; *Kock, Martin/Dinkel, Renate:* Die zivilrechtliche Haftung von Vorständen für unternehmerische Entscheidungen, NZG 2004, S. 441 – 448; *Kuthe, Thorsten:* Die Fortsetzung der Aktienrechtsreform durch den Entwurf eines Gesetzes zur Unternehmensintegrität und Modernisierung des Anfechtungsrechts, BB 2004, S. 449 – 451; *Langenbucher, Katja:* Vorstandshandeln und Kontrolle, DStR 2005, S. 2083 – 2090; *Noack, Ulrich/Zetzsche, Dirk:* Die Hauptversammlungslegitimation durch „Hinterlegung“ bei girosammelverwahrten Inhaberaktien, WM 2004, S. 1 – 9; *Paefgen, Walter G.:* Dogmatische Grundlagen, Anwendungsbereich und Formulierung einer Business Judgment Rule im künftigen UMAG, AG 2004, S. 245 – 261; *Schmidt, Karsten:* Verfolgungspflichten, Verfolgungsrechte und Aktionärsklagen: Ist die Quadratur des Zirkels näher gerückt? – Gedanken zur Reform der §§ 147 – 149 AktG vor dem Hintergrund der Juristentagsdiskussion des Jahres 2002, NZG 2005, S. 796 – 801; *Seibert, Ulrich/Schütz, Carsten:* Der Referentenentwurf eines Gesetzes zur Unternehmensintegrität und Modernisierung des Anfechtungsrechts – UMAG, ZIP 2004, S. 252 – 258; *Spindler, Gerald:* Haftung und Aktionärsklage nach dem neuen UMAG, NZG 2005, S. 865 – 872; *Ulmer, Peter:* Haftungsfreistellung bis zur Grenze grober Fahrlässigkeit bei unternehmerischen Fehlentscheidungen von Vorstand und Aufsichtsrat?, DB 2004, S. 859 – 863; *Vetter, Eberhard:* Abfindungswertbezogene Informationsmängel und Rechtsschutz, FS Wiedemann, 2002, S. 1323 – 1347; *Wilsing, Hans-Ulrich:* Neuerungen des UMAG für die aktienrechtliche Beratungspraxis, ZIP 2004, S. 1082 – 1091.

6 Kapitalanleger-Musterverfahrensgesetz (KapMuG)

6.1 Hintergründe und Zielsetzung

Am 1. November 2005 ist das Gesetz zur Einführung von Kapitalanlegermusterverfahren in Kraft getreten. Mit Artikel 1 dieses Gesetzes wurde das Gesetz über Musterverfahren in kapitalmarktrechtlichen Streitigkeiten (Kapitalanleger-Musterverfahrensgesetz – KapMuG) eingeführt. Das KapMuG ist Bestandteil des 10-Punkte-Programms der Bundsregierung zur Stärkung der Unternehmensintegrität und des Anlegerschutzes und greift, in bisher für das deutsche Zivilrecht einmaliger Weise, den Gedanken der kollektiven Rechtsdurchsetzung auf. Konkreter Anlass für diese Gesetzesinitiative war eine von Kleinaktionären im Jahr 2001 initiierte Prozesswelle, die das zuständige Landgericht Frankfurt am Main innerhalb kurzer Zeit mit den Klageanträgen von ca. 15.000 Anlegern konfrontierte. Ein Verstoß gegen die verfassungsmäßig gewährleistete Rechtsschutzgarantie, die auch eine hinreichend zügige Bearbeitung von Rechtsstreitigkeiten verlangt, schien mithin unvermeidbar und konnte nur durch die zeitige Einführung des KapMuG noch im Jahre 2005 verhindert werden.

Dieser Ausgangsfall war nicht nur bezüglich seiner Dimension, sondern auch hinsichtlich seiner prozessökonomischen Struktur typisch für Rechtsstreitigkeiten, die durch fehlerhafte Kapitalmarktinformationen induziert werden. So steht einem mutmaßlichen Schädiger regelmäßig eine große Zahl von Anlegern gegenüber, deren Individualschaden im Verhältnis zum Prozesskostenrisiko nur gering ist, sodass es dem Einzelnen an einem wirtschaftlichen Anreiz zur Anspruchsdurchsetzung fehlt. Ein Musterverfahren, das alle Betroffenen einbindet, durchbricht diese Struktur, indem es das Prozesskostenrisiko in Relation zum kollektiven Schaden setzt. Von der damit einhergehenden Verbesserung des effektiven Rechtsschutzes erhofft sich der Gesetzgeber eine präventive Wirkung, die das Vertrauen der Anleger in den Kapitalmarkt zusätzlich stärkt. Die einmalige Klärung einer in zahlreichen Prozessen entscheidungserheblichen Musterfrage entlastet zudem die Justiz und erhöht die Rechtssicherheit. Das KapMuG bezweckt damit auch, geschädigte Aktionäre vom sog. „forum shopping", d.h. dem Ersuchen von Rechtsschutz im Ausland, insbesondere in den USA, abzuhalten und so zu verhindern, dass die Kontrolle der inländischen Kapitalmärkte der deutschen Justiz entgleitet.

6.2 Anwendungsbereich und Gerichtsstand

6.2.1 Anwendungsbereich

Das KapMuG findet Anwendung, wenn Anleger durch fehlerhafte, irreführende oder unterlassene öffentliche Kapitalmarktinformationen geschädigt wurden oder einen Erfüllungsanspruch aus einem Vertrag geltend machen wollen, der auf einem Angebot nach dem Wertpapiererwerbs- und Übernahmegesetz beruht. Den Begriff der „öffentlichen Kapitalmarktinformation" definiert § 1 des Gesetzes als „für eine Vielzahl von Anlegern zugängliche oder zugänglich zu machende Information über Tatsachen, Umstände, Kennzahlen und sonstige Unternehmensdaten, die einen Emittenten von Wertpapieren betreffen". Dazu zählen insbesondere Angaben in:

- Prospekten nach dem Wertpapierprospektgesetz,
- Verkaufsprospekten nach dem Verkaufsprospektgesetz sowie dem Investmentgesetz,
- Mitteilungen über Insiderinformationen im Sinne des § 15 WpHG,
- Darstellungen, Übersichten, Vorträgen und Auskünften in der Hauptversammlung über die Verhältnisse der Gesellschaft einschließlich ihrer Beziehungen zu verbundenen Unternehmen im Sinne des § 400 Abs. 1 Nr. 1 AktG,
- Jahresabschlüssen, Lageberichten, Konzernabschlüssen, Konzernlageberichten sowie Zwischenberichten des Emittenten, und in
- Angebotsunterlagen im Sinne des § 11 Abs. 1 Satz 1 WpÜG.

In der Praxis wir das Musterverfahren – aufgrund der speziellen Haftungsvorschriften des Börsengesetzes – seinen höchsten Wirkungsgrad in den Fällen fehlerhafter Prospekte entfalten. Die haftungsbegründende Kausalität zwischen Prospekterlass und Aktienerwerb wird hier innerhalb eines Zeitfensters von sechs Monaten ebenso wie die haftungsausfüllende Kausalität zwischen dem Prospektmangel und dem Kursverfall eines Wertpapiers widerlegbar gesetzlich vermutet. Schwierig und kostenintensiv gestaltet sich dagegen meist der Nachweis der Fehlerhaftigkeit des Prospekts an sich, die sich als Feststellungsziel im Musterverfahren anbietet. Das Risiko, die häufig prohibitiv hohen Kosten erforderlicher Sachverständigengutachten zu tragen, kann so auf eine große Zahl von Klägern verteilt und damit individuell tragbar werden. Andererseits bietet das Musterverfahren dem Emittenten die Möglichkeit, die Kausalität zwischen (fehlerhafter) Kapitalmarktinformation und Kursentwicklung zu widerlegen, was ein Obsiegen in allen anhängigen Prozessen impliziert.

6.2.2 Gerichtsstand

Die ausschließliche Zuständigkeit für alle Verfahren, die in den Anwendungsbereich des KapMuG fallen, liegt beim Gericht am Sitz des verklagten Emittenten oder der Zielgesellschaft, sofern sich dieser im Inland befindet (§ 32b Abs. 1 ZPO n.F.). Der für Prospekthaftungsklagen bisher geregelte ausschließliche Gerichtsstand am Sitz der Börse gem. § 48 BörsG und § 13 Abs. 2 VerkProspG wird damit aufgegeben. Neben der Statuierung einer ausschließlichen örtlichen Zuständigkeit wird zudem die ausschließliche sachliche Zuständigkeit des Landgerichts geregelt (§ 71 Abs. 2 Nr. 3 GVG n.F.). Den Landesregierungen wird die Möglichkeit eingeräumt, kraft Rechtsverordnung die örtliche Zuständigkeit für das Ausgangsverfahren nach § 32b ZPO n.F. auf bestimmte Landgerichte zu konzentrieren. Dieser Regelung entspricht für das Musterverfahren selbst die Ermächtigung der Landesregierung in § 4 Abs. 5 KapMuG, die örtliche Zuständigkeit auf ein bestimmtes Oberlandesgericht zu übertragen, was auf Basis eines Staatsvertrages auch länderübergreifend erfolgen kann.

6.3 Struktur des Musterverfahrens

Das mit dem KapMuG eingeführte Musterverfahren gliedert sich in drei Stufen:

- Vorlageverfahren beim erstinstanzlichem Prozessgericht,
- Musterverfahren beim zuständigen Oberlandesgericht,
- Fortsetzung des Verfahrens vor dem erstinstanzlichen Prozessgericht.

Eine Verfahrensbündelung findet nur hinsichtlich des eigentlichen Musterverfahrens statt, sodass auch weiterhin jeder Geschädigte seine Ansprüche gesondert gelten machen muss.

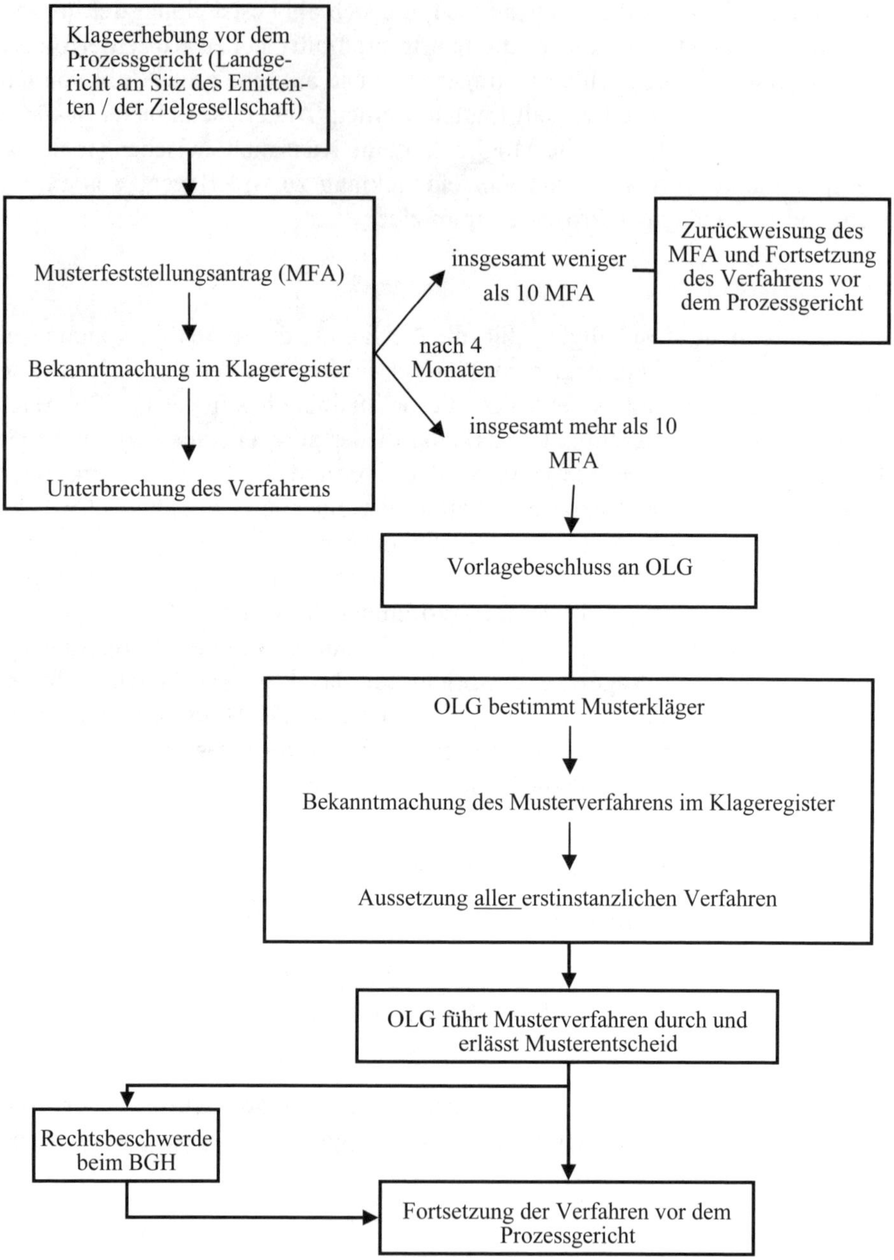

Abbildung 18: Struktur des Musterverfahrens

6.3.1 Vorlageverfahren

Im Rahmen des Vorlageverfahrens wird über die Zulässigkeit des in § 1 Abs. 1 Satz 1 und 2 KapMuG geregelten Musterfeststellungsantrags entschieden. Voraussetzung hierfür ist zunächst, dass bereits ein in den Anwendungsbereich des KapMuG fallender Rechtsstreit anhängig ist. Innerhalb eines rechtshängigen Streits können sowohl Kläger als auch Beklagter Antrag auf Feststellung einer entscheidungserheblichen Anspruchsvoraussetzung in einem Musterverfahren stellen. Im Antrag müssen das verfolgte Feststellungsziel sowie die öffentliche Kapitalmarktinformation angegeben werden. Als Antragsgegenstand kommt die Klärung von Rechtsfragen sowie die Feststellung anspruchsbegründender oder -ausschließender Tatsachen in Betracht. Dem Gegenstand des Musterfeststellungsantrags muss sowohl für den konkreten Fall als auch über den einzelnen Rechtsstreit hinaus Bedeutung zukommen.

Das Prozessgericht darf einen Musterfeststellungsantrag nur in den in § 1 Abs. 3 KapMuG geregelten Fällen als unzulässig abweisen, etwa wenn der dem Antrag zugrunde liegende Rechtsstreit bereits entscheidungsreif ist, der Verdacht der Prozessverschleppung besteht oder eine ausschließlich gestellte Rechtsfrage nicht klärungsbedürftig erscheint.

Ein zulässiger Musterfeststellungsantrag wird vom Prozessgericht im Klageregister des elektronischen Bundesanzeigers bekannt gegeben (§ 2 Abs. 1 KapMuG). Diese Vorgehensweise bezweckt, andere Geschädigte auf das Verfahren aufmerksam zu machen und zur Teilnahme zu veranlassen. Mit der Veröffentlichung des Musterfeststellungsantrags geht die Unterbrechung des Verfahrens vor dem Prozessgericht einher. Werden innerhalb von vier Monaten nicht mindestens neun weitere gleichgerichtete Musterfeststellungsanträge gestellt, weist das Prozessgericht den Musterfeststellungsantrag zurück und setzt das Verfahren fort (§ 4 Abs. 3 KapMuG).

Wird innerhalb der vorgesehenen Frist die Mindestzahl von insgesamt zehn Anträgen erreicht, erlässt das Prozessgericht, bei dem der erste Musterfeststellungsantrag gestellt wurde, den in § 4 Abs. 2 KapMuG näher geregelten Vorlagebeschluss, der dem Oberlandesgericht zur Entscheidung vorgelegt wird (§ 4 Abs. 1 KapMuG). Der Vorlagebeschluss ist nach § 4 Abs. 1 Satz 2 KapMuG für die Parteien unanfechtbar. Wird der Musterfeststellungsantrag als unzulässig oder als unbegründet zurückgewiesen, so gelten ausweislich der Begründung zum Regierungsentwurf (BT-Drs. 15/5091, S. 21) die allgemeinen Rechtsmittel der Zivilprozessordnung, d.h. sofortige Beschwerde nach §§ 567 ff. ZPO sowie Rechtsbeschwerde nach §§ 574 ff. ZPO.

6.3.2 Das Musterverfahren

Das eigentliche Musterverfahren wird vor dem Oberlandesgericht geführt. Dieses bestimmt zu Beginn gem. § 8 Abs. 2 KapMuG den Musterkläger. Die Auswahl des Musterklägers erfolgt nach billigem Ermessen, wobei die Höhe des geltend gemachten Anspruchs sowie eine Verständigung mehrerer Kläger auf einen Musterkläger zu berücksichtigen sind. Mit dieser Regelung wollte man einem „race to the courtroom", wie er bei Massenklagen im US-amerikanischen Rechtsraum üblich ist, vorbeugen.

Nach Festsetzung des Musterklägers gibt das OLG das Verfahren im Klageregister des elektronischen Bundesanzeigers bekannt (§ 6 KapMuG). Im Anschluss daran haben die Prozessgerichte alle bei ihnen rechtshängigen oder rechtshängig werdenden Verfahren auszusetzen, in deren Rahmen dasselbe Feststellungsziel entscheidungserheblich ist; dies gilt nach § 7 Abs. 1 KapMuG unabhängig davon, ob die Parteien einen Musterfeststellungsantrag gestellt haben oder nicht. Ein Ausscheiden aus dem Musterverfahren ist nur durch Rücknahme der beim Prozessgericht anhängigen Klage möglich. Die Prozessgerichte sind verpflichtet, das OLG unverzüglich und unter Angabe der Höhe des Anspruchs von der Aussetzung der Verfahren zu unterrichten (§ 7 Abs. 2 KapMuG). Der Aussetzungsbeschluss gilt für die Parteien als Beiladung zum Musterverfahren. Die Rechtsstellung der Beigeladenen entspricht dem Grunde nach der des Nebeninterventen gem. § 67 ZPO. Demnach sind die Beigeladenen zwar berechtigt, Prozesshandlungen vorzunehmen sowie Angriffs- und Verteidigungsmittel vorzubringen, diese Maßnahmen dürfen das Prozessverhalten des Musterklägers jedoch nicht konterkarieren (§ 12 KapMuG).

Das Oberlandesgericht entscheidet im Musterverfahren durch Beschluss (Musterentscheid nach § 14 Abs. 1 KapMuG); ein Vergleich ist nur zulässig, wenn dem neben dem Musterkläger und dem Musterbeklagten auch alle Beigeladenen zustimmen (§ 14 Abs. 3 KapMuG). Als Rechtsbehelf gegen den Musterbescheid steht den Beteiligten die Rechtsbeschwerde am Bundesgerichtshof zu. Die Rechtsbeschwerde entfaltet auch Wirkung für die Beteiligten, die ihr nicht beigetreten sind.

6.3.3 Fortsetzung der Verfahren vor den Prozessgerichten

Nach Abschluss des Musterverfahrens werden die Einzelverfahren der Beteiligten vor dem Prozessgericht fortgeführt. Der Musterentscheid bindet die Prozessgerichte hinsichtlich seiner rechtlichen und tatsächlichen Feststellungen. Auf seiner Grundlage entscheiden die Prozessgerichte über die Hauptsache und über die Kosten. Hinsichtlich der Kostenfestsetzung gelten grundsätzlich die Bestimmungen der Zivilprozessordnung, wobei die Kosten des Musterverfahrens zu den Kosten des erstinstanzlichen Verfahrens zählen. Da für das Musterverfahren nach § 17 KapMuG keine zusätzlichen Anwalts- und Gerichtskosten vorgesehen sind, beschränken sich diese überwiegend auf die Auslagen für Sachverständigengutachten und werden dem Verhältnis der Höhe der geltend gemachten Ansprüche nach auf die Beteiligten umgelegt.

6.4 Ausblick

Das KapMuG sah sich bereits im Entwurfsstadium mit einer Vielzahl von Bedenken, die sich sowohl gegen seine Notwendigkeit ansich als auch gegen seine konkrete Ausgestaltung richteten, konfrontiert, weshalb es zunächst nur für fünf Jahre gilt. Heftig kritisiert wurde die Regelung zur örtlichen Zuständigkeit des Landgerichts am Sitz des Emittenten, die der Etablierung eines spezialisierten Spruchkörpers entgegensteht. Bemängelt wurden zudem die Ausgestaltung des Musterverfahrens als bloßes Feststellungsverfahren sowie die Bindungswirkung des Rechtsbeschwerdeverfahrens vor dem Bundesgerichtshof.

Auch wenn gewisse Mängel nicht in Abrede gestellt werden können, so bietet das KapMuG doch erstmals die Möglichkeit einer ökonomisch rationalen Bewältigung von Massenprozessen in Zivilverfahren. Da die kapitalmarktrechtlichen Streitigkeiten zugrunde liegenden Strukturen auch für andere Rechtsbereiche, beispielsweise den Verbraucherschutz, kennzeichnend sind, ist davon auszugehen, dass der Gesetzgeber – einen erfolgreichen Verlauf der Erprobungsphase vorausgesetzt – die Regelungen des KapMuG in die Zivilprozessordnung integrieren wird.

Literaturhinweise

Braun, Franz/Rotter, Klaus: Der Diskussionsentwurf zum KapMuG – Verbesserter Anlegerschutz? BKR 2004, S. 296 – 301; *Duve, Christian/Pfitzer, Tanja:* Braucht der Kapitalmarkt ein neues Gesetz für Massenverfahren?, BB 2005, S. 673 – 679; *Keller, Christoph/Kolling, Annabella:* Das Gesetz zur Einführung von Kapitalanleger-Musterverfahren – Ein Überblick, BKR 2005, S. 399 – 403; *Meier, Norbert:* Das neue Kapitalanleger – Musterverfahrensgesetz, DStR 2005, S. 1860 – 1863; *Möllers, Thomas/Weichert, Tilman:* Das Kapitalanleger – Musterverfahrensgesetz, NJW 2005, S. 2737 – 2741; *Plaßmeier, Heiko:* Brauchen wir ein Kapitalanleger-Musterverfahren? - Eine Inventur des KapMuG; NZG 2005, S. 609 – 616.

7 Anlegerschutzverbesserungsgesetz (AnSVG)

Mit dem Anlegerschutzverbesserungsgesetz (AnSVG), das am 29. Oktober 2004 im Bundesgesetzesblatt veröffentlicht wurde, wurden primär die EU-Marktmissbrauchsrichtlinie 2003/6/EG vom 28. Januar 2003 sowie die auf ihr beruhenden Durchführungsrichtlinien umgesetzt und eine Prospektpflicht für nicht in Wertpapieren verbriefte Anlageformen des sog. „Grauen Kapitalmarkts" eingeführt. Das AnSVG trat am Tag nach der Veröffentlichung mit Wirkung vom 30. Oktober 2004 in Kraft.

Durch die Umsetzung der EU-Richtlinie in nationales Recht werden das Insiderrecht, das Recht der Ad hoc-Publizität und die Regelungen zu Marktmanipulationen modernisiert und auf europäischer Ebene vereinheitlicht. Mit der Erweiterung der für Wertpapiere bereits bestehenden Prospektpflicht auf nicht in Wertpapieren verbriefte Anlageformen, flankiert durch entsprechende Haftungsansprüche, soll der Anlegerschutz durch größere Produkttransparenz und Stärkung der Haftungsansprüche der Anleger verbessert werden. Änderungen ergaben sich durch das AnSVG insbesondere im Wertpapierhandelsgesetz (WpHG) im dritten, vierten und sechsten Abschnitt. Die Vorschriften des Insiderrechts, zu Kurs- und Marktmanipulation sowie zur Finanzanalyse wurden gem. § 1 Abs. 2 WpHG auch auf Handlungen und Unterlassungen ausgeweitet, die im Ausland vorgenommen werden und Finanzinstrumente betreffen, die an einer inländischen Börse gehandelt werden.

Mit Datum vom 13. Dezember 2004 hat das Bundesfinanzministerium die Verordnung zur Konkretisierung von Anzeige-, Mitteilungs- und Veröffentlichungspflichten sowie der Pflicht zur Führung von Insiderverzeichnissen nach dem Wertpapierhandelsgesetz (Wertpapierhandelsanzeige- und Insiderverzeichnisverordnung – WpAIV) verabschiedet. Der Anwendungsbereich der Verordnung erfasst die Anzeige von Verdachtsfällen (§ 10 WpHG), die Veröffentlichung und Mitteilung von Insiderinformationen (§ 15 WpHG) sowie Directors' Dealings (§ 15a WpHG) und die Führung von Insiderverzeichnissen (§ 15b WpHG). Die wesentlichen Anforderungen der WpAIV sind in den folgenden Abschnitten vermerkt.

Zudem wurde von der BaFin ein begeleitender Emittentenleitfaden per 20. Juli 2005 verabschiedet, der weitere Informationen und Handlungshinweise beinhaltet.

Weitere Änderungen werden sich jedoch auch zukünftig nicht ausschließen lassen, etwa durch die Richtlinie über die Märkte für Finanzinstrumente (Markets in Financial Instruments Directive – MiFID, ABl. EG L 145 vom 30. April 2004, S. 1). Eine Umsetzung soll – sofern nicht bereits durch das AnSVG vorweggenommen – binnen zwei Jahren (ursprünglich bis zum 1. Mai 2006, nun bis Januar 2007) in nationales Recht erfolgen. Eine Anwendung ist ab November 2007 vorgesehen.

Banken, Börsen und Wertpapierhäuser sollen demnach auf Grundlage der inländischen Zulassung bei der BaFin ihre Dienstleistungen zukünftig europaweit erbringen können (Anpassung „Europäischer Pass“) bzw. es sollen damit Anlegern grenzübergreifende Investitionen im Binnenmarkt erleichtert werden. Den Investoren werden somit zukünftig mehr Wertpapierdienstleister zur Auswahl stehen, was entsprechenden Wettbewerb und erhöhte Anforderungen an die Dienstleister mit sich bringt.

Eine Harmonisierung der Vorschriften für Wertpapierdienstleistungen sowie Börsentätigkeiten (insbesondere Transparenzvorgaben hinsichtlich vor- und nachbörslicher Handel) soll neben einer Anpassung von Kompetenzen und Aufgaben der einzelnen nationalen Aufsichtsbehörden mit der Richtlinienumsetzung (Level 1) einhergehen. Ein angemessenes Anleger- und Verbraucherschutzniveau unter Förderung der Wettbewerbsbedingungen zwischen den europäischen Handelsplätzen in Europa wird als Ziel definiert.

Wertpapierfirmen sollen klare und vorhersehbare Vorschriften erhalten, deren Umsetzung jedoch zuerst einmal mit Kosten für das betroffene Unternehmen verbunden ist. Art und Höhe hängen von den entsprechenden Aktivitäten des Dienstleisters ab, wobei jedoch insbesondere EDV-Kosten und ggf. Beratungsaufwendungen zur Umsetzung den Großteil ausmachen dürften.

Themeninhalte der Richtlinie sind primär Wohlverhaltensregeln, Organisationspflichten, Best Execution Practices und die Darstellung von Interessenkonflikten sowie Anforderungen an Börsen. Daneben ergeben sich weitere Regelungen.

Unter anderem soll auch ein Wertpapierdienstleister Kunden nach Schutzbedürfnis in Gruppen einteilen, um ihnen dann die nötigen Informationen zur Durchführung ihrer Geschäfte zukommen zu lassen. Die für den Kunden ausgeführten Geschäfte sind hinsichtlich ihrer Angemessenheit in Bezug auf die vorher erfragten Kundenbedürfnisse und -umstände zu bewerten, wobei hinsichtlich der jeweiligen Geschäftsarten eine Differenzierung erfolgt. Geschäfte des Kunden sind jeweils im besten Kundeninteresse auszuführen, wobei sich diese Regelung prinzipiell auf alle Arten von gehandelten Finanzinstrumenten bezieht. Der Kunde wird vorab über das Ausführungsprocedere seines Auftrags informiert und kann ggf. entsprechende Weisungen erteilen. Geschäfte im besten Kundeninteresse betreffen vor dem Hintergrund des Kundenschutzbedürfnisses nun auch konsequenterweise Portfolio-Manager. Der Auswahl und Kontrolle der Geschäftspartner wird zukünftig somit vermehrt Augenmerk geschenkt werden müssen, was auch den Handel von nicht-börsennotierten Werten betreffen kann. Auch die Entscheidung direkt an einer Börse zu partizipieren anstatt über einen entsprechenden Makler Geschäfte zu platzieren, kann sich künftig als vorteilhaft für einen Dienstleister erweisen. Eine Überprüfung der Einhaltung der Kundeninteressen erfolgt durch die Aufsicht unter Heranziehung verschiedener Kriterien, die entsprechende Institutsspezifika berücksichtigen soll.

Die Richtlinie sieht zu einigen Themenbereichen die Einführung detaillierter Durchführungsmaßnahmen (Level 2) in Form einer Durchführungsrichtlinie und -verordnung vor, die nach zweijähriger Konsultationsphase nun in Entwurfsfassungen vom 6. Februar 2006 vorliegen.

Im Sinne des „Lamfalussy"-Prozesses wurden die Entwürfe dem Europäischen Parlament und dem Europäischen Wertpapierausschuss (European Securities Committee – ESC) zur Prüfung übermittelt, wobei mit einer Annahme Mitte 2006 zu rechnen ist. Die Themenschwerpunkte stimmen mit den o.g. überein, wobei insbesondere noch Transparenz- und Meldeanforderungen i.S.d. § 9 WpHG zu erwähnen sind. Auch Mitarbeitergeschäfte sowie die Durchführung von Research-Maßnahmen werden aufgegriffen.

Die wesentlichen Änderungen des WpHG durch das AnSVG betreffen die nachfolgenden Aspekte, wobei zukünftig der Einfluss der MiFID noch zu berücksichtigen sein wird:

7.1 Definition von Finanzinstrumenten

Gegenüber der bisherigen Regelung des WpHG werden neben Wertpapieren, Geldmarktinstrumenten, Derivaten und Devisentermingeschäften nunmehr alle Finanzinstrumente in den sachlichen Anwendungsbereich gem. § 1 Abs. 1 WpHG miteinbezogen.

In § 2 Abs. 2b WpHG wurde eine gesetzesspezifische Definition von Finanzinstrumenten als Oberbegriff eingefügt. Diese umfasst Wertpapiere, Geldmarktinstrumente, Derivate und Rechte auf Zeichnung von Wertpapieren neben sonstigen Instrumenten, die zum Handel an einem organisierten Markt im Inland (geregelter Markt, Freiverkehr, Börse) oder der EU/EWWU zugelassen sind oder für die eine solche Zulassung beantragt bzw. öffentlich angekündigt worden ist. Bei Beantragung wird auf den Zugang bei der zuständigen Börse abgestellt; unter öffentlicher Bekanntmachung wird die an einen unbestimmten Personenkreis gerichtete publizierte Erklärung gefasst.

Waren- sowie Edelmetallderivate werden nach § 2 Abs. 2b i.V.m. Abs. 2 Nr. 4 WpHG ebenfalls erfasst, dabei sind auch Stromderivate miteingeschlossen. Als Derivate gelten als Fest- oder Optionsgeschäfte ausgestaltete Termingeschäfte, deren Preis unmittelbar oder mittelbar von anderen Preisen (z.B. Börsen- oder Marktpreis von Wertpapieren, Zinssätzen etc.) abhängt.

Bei Insiderpapieren, deren Preis unmittelbar oder mittelbar von Finanzinstrumenten nach § 2 Abs. 1 Nr. 1 oder 2 WpHG (Wertpapiere) abhängt, gelten die Insidervorschriften unabhängig davon, ob sie an einer Börse gehandelt werden oder nicht. Damit sollen bisher bestehende Regelungslücken geschlossen werden, wobei als Beispiele OTC-Derivate, Credit Default Swaps, Firmen-Optionsprogramme (Stock-Options) und Click-Options (außerbörslich standardisierte Derivate auf Insiderpapiere) zu nennen sind. Keine Insiderpapiere stellen weiterhin Wertsteigerungsrechte, Stock Appreciation Rights und Phantom Stocks dar, da sie keine Finanzinstrumente im Sinne der Norm sind.

Dem entsprechende Folgeänderungen erfolgten in anderen Paragraphen des WpHG.

7.2 Erweiterte Aufgaben der Bundesanstalt für Finanzdienstleistungsaufsicht (BaFin)

Die Aufgaben der BaFin wurden durch den geänderten § 4 WpHG zusammengefasst und stark erweitert, um den mit dem Gesetz verfolgten Aufsichtsgedanken Rechnung zu tragen. Damit einher gingen Änderungen bezüglich der Zusammensetzung des Börsenrats und der Zusammenarbeit mit anderen Behörden im Inland bzw. zuständigen Stellen im Ausland.

Der Generalnorm entsprechend gilt es, Missstände zu verhindern oder zu beseitigen, die nachteilige Auswirkungen auf den Finanzmarkt haben können oder einen ordnungsmäßigen Handel beeinträchtigen.

Der BaFin steht dabei unter anderem das Recht zu, von jedermann Auskünfte, die Vorlage von Unterlagen und die Überlassung von Kopien zu verlangen oder Personen laden und vernehmen zu lassen, soweit dies durch Anhaltspunkte gerechtfertigt ist. Auch Zutrittsrechte sind der BaFin von den auskunftspflichtigen Personen einzuräumen.

Darüber hinaus kann die BaFin nach § 40b WpHG unanfechtbare Maßnahmen, die sie wegen Verstößen gegen Verbote oder Gebote getroffen hat, auf ihrer Website veröffentlichen („naming and shaming").

7.3 Verdachtsbezogene Anzeigepflicht

Wertpapierdienstleistungsunternehmen, andere Kreditinstitute, Betreiber von Märkten, an denen Finanzinstrumente gehandelt werden, und die Börsengeschäftsführungen werden im Falle von Tatsachen, die auf Insidergeschäfte oder Marktmanipulationen schließen lassen, durch den neu eingefügten § 10 WpHG zu Verdachtsanzeigen an die BaFin verpflichtet.

Eine Anzeige ist nicht alleine auf Vermutungen zu stützen, sondern durch entsprechende Anhaltspunkte zu unterlegen. Allerdings besteht eine Haftungsbefreiung des Meldenden bei einer leicht fahrlässigen Falschinformation, wodurch eine zusätzliche Anreizkomponente zur Anzeige geschaffen wurde. Ein Verbot der Weitergabe dieser Informationen an die Beteiligten ist in § 10 Abs. 1 Satz 2 WpHG verankert, womit die Ermittlungsbehörden in ihrer Tätigkeitsausübung geschützt und mögliche Verschleierungen unterbunden werden sollen.

In den Verdachtsanzeigen sind nach § 2 WpAIV im Wesentlichen die folgenden Angaben erforderlich: Name und Anschrift des Meldenden, Beschreibung des getätigten Geschäfts mit Einzelinformationen, Angabe der Tatsachen, die den Verdacht auslösen, und eine entsprechende Begründung, Detailangaben zu allen am Geschäft beteiligten Personen sowie sonstige Angaben, die für den Sachverhalt von Belang sein könnten. Sofern noch nicht alle Daten vorliegen, sind zumindest die Gründe anzugeben, die zur Anzeige geführt haben. Die fehlenden Daten sind unverzüglich nachzureichen. Eine eigene Ermittlungspflicht des Meldenden besteht jedoch nicht. Die Anzeige ist postalisch oder per Fax zu übermitteln, ein Formblatt soll durch die BaFin zukünftig bereitgestellt werden. Des Weiteren ist ggf. geplant, entsprechende Anzeigen per DFÜ an die BaFin zu erstatten.

7.4 Insiderinformationen bzw. -handel

In § 13 WpHG wird der Begriff Insiderinformation definiert. Dabei handelt es sich um eine konkrete (bestimmte bzw. präzise) Information über nicht öffentlich bekannte Umstände oder Ereignisse, die sich auf einen oder mehrere Emittenten von Insiderpapieren (§ 12 WpHG) oder auf die Insiderpapiere selbst beziehen und die geeignet sind, im Falle ihres öffentlichen Bekanntwerdens den Börsen- oder Marktpreis der Insiderpapiere erheblich zu beeinflussen. Hierbei wird auf die Auslegung durch einen verständigen Anleger abgestellt.

Eine Unterscheidung in Primär- (gelangen aufgrund ihrer beruflichen Tätigkeit bestimmungsgemäß in den Besitz der Insiderinformation) und Sekundärinsider (gelangen zufällig oder bei Gelegenheit in den Besitz der Insiderinformation) wird nicht mehr vorgenommen; Beschränkungen und Pflichten sind auf sämtliche Insider anzuwenden. Dabei werden nicht nur der Emittent selbst, sondern auch im Auftrag oder auf Rechnung des Emittenten handelnde Personen erfasst. Als Anknüpfungspunkt gilt somit ausschließlich die Insiderinformation.

Auch zukünftige Ereignisse, bei denen eine „hinreichende" Wahrscheinlichkeit besteht, dass sie eintreten (mit „an Sicherheit grenzende" Wahrscheinlichkeit ist nicht erforderlich), sind in den Begriff der Insiderinformation eingeschlossen.

Abweichend von der bisherigen Handhabung wird nicht mehr auf den Begriff der „Tatsache" abgestellt, sondern der Begriff des „Umstands" eingeführt, was neben der bisherigen Definition im Sinne von allen der äußeren Wahrnehmung zugängliche Geschehnisse, Zuständen der Außenwelt und des menschlichen Innenlebens insbesondere Werturteile, Prognosen und Gerüchte beinhaltet. Dies führt letztlich zu einer wesentlich früher einsetzenden Veröffentlichungspflicht, wobei sicherlich die Frage des richtigen Zeitpunkts nicht immer eindeutig festgelegt werden kann und in dieser Hinsicht Unsicherheiten auftreten können.

Bei mehrstufigen Entscheidungen (z.B. Unternehmenserwerb) ist auf jeder Stufe zu prüfen, ob es sich um eine konkrete Information handelt, erst danach ist die Entscheidung zu treffen, ob die Information zu einer erheblich Preisbeeinflussung führt. Eine Gesamtbetrachtung aller Stufen ist somit erforderlich, wobei Absichtserklärungen wie Letter of Intent durchaus erhebliche Bedeutung zukommen kann (auch Due Diligence Prüfungen etc.).

Bei Gerüchten kann es sich ebenfalls um eine Insiderinformation handeln, wobei im Einzelfall (Quelle, zugrunde liegende Fakten, Marktverfassung) zu prüfen sein wird, inwieweit ein verständiger Anleger auf dieser Grundlage handeln würde. Daneben besteht wie oben geschildert die Notwendigkeit der erheblichen Preisbeeinflussung.

Das Tatbestandsmerkmal „nicht öffentliche Insiderinformation" wird negativ abgegrenzt, dabei wird auf die Kenntnis einer unbestimmten Zahl von Personen abgestellt. Sie muss zeitgleich den interessierten Marktteilnehmern zugänglich sein (z.B. elektronisches Informationsverbreitungssystem). Dadurch soll die informationelle Chancengleichheit nicht beeinträchtigt werden, wobei eine Verbreitung in einem einschlägigen Börseninformationsdienst, einem Newsboard, einer Homepage des Unternehmens, einer Pressekonferenz oder Informationsweitergabe im Rahmen einer Hauptversammlung, die auch live im Internet übertragen wird, hierunter nicht zu subsummieren sind. Diese Methoden sichern keine zeitgleiche Bekanntgabe in der Bereichsöffentlichkeit.

Als Insiderpapiere sind wie voranstehend bereits beschrieben alle Arten von Finanzinstrumenten anzusehen, deren Preis unmittelbar oder mittelbar von der Marktentwicklung eines anderen Finanzinstruments abhängt, das an einer inländischen Börse zum Handel zugelassen ist oder in den geregelten Markt bzw. Freiverkehr einbezogen ist. Unter die Insiderpapiere fallen ebenfalls Finanzinstrumente, die in einem EU/EWWU-Staat zum Handel an einem organisierten Markt zugelassen sind. Der Antrag auf Zulassung steht der Zulassung/Einbeziehung gleich.

Informationen, die sich auf Emittenten von oder das Insiderpapier selbst beziehen, müssen dabei nicht unbedingt nur im Tätigkeitsbereich des Emittenten eintreten und sich direkt auswirken. So sind hier sicherlich auch mittelbar betreffende Umstände wie z.B. Marktdaten, Zinsbeschlüsse, Leitungskapazitäten bei Strom, Gesetzesvorhaben, Rohstoffpreise, Ordervolumen etc. zu nennen.

Eine Festlegung von Schwellenwerten bzgl. Kurserheblichkeit wird im WpHG sowie im Emittentenleitfaden nicht vorgenommen. Es kommt jedoch nicht darauf an, ob sich der Preis des Insiderpapiers nach Bekanntwerden der Insiderinformation tatsächlich verändert (Indizwirkung), sondern vielmehr, ob es aufgrund der Einschätzung eines verständigen Anlegers zu einer erheblichen Preisbeeinflussung kommen kann. Nicht jede geringfügige Preisänderung soll aufgrund des Erheblichkeitskriteriums zu einer Insiderinformation führen. Das BaFin nennt hier einen Kauf- oder Verkaufsanreiz, der aus Sicht des Anlegers zu einem „lohnenden" Geschäft führt.

Zur Prüfung der Preiserheblichkeit wird ein zweistufiges Verfahren herangezogen. Ex ante wird geschätzt, ob der Umstand für sich allein im Zeitpunkt des Handelns ein erhebliches Preisbeeinflussungspotenzial birgt (z.B. Übernahmeangebot, Dividendenänderungen etc.). Danach sind für die abschließende Beurteilung die weiteren Umstände des Einzelfalls zu berücksichtigen, die sich positiv wie negativ auf das Potenzial auswirken können.

Insbesondere werden regelmäßig Kenntnisse über Käufe oder Verkäufe von Finanzinstrumenten (betrifft primär Eigengeschäfte von Wertpapierdienstleistungsunternehmen, wobei der Kauf-/Verkaufsauftrag selbst preisbeinflussende Wirkung haben muss, z.B. hohes Volumen, abweichende Limitierung) oder Umstände und Ereignisse, die sich auf Derivate beziehen, als Insiderinformationen angesehen. Fälle des Front- und Parallelrunnings werden somit erfasst.

In § 13 Abs. 2 WpHG wird klargestellt, dass eine Bewertung, die nur aufgrund öffentlich bekannter Umstände erstellt wird, selbst im Falle der Möglichkeit einer erheblichen Kursbeeinflussung keine Insiderinformation darstellt.

Gemäß § 14 WpHG ist es verboten, unter Verwendung einer Insiderinformation Insiderpapiere für eigene oder fremde Rechnung (als Stellvertreter oder Komissionär) oder für einen anderen zu erwerben oder zu veräußern. Ebenfalls fällt unter das Verbot die unbefugte Weitergabe oder zugänglich Machung von Insiderinformationen sowie einem anderen auf Grundlage einer Insiderinformation den Erwerb von solchen Papieren zu empfehlen oder auf sonstige Weise zu verleiten. Dem Erwerb steht die Veräußerung von Insiderpapieren gleich. Der Versuch ist ebenfalls von der Norm erfasst.

Als Erwerb bzw. Veräußerung wird hier die Ausführung der Order verstanden (Gewinnabsicherung), womit sowohl Pensionsgeschäfte als auch die Wertpapierleihe eingeschlossen werden. Vererbung, Schenkung sowie bedingte Übertragungen (mit notwendiger Willenserklärung des Vertragspartners) werden nicht erfasst. Wird eine Order ohne Kenntnis einer Insiderinformation erteilt, ist es unschädlich, wenn vor Ausführung der Ordererteilende Kenntnis davon erlangt (so z.B. auch bei Leerverkäufen oder Dauer-Orders). Der Emittentenleitfaden enthält weitere Ausführungen zu Insiderpapieren als Kreditsicherheit sowie zu Paket- und Kontrollerwerben.

Durch das Verbot der unbefugten Weitergabe von Insiderinformationen wird der Wertpapierhandel bereits in einem frühen Stadium geschützt, da eine Verbreitung der Information unterbunden werden soll. Als Mitteilung wird die unmittelbare Weitergabe der Information definiert, wobei unter „zugänglich machen" die Voraussetzungen für eine Kenntnisnahme geschaffen werden, z.B. durch die Weitergabe von Passwörtern für geschützte Dateien. Eine unbefugte Weitergabe an interne oder externe Personen wird nicht im üblichen Rahmen bei Ausübung der Arbeit/des Berufs oder in Erfüllung von Aufgaben des Insiders für den Emittenten angenommen. Die Weitergabe von Informationen an externe Berater (z.B. Wirtschaftsprüfer, Steuerberater, Kreditinstitute, Ratingagenturen) ist daher nicht unbefugt, wenn die Informationen für die Erfüllung der übertragenen Aufgaben benötigt werden. Ein gesetzliches oder vertragliches Verschwiegenheitsgebot ist nicht entscheidend.

Der Tatbestand des „Verleitens" ist als Novum gegenüber der alten Fassung des WpHG mit aufgenommen worden, wobei darunter die Beeinflussung des Willens des anderen durch beliebige Mittel verstanden wird. Der Kauf/Verkauf wird dabei durch den Insider indirekt nahe gelegt, die Insiderinformation braucht nicht offen gelegt zu werden. Bei Befolgung der Empfehlung kann es unter Umständen ebenfalls zu Insiderhandel kommen, wenn sich der Handelnde der Qualität der erhaltenen „Insiderinformation" bewusst war.

Der Handel mit eigenen Aktien im Rahmen von Rückkaufprogrammen und Maßnahmen zur Stabilisierung des Preises von Finanzinstrumenten stellt im Rahmen der Safe Harbour-Verordnung der EU-Kommission nach § 14 Abs. 2 WpHG unter bestimmten Voraussetzungen keinen Verstoß gegen das Verbot von Insidergeschäften dar.

Nach § 16 WpHG haben Wertpapierdienstleistungsunternehmen vor der Durchführung von Aufträgen, die Insiderpapiere zum Gegenstand haben, bei natürlichen Personen die Personalien (Name, Geburtsdatum, Anschrift) und bei Unternehmen die Firma, die Anschrift der Auftraggeber sowie der berechtigten/verpflichteten Personen/Unternehmen festzustellen und aufzuzeichnen.

Aufgrund der möglichen Auswirkungen bei Gesetzesverstößen sollte auf einen restriktiven Umgang mit Insiderinformationen geachtet werden, der durch Zugriffsbeschränkungen und sonstige Maßnahmen abzusichern und zu kontrollieren ist. Ein entsprechender Verhaltenskodex bzw. interne Anweisungen sind zu etablieren, um dies sicherzustellen. Es ist ratsam, die getroffenen Maßnahmen regelmäßig auf ihre Wirksamkeit zu überprüfen und fortzuentwickeln. Aufgrund der Ausweitung des Umfangs der zu kontrollierenden Geschäfte empfiehlt sich der Einsatz von EDV.

7.5 Ad hoc-Publizität

Das Procedere hinsichtlich der Veröffentlichung von Insiderinformationen wird in § 15 WpHG geregelt. Danach muss der Emittent von Finanzinstrumenten, die im Inland zum Börsenhandel zugelassen sind (amtlicher und geregelter Markt) bzw. für die eine Zulassung beantragt worden ist, die ihn unmittelbar betreffende Insiderinformation unverzüglich veröffentlichen (Ad hoc-Publizität). Mittelbare Informationen sowie nur Finanzinstrumente des Emittenten betreffende Informationen sind nicht relevant. Auch Informationen außerhalb des Tätigkeitsbereichs des Emittenten können eine unmittelbare Auswirkung haben und unterliegen somit der Veröffentlichungspflicht. Zu beachten ist, dass der Emittent somit auch zur Veröffentlichung solcher ihn betreffenden Insiderinformationen verpflichtet ist, die er selbst nicht beeinflussen und möglicherweise auch nicht verifizieren kann. Der Emittentenleitfaden enthält bezüglich mittelbarer Informationen sowie Insiderinformationen eine Auflistung mit Beispielen von Sachverhalten.

Nach § 15 Abs. 1 Satz 3 WpHG ist neben dem Emittenten selbst nun auch jede andere Person zur zeitgleichen Veröffentlichung von Insiderinformationen verpflichtet, wenn sie im Auftrag oder für Rechnung des Emittenten handelt und im Rahmen ihrer Befugnis einem anderen Insiderinformationen mitteilt oder zugänglich macht. Es handelt sich hierbei um eine Art „sekundärer" Mitteilungspflicht, die bei einer „unwissentlichen" Mitteilung bzw. Zugänglichmachung unverzüglich nachzuholen ist. Diese Neuerung kann unter Umständen zu erheblichen organisatorischen Anforderungen bei dem im Auftrag oder für Rechnung des Emittenten Handelnden führen, da es durchaus zur Notwendigkeit kommen kann, spezifische Vertraulichkeitsbereiche (Chinese Walls) aufzubauen.

Eine Ausnahme von der Veröffentlichung ist solchen Personengruppen eingeräumt, die rechtlich zur Vertraulichkeit verpflichtet sind. Darunter ist entweder eine vertraglich fixierte oder gesetzlich vorgeschriebene Verschwiegenheit zu subsummieren. Somit ist bei Rechtsanwälten, Wirtschaftsprüfern oder Steuerberatern eine Veröffentlichungspflicht zu verneinen, sofern die Insiderinformation nicht anderen Personen mitgeteilt oder bewusst oder unbewusst zugänglich gemacht wird, die keiner Verschwiegenheitspflicht unterliegen. Der Geheimhaltung von Insiderinformationen im Rahmen von Vertraulichkeitsvereinbarungen wird zukünftig demzufolge besonderes Augenmerk geschenkt werden müssen.

Insofern sollte mit vom Emittenten beauftragten Beratern, wie Corporate Finance-Beratern o.Ä., eine Vertraulichkeitsvereinbarung getroffen werden. Solche Vereinbarungen sollten ggf. auch mit allen Geschäftspartnern und deren Beratern geschlossen werden, denen Insiderinformationen zugehen. Dabei sind auch die beim Geschäftspartner rechtlich zur Verschwiegenheit verpflichteten Berater einzubeziehen. Vertragsstrafen sind nicht erforderlich.

Übliche Kennzahlen nach § 15 Abs. 1 Satz 5 WpHG sind solche, die im Geschäftsverkehr für diese Branche genutzt werden und einen Vergleich zulassen, so z.B. Umsatz, Earnings per Share, Cashflow, EBIT, EBITDA, etc. Vorjahreszahlen oder prozentuale Veränderungen sind zu nennen. Wechsel in Bilanzierungsmethoden sowie ggf. Änderungen im Konsolidierungskreis sind kenntlich zu machen.

Wechsel von Organmitgliedern, Verwaltungs- und Gerichtsverfahren, erhebliche außerordentliche Erträge und Aufwendungen, Mergers & Acquisitions oder ein Squeeze-out können beispielsweise eine Ad hoc-Publizitätspflicht auslösen.

Die Veröffentlichung von Insiderinformationen hat unter der deutlich hervorgehobenen Überschrift „Ad hoc-Meldung nach § 15 WpHG“ sowie einem aussagekräftigen Schlagwort zu erfolgen (§ 4 WpAIV). Daneben sind der Name des Emittenten, seine Anschrift, WKN/ISIN des ausgegebenen Finanzinstruments, die Börse bzw. das Segment, die zu veröffentlichende Information mit Datum und Uhrzeit des Eintritts der zugrunde liegenden Umstände, eine kurze Erklärung, warum die Information den Emittenten unmittelbar betrifft, sowie sonstige Tatsachen, die zum Verständnis der Börsen- und Marktpreisrelevanz der Information notwendig sind, anzugeben. Die Veröffentlichung soll in ihrer Gänze kurz gehalten sein. Teilweise dürfte es aufgrund der Anforderungen zu Abgrenzungsproblemen kommen, z.B. ab wann eine Insiderinformation bzw. der zugrunde liegende Umstand wirklich eingetreten ist, da es sich auch um eine Häufung von verschiedenen Umständen handeln kann.

Ad hoc-Meldungen sind nicht für Zwecke des Marketings vorgesehen. Sofern eine erhebliche Veränderung der bereits veröffentlichten Information eingetreten ist, hat eine erneute Veröffentlichung nach § 15 Abs. 1 WpHG unter dem Schlagwort Aktualisierung und mit den entsprechenden Daten zu erfolgen (§ 4 Abs. 2 WpAIV). Unwahre Informationen sind unverzüglich im Sinne des § 4 Abs. 3 WpAIV zu berichtigen.

Sofern Dritte zur Veröffentlichung von Insiderinformationen verpflichtet sind, haben diese den Emittenten hierüber unverzüglich zu informieren und in der Veröffentlichung die Dritteigenschaft kenntlich zu machen.

Die Veröffentlichungen haben in deutscher Sprache über ein elektronisch betriebenes Informationsverbreitungssystem sowie bei Bestehen einer Website auf dieser (für zumindest einen Monat leicht und rasch erreichbar) zu erfolgen. Eine zeitgleiche Fassung in englischer Sprache ist gestattet.

Eine Übersendung an die Börsengeschäftsführung und an die BaFin soll 30 Minuten vor der Veröffentlichung mittels Fax oder in elektronischer Form erfolgen (Vorabmitteilung), wobei der Zeitpunkt der Veröffentlichung nebst Inhalt derselben und der Ansprechpartner erkennbar sein muss. Eine persönliche Unterschrift sowie postalische Übermittlung der Veröffentlichung kann durch die BaFin gefordert werden.

Bei Mitteilung einer Insiderinformation an einen Dritten nach § 15 Abs. 1 Satz 3 und 4 WpHG bestehen zusätzliche Angabepflichten gegenüber der BaFin (Name, Anschrift usw.).

Eine Befreiung von der Veröffentlichungspflicht ist auf Entscheidung des Emittenten (nach bisheriger Gesetzeslage war dies die Entscheidung der BaFin) so lange möglich, wie es seine berechtigten Interessen erfordern, keine Irreführung der Öffentlichkeit zu befürchten ist und der Emittent die Vertraulichkeit der Insiderinformation gewährleisten kann. Die Gründe sind der BaFin anzuzeigen, wobei hier Pauschalierungen nicht ausreichend sind. Liegen die aufgeführten Voraussetzungen nicht mehr vor, ist die Veröffentlichung unverzüglich mit dem aktuellen Stand nachzuholen, soweit eine veröffentlichungspflichtige Insiderinformation dann noch vorliegt. Der gesamte Prozess sollte ausreichend dokumentiert werden.

Ein berechtigtes Interesse für eine verzögerte Veröffentlichung liegt nach § 6 WpAIV generell dann vor, wenn die Interessen des Emittenten (und nicht die von Dritten) an der Geheimhaltung die Interessen des Kapitalmarkts an einer Veröffentlichung überwiegen. Insbesondere werden die Fälle genannt, in denen eine Veröffentlichung laufende Verhandlungen wahrscheinlich beinträchtigen könnte (z.B. wenn die finanzielle Überlebensfähigkeit erheblich und unmittelbar bedroht ist oder die Bekanntgabe getroffener Entscheidungen oder geschlossener Verträge sowie die Zustimmung eines anderen Organs noch aussteht). Ebenso können neu entwickelte Produkte, Patente oder Erfindungen ein berechtigtes Interesse auslösen (z.B. aufgrund Patentanmeldung).

Während der Verzögerung der Veröffentlichung hat der Emittent den Zugang zu den Insiderinformationen durch geeignete Maßnahmen zu kontrollieren (§ 7 WpAIV). Es sind zum einen Vorkehrungen zu treffen, dass andere Personen keinen Zugang zu Insiderinformationen erlangen, außer es ist für die Wahrnehmung ihrer Aufgaben unerlässlich. Zum anderen gilt es abzusichern, dass Informationen unmittelbar bekannt gegeben werden können, sofern der Emittent nicht mehr in der Lage ist, deren Vertraulichkeit zu gewährleisten. Werden Gerüchte oder Details der Insiderinformation bekannt, die nicht auf den Emittenten zurückzuführen sind, kann die Veröffentlichung weiter aufgeschoben werden. In diesem Fall kann jedoch ein Dementi des Emittenten zu einer Irreführung der Öffentlichkeit führen. Eine „no comment policy" ist einzuschlagen.

Der BaFin sind die Gründe für die Befreiung sowie eine kurze Beschreibung der internen Abläufe vom Entstehen der Information bis zur Mitteilung mit weiteren Detailangaben anzuzeigen. Mit dieser Anforderung wird im betroffenen Unternehmen im Regelfall erheblicher bürokratischer Aufwand verursacht werden.

7.6 Directors' Dealings

§ 15a WpHG (Veröffentlichung und Mitteilung von Geschäften) wurde auf Personen, die bei einem Emittenten von Aktien Führungsaufgaben wahrnehmen, ausgeweitet (Directors' Dealings). Dabei handelt es sich um persönlich haftende Gesellschafter oder Mitglieder eines Leitungs-, Verwaltungs- oder Aufsichtsorgans des Emittenten sowie sonstige Personen, die regelmäßig Zugang zu Insiderinformationen haben und zu wesentlichen unternehmerischen Entscheidungen ermächtigt sind. Auch Personen, die mit diesen in enger Verbindung stehen, wie z.B. Ehepartner, oder juristische Personen, die entsprechend geleitet bzw. bei denen die zuvor genannten Personen Führungsaufgaben wahrnehmen, diese direkt oder indirekt kontrolliert, die zugunsten einer solchen Person gegründet werden oder deren wirtschaftliche Interessen sich weitgehend entsprechen, werden von dieser Vorschrift nunmehr erfasst. Hier dürfte generell eine Einzelfallprüfung für die betroffenen Personen vorzunehmen sein, die die genauen Kompetenzen hinsichtlich „unternehmerischer Entscheidungen" der jeweiligen Person durchleuchtet. Eine Aufnahme juristischer Personen, Personengesellschaften oder treuhänderisch tätiger Einrichtungen in den Anwendungskreis der Norm ist vor dem Hintergrund des Gesetzeszwecks nur sachgerecht, obwohl der Wortlaut des § 15a Abs. 3 Satz 2 WpHG nur auf juristische Personen eingeht. Eine nicht abschließende Aufzählung enthält der Emittentenleitfaden.

Eine schriftliche Meldepflicht der betroffenen Person (oder von diesen hierzu Beauftragten) besteht neuerdings innerhalb von fünf Tagen nach Abschluss des schuldrechtlichen Verpflichtungsgeschäfts, wenn für die Geschäfte (Erwerb von Aktien des Emittenten oder von Finanzinstrumenten, die sich auf Aktien beziehen) ein Gesamtbetrag in Höhe von € 5.000 pro Person und Kalenderjahr überschritten wird. Damit erfolgt eine wesentliche Verschärfung, da bisher eine Freigrenze von € 25.000 innerhalb von 30 Tagen galt. Zudem werden jetzt auch Manager der mittleren Führungsebene und zwischengeschaltete juristische Personen, etwa eine privat zur Vermögensverwaltung gehaltene GmbH, mit einbezogen. Nahe stehende Personen in enger Verbindung und von diesen kontrollierte bzw. geleitete juristische Personen sind ebenfalls erfasst. In die Betragsgrenze werden kumulativ bei Führungspersonen auch die Geschäfte von mit diesen in enger Verbindung stehenden Personen einbezogen. Eine Saldierung von Käufen und Verkäufen ist nicht zulässig. Der Emittentenleitfaden regelt hierzu noch Besonderheiten hinsichtlich einzelner Sachverhalte (Optionen, Bezugsrechte, Gemeinschaftsdepots, Aktiendividende, Preisangabe, Zeichnung von Finanzinstrumenten, bedingte Geschäfte, Aktientausch, Vermögensverwaltung).

Der Erwerb und die Gewährung von Finanzinstrumenten sowohl auf arbeitsvertraglicher Grundlage oder als Vergütungsbestandteil als auch Erbschaften und Schenkungen werden von der Mitteilungspflicht nach § 15a WpHG ausgenommen, da die Marktmissbrauchsrichtlinie hier eine entsprechende Ausnahme vorsieht. Gleiches gilt für die Ausübung derivativer auf arbeitsvertraglicher Grundlage oder als Vergütungsbestandteil erworbene oder gewährte Finanzinstrumente. Eine reine Verpfändung ohne Eigentumsübergang ist ebenfalls nicht mitteilungspflichtig.

Mitteilungen gem. § 10 WpAIV über Directors' Dealings an die BaFin haben neben der Hervorhebung dieses Sachverhalts insbesondere den Namen der mitteilungspflichtigen Person, Telefonnummer, geschäftliche und private Anschrift sowie Geburtsdatum und -ort zu enthalten. Des Weiteren sind Name und Anschrift des Emittenten, beschreibende Sachverhalte zur mitteilungspflichtigen Person, eine genaue Bezeichnung des Finanzinstruments sowie weitere Angaben zur Transaktion nötig. Die im Entwurf zur Verordnung vorgesehene Erleichterung, bei Kreditinstituten u.ä. Institutionen Geschäfte des Handelsbestands nicht in die Mitteilung aufzunehmen, ist entfallen. Die Mitteilung kann postalisch oder per Fax übersandt werden, wobei die BaFin auf eine postalische Übermittlung einer eigenhändig unterschriebenen Anzeige bestehen kann.

Die Veröffentlichung des Emittenten im Sinne des § 15a Abs. 4 WpHG mit nahezu identischen Angaben nach § 10 WpAIV hat die Überschrift „Mitteilung über Geschäfte von Führungspersonen nach § 15a WpHG" zu enthalten (§ 12 WpAIV). Die Veröffentlichung ist – sofern vorhanden – auf der Website des Emittenten in deutscher Sprache vorzunehmen und für zumindest einen Monat einsehbar zu halten. Andernfalls muss eine Veröffentlichung in einem überregionalen Börsenpflichtblatt erfolgen. Emittenten im Ausland ist es gestattet, auch nur eine englische Veröffentlichung vorzunehmen.

Die BaFin hat hinsichtlich der o.g. Mitteilungen ein entsprechend zu verwendendes Formblatt entwickelt und zusätzliche Erläuterungen zum Mitteilungsformular schriftlich fixiert.

7.7 Führung eines Insiderverzeichnisses

Nach § 15b WpHG sind die nach § 15 WpHG zur Veröffentlichung verpflichteten Emittenten aufgefordert, über solche Personen ein aktuelles Verzeichnis (Insiderverzeichnis) zu führen, die für sie tätig sind (z.B. über einen Arbeitsvertrag oder anderweitig) und bestimmungsgemäß Zugang zu Insiderinformationen haben. Unter diese Pflicht fällt auch der Personenkreis, der entweder im Auftrag oder für Rechnung des Emittenten handelt, also z.B. Berater. Ausgenommen sind nach § 15b Abs. 1 Satz 4 WpHG Abschlussprüfer sowie ihre Gehilfen (§ 323 Abs. 1 Satz 1 HGB). Bei beratender Tätigkeit kann sich jedoch die Pflicht zur Führung eines Insiderverzeichnisses ergeben. Werden durch den Dritten weitere Personen eingeschaltet, haben diese jedoch kein weiteres Insiderverzeichnis zu führen, weil eine Aufnahme im Insiderverzeichnis des Dritten erfolgt.

Auch durch diese Regelung kann sich für die Emittenten sowie für die betroffenen Dritten (z.B. Inverstor-Relations- oder Rating-Agenturen, nicht jedoch Lieferanten oder verbundene Unternehmen) erheblicher Organisationsaufwand ergeben, da beide zur Führung entsprechender Verzeichnisse verpflichtet werden. Hinzu kommt die Ausweitung der Anwendung der Insidervorschriften auf die in § 2 WpHG nun neu definierten Finanzinstrumente, die sowohl einen Niederschlag auf die operative Abarbeitung des Tagesgeschäftes in der Compliance Stelle als auch ggf. EDV-technische Änderungen nach sich ziehen können.

In einem ersten Schritt der Erstellung eines Insiderverzeichnisses ist der Kreis der zu erfassenden Personen zu ermitteln, wobei eine Abgrenzung eher weit vorgenommen werden sollte. Somit sind nicht nur die Entscheidungsträger des Unternehmens betroffen, sondern ggf. auch diesen zuarbeitende Personen, sofern diese Zugriff auf Insiderinformationen haben. Die vermerkten Personen sind über ihre Aufnahme in das Insiderverzeichnis sowie über die Rechtsfolgen von Verstößen zu informieren, die BaFin hat hierzu mit Datum vom 30. Oktober 2004 ein entsprechendes Musterschreiben veröffentlicht, das so oder in abgewandelter Form verwendet werden kann. Eine einmalige Aufklärung reicht aus, wobei eine Dokumentationspflicht nicht vorliegt, jedoch zu empfehlen ist.

In einem zweiten Schritt ist die unverzügliche Aktualisierung sicherzustellen, falls sich entsprechende Angaben ändern. Hierzu sind die nötigen organisatorischen Voraussetzungen einzurichten. Dabei erscheint es sinnvoll, eine Person mit der Führung des Verzeichnisses zu beauftragen, die dergestalt in den Informationsfluss des Unternehmens eingebunden ist, dass sie möglichst zeitnah in den Besitz der benötigten Informationen gelangt (Compliance Officer).

Auf Verlangen ist dieses Verzeichnis der BaFin zu übermitteln. Die in diesem Verzeichnis genannten Personen sind über die rechtlichen Pflichten, die sich aus dem Zugang zu Insiderinformationen ergeben, sowie über die Rechtsfolgen von Verstößen aufzuklären. Ein entsprechender Aufklärungsbogen soll von der BaFin bereitgestellt werden, wobei bis zu diesem Zeitpunkt in anderer Form eine schriftliche Dokumentation der Aufklärung erfolgen sollte.

Die in das Insiderverzeichnis aufzunehmenden Informationen werden durch die WpAIV weiter konkretisiert (Umfang, Form, Inhalt, Aktualisierung, Aufbewahrung usw.).

Nach § 14 WpAIV haben Insiderverzeichnisse die deutliche Kennzeichnung „Insiderverzeichnis nach § 15b WpHG" zu führen. Inhaltlich sind der vollständige Name der zur Führung des Verzeichnisses Verpflichteten bzw. die von ihm beauftragte Person, die geschäftliche Anschrift und Telefonnummer, die vollständigen Namen der ins Verzeichnis aufzunehmenden Personen mit Geburtsdatum und -ort sowie die geschäftliche und private Anschrift aufzunehmen. Weiterhin sind der Grund für die Erfassung im Verzeichnis einschließlich des Datums des Bestehens der Möglichkeit des Zugriffs auf Insiderinformationen bzw. der Zeitpunkt ab dem der Zugriff nicht mehr besteht, anzugeben. Dem Verzeichnis muss das Datum seiner Erstellung bzw. Aktualisierung entnehmbar sein. Das Erfordernis zur Angabe der Uhrzeit bei Eintragungen ist in der Endfassung der WpAIV sinnvollerweise entfallen, da es sich hier sicherlich nur um Schätzgrößen gehandelt hätte.

Eine unverzügliche Aktualisierungspflicht ergibt sich bei Änderung des Grundes für die Erfassung einer Person bzw. Neuerfassung oder Ausscheiden von Personen (§ 15 WpAIV), wobei der jeweilige Anlass der Aktualisierung anzugeben ist. Urlaubs- oder krankheitsbedingte Abwesenheiten sind nicht zu erfassen.

Ein genauer inhaltlicher Aufbau des Insiderverzeichnisses wird im Rahmen der WpAIV nicht vorgeschrieben, der Emittentenleitfaden gibt zwei Formen als Beispiele vor. Es ist ein Verzeichnisaufbau nach Insiderinformationen/Projekten, aber auch nach Personengruppen bzw. Funktions-/Vertraulichkeitsbereichen denkbar. Auch Kombinationen und andere Formen sind möglich. Sofern Informationen vorliegen, die bis zu ihrer Konkretisierung einen längeren Zeitraum in Anspruch nehmen, kann ein Verzeichnis nach Insiderinformationen sinnvoll sein. Auch eine projektmäßige Zuordnung ist möglich, wobei dies insbesondere für im Auftrag oder für Rechnung des Emittenten handelnde Dritte geeignet erscheint. Der Emittent braucht die dort erfassten Personen in sein eigenes Insiderverzeichnis nicht aufzunehmen, sofern ein Verweis mit Anschrift auf das jeweilige Insiderverzeichnis des Dritten vorhanden ist. Bei einem Aufbau nach Funktionsbereichen muss jedoch eine klare Zuordnung der Insiderinformation auf die betroffene Person möglich sein.

Eine generelle Erfassung aller Mitarbeiter eines Emittenten im Insiderverzeichnis wird der WpAIV nicht gerecht, da die entsprechenden Personen individuell nach dem Zugang zu Insiderinformationen aufzulisten sind. Eine diesbezügliche Ausnahmeregelung wird jedoch Emittenten mit einer sehr kleinen Zahl an Mitarbeitern eingeräumt, wobei eine genaue Mitarbeiteranzahl nicht definiert wird.

Aus der Komplexität der Vorschriften wird klar, dass eine zeitnahe Einhaltung ohne einen eigenen organisatorischen Bereich (Compliance-Struktur, Vertretungsregeln) nur sehr schwer durchführbar erscheint.

Die Verzeichnisse können in Papierform oder auf Datenträgern aufbewahrt werden, wobei sicherzustellen ist, dass die Daten jederzeit verfügbar und innerhalb angemessener Frist lesbar gemacht werden können. Sie sind hinsichtlich des Zugangs auf einen engen Personenkreis zu beschränken (Verpflichteter bzw. beauftragte Personen sowie Personen, die unter gesetzlicher Verschwiegenheitspflicht stehen). Eine Veröffentlichung der Insiderverzeichnisse ist nicht vorgesehen.

Die Aufbewahrungsfrist beträgt sechs Jahre innerhalb derer jederzeit nachvollziehbar sein muss, welche Personen Zugang zu Insiderinformationen hatten (§ 16 WpAIV). Die Frist beginnt für jeden aktualisierten Datensatz neu. Nach Fristablauf sind die Daten zu vernichten.

Eine Verzeichnisführung beim Emittenten in Papierform wird nur bei sehr überschaubaren Verhältnissen durchführbar sein. Für den Großteil der Fälle wird den Dokumentationsanforderungen über eine EDV-Lösung Rechnung getragen werden müssen, wobei im Vorfeld der strukturelle Aufbau der Datenbank festzulegen ist. Verweise auf andere Datenbanken sind zulässig, sofern der Name im Insiderverzeichnis selbst erfasst ist. Über einen entsprechenden Zugriffsschutz ist nur den vorgesehenen Personen Einblick zu gewähren bzw. die Pflege des Verzeichnisses zu gestatten. Ein Zugriff durch die Interne Revision oder den verantwortlichen IT-Mitarbeiter wäre somit verboten, in der Praxis jedoch aufgrund von Prüfungen in diesem Bereich bzw. Programmierarbeiten erforderlich. Entsprechende Berechtigungen sind festzulegen.

7.8 Straf- und Bußgeldvorschriften

Die Schadensersatz-, Straf- und Bußgeldvorschriften in den §§ 37b und c, 38 und 39 WpHG wurden neu gefasst. Gegen das Erwerbs- und Veräußerungsverbot wird bereits dann verstoßen, wenn Insiderinformationen verwendet werden. Ausreichend ist bereits das leichtfertige Nichterkennen von Insiderinformationen beim Handeln. Auch ist der Versuch des Insiderhandels mit Einschränkungen strafbar. Konsequenterweise wird die Weitergabe von Insiderinformationen sowie die Empfehlung/Verleitung zum Erwerb oder zur Veräußerung von Insiderpapieren mit Bußgeld geahndet. Aufgrund der angehobenen Geldbußen bzw. Strafen (bis zu € 1 Mio., 5 Jahre Freiheitsstrafe) kommt der Beachtung der geänderten Vorschriften eine erhebliche Bedeutung zu. Diese betreffen nicht nur den Emittenten, sondern auch den zur Mitteilung verpflichteten Dritten. Neben aufsichtsrechtlichen Sanktionen gegen Dritte können sich auch Ansprüche geschädigter Anleger oder des Emittenten selbst ergeben.

7.9 Verbot der Marktmanipulationen

Neben börsengehandelten Finanzinstrumenten werden von dem Verbot der Marktmanipulation gem. § 20a WpHG jetzt auch solche Finanzinstrumente erfasst, für die ein Antrag auf Zulassung oder Einbeziehung zu einem organisierten Markt (und geregelten Markt sowie Freiverkehr) gestellt oder öffentlich angekündigt wurde. Zum bisherigen Verbot, unrichtige Angaben zu machen, kam das Verbot irreführender Angaben hinzu, die für die Bewertung eines Finanzinstruments erheblich sind, oder das Verschweigen solcher Umstände entgegen bestehender Rechtsvorschriften.

Demnach ist es verboten, Geschäfte vorzunehmen oder Kauf-/Verkaufsaufträge zu erteilen, die geeignet sind, falsche oder irreführende Signale für das Angebot, die Nachfrage, den Börsen- oder Marktpreis von Finanzinstrumenten zu geben oder ein künstliches Preisniveau herbeizuführen. Auch eine leichtfertige Handlung gilt als Verstoß.

Die Verordnung zur Konkretisierung des Verbots der Marktmanipulation (Marktmanipulations-Konkretisierungsverordnung – MaKonV) mit Datum vom 1. März 2005 regelt hierzu Näheres. Die MaKonV definiert dabei im Einzelnen bewertungserhebliche Umstände, falsche oder irreführende Signale, ein künstliches Preisniveau sowie sonstige Täuschungshandlungen. Daneben erfolgt eine Abgrenzung zu Handlungen, die keinen Verstoß gegen das Verbot der Marktmanipulation darstellen, sowie die Definition von Kriterien hinsichtlich einer zulässigen Marktpraxis. Auch der Emittentenleitfaden enthält hierzu Ausführungen.

Im Rahmen einer Generalklausel werden in § 2 Abs. 1 MaKonV bewertungserhebliche Umstände als Tatsachen und Werturteile definiert, die ein verständiger Anleger bei seiner Anlageentscheidung berücksichtigen würde. Dies gilt auch für mit hinreichender Wahrscheinlichkeit in der Zukunft eintretende Umstände. Unter bewertungserhebliche Umstände fallen u.a. regelmäßig Insiderinformationen. Des Weiteren seien exemplarisch bedeutende Kooperationen, Erwerb/ Veräußerung von wesentlichen Beteiligungen, Änderungen in bedeutenden Verträgen, Liquiditätsprobleme, Rechtsstreitigkeiten, Änderungen in Jahresabschlüssen, Übernahmeangebote, Personalveränderungen usw. genannt.

Anzeichen für falsche oder irreführende Signale bzw. ein künstliches Preisniveau sind nach § 3 MaKonV beispielweise auf Finanzinstrumente bezogene Geschäfte sowie Kauf- oder Verkaufsaufträge, die an einem Markt einen bedeutenden Anteil am Tagesgeschäftsvolumen dieses Finanzinstruments ausmachen (und insbesondere dabei erhebliche Preisänderungen bewirken). Die Umkehrung solcher Positionen innerhalb kurzer Zeit sowie die Häufung von Aufträgen innerhalb eines kurzen Abschnitts des Börsentags, auf die eine gegenläufige Preisänderung folgt, fallen ebenfalls darunter. Auch Geschäfte, die zu keinem Wechsel des wirtschaftlichen Eigentümers eines Finanzinstruments führen, werden neben dem Kauf oder Verkauf von Finanzinstrumenten in zeitlicher Nähe der Feststellung eines Preises (Referenzpreis) unter dessen Beeinflussung als Anzeichen aufgezählt, wenn dadurch Anleger über die wahren wirtschaftlichen Verhältnisse getäuscht werden und aufgrund dessen Orders erteilen. Die Rücknahme von Orders, die die zur Kenntnis gegebenen Preise der Höchst-/Niedrigst-Limitierung von Kauf-/Verkaufsaufträgen beeinflussen, sind neben Absprachen ebenfalls erfasst.

Die Schwelle liegt hier jedoch niedriger als nach § 13 WpHG, der eine erhebliche Preisbeeinflussung voraussetzt, was in summa eine Verschärfung des Tatbestands Manipulationsverbot gegenüber dem Insiderhandelverbot bedeutet. Ein Kauf- oder Verkaufsanreiz muss ergo nicht gegeben sein.

Sonstige Täuschungshandlungen i.S.d. § 20a Abs. 1 Satz 1 Nr. 3 WpHG werden durch § 4 MaKonV konkretisiert, wobei insbesondere Handlungen oder Unterlassungen erfasst werden, die einen verständigen Anleger über die wahren wirtschaftlichen Verhältnisse an einer Börse oder Markt in die Irre führen (insbesondere Angebot und Nachfrage eines Finanzinstruments) und den Börsen- oder Marktpreis beeinflussen. In § 4 Abs. 2 bis 3 MaKonV werden hierzu weitere Anhaltspunkte geliefert, z.B. durch Verbreitung eines Gerüchts oder Absprachen mit anderen Marktteilnehmern zur Preismanipulation.

Keinen Verstoß gegen das Verbot der Marktmanipulation stellen gem. § 5 MaKonV der Handel mit eigenen Aktien im Rahmen von Rückkaufprogrammen sowie Maßnahmen zur Stabilisierung des Preises von Finanzinstrumenten nach § 20a Abs. 3 WpHG dar. Dies trifft auch unter restriktiven Voraussetzungen auf Maßnahmen im Ausland zu.

Der BaFin wird mit § 7 MaKonV das Recht eingeräumt, eine Gepflogenheit, die geeignet sein könnte, falsche oder irreführende Signale zu geben, als zulässige Marktpraxis anzuerkennen. Die dafür heranzuziehenden Kriterien werden in § 8 MaKonV festgelegt. Bis dato existierende Gepflogenheiten wie z.B. Market-Making werden in der Verordnung nicht genannt. Die Anerkennung einer zulässigen Marktpraxis wird im elektronischen Bundesanzeiger und auf der BaFin-Website bekannt gemacht.

7.10 Regelungen für Finanzanalysten

§ 34b WpHG verpflichtet Personen, die im Rahmen ihrer Berufs- oder Geschäftstätigkeit Informationen über Finanzinstrumente oder deren Emittenten erstellen, die direkt oder indirekt eine Empfehlung für eine bestimmte Anlageentscheidung enthält und einem unbestimmten Personenkreis zugänglich gemacht werden soll (Finanzanalyse), zu der dazu erforderlichen Sachkenntnis, Sorgfalt und Gewissenhaftigkeit. Diese Pflichten gelten nun auch für freie Analysten oder auch für Emittenten, die Finanzanalysen erstellen und entsprechend verbreiten. Eine Beschränkung auf Wertpapierdienstleistungsunternehmen entfällt. Von der Regelung werden auch Analysen erfasst, die nicht nur Wertpapiere betreffen. Rating-Agenturen werden ausdrücklich aus dem Anwendungsbereich dieser Regelung ausgenommen. Allerdings kann aus einem Rating eine indirekte Empfehlung für eine Anlageentscheidung abgeleitet werden, was durchaus für einen Einbezug spricht.

Mit der Finanzanalyse müssen die Identität der Person, die für die Weitergabe bzw. Verbreitung verantwortlich ist, sowie ggf. mögliche Interessenkonflikte offen gelegt werden. Dabei sind die Umstände und Beziehungen, die Interessenkonflikte auslösen können, zu berücksichtigen. Beispielhaft zu nennen sind Kapitalverflechtungen, nennenswerte finanzielle Interessen bzgl. des Emittenten, die Tätigkeit als Marktmacher oder Liquiditätsspender (Market Maker, Designated Sponsor).

Hinsichtlich der Anforderungen an Sachkenntnis, Sorgfalt und Gewissenhaftigkeit sowie zur Sicherstellung der Offenlegung von Interessenkonflikten haben die Finanzanalysten angemessene Kontrollverfahren zu implementieren. So kann es u.a. erforderlich sein, auch hier Vertraulichkeitsbereiche i.S.v. Chinese Walls einzurichten.

Eine Zusammenfassung und Verbreitung von Finanzanalysen Dritter ist unter bestimmten Voraussetzungen möglich. Die entsprechenden Analysen sind klar und nicht irreführend wiederzugeben, wobei auf die entsprechende Ausgangsdokumentation bzw. Analyse sowie auf die Fundstelle verwiesen werden muss.

Eine Ausnahme von der Anwendung des § 34b WpHG besteht für Journalisten, sofern diese einer vergleichbaren Selbstregulierung einschließlich wirksamer Kontrollmechanismen unterliegen. Die Pressefreiheit soll damit entsprechend berücksichtigt werden.

Die betroffenen Unternehmen haben nach § 34c WpHG ihre Tätigkeit unverzüglich der BaFin anzuzeigen. Dabei sind Name oder Firma und Anschrift sowie mögliche Interessenkonflikte darzustellen. Nicht unter die Anzeigepflicht fallen Wertpapierdienstleistungsunternehmen, Kapitalanlagegesellschaften und Investmentaktiengesellschaften sowie die einzelnen bei einem anzeigepflichtigen Unternehmen angestellten Analysten. Veränderungen oder die Einstellung der Tätigkeit sind innerhalb von vier Wochen bei der BaFin anzuzeigen. Für die Anzeige hat die BaFin ein Formblatt mit den entsprechenden Datenfeldern herausgegeben.

Die BaFin kann hinsichtlich der o.g. Anforderungen nach § 35 WpHG ohne besonderen Anlass Prüfungen vornehmen. Eine jährliche Prüfung nach § 36 WpHG ist jedoch nur für Wertpapierdienstleistungsunternehmen vorgesehen.

Zur Konkretisierung der Anforderungen liegt die Verordnung über die Analyse von Finanzinstrumenten (Finanzanalyseverordnung – FinAnV) vor.

Vom Regelungsbereich nach § 1 FinAnV werden dabei insbesondere die sachgerechte Erstellung und Darbietung von Finanzanalysen, Interessenkonflikte, Offenlegung sowie eine angemessene Organisation erfasst. Es wird des Weiteren im

Anwendungsbereich unterschieden, ob direkte oder indirekte Empfehlungen für Anlageentscheidungen abgegeben werden. „Andere Personen" als primär Kreditinstitute, Finanzdienstleistungsinstitute bzw. damit verbundene Unternehmen sowie unabhängige Finanzanalysten und für die genannten Unternehmen als Analysten haupttätige Personen haben die Verordnung nur dann zu berücksichtigen, sofern sie direkte Empfehlungen abgeben.

Bei Veröffentlichung einer Finanzanalyse sind gem. § 2 FinAnV die Namen der Ersteller, die Bezeichung ihrer Berufe und das für die Analyse verantwortliche Unternehmen anzugeben. Einer Aufsicht unterliegende Unternehmen bzw. Personen haben die öffentliche Stelle ebenfalls zu nennen. Sofern die Finanzanalyse unter die Selbstregulierungsvorschriften eines Berufstands fällt, ist auf die entsprechenden Vorschriften hinzuweisen. Des Weiteren sind nach § 3 FinAnV Angaben über Tatsachen, Interpretationen, Schätzungen oder sonstige Meinungen Dritter sowie eigene Werturteile (Hochrechnungen, Vorhersagen, Preisziele) voneinander zu unterscheiden und kenntlich zu machen. Wesentliche Grundlagen und Maßstäbe für eigene Werturteile sind anzugeben, bestehende Zweifel an der Zuverlässigkeit von Informationsquellen, sofern deren Zuverlässigkeit nicht mit vertretbarem Aufwand sichergestellt werden kann, sind mitzuteilen. Wer aufgrund von Informationen zu dem Schluss gelangt, dass eine Datenquelle unrichtiges Material liefert oder dies bereits selbst festgestellt hat, kann nicht ohne weiteres von deren Zuverlässigkeit ausgehen.

Die entsprechenden organisatorischen Maßnahmen für eine sachgerechte Erstellung und Darbietung einer Finanzanalyse sind sinnvollerweise zu dokumentieren, um auf Verlangen der BaFin eine Nachvollziehbarkeit zu gewährleisten. Insbesondere ist hier auf schriftliche Arbeitsanweisungen, die Nennung zulässiger Informationsquellen und -methoden, angewandte Schätzverfahren, Personalauswahl und –qualifikation beispielhaft zu verweisen.

Für andere Personen i.S.d. § 1 Abs. 2 FinAnV (z.B. Kreditinstitute, Finanzdienstleistungsinstitute oder unabhängige Finanzanalysten) gelten zusätzliche Angabepflichten nach § 4 FinAnV bezüglich der Nennung aller wesentlichen Informationsquellen (insbesondere aktive oder passive Informationsweitergabe durch den betroffenen Emittenten), wobei auf eine Vorabvorlage beim Emittenten und nachträgliche Veränderungen gesondert hinzuweisen ist (Änderungen redaktioneller Art sind nicht zu berücksichtigen). Die Finanzanalyse muss ausreichend auf die Bewertungsgrundlagen und -methoden eingehen, dabei ist auf die Bedeutung der Empfehlung unter Angabe des Anlagezeitraums, der Anlagerisiken sowie der Sensitivität der Bewertungsparameter einzugehen. Missverständnisse beim Anleger bzw. Empfänger sollen dadurch vermieden werden. Es müssen zudem immer Datum der Erstveröffentlichung, Datum und Uhrzeit der angegebenen Preise von Finanzinstrumenten, zeitliche Bedingungen oder deren Änderungen betreffend Aktualisierungen sowie ein Hinweis auf abweichende Empfehlungen innerhalb der letzten 12 Monate enthalten sein.

Da Finanzanalysen unvoreingenommen zu erstellen sind, sind Interessenkonflikte offen zu legen. Es handelt sich dabei generell um bedeutsame wirtschaftliche Interessen oder Interessenkonflikte in Bezug auf solche Finanzinstrumente oder Emittenten, die Gegenstand der Finanzanalyse sind und die die Unvoreingenommenheit der Ersteller, verbundener Unternehmen oder sonstiger Unternehmen oder Personen, die an der Erstellung der Finanzanalyse mitgewirkt haben, gefährden. Dabei werden in § 5 FinAnV entsprechende Kriterien genannt, die für den primären Anwenderkreis (Kreditinstitute, Finanzdienstleister usw.) einen Interessenkonflikt definieren (z.B. wesentliche Beteiligung größer 5%, Marktbetreuung, Führung eines Emissionskonsortiums). Kreditinstitute sowie Finanzdienstleistungsinstitute (auch nach § 53 Abs. 1 Satz 1 tätige Unternehmen) haben zudem organisatorische Maßnahmen hinsichtlich Prävention oder Behandlung von Interessenkonflikten, Angaben zur Abhängigkeit von Vergütungen betroffener Personen von Investmentbanking-Geschäften sowie eine vierteljährliche Übersicht über Empfehlungen anzugeben (Kaufen, Halten, Verkaufen oder vergleichbare Anlageentscheidungen), für die sie innerhalb der letzten 12 Monate wesentliche Dienstleistungen im Investmentbanking erbracht haben.

Grundsätzlich haben alle Angaben nach § 34b WpHG in der Finanzanalyse selbst deutlich und unmissverständlich zu erfolgen. Nach § 6 Abs. 2 FinAnV besteht die Möglichkeit, einen Teil von Angaben (z.B. Bewertungsgrundlagen und -methoden der Finanzanalyse gem. § 4 Abs. 3 FinAnV oder Interessenkonflikte gem. § 5 FinAnV), der gemessen am Gesamtumfang der Finanzanalyse einen unverhältnismäßigen Umfang hätte, auf eine Website oder einen anderen leicht zugänglichen Ort „auszulagern". Dies hat in drucktechnisch hervorgehobener Weise zu erfolgen. Sofern eine Finanzanalyse nicht in Textform erstellt wird, bestehen weitere Erleichterungsmöglichkeiten.

Kreditinstitute und Finanzdienstleister sowie die für sie tätigen Personen haben bei der Weitergabe von Finanzanalysen Dritter (§ 7 FinAnV) insbesondere eigene Interessenkonflikte (außer die Finanzanalyse wurde bereits vom Ersteller veröffentlicht) sowie ggf. weitere Informationen offen zu legen. Wird die Finanzanalyse eines Dritten mit wesentlichen Veränderungen weitergegeben, so sind diese Veränderungen genau zu kennzeichnen. Bei Änderung der Anlageempfehlung gilt die Verordnung zum Teil für die ändernden Personen. Die Ursprungsdaten der veränderten Finanzanalyse sind, soweit sie öffentlich sind, dem Empfänger unmittelbar mitzuteilen. Organisatorische Maßnahmen sind hierfür in Form interner Regelungen schriftlich niederzulegen.

7.11 Änderungen im Verkaufsprospektgesetz

Durch das AnSVG ergeben sich auch Auswirkungen auf das Verkaufsprospektgesetz. Dabei wird im Wesentlichen der Anwendungsbereich auf Angebote von Vermögensanlagen in Form von

- für im Inland öffentlich angebotene, nicht in Wertpapieren verbrieften Anteilen, die eine Beteiligung am Ergebnis eines Unternehmens gewähren,
- Anteilen an einem Vermögen, das ein Unternehmen im eigenen Namen für fremde Rechnung verwaltet (Treuhandvermögen), und
- Anteilen an sonstigen geschlossenen Fonds

ausgeweitet. Erfasst werden somit u.a. Beteiligungen an Kapital- und Personengesellschaften sowie Genossenschaften, stille Beteiligungen und beispielsweise geschlossene Schifffahrts- oder Immobilienfonds. Die Prospektpflicht gilt auch für Namensschuldverschreibungen. Partiarische Darlehen werden nicht erfasst. Ausnahmen ergeben sich zum Teil für gewisse Branchen (Wirtschaftsgenossenschaften, Versicherungsunternehmen, Pensionsfonds), Größenordnungen oder Anlageformen. Insbesondere sind hier Angebote zu nennen, bei denen von derselben Vermögensanlage nicht mehr als 20 Anteile angeboten werden oder bei denen der Verkaufspreis der im Zeitraum von zwölf Monaten angebotenen Anteile insgesamt € 100.000 nicht übersteigt oder bei denen der Preis jedes angebotenen Anteils mindestens € 200.000 je Anleger beträgt.

Der Prospekt muss alle tatsächlichen und rechtlichen Angaben enthalten, um eine zutreffende Beurteilung des Emittenten und der Vermögensanlage zu ermöglichen (Generalklausel). Bei Treuhandvermögen können zusätzliche Angaben erforderlich werden. Innerhalb der hierzu am 16. Dezember 2004 erlassenen Verordnung über Vermögensanlagen-Verkaufsprospekte (Vermögensanlagen-Verkaufsprospektverordnung – VermVerkProspV) werden detaillierte Regelungen getroffen. Dabei handelt es sich insbesondere um die erforderlichen Angaben zu den Personen bzw. Gesellschaften, die für den Inhalt des Prospekts oder Teile davon die Verantwortung übernehmen, die Beschreibung der angebotenen Vermögensanlagen und ihrer Hauptmerkmale, Angaben zur Gesellschaft bzw. zum Emittenten sowie zu dessen Geschäftsaussichten und Geschäftsführungs- und Aufsichtsorganen.

Emittenten werden unabhängig von ihrer Rechtsform verpflichtet, einen Jahresabschluss aufzustellen und testieren zu lassen, bzw. ausdrücklich an herausgehobener Stelle im Prospekt auf die fehlende Aufstellung und Prüfung des Jahresabschlusses und des Lageberichts nach den handelsrechtlichen Vorschriften hinzuweisen.

Der Verkaufsprospekt für Vermögensanlagen ist vor seiner Veröffentlichung der BaFin als Hinterlegungsstelle zu übermitteln. Er darf erst veröffentlicht werden, wenn die BaFin die Veröffentlichung gestattet, wobei die Entscheidung innerhalb von 20 Werktagen zu erfolgen hat. Sind die übermittelten Unterlagen nach Ansicht der BaFin unvollständig (Mitteilung innerhalb von zehn Tagen), beginnt die 20-Tage-Frist erst ab dem Zeitpunkt zu laufen, nachdem die fehlenden Unterlagen vorgelegt wurden. Die BaFin führt dabei nur eine Vollständigkeitsprüfung durch, eine inhaltliche Prüfung der Richtigkeit erfolgt ausdrücklich nicht (expliziter Hinweis auch im Prospekt erforderlich). Enthält der Verkaufsprospekt nicht die erforderlichen Angaben, untersagt die BaFin die Veröffentlichung.

Die Haftung wird bei fehlerhaften Prospekten auf die o.g. Anlageformen ausgeweitet. Des Weiteren wird eine Haftung für einen fehlenden Prospekt in § 13a Verkaufsprospektgesetz (VerkProspG) eingeführt. Dabei kann der Erwerber unter gewissen Voraussetzungen von dem Emittenten und dem Anbieter als Gesamtschuldner die Übernahme der Wertpapiere oder Vermögensanlagen gegen Erstattung des Erwerbspreises und der verbundenen Kosten verlangen. Dies gilt auch dann, wenn der Erwerber nicht mehr Inhaber der entsprechenden Anlagen ist.

Mit Schreiben vom 30. Juni 2005 bezüglich der Prospektpflicht für Vermögensanlagen-Verkaufsprospekte hat die BaFin zusätzliche Erläuterungen zu materiellen Fragen des Verkaufsprospektgesetzes und zur VermVerkProspV bereitgestellt. Insbesondere werden hier die Themen Treuhandvermögen, Zweitmarktangebote, Vertriebsorganisationen sowie Mindestangaben angesprochen.

Gesetzes- und Verordnungsfundstellen

Gesetz zur Verbesserung des Anlegerschutzes (Anlegerschutzverbesserungsgesetz – AnSVG), BGBl. 2004, Teil I, S. 2630; Verordnung über die Analyse von Finanzinstrumenten (Finanzanalyseverordnung – FinAnV), Download unter www.bafin.de; Verordnung zur Konkretisierung von Anzeige-, Mitteilungs- und Veröffentlichungspflichten sowie der Pflicht zur Führung von Insiderverzeichnissen nach dem Gesetz über den Wertpapierhandel (Wertpapierhandelsanzeige- und Insiderverzeichnisverordnung – WpAIV), Download unter http://www.bafin,de; Verordnung zur Konkretisierung des Verbotes der Marktmanipulation (Marktmanipulations-Konkretisierungsverordnung – MaKonV), Download unter http://www.bafin.de; Emittentenleitfaden der Bundesanstalt für Finanzdienstleistungsaufsicht, Download unter www.bafin.de; Verordnung über Vermögensanlagen-Verkaufsprospekte (Vermögensanlagen-Verkaufsprospektverordnung – VermVerkProspV), Download unter www.bafin.de; Richtlinie über die Märkte für Finanzinstrumente – „MiFID“, ABl. EG L 145 vom 30. April 2004, S. 1, Download der Entwürfe unter http://europa.eu.int/comm/internal_market/securities/isd/index_de.htm; www.cesr-eu-org.

Literaturhinweise

Duhnkrack, Stefan/Hasche, Daniela: Das neue Anlegerschutzverbesserungsgesetz und seine Auswirkungen auf Emissionshäuser und geschlossene Fonds, DB 2004, S. 1351 – 1355; *Holzborn, Timo/Israel, Alexander:* Das Anlegerschutzverbesserungsgesetz – Die Veränderungen im WpHG, VerkProspG und BörsG und ihre Auswirkungen in der Praxis, WM 2004, S. 1948 – 1956; *Rodewald, Jörg/Tüxen, Andreas:* Neuregelung des Insiderrechts nach dem Anlegerschutzverbesserungsgesetz (AnSVG) – Neue Organisationsanforderungen für Emittenten und ihre Berater, WPg 2004, S. 2249 – 2252; *Marbeiter, Andreas:* Vorbeugung gegen Insidergeschäfte und Marktmanipulationen, BankPraktiker 2005, S.78 – 82; *Göres, Ulrich G.:* Neuregelung der Finanzanalyse: Anlegerschutzverbesserungsgesetz, Finanzanalyseverordnung und BaFin, Kreditwesen 2006, S. 89 – 94.

8 Gesetz zur Neuorganisation der Bundesfinanzverwaltung und zur Schaffung eines Refinanzierungsregisters

Am 27. September 2005 wurde das Gesetz zur Neuorganisation der Bundesfinanzverwaltung und zur Schaffung eines Refinanzierungsregisters im Bundesgesetzblatt veröffentlicht. Es trat mit sofortiger Wirkung in Kraft. Die im Zuge dieses Gesetzes erstmals geschaffene Möglichkeit der Errichtung eines Refinanzierungsregisters hat erhebliche Auswirkungen auf sog. True-Sale-Verbriefungen grundpfandrechtlich gesicherter Forderungen und auf Pfandbriefemissionen. Die gesetzliche Regelung des Refinanzierungsregisters erfolgte in den neu in das Kreditwesengesetz aufgenommenen (§§ 22a bis 22o KWG). Außerdem werden in § 1 KWG Definitionen der Begriffe Refinanzierungsunternehmen (Abs. 24), Refinanzierungsmittler (Abs. 25) und Zweckgesellschaft (Abs. 26) eingefügt.

Seit einigen Jahren gewinnt die Refinanzierung über eigens zur Refinanzierung gegründete Gesellschaften (sog. „Zweckgesellschaften" oder „Special Purpose Entities") zunehmend an Bedeutung. Dabei emittieren Zweckgesellschaften sog. Asset Backed Securities (ABS) und verwenden den Emissionserlös zum Erwerb von Gegenständen (oder von Ansprüchen auf deren Übertragung) von sich refinanzierenden Unternehmen (Refinanzierungsunternehmen). Dabei wird häufig vereinbart, dass das Inkasso der Forderungen (Servicing) weiterhin vom Refinanzierungsunternehmen vorgenommen wird. Die Zahlungsansprüche der Erwerber der ABS werden durch die von der Zweckgesellschaft erworbenen Gegenstände besichert (Asset Backed), d.h. die Erwerber der ABS können im Vermögen der Zweckgesellschaft auf diese Gegenstände zugreifen (sog. True-Sale-Verbriefung). Im Unterschied dazu geht im Fall von synthetischen Verbriefungen das wirtschaftliche Risiko aus den Gegenständen mittels Credit Default Swap auf die Zweckgesellschaft über, während die Gegenstände beim Refinanzierungsunternehmen verbleiben. Bestehen Zweifel an der Insolvenzfestigkeit dieses Zugriffsrechts, werden auf dem Kapitalmarkt für das Kreditrisiko (Adressenausfallrisiko) des Refinanzierungsunternehmens Risikozuschläge verlangt.

Um im Fall der Verbriefung von mit Grundpfandrechten besicherten Forderungen (Mortgage Backed Securities) eine zweifelsfreie insolvenzsichere Rechtsposition zugunsten der Zweckgesellschaft bezüglich der von ihr erworbenen Gegenstände (Forderungen und zugehörige Sicherheiten) bzw. Ansprüche auf deren Übertragung zu erreichen, war nach deutschem Recht neben der Abtretung der Forderungen bislang die Umschreibung des Grundbuchs notwendig. Diese Umschreibung verursacht jedoch hohe Kosten und führt zu ggf. ungewollter Publizität. Andererseits konnte ohne die Umschreibung eine zweifelsfreie Insolvenzfestigkeit nicht hergestellt werden, was zu entsprechenden Risikozuschlägen führte.

Nach der Neuregelung dieses Gesetzes ist eine Umschreibung des Grundbuchs nicht mehr notwendig. Durch die ordnungsgemäße Errichtung und Führung eines

Refinanzierungsregisters hat die Zweckgesellschaft nämlich nunmehr auch ohne zivilrechtlich wirksame Übertragung der erworbenen Gegenstände (d.h. ohne Umschreibung des Grundbuchs) im Fall der Insolvenz des Refinanzierungsunternehmens ein Zugriffsrecht auf diese Gegenstände (bzw. auf die Ansprüche auf deren Übertragung) in Form eines Rechts auf Aussonderung nach § 47 InsO (§ 22j Abs. 1 Satz 1 KWG). Das Gleiche gilt für Gegenstände, die an die Stelle der ordnungsgemäß im Refinanzierungsregister eingetragenen Gegenstände treten (§ 22j Abs. 1 Satz 2 KWG).

Ist das Refinanzierungsunternehmen ein Kreditinstitut oder eine in § 2 Abs. 1 Nr. 1 bis 3a KWG genannte Einrichtung, führt das Refinanzierungsunternehmen das Refinanzierungsregister grundsätzlich selbst (§ 22a Abs. 1 und 3 KWG). Stellt das eigenständige Führen des Refinanzierungsregisters nach Art und Umfang seines Geschäftsbetriebes eine unangemessene Belastung dar, kann die Bundesanstalt für Finanzdienstleistungsaufsicht (BaFin) zulassen, dass ein anderes Kreditinstitut das Refinanzierungsregister führt (§ 22b Abs. 2 KWG).

Ist das Refinanzierungsunternehmen weder ein Kreditinstitut noch eine in § 2 Abs. 1 Nr. 1 bis 3a KWG genannte Einrichtung, führt ein Kreditinstitut oder die Kreditanstalt für Wiederaufbau (KfW) das Refinanzierungsregister (§ 22b Abs. 1 KWG).

In das Refinanzierungsregister sind von dem registerführenden Unternehmen einzutragen (§ 22d Abs. 2 Satz 1 KWG):

1. die Forderungen oder die Sicherheiten, auf deren Übertragung die im Register als übertragungsberechtigt eingetragenen Zweckgesellschaften, Refinanzierungsmittler oder Pfandbriefbanken (Übertragungsberechtigte) einen Anspruch haben,
2. der Übertragungsberechtigte,
3. der Zeitpunkt der Eintragung,
4. falls ein Gegenstand als Sicherheit dient, den rechtlichen Grund, den Umfang, den Rang der Sicherheit und das Datum des Tages, an dem der den rechtlichen Grund für die Absicherung enthaltende Vertrag geschlossen wurde.

In den Fällen der Nummern 1 und 4 genügt es, wenn Dritten, insbesondere dem Verwalter, dem Sachverwalter, der BaFin oder einem Insolvenzverwalter die eindeutige Bestimmung der einzutragenden Angaben möglich ist (§ 22d Abs. 2 Satz 2 KWG). Eine elektronische Führung des Refinanzierungsregisters ist zulässig, sofern sichergestellt ist, dass hinreichende Vorkehrungen gegen einen Datenverlust getroffen worden sind (§ 22d Abs. 1 Satz 1 KWG). Einzelheiten über die Form des Refinanzierungsregisters sowie Art und Weise der Aufzeichnung werden durch eine Rechtsverordnung bestimmt (§ 22d Abs. 1 Satz 2 und 3 KWG).

Die ordnungsgemäße Führung des Refinanzierungsregisters wird durch eine neutrale, von der BaFin (auf Vorschlag des registerführenden Unternehmens) bestellte natürliche Person (Verwalter) überwacht (§§ 22e bis 22i KWG). Die BaFin soll die vorgeschlagene Person zum Verwalter bestellen, wenn deren Unabhängigkeit, Zuverlässigkeit und Sachkunde gewährleistet erscheint (§ 22e Abs. 2 KWG).

Refinanzierungsunternehmen i.S.d. § 1 Abs. 24 KWG können Unternehmen aller Art sein, d.h. auch Nichtkreditinstitute. Zwischen den Refinanzierungsunternehmen und den Zweckgesellschaften können nach der neuen Rechtslage Kreditinstitute als Refinanzierungsmittler agieren (§§ 1 Abs. 25 und 22c KWG). Dies soll insbesondere kleineren Unternehmen mit geringem Geschäftsvolumen diese Art der Refinanzierung eröffnen (Multi-Seller-Strukturen).

Forderungen können auch dann in das Refinanzierungsregister eingetragen werden, wenn die Abtretung durch mündliche oder konkludente Vereinbarung mit dem Schuldner ausgeschlossen worden ist (§ 22d Abs. 4 Satz 1 KWG). § 354a HGB und gesetzliche Verfügungsverbote bleiben unberührt (§ 22d Abs. 4 Satz 2 KWG).

Die sachenrechtliche Zuordnung der Gegenstände erfährt durch deren Eintragung in das Refinanzierungsregister keine Änderung. Die Wirksamkeit einer Verfügung, die nach der Eintragung eines Gegenstandes getroffen wird, bleibt somit unberührt (§ 22j Abs. 1 Satz 3 KWG).

Die Eintragung in das Refinanzierungsregister schränkt Einwendungen und Einreden Dritter gegen die eingetragenen Gegenstände nicht ein. Werden die im Refinanzierungsregister eingetragenen Gegenstände ausgesondert oder an den Übertragungsberechtigten beziehungsweise von dem Übertragungsberechtigten an einen Dritten übertragen, können alle Einwendungen und Einreden wie bei einer Abtretung geltend gemacht werden (§ 22j Abs. 2 KWG).

Die Neuregelungen zum Refinanzierungsregister betreffen auch Pfandbriefemissionen, denn in gleicher Weise wie bei True-Sale-Verbriefungen wird auch die treuhänderische Verwaltung von Pfandbriefen erleichtert, sodass deckungsfähige Sicherungswerte den Deckungsmassen von Pfandbriefemittenten ohne hohen Verwaltungs- und Kostenaufwand zugeführt werden können. Auch angekaufte Forderungen bzw. Grundpfandrechte können künftig in Pfandbrieftransaktionen eingebracht werden (§ 1 Abs. 2 Pfandbriefgesetz (PfandBG)).

Die gesetzliche Neuregelung bezieht sich auf die besonderen Anforderungen des Pfandbriefmarktes und von True-Sale-Verbriefungen. Es handelt sich also ausschließlich um eine Regelung dieser im Gesetz vorgesehenen Fälle, die keine Aussagen über die Zulässigkeit und Wirkung anderer Treuhand-Modelle trifft. Die rechtliche Stellung dieser anderen Treuhand-Modelle erfährt durch die Neuregelung keine Änderung.

Literaturhinweise

Tollmann, Claus: Die Sicherstellung der Insolvenzfestigkeit bei der Asset Backed Securitization nach dem neuen Refinanzierungsregister gemäß §§ 22a ff. KWG, WM 2005, S. 2017 – 2025; *Schmalenbach, Dirk/Sester, Peter*: Voraussetzungen und Rechtsfolgen der Eintragung in das neu geschaffene Refinanzierungsregister, WM 2005, S. 2025 – 2035; *Fleckner, Andreas*: Die Refinanzierungstreuhand, DB 2005, S. 2733 – 2737.

9 Aktionärsforumsverordnung (AktFoV)

Das Gesetz zur Unternehmensintegrität und Modernisierung des Anfechtungsrechts (UMAG) vom 1. November 2005 hat wesentliche Änderungen des Aktienrechts bewirkt. Unter anderem wird in dem neuen § 127a AktG die Einrichtung eines Aktionärsforums vorgeschrieben. Dieses Internetportal, das von einem privaten Betreiber geführt wird, soll als Forum für die Kontaktaufnahme zwischen Kleinaktionären und Aktionärsvereinigungen dienen. Das Aktionärsforum ist darauf ausgerichtet, die Interessen der Anteilseigner zu bündeln, was aufgrund des zunehmenden Streubesitzes als notwendig erachtet worden ist. Zur Umsetzung der gesetzlichen Vorgabe dient die Aktionärsforumsverordnung (im Folgenden kurz: AktFoV), die seit dem 1. Dezember 2005 in Kraft ist. Als Basis für die AktFoV sind auch die OECD Leitlinien zur Corporate Governance zu sehen, die die Bedeutung einer effektiven Stimmrechtsausübung der Aktionäre für eine gute Unternehmensführung und -kontrolle betonen.

Das Forum ermöglicht jedem Aktionär, nachdem er die notwendigen Angaben zur Registrierung gemacht hat und versichern konnte, dass er auch tatsächlich Aktionär der betreffenden Gesellschaft oder Mitglied einer Aktionärsvereinigung ist, die Anteile an der betreffenden Gesellschaft hält, eine sog. Aufforderung einzustellen. Zum Schutz vor Missbrauch werden Aufforderungen, die Werbung, Meinungsäußerungen, oder irreführende bzw. strafbare Angaben enthalten, vom Betreiber gelöscht. Prinzipiell steht dem Anteilseigner der Inhalt der Aufforderung, die auf 500 Zeichen beschränkt ist, frei. Im Falle der Bezugnahme auf eine konkrete Hauptversammlung ist vom Gesetzgeber allerdings eine vorgefertigte Form vorgesehen, in die die Aufforderung aufgenommen wird. In diesem Fall soll der Benutzer aus folgenden Optionen auswählen können:

1. Aufforderung zum Abstimmungsverhalten zu bestimmten Punkten der Tagesordnung,
2. Aufforderung hinsichtlich der Übertragung von Stimmrechten,
3. Verlangen der Einberufung einer Hauptversammlung, § 122 Abs. 1 Satz 1 AktG,
4. Bekanntmachung von Gegenständen zur Beschlussfassung, § 122 Abs. 2 AktG,
5. Verlangen einer Einzelentlastung, § 120 Abs. 1 Satz 2 AktG,

6. Abstimmung über Wahlvorschläge eines Aktionärs, § 137 AktG,
7. Verlangen einer Sonderprüfung, § 142 Abs. 2 und 4 AktG,
8. Geltendmachung von Ersatzansprüchen, §§ 147, 148 AktG,
9. Sonstiges.

Aufforderungen durch einen Benutzer dürfen keine Begründung enthalten. Diskussionen über Inhalte sollen vermieden werden, da sie über den Zweck der Verordnung, nämlich die Kontaktaufnahme, hinausgehen. Stattdessen kann ein Link zu einer eigenen Homepage eingerichtet werden, auf der dann unmittelbar eine Begründung eingestellt werden muss. Hier wird deutlich, dass der Gesetzgeber das Aktionärsforum auf eine Einrichtung zur Vereinfachung der Kommunikation der Anteilseigner beschränkt. Nach erfolgter Einstellung erhält der Auffordernde eine Bestätigung in elektronischer Form.

Zu den Eintragungen der Anteilseigner können Unternehmen Stellungnahmen abgeben. Die formalen Anforderungen für Stellungnahmen richten sich nach den gleichen Vorschriften wie sie für Aufforderungen gelten. Stellungnahmen werden gem. § 4 Abs. 1 AktFoV nicht im Aktionärsforum veröffentlicht. Vielmehr hat die betreffende Gesellschaft die Möglichkeit, einen Hinweis auf die Stellungnahme einzustellen.

Die Verordnung sieht vor, dass zum Betrieb des Aktionärsforums eine juristische Person des Privatrechts verpflichtet werden soll. Dem Betreiber steht es dabei zu, ein Entgelt für Eintragungen sowie deren Änderung und Löschung zu erheben. Er kann ferner gem. § 2 Abs. 4 AktFoV einen Service, der automatisch über veröffentlichte Eintragungen unterrichtet (sog. „Push-Service“), anbieten.

Durch das Aktionärsforum und die damit einhergehende Bündelung der Aktionärsinteressen wird die Erreichung der durch das UMAG in § 142 AktG geänderten Schwellenwerte erleichtert. Folglich trägt das Aktionärsforum dazu bei, eine Vereinfachung der Durchsetzbarkeit der Aktionärsinteressen zu bewirken. Unternehmen sollten sich deshalb auf die neue Situation einstellen und Einträge von Aktionären beobachten.

Gesetzesfundstelle

Verordnung über das Aktionärsforum nach § 127a des Aktiengesetzes (Aktionärsforumsverordnung – AktFoV), BGBl. 2005, Teil I, S. 3193 – 3195; Bekanntmachung der Begründung zur Verordnung über das Aktionärsforum (AktFoV) nach § 127a des Aktiengesetzes (AktG), Bundesanzeiger 2005, Nr. 241 vom 21. Dezember 2005.

Literaturhinweise

Bohnenkamp, Ruth: Gemeinsame Stärke, Capital 2005, Nr. 26 vom 8. Dezember 2005, S. 104 – 105; *Deutsches Aktieninstitut*: Stellungnahme zum Entwurf einer Verordnung über das Aktionärsforum nach § 127a AktG, NZG 2005, S. 1001 – 1003; *Schütz, Carsten*: UMAG Reloaded – Der Regierungsentwurf eines Gesetzes zur Modernisierung des Anfechtungsrechts (UMAG), NZG 2005, S. 5 – 12.

10 Justizkommunikationsgesetz (JKomG)

10.1 Zielsetzung und Hintergründe

Im Zusammenhang mit der Initiative „Bund Online 2005“ sind bereits im Jahr 2001 mehrere Gesetze, die zur Modernisierung des Rechtsverkehrs beitragen sollen, verabschiedet worden. Mit dem Gesetz über die Verwendung elektronischer Kommunikationsformen in der Justiz vom 22. März 2005 (Justizkommunikationsgesetz, im Folgenden kurz: JKomG,) hat der Gesetzgeber eine Regelung geschaffen, die die vollständige elektronische Bearbeitung des Rechtsverkehrs ermöglicht. Dementsprechend bewirkt das JKomG Änderungen in mehreren Rechtsbereichen. So sind u.a. die Finanzgerichtsordnung, das Beurkundungsgesetz, die Insolvenzordnung sowie das GmbHG ohne Übergangsregelungen mit Wirkung ab 1. April 2005 geändert worden. Von zentraler Bedeutung für die Umstellung auf die elektronische Übertragungsweise ist dabei vor allem die Einführung der sog. „elektronischen Akte“ sowie der Ersatz der eigenhändigen Unterschrift durch die elektronische Signatur. Langfristig erwartet der Gesetzgeber Kosteneinsparungen im Personal-, Porto-, Raum und Versandkostenbereich, von denen insbesondere kleinere und neu gegründete Unternehmen durch geringere Gebühren und kürzere Verfahren profitieren sollen. Die elektronische Aktenbearbeitung wird künftig neben der schriftlichen als gleichberechtigte Form verwendet werden.

10.2 Änderung von Vorschriften des GmbHG

Insbesondere der neue Art. 12 JKomG hat in der Praxis Unsicherheiten in Bezug auf die Offenlegungspflichten bei der GmbH hervorgerufen. Zunächst sei darauf verwiesen, dass alle Änderungen des JKomG nicht die Veröffentlichungen der Registergerichte betreffen, diese sind gem. §§ 10 und 11 HGB unverändert im Papier-Bundesanzeiger bzw. in den vom Gesetz vorgesehenen Tageszeitungen zu finden. Das JKomG bezieht sich nur auf die Pflichtbekanntmachungen der GmbH. Gemäß Art. 12 Abs. 1 JKomG werden diese nun im elektronischen Bundesanzeiger veröffentlicht. Damit wird der eBAZ gewissermaßen das „Gesellschaftsblatt“ der GmbH.

Pflichtbekanntmachungen der GmbH sind insbesondere:

- Rückzahlung von Nachschüssen gem. § 30 Abs. 2 GmbHG,
- Veränderungen in der Besetzung von Aufsichtsräten gem. § 52 Abs. 2 Satz 2 GmbHG,
- Beschluss über die Herabsetzung des Stammkapitals gem. § 58 Abs. 1 Ziff. 1 GmbHG,
- Anmeldung der Auflösung und der Verteilung des Vermögens gem. § 65 GmbHG.

Unklarheiten der Neuregelung ergeben sich im Wesentlichen für zwei Fragenkomplexe: Welche Auswirkungen hat die Änderung des GmbHG für vor dem 1. April 2005 bzw. für danach veröffentlichte Pflichtbekanntmachungen? Was ist, wenn in der Satzung ein anderes Bekanntmachungsblatt als der eBAZ vorgesehen ist?

Bekanntmachungen, die vor dem 1. April 2005 ordnungsgemäß im Bundesanzeiger getätigt wurden, sind von der Neuregelung nicht berührt, d.h. sie müssen nicht im eBAZ getätigt werden. Allerdings müssen alle nach dem 1. April 2005 getätigten Bekanntmachungen zwingend im eBAZ publiziert werden. In gegenwärtig schwebenden Verfahren sollten Berater deshalb Mandanten auf die Neuregelung hinweisen. In diesem Zusammenhang entschied das OLG München am 10. Oktober 2005, dass bei nach dem 1. April 2005 einzutragenden Satzungen, die lediglich vom „Bundesanzeiger“ als Bekanntmachungsblatt reden, eine Beanstandung durch das Registergericht zulässig sei. Die Formulierung „im Bundesanzeiger“ sei unklar, so das OLG München. Aus Gründen des Gläubigerschutzes müsse die Satzung an die neue Rechtslage angepasst werden, da Gesellschaftsgläubiger durch die Formulierung geneigt sein könnten zu glauben, es handele sich um beide Versionen des Bundesanzeigers, sodass ihnen daraus ein u.U. nicht unerheblicher Schaden entstehen könne. Zukünftig ist nur noch die Veröffentlichung im elektronischen Bundesanzeiger zwingend vorgeschrieben.

Daneben steht es aber jeder Gesellschaft offen, in ihrer Satzung zusätzliche Bekanntmachungsblätter zu nennen, also z.B. die lokale Tageszeitung. Da diese Regelung unberührt bleibt, ändert das JKomG folglich das gesetzliche Bekanntmachungsblatt, nicht aber zwingend auch das satzungsmäßige.

Gesetzesfundstelle:

Gesetz über die Verwendung elektronischer Kommunikationsformen in der Justiz (Justizkommunikationsgesetz – JKomG), BGBl. 2005, Teil I, S. 837 – 858.

Literaturhinweise

Krafka, Alexander: Gesellschaftsrechtliche Auswirkungen des Justizkommunikationsgesetzes, Mitteilungen des bayerischen Notarvereins 2005, S. 293 – 294; *Melchior, Robin:* Auswirkungen des Justizkommunikationsgesetzes auf die GmbH, GmbHR 2003, R 397 – 398; *Noack, Ulrich*: Pflichtbekanntmachungen bei der GmbH: Neue Regeln durch das Justizkommunikationsgesetz, DB 2005, S. 599 – 601; *OLG München*: Statuarische Bestimmung des Veröffentlichungsorgans der Gesellschaft, NZG 2006, S. 35 – 36; *Terbrack, Christoph*: Neuregelung der Bekanntmachung bei der GmbH, Gesellschafts- und Wirtschaftsrecht 2005, S. 2045 – 2047.

11 Elektro- und Elektronikgerätegesetz (ElektroG)

11.1 Europarechtliche Grundlagen

Mit dem Gesetz über das Inverkehrbringen, die Rücknahme und die umweltverträgliche Entsorgung von Elektro- und Elektronikgeräten (Elektro- und Elektronikgerätegesetz – ElektroG) vom 16. März 2005 hat der deutsche Gesetzgeber die Richtlinien 2002/96/EG des Europäischen Parlaments und des Rates vom 27. Januar 2003 über Elektro- und Elektronik-Altgeräte, zuletzt geändert durch die Richtlinie 2003/108/EG des Europäischen Parlaments und des Rates vom 8. Dezember 2003 (kurz: Elektroschrottrichtlinie), sowie die Richtlinie 2002/95/EG des Europäischen Parlaments und des Rates vom 27. Januar 2003 zur Beschränkung der Verwendung bestimmter gefährlicher Stoffe in Elektro- und Elektronikgeräten in nationales Recht umgesetzt.

Statt von Elektro- und Elektronik-Altgeräten wird im Folgenden auch kurz von „Elektroaltgeräten" bzw. „Elektroschrott" gesprochen.

11.2 Hauptadressat: Hersteller

Durch das Gesetz werden insbesondere den Herstellern von Elektrogeräten erhebliche Pflichten im Hinblick auf die umweltgerechte Entsorgung von Elektro- und Elektronik-Altgeräten auferlegt. Vor diesem Hintergrund stellt sich für diese bilanzrechtlich die Frage, ob und – falls ja – zu welchem Zeitpunkt die aus der Erfüllung dieser Pflichten erwachsenden Aufwendungen durch die Bildung von Rückstellungen zu erfassen sind.

Als Hersteller i.S.d. ElektroG ist gem. § 3 Abs. 11 ElektroG derjenige anzusehen, der unabhängig von der Verkaufsmethode, einschließlich der Fernkommunikationsmittel i.S.d. § 312b Abs. 2 BGB gewerbsmäßig

1. Elektro- und Elektronikgeräte unter seinem Markennamen herstellt und erstmals im Geltungsbereich des ElektroG in Verkehr bringt,
2. Geräte anderer Anbieter unter seinem Markennamen im Geltungsbereich dieses Gesetzes weiterverkauft, wobei der Weiterverkäufer nicht als Hersteller anzusehen ist, sofern der Markenname des Herstellers gem. 1. auf dem Gerät erscheint, oder
3. Elektro- oder Elektronikgeräte erstmals in den Geltungsbereich des ElektroG einführt und in Verkehr bringt oder in einen anderen Mitgliedsstaat der EU ausführt und dort unmittelbar an einen Nutzer abgibt.

Ferner gilt auch ein Vertreiber als Hersteller, wenn er schuldhaft neue Elektro- und Elektronikgeräte nicht registrierter Hersteller zum Verkauf anbietet (§ 3 Abs. 12 Satz 2 ElektroG).

11.3 Bilanzielle Implikationen für die Hersteller

11.3.1 Überblick zu den Fallvarianten

Das Gesetz unterscheidet – wie von der Elektroschrottrichtlinie vorgegeben – zwischen Geräten, die bis zum 13. August 2005 in Verkehr gebracht wurden (kurz: Alt-Altgeräte oder historische Altgeräte), und Geräten, die nach dem 13. August 2005 in Verkehr gebracht worden sind (kurz: Neu-Altgeräte oder neue Altgeräte). Das Datum 13. August 2005 ist auf Art. 8 Abs. 1 der Elektroschrottrichtlinie zurückzuführen, wonach die Mitgliedsstaaten dafür Sorge zu tragen haben, dass Endnutzer und Vertreiber spätestens ab diesem Tag Elektroaltgeräte kostenlos an den kommunalen Sammelstellen abgeben können.

Ferner wird danach differenziert, wer Nutzer der Elektrogeräte ist. Dies können sowohl private Haushalte als auch kommerzielle Nutzer sein.

	Inverkehrbringen bis zum 13. August 2005	**Inverkehrbringen nach dem 13. August 2005**
Private Nutzer	Alt-Altgeräte privater Nutzer	Neu-Altgeräte privater Nutzer
Kommerzielle Nutzer	Alt-Altgeräte kommerzieller Nutzer	Neu-Altgeräte kommerzieller Nutzer

Abbildung 19: Systematik des ElektroG unter bilanzrechtlichen Gesichtspunkten

Durch § 24 ElektroG wird die Anwendung bestimmter Normen ausgesetzt. Zwar wollte der Gesetzgeber mit dem Aussetzen bestimmter Pflichten ein verzögertes In-Kraft-Treten des Gesetzes vermeiden (vgl. BT-Drs. 15/4234, S. 22), indes kommt die Aussetzung praktisch einem (partiellen) späteren In-Kraft-Treten gleich. Ausweislich der Gesetzesmaterialien war hierfür die Befürchtung ausschlaggebend, dass die praktische Umsetzung der Rücknahme und Entsorgung früher nicht zu bewerkstelligen sei (vgl. BT-Drs. 15/4234, S. 22).

Die Aussetzung betrifft u.a. die Registrierungspflicht der Hersteller (§ 6 Abs. 2 ElektroG) und die Pflicht zum Nachweis einer insolvenzsicheren Garantie (§ 6 Abs. 3 ElektroG); diese Pflichten gelten erst seit dem 24. November 2005. Es wird deshalb die Auffassung vertreten, Neu-Altgeräte i.S.d. ElektroG seien (im Gegensatz zur Elektroschrottrichtlinie) nur jene Elektro- und Elektronikgeräte, die seit dem 24. November 2005 in Verkehr gebracht werden (so z.B. RIC 2.3). Unter praktischen Gesichtspunkten erscheint besonders erwähnenswert, dass die zur Differenzierung von Alt- und Neu-Altgeräten notwendige Kennzeichnungspflicht der Hersteller (§ 7 ElektroG) für die nach dem 13. August 2005 erstmals in Verkehr gebrachten Geräte sogar bis zum 24. März 2006 ausgesetzt wurde.

Ungeachtet der Abgrenzung von Alt-Altgeräten und Neu-Altgeräten ist zudem zu beachten, dass durch die Aussetzung des § 10 ElektroG die Pflicht der Hersteller zur Rücknahme und Entsorgung bestimmter Elektro- und Elektronik-Altgeräte erst ab dem 24. März 2006 zu erfüllen ist.

11.3.2 Alt-Altgeräte privater Haushalte

Zuständig für die Sammlung von Altgeräten aus privaten Haushalten sind – wie bisher – die öffentlich-rechtlichen Entsorgungsträger (Kommunen). Die Ausgestaltung liegt weitgehend in deren Ermessen. Sie haben jedoch sicherzustellen, dass private Haushalte Altgeräte unentgeltlich abgeben können (Bringsystem). Die Kommunen stellen sodann die gesammelten Altgeräte sortiert in fünf Gruppen (Behältnissen) zur Abholung durch die Hersteller bereit.

Mit Beleihungsbescheid vom 6. Juli 2005 wurde der Stiftung Elektro-Altgeräte-Register (EAR) mit Sitz in Fürth als Gemeinsame Stelle die Wahrnehmung hoheitlicher Aufgaben gem. § 17 ElektroG übertragen. Diese Stiftung ist damit für die Registrierung der Hersteller, den Erlass von Abholanordnungen, die Anordnung der Bereitstellung von Behältnissen sowie den Vollzug dieser Verwaltungsakte zuständig. Die EAR berechnet die Menge der von jedem registrierten Hersteller bei den öffentlich-rechtlichen Entsorgungsträgern abzuholenden Altgeräte und meldet anschließend die Berechnung der zuständigen Behörde (§ 14 Abs. 5 Satz 1 ElektroG); dies ist gem. § 16 Abs. 1 ElektroG das Umweltbundesamt.

Die grundsätzliche Rücknahme- und Entsorgungsverpflichtung der Hersteller ergibt sich aus § 10 Abs. 1 ElektroG, wonach jeder Hersteller verpflichtet ist, die bei den Kommunen von den Herstellern unentgeltlich bereitgestellten (Sammel-)Behältnisse nach der Zuweisung der zuständigen Behörde unverzüglich abzuholen, zu entsorgen und die Kosten der Abholung und Entsorgung zu tragen.

Zur Sicherstellung einer zeitlich und örtlich gleichmäßigen Verteilung der Abholverpflichtung auf die registrierten Hersteller werden wissenschaftlich anerkannte Berechnungsverfahren, die durch Gutachten eines unabhängigen Sachverständigen bestätigt wurden, angewandt (§ 14 Abs. 6 Satz 1 ElektroG). Die konkrete (Abhol-)Verpflichtung jedes einzelnen Herstellers bestimmt sich nach dessen Anteil an der gesamten im jeweiligen Kalenderjahr (des Rücklaufs) in Verkehr gebrachten Menge an Elektro- und Elektronikgeräten pro Geräteart (§ 14 Abs. 5 Satz 2 ElektroG). Die insgesamt zehn Gerätearten werden in § 2 Abs. 1 ElektroG benannt und im Anhang I des Gesetzes konkretisiert.

Die Hersteller haben auch die Möglichkeit, eigene Rücknahmesysteme zu errichten (§ 9 Abs. 8 ElektroG). Die auf diesem Wege gesammelte oder abgeholte Menge an Altgeräten wird nach § 14 Abs. 5 Satz 5 ElektroG auf die Menge angerechnet, die der Hersteller nach den Berechnungen der EAR bei den öffentlich-rechtlichen Entsorgungsträgern abzuholen hat (siehe auch Begründung zu § 9 ElektroG-E, BT-Drs. 15/3930, S. 27).

Bilanzierung nach HGB

Rücknahme- und Entsorgungsverpflichtungen sind ein anerkannter Anwendungsfall von Rückstellungen für ungewisse Verbindlichkeiten i.S.d. § 249 Abs. 1 Satz 1. Alt. HGB.

Die Rücknahme- und Entsorgungspflicht stellt eine öffentlich-rechtliche Verpflichtung dar (Außenverpflichtung). Es ist auch davon auszugehen, dass die Verbraucher von ihrem Recht zur kostenlosen Rückgabe Gebrauch machen werden (Wahrscheinlichkeit der Inanspruchnahme). Als wirtschaftliche Verursachung könnte das (ursprüngliche) Inverkehrbringen der Geräte anzusehen sein. Dies gilt umso mehr, als auch bei anderen aus der Produktverantwortung des Herstellers resultierenden Entsorgungsverpflichtungen anerkannt ist, dass der Zeitpunkt des Verkaufs eines Produkts zugleich auch den Rückstellungszeitpunkt markiert. Dem entspricht beispielsweise Art. 53 Abs. 1 EGHGB hinsichtlich Rückstellungen für die Verpflichtung zur Rücknahme und Verwertung von Altfahrzeugen. Dies mag auf den ersten Blick für eine Rückstellungspflicht für die bereits bis zum 13. August 2005 in Verkehr gebrachten Elektrogeräte, die (mutmaßlich) noch in Gebrauch sind, sprechen, da insoweit eine rückwirkende Belastung für die betroffenen Unternehmen eintritt.

Indes besteht – anders als bei der Pflicht zur Rücknahme und Verwertung von Altfahrzeugen – im Falle des Elektroschrotts die Besonderheit, dass sich die Hersteller ihrer Herstellerverantwortung durch Marktaustritt entziehen können. So ist nach § 14 Abs. 5 Satz 2 ElektroG Voraussetzung für die Pflicht zur Abholung (und damit Entsorgung) des Abfalls, dass ein Marktanteil bei Neugeräten im Rücklaufjahr existiert. Dies spricht dafür, in der sich nach dem Marktanteil bestimmenden Abholverpflichtung ein „entscheidendes" Tatbestandsmerkmal für deren rechtliche Entstehung bzw. wirtschaftliche Verursachung zu sehen.

Die Rücknahme- und Entsorgungspflicht führt folglich bei Inverkehrbringen des Elektrogeräts zu keinen bilanziellen Auswirkungen, sondern erst in der Periode, in welcher das Altgerät zurückgegeben wird und die Entsorgung nach Maßgabe des dann aktuellen Marktanteils einem bestimmten Hersteller auferlegt wird. Zum Zeitpunkt des Inverkehrbringens ist noch gar nicht abzusehen, welcher Marktteilnehmer (Hersteller) künftig für die Entsorgung eines bestimmten Gerätes aufzukommen hat.

Bilanzierung nach IFRS

Speziell zur Elektroschrottrichtlinie hat das IFRIC die Interpretation 6 „Liabilities arising from Participating in a Specific Market – Waste Electrical and Electronic Equipment" veröffentlicht. Entgegen dem breit angelegten Titel des Interpretationsentwurfs, widmet er sich realiter nur der Bilanzierung von historischem Abfall privater Haushalte (IFRIC 6.7). IFRIC 6 ist für Geschäftsjahre anzuwenden, die am oder nach dem 1. Dezember 2005 beginnen; eine frühere Anwendung wird empfohlen (IRFIC 6.10).

In dieser Interpretation wird im Hinblick auf IAS 37.14(a) konstatiert, dass (erst) die künftige Marktteilnahme („participation in the market during the measurement period") das rückstellungsbegründende Ereignis („obligating event") darstelle (IFRIC 6.9). Somit schließt auch das IFRIC (sowie klarstellend RIC 2.11 ff.) eine frühere Bilanzierung (hier: Rückstellungsbildung) aus. Insbesondere wird auch die Ansicht abgelehnt, bei der Anknüpfung an einen künftigen Marktanteil handele es sich nur um eine Bewertungskomponente, die die Rückstellungspflicht dem Grunde nach zum (früheren) Zeitpunkt des Inverkehrbringen der Produkte unberührt lasse. Diese Sichtweise – so das IFRIC (IFRIC 6.BC9 f.) – sei mit der Rückstellungsdefinition des IAS 37 nicht zu vereinbaren.

Mithin ist es auch unter Anwendung der IFRS nicht zulässig, eine Rückstellung unter Hinweis auf das bereits in der Vergangenheit erfolgte Inverkehrbringens der Alt-Altgeräte (nachträglich) zu bilden.

11.3.3 Neu-Altgeräte privater Haushalte

Die Hersteller sind für die von ihnen in Verkehr gebrachten Geräte verantwortlich. Allerdings richtet sich die konkrete Rücknahme- und Entsorgungsverpflichtung allein nach der Zuweisung des Abfalls durch die zuständige Behörde (§ 10 Abs. 1 ElektroG). Die Hersteller können die dadurch entstehenden Kosten auf die Preise ihrer Produkte umlegen (§ 6 Abs. 4 Satz 3 ElektroG).

Wie bei Alt-Altgeräten unterliegen die Hersteller einer Abholverpflichtung, wobei gem. § 14 Abs. 5 Satz 5 ElektroG die in eigenen Rücknahmesystemen (§ 9 Abs. 8 ElektroG) gesammelten und abgeholten Mengen ebenfalls auf die bei den öffentlich-rechtlichen Entsorgungsträgern abzuholende Menge angerechnet wird.

Zur Ermittlung der von den Herstellern bei den Kommunen abzuholenden Abfallmenge werden in § 14 Abs. 5 Satz 3 ElektroG – anders als bei Alt-Altgeräten – nicht nur ein, sondern zwei Verfahren (Berechnungsmethoden) zugelassen (Begründung zu § 14 ElektroG-E, BT-Drs. 15/3930, S. 31): „Zum einen eröffnet Satz 3 Nr. 1 die Möglichkeit, die abzuholende Altgerätemenge nach dem Anteil der Altgeräte des jeweiligen Herstellers an der gesamten Altgerätemenge pro Gruppe (§ 9 Abs. 4) zu berechnen. Voraussetzung ist allerdings, dass der Hersteller diesen Anteil im Abfallstrom nachweist. Dies kann durch Sortierung oder durch anerkannte statistische Methoden erfolgen. Zum anderen kann die Abholmenge nach Satz 3 Nr. 2 ebenso wie bei den historischen Altgeräten nach dem Marktanteil des einzelnen Herstellers ermittelt werden." Für die erstgenannte Möglichkeit hat sich die Bezeichnung „Vorwärtsfinanzierung" etabliert, wohingegen die alternativ zulässige zweite Variante als „Umlageverfahren" tituliert wird.

Im Unterschied zur Regelung für historische Altgeräte und unabhängig von der Berechnungsmethode für die Abholverpflichtung ist für neue Altgeräte der Nachweis einer insolvenzsicheren Garantie durch die Hersteller vorgesehen (§ 6 Abs. 3 ElektroG). Den Hintergrund dieser Verpflichtung erhellt Erwägungsgrund 20 der Elektroschrottrichtlinie: „Jeder Hersteller sollte beim Inverkehrbringen eines Produkts eine finanzielle Garantie stellen, um zu verhindern, dass die Kosten für die Entsorgung der Elektro- und Elektronik-Altgeräte aus Waisen-Produkten auf die Gesellschaft oder die übrigen Hersteller abgewälzt werden." Als „Waisen-Produkte" bzw. „Waisengeräte" werden jene Geräte bezeichnet, die zwar zum Zeitpunkt ihrer Rückgabe einem Hersteller zugeordnet werden können, dieser Hersteller (oder dessen Rechtsnachfolger) allerdings – z.B. aufgrund einer Insolvenz – nicht mehr am Markt vorhanden ist. Darüber hinaus soll die Garantie (zusammen mit der Registrierungspflicht) verhindern, dass einige Hersteller als „Trittbrettfahrer" ihre Produkte auf den Markt bringen, ohne ihrer Entsorgungsverpflichtung nachzukommen.

Die Elektroschrottrichtlinie nennt in Art. 8 Abs. 2 Satz 5 folgende Garantien, die nur beispielhaften Charakter haben:

- Recycling-Versicherung,
- gesperrtes Bankkonto oder ein
- geeignetes Finanzierungssystem.

Auch in der Begründung zu § 6 ElektroG-E (BT-Drs. 15/3930, S. 23) heißt es: „Zweck der Garantie ist es, die Finanzierung der späteren Entsorgung von Elektro- und Elektronikgeräten, die mitunter eine lange Lebensdauer haben, sicherzustellen. Die Form der Garantie ist absichtlich nicht vorgegeben, um den Wirtschaftsbeteiligten ausreichend Flexibilität zu belassen."

Bilanzierung nach HGB

Berechnet sich die Abholverpflichtung eines Herstellers nach dem Anteil seiner eindeutig identifizierbaren Altgeräte an der gesamten Altgerätemenge pro Geräteart (= Vorwärtsfinanzierung gem. § 14 Abs. 5 Satz 3 Nr. 1 ElektroG) ist das Inverkehrbringen der Geräte unweigerlich mit der Pflicht des jeweiligen Herstellers verbunden, „seine" Altgeräte zurückzunehmen. Dies entspricht der Situation beim Inverkehrbringen von Altfahrzeugen, bei denen der Gesetzgeber mit Art. 53 Abs. 1 EGHGB die Passivierungspflicht zum Zeitpunkt des Inverkehrbringens ausdrücklich normiert hat. Es ist deshalb auch in Bezug auf Neu-Altgeräte sachgerecht, bereits zu diesem Zeitpunkt der zu erwartenden künftigen Belastung durch Bildung einer Rückstellung für ungewisse Verbindlichkeiten Rechnung zu tragen (BT-Drs. 15/3930, S. 19).

Die Regelung bei Wahl des alternativen Umlageverfahrens (§ 14 Abs. 5 Satz 3 Nr. 2 ElektroG) ist wortgleich mit der in § 14 Abs. 5 Satz 2 ElektroG enthaltenen Regelung für Alt-Altgeräte. Schon dies legt eine entsprechende Bilanzierung nahe. Demnach würde eine Passivierung beim Inverkehrbringen ausscheiden, sofern sich ein Hersteller durch Marktaustritt bis zum Zeitpunkt des Rücklaufs der Geräte der Entsorgungspflicht entziehen könnte. Indes könnte hiergegen sprechen, dass die Teilnahme an einem Umlageverfahren für den jeweiligen Hersteller mit der Pflicht zur Bereitstellung einer insolvenzsicheren Garantie verbunden ist. Die Garantie soll das Problem der „Waisengeräte" lösen. Dieses Problem entsteht aber erst dann, wenn sich ein Hersteller, der am Kollektivsystem teilnimmt, freiwillig oder unfreiwillig aus dem Markt zurückzieht (Marktaustritt). Somit kann er selbst die Inanspruchnahme der Garantie durch Verbleib im Umlageverfahren verhindern. Außerdem sind Rückstellungen aufgrund von Garantien erst dann erforderlich, wenn deren Inanspruchnahme droht.

Selbst wenn ein Hersteller also nach seinem Ausscheiden vorübergehend noch für die Entsorgung der zuvor – während der Teilnahme an dem Umlageverfahren – in Verkehr gebrachten Altgeräte haftet (dies ist bspw. durch eine Regelung in § 14 Abs. 3 im Garantiesystem der BITKOM Servicegesellschaft mbH, einer Tochtergesellschaft des Bundesverbandes Informationswirtschaft, Telekommunikation und neue Medien e.V. (BITKOM), vorgesehen), so kann daraus nicht ohne weiteres auf eine Passivierungspflicht geschlossen werden: Da der Garantiefall voraussetzt, dass das Umlageverfahren (mangels ausreichender Teilnehmer) zusammenbricht (so § 9 Abs. 1 des BITKOM-Garantiesystems), dürfte zumindest nach heutigem Kenntnisstand angesichts der Vielzahl von Teilnehmern und dem großen Zuspruch der Praxis zugunsten der Variante Umlageverfahren davon auszugehen sein, dass der Eintritt des Garantiefalls auch nach dem Austritt eines Teilnehmers für diesen und für die verbliebenen Hersteller eher theoretischer Natur ist, sodass sich hierdurch – soweit es die Frage einer potenziellen Rückstellungspflicht betrifft – kein Unterschied zur Bilanzierung von Alt-Altgeräten privater Haushalte ergibt. Es ist aber an jedem Bilanzstichtag eine Einschätzung darüber notwendig, ob an der Annahme, dass eine Inanspruchnahme unwahrscheinlich ist, zulässigerweise noch festgehalten werden kann. Im Übrigen besteht selbstverständlich eine Passivierungspflicht (Rückstellung oder ggf. Verbindlichkeit) für etwaige am Bilanzstichtag bestehende, aber noch nicht erfüllte Abholverpflichtungen bzw. noch nicht geleistete laufende Beitrags- oder Prämienzahlungen, die aus der Teilnahme an dem Umlageverfahren respektive Garantiesystem resultieren.

Bilanzierung nach IFRS

Die Behandlung im Lichte der IFRS entspricht der nach HGB, wobei RIC 2.25 ff. und 2.28 ff. im Hinblick auf das Umlageverfahren mit Recht betont, dass es auf eine konkrete Analyse der jeweiligen Ausgestaltung und der damit einhergehenden insolvenzsicheren Garantie ankommt. Letztlich ist aber auch im Lichte des RIC 2 (wie nach HGB) zu konstatieren, dass sich die Hersteller bspw. nach dem BITKOM-Garantiesystem aus dem Umlageverfahren verabschieden können (siehe auch die obigen Ausführungen), ohne dass sie hinsichtlich der während ihrer Zugehörigkeit zum Umlageverfahren in Verkehr gebrachten Geräte belastet werden: Die entsprechenden Rücknahme- und Entsorgungspflichten sind dann bei Rücklauf von den verbleibenden Herstellern nach Maßgabe ihrer jeweiligen Marktanteile zu übernehmen und der Eintritt des Garantiefalls dürfte trotz des Ausscheidens eines Teilnehmers regelmäßig äußerst unwahrscheinlich bleiben.

11.3.4 Alt-Altgeräte kommerzieller Nutzer

Bei Alt-Altgeräten kommerzieller Nutzer differenziert die Elektroschrottrichtlinie (Art. 9 Abs. 1 Sätze 2 ff.) danach, ob die Elektrogeräte bei Rückgabe ersetzt werden oder nicht: Art. 9 Abs. 1 Satz 5 der Elektroschrottrichtlinie sieht grundsätzlich vor, dass die kommerziellen Nutzer die Finanzierung der Kosten für die Entsorgung der Altgeräte tragen. Bei historischen Altgeräten, die durch neue gleichwertige Produkte oder durch neue Produkte ersetzt werden, welche dieselbe Funktionen erfüllen, werden die Kosten demgegenüber von den Herstellern dieser Produkte finanziert, wenn sie diese liefern; alternativ wird den Mitgliedsstaaten allerdings die Möglichkeit eröffnet, andere Nutzer (außer private Haushalte) ebenfalls teilweise oder vollständig zur Finanzierung heranzuziehen.

Das Mitgliedsstaatenwahlrecht wurde vom deutschen Gesetzgeber zugunsten der Hersteller bzw. zulasten der (kommerziellen) Nutzer ausgeübt (§ 10 Abs. 2 Sätze 2 und 4 ElektroG). Vorbehaltlich abweichender Unternehmensvereinbarungen (§ 10 Abs. 2 Satz 3 ElektroG) sind die Kosten deshalb vollständig (nicht nur teilweise) von den kommerziellen Nutzern zu tragen.

Bilanzierung nach HGB

Sofern es keine abweichende Unternehmensvereinbarung gibt, trifft die Entsorgungsverpflichtung allein die gewerblichen Nutzer, sodass sich für die Hersteller kein Rückstellungsbedarf ergibt. Demgegenüber müssen die Nutzer für die im Bestand befindlichen Geräte eine Entsorgungsverpflichtung passivieren. Dies betrifft folglich zunächst jene kommerzielle Nutzer, die zum Zeitpunkt des In-Kraft-Tretens des § 10 Abs. 2 ElektroG am 13. August 2005 Alt-Altgeräte in ihrem Bestand haben; dass die Erfüllung der Entsorgungspflicht gem. § 24 ElektroG bis zum 23. März 2006 ausgesetzt ist, vermag daran nichts zu ändern (so im Hinblick auf die Bilanzierung nach IFRS auch RIC 2.16).

Bilanzierung nach IFRS

Es ist – wie nach den handelsrechtlichen GoB – unstrittig, dass vor dem Hintergrund der deutschen Umsetzung der Elektroschrottrichtlinie durch § 10 Abs. 2 Sätze 2 ff. ElektroG die Hersteller – vorbehaltlich abweichender Unternehmensvereinbarungen – keine Pflicht zur Rückstellungsbildung trifft. Für die kommerziellen Nutzer gelten insoweit die oben zur handelsrechtlichen Bilanzierung gemachten Überlegungen gleichermaßen. Dabei ist die Besonderheit zu beachten, die sich aus IAS 16.16(c) ergibt: Danach erhöhen sich die Anschaffungskosten des Elektrogeräts um den passivierten Rückstellungsbetrag (siehe auch RIC 2.15).

Wenn sich ein Hersteller entschließen sollte, die Entsorgungskosten (statt des kommerziellen Nutzers) zu übernehmen, dann hat er (statt des kommerziellen Nutzers) ab dem Zeitpunkt des verbindlichen Vertragsschlusses mit dem kommerziellen Nutzer eine Rückstellung zu passivieren (siehe auch RIC 2.17). Der kommerzielle Nutzer kann dementsprechend die zunächst gebildete Rückstellung auflösen und die gem. IAS 16.16(c) erhöhten Anschaffungskosten (bzw. Restbuchwerte) reduzieren (so auch RIC 2.17).

11.3.5 Neu-Altgeräte kommerzieller Nutzer

Jeder Hersteller ist verpflichtet, für die neuen Altgeräte, die als Neugeräte ab dem 13. August 2005 in Verkehr gebracht werden, eine zumutbare Möglichkeit zur Rückgabe zu schaffen und die Altgeräte zu entsorgen (§ 10 Abs. 2 Satz 1 ElektroG); die Entsorgungskosten trägt gem. § 10 Abs. 2 Satz 4 ElektroG grundsätzlich der Hersteller. Nach § 10 Abs. 2 Satz 3 ElektroG sind abweichende Vereinbarungen zwischen den Unternehmen zulässig.

Bilanzierung nach HGB

Sofern nicht von der Ausnahmeregelung des § 10 Abs. 2 Satz 3 ElektroG Gebrauch gemacht wird, ist beim Hersteller bereits mit Inverkehrbringen der Geräte eine Verbindlichkeitsrückstellung zu bilden, da für jedes in Verkehr gebrachte Gerät eine Verpflichtung entsteht, dieses zu einem späteren (ungewissen) Zeitpunkt unentgeltlich zu entsorgen (für das Entstehen einer Rückstellungspflicht mit Inverkehrbringen spricht sich auch explizit die Begründung des Gesetzesentwurfs aus: BT-Drs. 15/3930, S. 19).

Bilanzierung nach IFRS

Die handelsrechtliche Beurteilung entspricht der Beurteilung nach IFRS, d.h., mit Inverkehrbringen der Elektrogeräte ist eine Rückstellung beim Hersteller zu bilden (Passivierungspflicht). Das gilt jedenfalls immer dann, wenn eine abweichende vertragliche Regelung nicht besteht (zutreffend: RIC 2.33 ff.).

Gesetzesfundstelle

Gesetz über das Inverkehrbringen, die Rücknahme und die umweltverträgliche Entsorgung von Elektro- und Elektronikgeräten (Elektro- und Elektronikgerätegesetz – ElektroG), BGBl. 2005, Teil I, S. 762 ff.

Literaturhinweise

DRSC (Hrsg.): RIC 2, Verpflichtung zur Entsorgung von Elektro- und Elektronikgeräten; *Hoyos, Martin/Ring, Maximilian*: § 249 HGB, Beck'scher Bilanz-Kommentar, 6. Aufl., München 2006;

IFRIC Interpretation 6: (IFRIC 6), Liabilities Arising from Participating in a Specific Market – Waste Electrical and Electronic Equipment; *Hug, Jürgen/Seidler, Holger/Roß, Norbert*: Bilanzielle Bewältigung der Rückwirkungsproblematik durch das Altfahrzeug-Gesetz (AltfahrzeugG), DB 2002, S. 1013-1016; *Hug, Jürgen/Seidler, Holger/Roß,Norbert*:, Rückstellungen auf Grund einer noch nicht verabschiedeten EU-Richtlinie BB 2000, S. 2510 – 2513; *Ellrott, Helmut*: Art. 53 EGHGB, Beck'scher Bilanz-Kommentar, 6. Aufl., München 2006; *IDW*: Stellungnahme zum Entwurf eines Altfahrzeug-Gesetzes, WPg 2001, S. 1189; *IDW*: Berichterstattung über Sitzungen: 185. Sitzung des HFA, Fachnachrichten 2003, S. 22 – 23; *Krink, Klaus*: Das neue Elektro- und Elektonikgerätegesetz, DB 2005, S. 1893 – 1896; *Marx, Franz Jürgen/Köhlmann, Sarah*: Bilanzielle Abbildung von Rücknahmeverpfichtungen nach HGB und IFRS, BB 2005, S. 2007 – 2011; *Oser, Peter/Roß, Norbert*: Rückstellungen aufgrund der Pflicht zur Rücknahme und Entsorgung von sog. Elektroschrott beim Hersteller – Bilanzierung nach HGB, IFRS und US-GAAP, WPg 2005, S. 1069 – 1077; *Roß, Norbert/Seidler, Holger*: Rückstellungen für Altautorücknahme und -entsorgung, BB 1999, S. 1258 – 1265; *Schäfer, Lothar*: Droht die Pflicht zur kumulierten Rückstellungsbildung für die Entsorgung von Elektroaltgeräten?, BB 2004, S. 2735 – 2738.

12 Wertpapierprospektgesetz (WpPG)

12.1 Hintergrund und Zielsetzung

Mit dem Prospektrichtlinie-Umsetzungsgesetz vom 22. Juni 2005 wurde die Prospektrichtlinie vom deutschen Gesetzgeber fristgerecht in nationales Recht umgesetzt. Das Prospektrichtlinie-Umsetzungsgesetz trat am 1. Juli 2005 in Kraft. Dabei bildet Art. 1 des Reformgesetzes – das neu geschaffene Wertpapierprospektgesetz (WpPG) – den Kernbereich zur Umsetzung der Prospektrichtlinie in innerstaatliches Recht. Die Bestimmungen der übrigen Artikel des Prospektrichtlinie-Umsetzungsgesetzes, wie bspw. die Änderungen des Verkaufsprospektgesetzes (VerkProspG), des Börsengesetzes (BörsG) und der Börsenzulassungs-Verordnung (BörsZulV) sowie die Aufhebung der Verkaufsprospekt-Verordnung (VerkProspV), sind grundsätzlich Folgeänderungen der Einführung des WpPG.

Durch das WpPG soll der Anlegerschutz in Deutschland sowie in der Europäischen Union mit einem weiteren Schritt zur Europäisierung des deutschen Finanzmarkts verbessert und zugleich der Finanzplatz Deutschland durch die Förderung seiner Wettbewerbsfähigkeit gestärkt werden.

Das WpPG schafft einen einheitlichen Prospektbegriff und beseitigt damit die bisherige rechtliche Differenzierung zwischen Verkaufsprospekten für öffentliche Angebote von Wertpapieren (VerkProspG i.V.m der VerkProspV) einerseits und Börsenzulassungsprospekten für die Börsenzulassung von Wertpapieren (BörsG, BörsZulV) andererseits. Entsprechend der Gesetzesbegründung orientieren sich dabei die im WpPG enthaltenen Vorschriften an den bisherigen Vorschriften des VerkProspG und den Börsenzulassungsprospekte betreffenden Vorschriften des BörsG, soweit dies im Rahmen der Umsetzung der Prospektrichtlinie möglich ist.

Zusammen mit der Prospektverordnung bildet das WpPG künftig den Regelungsrahmen für Wertpapieremissionen im Wege eines öffentlichen Angebots oder der Zulassung zum Handel an einem organisierten Markt. Außerdem sind die ergänzenden Anwendungsempfehlungen des Ausschusses der Europäischen Wertpapieraufsichtsbehörden (CESR) für eine europaweit einheitliche Umsetzung der Prospektverordnung zu berücksichtigen.

Das WpPG setzt das zentrale Konzept des „Europäischen Passes" um. Ein von der zuständigen Behörde eines Mitgliedsstaates (in Deutschland ist dies die BaFin) gebilligter Prospekt ist in allen anderen Mitgliedsstaaten ohne zusätzliche Prüfung als Grundlage für Wertpapieremissionen gültig.

Vgl. auch die Ausführungen zur Prospektrichtlinie.

12.2 Wesentliche Elemente des Wertpapierprospektgesetzes

12.2.1 Prospektpflicht – Anwendungsbereich und Ausnahmen

Anwendungsbereich und Prospektpflicht

Der Anwendungsbereich des WpPG erstreckt sich auf die Erstellung, Billigung und Veröffentlichung von Prospekten für Wertpapiere, die öffentlich angeboten oder zum Handel an einem organisieren Markt zugelassen werden sollen, (§ 1 Abs. 1 WpPG) und begründet für derartige Transaktionen grundsätzlich die Pflicht einen Prospekt zu veröffentlichen (§ 3 Abs. 1 und 3 WpPG).

Vom Anwendungsbereich des WpPG sind bestimmte Angebote und Zulassungen ausgenommen (§ 1 Abs. 2 WpPG). So findet das WpPG keine Anwendung auf:

- Anteile oder Aktien, die von Kapitalanlagegesellschaften oder Investmentgesellschaften mit einem Rückgaberecht ausgeben werden,
- Nichtdividendenwerte, die von Staaten, Gebietskörperschaften, internationalen Organisationen des öffentlichen Rechts, Zentralbanken des Europäischen Wirtschaftsraums oder der Europäischen Zentralbank ausgegeben werden;
- bestimmte Emissionen mit geringen Volumina.

Abgesehen von dem ersten Ausnahmefall kann jedoch freiwillig ein Prospekt entsprechend den Vorschriften des WpPG erstellt werden (§ 1 Abs. 3 WpPG).

Ausnahmen von der Prospektpflicht

Von der Prospektpflicht sind folgende öffentlichen Angebote (ohne zusätzliche Zulassung zu einem organisiertem Markt) und folgende Zulassungen zu einem organisiertem Markt entsprechend des WpPG befreit (§ 3 Abs. 2, § 4 WpPG):

- Öffentliche Angebote an „qualifizierte Anleger", an einen begrenzten Personenkreis von weniger als 100 natürliche oder juristische Personen pro Mitgliedsstaat oder mit einem Gesamtangebotswert von weniger als € 100.000 bezogen auf zwölf Monate bzw. mit Mindeststückelung oder Mindestbetrag pro Anleger von jeweils € 50.000;
- Öffentliche Angebote in bestimmten Emissionsfällen: Ausgaben von Aktien im Austausch für bereits ausgegebene Aktien derselben Gattung, Übernahmetransaktionen im Wege eines Tauschangebots, Verschmelzungen, Kapitalerhöhungen aus Gesellschaftsmitteln und Angebote von Wertpapieren an derzeitige oder ehemalige Geschäftsführungsorgane oder Arbeitnehmer, sofern jeweils bestimmte Informationen zur Verfügung gestellt werden;
- Zulassung zum Handel an einem organisierten Markt: Die in der vorhergehenden Kategorie beschriebenen Fälle und zusätzlich Kapitalerhöhungen über einen Zeitraum von zwölf Monaten von weniger als 10% mit Aktien derselben Gattung bereits zugelassener Aktien mit Zulassung an demselben organisierten Markt sowie unter bestimmten Voraussetzungen Wertpapiere, die bereits zum Handel an einem anderen organisierten Markt zugelassen sind.

12.2.2 Begriffsbestimmungen

Die für den Anwendungsbereich des WpPG wesentlichen Begriffe, wie bspw. Wertpapiere, Dividendenwerte, Nichtdividendenwerte öffentliches Angebot, qualifizierte Anleger, Herkunftsstaat, Aufnahmestaat, organisierter Markt, werden in einem Katalog (§ 2 WpPG) definiert.

Als *öffentliches Angebot* von Wertpapieren ist danach eine Mitteilung an das Publikum in jedweder Form und auf jedwede Art und Weise, die ausreichende Informationen über die Angebotsbedingungen und die anzubietenden Wertpapiere enthält, um einen Anleger in die Lage zu versetzen, sich für den Kauf oder die Zeichnung dieser Wertpapiere zu entscheiden. Die Legaldefinition des WpPG stellt nicht mehr auf eine konkrete Möglichkeit zum Erwerb der Wertpapiere ab, worin eine Ausweitung des Angebotsbegriffs und damit auch der Prospektpflicht gesehen wird.

Die Definition des *organisierten Markts* im WpPG stimmt mit § 2 Abs. 5 WpHG überein und ist identisch mit dem Begriff des geregelten Markts in der Prospektverordnung. In Deutschland zählen damit der amtliche und der geregelte Markt zu dieser Marktkategorie. Der Freiverkehr zählt hingegen nicht zum organisierten Markt.

12.2.3 Prospektformat und Mindestinhalt

1. Prospektformat

Einteiliger versus dreiteiliger Prospekt

Ein Prospekt kann als einteiliges Dokument oder in mehreren Einzeldokumenten (§ 13 WpPG) mit folgenden Bestandteilen erstellt werden:

- *Registrierungsformular* mit den Angaben zum Emittenten,
- *Wertpapierbeschreibung* mit den Angaben zu den Wertpapieren,
- *Zusammenfassung* der wesentlichen Merkmale und Risiken des Emittenten, aller Garanten und der Wertpapiere sowie Anführen der im WpPG geforderten Warnhinweise.

Diese inhaltlichen Bestandteile eines Prospekts sind unabhängig vom Prospektformat zu berücksichtigen (§ 5 Abs. 1 und 2 WpPG). Auch einteilige Prospekte müssen eine Zusammenfassung enthalten, der nunmehr eine besondere Bedeutung zukommt. Sofern sich ein Prospekt auf die Zulassung von Nichtdividendenwerten mit einer Mindeststückelung von € 50.000 bezieht, kann auf eine Zusammenfassung verzichtet werden.

Basisprospekt

Für Nichtdividendenwerte sowie Optionsscheine, die im Rahmen eines Angebotsprogramms, d.h. bei dauernder oder wiederholter Emission auf Basis eines Plans während eines bestimmten Emissionszeitraums, begeben werden, ist die Erstellung eines sog. Basisprospekts (§ 6 WpPG) möglich, das sämtliche Anga ben mit Ausnahme der endgültigen Angebotsbedingungen enthält. Dabei ist der Begriff Optionsscheine in der Prospektrichtlinie und im WpPG i.S.d. weiteren Bergriffs derivativer Wertpapiere zu verstehen. Ferner können Einlagenkreditinstitute bei Daueremissionen gedeckter Nichtdividendenwerte, insbesondere bei Pfandbriefen, einen Basisprospekt erstellen. Ein Basisprospekt muss als einteiliges Dokument ausgestaltet werden.

Angaben in Form eines Verweises

Nach dem WpPG können nunmehr Angaben, wie unter anderem jährlich und unterjährig vorzulegende Finanzinformationen, Satzungen, Prospekte sowie Rundschreiben an Wertpapierinhaber (vgl. hierzu Art. 28 Abs. 1 Prospektverordnung), in Form eines Verweises auf zuvor oder gleichzeitig veröffentlichte Dokumente, die nach dem WpPG, dem BörsG oder in anderen Mitgliedsstaaten entsprechend der Prospektrichtlinie oder der Börsenzulassungsrichtlinie von der zuständigen Behörde gebilligt oder bei ihr hinterlegt wurden, in den Prospekt aufgenommen werden (§ 11 WpPG). Dabei ist eine Liste mit Querverweisen in den Prospekt aufzunehmen. In der Zusammenfassung sind Verweise auf andere Dokumente nicht zulässig.

2. Mindestangaben

Grundsatz

Für den Prospektinhalt gilt der allgemeine Grundsatz, dass ein Prospekt sämtliche Angaben in leicht analysierbarer und verständlicher Form enthalten muss, die für den Anleger zur Beurteilung des Emittenten und der Wertpapiere notwendig sind (§ 5 Abs. 1 WpPG). Die Angaben müssen dem Anleger ein zutreffendes Urteil über die Vermögenswerte und Verbindlichkeiten, die Finanzlage, die Gewinne und Verluste, die Zukunftsaussichten des Emittenten, der Garanten sowie über die mit den Wertpapieren verbundenen Rechte ermöglichen.

Schemata und Module der Prospektverordnung

Hinsichtlich des Mindestinhalts und Aufbaus von Prospekten verweist das WpPG (§ 7 WpPG) auf die Prospektverordnung, die in den Anhängen I-XVII in Form von Schemata und Modulen je nach Art der Wertpapiere und der Emittenten unterschiedliche Kataloge von Pflichtangaben konkretisiert (Baukastenprinzip). Anhang XVIII der Prospektverordnung enthält die verbindlichen Kombinationsmöglichkeiten der Schemata und Module. Der Prospektinhalt bestimmt sich damit maßgeblich nach der unmittelbar anwendbaren Prospektverordnung, was zu einer Standardisierung von Prospekten innerhalb der EU führt.

Bei Anwendung der Prospektverordnung empfiehlt es sich, im Zweifel auf die englischsprachige Fassung zurückzugreifen, da die deutsche Fassung gewisse begriffliche Unschärfen aufweist.

Die Begriffe „Registrierungsformular“ und „Wertpapierbeschreibung“ werden in der Prospektverordnung in einem weiteren Sinne als im WpPG zur Bezeichnung der jeweiligen Prospektabschnitte verwendet.

Je nach Art der Wertpapiere und der Emittenten definieren die Schemata zu Registrierungsformularen die Mindestangaben zum Emittenten (z.B. Anhang I die Mindestangaben zum Emittenten bei einer Aktienemission), die Schemata zu Wertapierbeschreibungen die Mindestangaben zu den Wertpapieren (z.B. Anhang III die Mindestangaben für die Wertpapierbeschreibung für Aktien). In einigen Fällen sieht die Prospektverordnung ergänzend zu den Angaben aufgrund der Schemata zusätzliche Informationsmodule vor. Dies betrifft bspw. bei Aktienemissionen das Modul zu Pro-Forma-Finanzinformationen (Anhang II), falls wesentliche Unternehmenstransaktionen zu einer Änderung der Unternehmensstruktur geführt haben, die sich noch nicht bzw. noch nicht vollständig in den Abschlüssen des Emittenten niedergeschlagen haben, oder das Zusatzmodul zu den Mindestangaben für durch Vermögenswerte unterlegte Wertpapiere („asset backed securities"/ABS) (Anhang VIII), das bei der Emission von Wertpapieren im Rahmen einer ABS-Transaktion zu berücksichtigen ist.

3. Ausgewählte Informationskategorien am Beispiel von Aktienemissionen

Im Folgenden werden ausgewählte Informationskategorien der Prospektverordnung dargestellt, die bei einem öffentlichen Angebot oder der Zulassung zu einem organisierten Markt von Aktien in einem Prospekt zu berücksichtigen sind, da Aktienemissionen die umfangreichsten und detailliertesten Angabepflichten begründen:

Historische Finanzinformationen

Es sind die geprüften historischen Abschlüsse einschließlich der Bestätigungsvermerke des Abschlussprüfers für die letzten drei Geschäftsjahre im Prospekt aufzunehmen. Dies bezieht sich auf die Konzernabschlüsse, falls diese vom Emittenten erstellt wurden. Andernfalls sind für die letzten drei Geschäftsjahre die Jahresabschlüsse zu berücksichtigen. Die BaFin fordert neben der Aufnahme der Konzernabschlüsse auch die Berücksichtigung des Jahresabschlusses des letzten Geschäftsjahres. Die Prospektverordnung geht davon aus, dass die Konzernabschlüsse auf der Grundlage der International Financial Reporting Standards (IFRS) entsprechend der IAS-Verordnung (Verordnung (EG) Nr. 1606/2002) erstellt wurden. Ist die IAS-Verordnung nicht anwendbar, sind für die Abschlüsse die nationalen Rechnungslegungsgrundsätze des betreffenden Mitgliedsstaats, zu berücksichtigen. Dabei fordert die Prospektverordnung, dass die geprüften historischen Abschlüsse für die letzen zwei Geschäftsjahre nach den Rechnungslegungs- und Bilanzierungsgrundsätzen zu erstellen sind, die in dem Konzern- bzw. Jahresabschluss für das folgende Geschäftsjahr anzuwenden sind. Dies führt i.d.R. dazu, dass Emittenten neben HGB-Konzernabschlüssen für das letzte Geschäftsjahr auch einen IFRS-Konzernabschluss zu erstellen und in den Prospekt aufzunehmen haben. Basieren die im Prospekt berücksichtigten geprüften Abschlüsse auf den nationalen Rechnungslegungsgrundsätzen müssen diese entsprechend der Prospektverordnung zumindest aus einer Bilanz, Gewinn- und Verlustrechnung, einer Eigenkapitalveränderungsrechnung, einer Kapitalflussrechnung sowie einem Anhang bestehen. Da bspw. für HGB-Jahresabschlüsse keine Eigenkapitalveränderungsrechnung und Kapitalflussrechnung erforderlich sind, sind diese Abschlusselemente vom Emittenten für Prospektzwecke aus den Jahresabschlüssen sowie der zugrunde liegenden Buchführung abzuleiten. Diese zusätzlichen Abschlusselemente hat der Abschlussprüfer zur Erfüllung der Prospektanforderungen zu prüfen und mit einer im Prospekt abzubildenden Bescheinigung zu versehen. Hierfür hat das IDW den Prüfungshinweis *IDW PH 9.960, Tz. 2: Prüfung von zusätzlichen Abschlusselementen* herausgegeben. Im Übrigen hat der Prospekt eine Erklärung zu enthalten, dass die historischen Abschlüsse geprüft worden sind.

Pro-Forma-Finanzinformationen

Im Fall von wesentlichen Änderungen in der Unternehmensstruktur aufgrund einer Unternehmenstransaktion, die den Schwellenwert von 25% bezogen auf Bilanzsumme, Umsatzerlöse oder Jahresergebnis des zugehenden/abgehenden Tochterunternehmens, Teilkonzerns oder Unternehmensteils überschreitet, hat der Emittent Pro-Forma-Finanzinformationen in den Prospekt aufzunehmen, die die Auswirkungen der durch die Unternehmenstransaktion geschaffenen Struktur auf die historischen Abschlüsse des Emittenten reflektieren. Die Pro-Forma-Finanzinformationen dürfen dabei maximal das letzte volle Geschäftsjahr sowie den aktuellen Zwischenberichtszeitraum umfassen und müssen auf den gleichen Rechnungslegungsgrundsätzen sowie Ausweis-, Bilanzierungs- und Bewertungsmethoden wie die historischen Abschlüsse des Emittenten beruhen. Die Pro-Forma-Finanzinformationen sind vom Abschlussprüfer hinsichtlich der ordnungsgemäßen Erstellung auf den in den Pro-Forma-Erläuterungen dargestellten Grundlagen und hinsichtlich des Einklangs dieser Grundlagen mit den Rechnungslegungsgrundsätzen sowie den Ausweis-, Bilanzierungs- und Bewertungsmethoden zu prüfen und mit einer im Prospekt abzubildenden Bescheinigung zu versehen. Das IDW hat für Pro-Forma-Finanzinformationen den entsprechenden Rechnungslegungshinweis *IDW RH HFA 1.004: Erstellung von Pro-Forma-Finanzinformationen* überarbeitet und den Prüfungshinweis *IDW PH 9.960, Tz. 1: Prüfung von Pro-Forma-Finanzinformationen* erarbeitet, die den Anforderungen der Prospektrichtlinie gerecht werden.

Gewinnprognosen und -schätzungen

Werden vom Emittenten optional Gewinnprognosen (üblicherweise für das Ergebnis vor Steuern) oder Gewinnschätzungen (basierend auf historischen Abschlussinformationen) in den Prospekt aufgenommen, sind diese vom Abschlussprüfer hinsichtlich der sachgerechten Erstellung aus den angegeben Grundlagen und hinsichtlich der Konsistenz mit den vom Emittenten angewandten Bilanzierung- und Bewertungsgrundsätzen zu prüfen. Die Bescheinigung des Abschlussprüfers hierzu ist in dem Prospekt abzubilden.

Erklärung zum Geschäftskapital (Working Capital Statement)

Die Prospektverordnung verpflichtet den Emittenten, eine Erklärung im Prospekt abzugeben, dass das Geschäftskapital für seine derzeitigen Bedürfnisse ausreicht. Ansonsten sind die konkreten Maßnahmen zur Sicherstellung der Liquidität darzulegen. Die Anwendungsempfehlungen des CESR konkretisieren diese Angabepflicht und wie diese Aussage zu ermitteln ist. Insbesondere definieren die CESR-Anwendungsempfehlungen, dass dem Working Capital Statement ein Betrachtungshorizont von zwölf Monaten nach dem Zeitpunkt der Veröffentlichung des Prospekts zugrunde gelegt werden soll.

12.2.4 Billigungsverfahren

Die Zuständigkeit für die Prospektprüfung und -billigung liegt nunmehr bei der BaFin (§ 13 WpPG). Die Verantwortlichkeit für das Zulassungsverfahren jedoch verbleibt bei der jeweiligen Börsenzulassungsstelle. Um eine doppelte Prüfung von Prospekten durch die BaFin und Börsenzulassungsstelle zu vermeiden, ist § 30 Abs. 3 BörsG neu gefasst worden. Die Einhaltung der Zulassungsvoraussetzungen der §§ 1-12 BörsZulV fällt hingegen weiterhin in den Kompetenzbereich der Börse.

Die Prüfung durch die BaFin umfasst neben der Vollständigkeit auch die Kohärenz und Verständlichkeit der vorgelegten Informationen. Vor Billigung darf ein Prospekt nicht veröffentlicht werden. Die Prüfungsfrist beträgt grundsätzlich zehn Werktage, die sich bei erstmaligem öffentlichen Angebot und erstmaliger Zulassung zu einem organisierten Markt auf 20 Werktage verlängert.

12.2.5 Hinterlegung und Veröffentlichung

Nach seiner Billigung ist der Prospekt bei der BaFin zu hinterlegen und unverzüglich, spätestens einen Werktag vor Beginn des öffentlichen Angebots zu veröffentlichen (§ 14 WpPG). Findet kein öffentliches Angebot statt ist, muss die Veröffentlichung spätestens am Tag vor der Einführung der Wertpapiere erfolgen. Im Falle eines erstmaligen öffentlichen Angebots einer Gattung von bisher nicht zu einem organisierten Markt zugelassenen Aktien muss der Prospekt mindestens sechs Werktage vor dem Abschluss des Angebots zur Verfügung stehen.

Zur Veröffentlichung bietet das WpPG folgende Möglichkeiten:

- Veröffentlichung in einer oder mehreren weit verbreiteten Wirtschafts- oder Tageszeitungen (Börsenpflichtblatt),
- Kostenlose zur Verfügungstellung in gedruckter Form alternativ bei den Zulassungsstellen, dem Emittenten, den Emissionsbanken oder den Zahlstellen (sog. Schalterpublizität),
- Elektronische Veröffentlichung auf der Internetseite alternativ des Emittenten, der Emissionsbanken, der Zahlstelle oder den Zulassungsstellen. Der Prospekt muss in diesem Fall auf Verlangen dem Anleger auch in Papierform zur Verfügung gestellt werden.

Der Emittent oder die Emissionsbanken haben der BaFin Datum und Ort der Veröffentlichung des Prospekts unverzüglich schriftlich mitzuteilen. Darüber hinaus hat eine Hinweisbekanntmachung der Veröffentlichung in einem Börsenpflichtblatt zu erfolgen.

12.2.6 Gültigkeit, Aktualisierungs- und Nachtragspflichten

Gültigkeit des Prospekts

Ab dem Zeitpunkt seiner Veröffentlichung ist ein gebilligter Prospekt zwölf Monate für öffentliche Angebote oder Zulassungen zu einem organisierten Markt gültig, sofern er um die erforderlichen Nachträge ergänzt wird (§ 9 Abs. 1 WpPG). Bei Angebotsprogrammen mit einem Basisprospekt erstreckt sich die Gültigkeit nach Veröffentlichung ebenfalls auf zwölf Monate (§ 9 Abs. 2 WpPG). Bei Nichtdividendenwerten im Rahmen bestimmter Daueremissionen von Einlagenkreditinstituten ist der Prospekt gültig bis keines der betroffenen Wertpapiere mehr ausgegeben wird (§ 9 Abs. 3 WpPG).

Aktualisierungs- und Nachtragspflichten

Auch das WpPG begründet wie bereits die alte Rechtslage eine Nachtragspflicht, wenn wichtige neue Umstände oder wesentliche Unrichtigkeiten des Prospekts nach Billigung bis zum Schluss des öffentlichen Angebots oder der Einführung oder der Einbeziehung zum Handel auftreten bzw. festgestellt werden. Die Nachträge sind von der BaFin innerhalb einer Frist von höchstens sieben Werktagen zu billigen und nach der Billigung in gleicher Weise wie der Prospekt zu veröffentlichen (§ 16 WpGP) Die Zusammenfassung des Prospekts ist um die in den Nachträgen enthaltenen Informationen zu ergänzen. Den Anlegern steht mit einer Frist von zwei Werktagen nach Veröffentlichung des Nachtrags ein Widerrufsrecht hinsichtlich einer vor der Nachtragsveröffentlichung abgegebenen Willenserklärung zu, die auf den Erwerb oder die Zeichnung der Wertpapiere gerichtet ist, sofern noch keine Erfüllung eingetreten ist.

Jährliches Dokument

Emittenten, deren Wertpapiere zum Handel an einem organisierten Markt zugelassen sind, sind verpflichtet, mindestens einmal *jährlich* ein *Dokument* zu veröffentlichen, das *sämtliche Informationen* enthält oder auf sie verweist, die in den vorangegangen zwölf Monaten aufgrund der kapitalmarktrechtlichen Verpflichtungen veröffentlicht worden sind. Damit erweitert das WpPG die Zulassungsfolgepflichten (§ 10 Abs. 1 WpPG). Im Wesentlichen betreffen diese Informationen Ad hoc-Mitteilungen, Mitteilung über Directors' Dealings, Meldungen über bedeutende Stimmrechtsveränderungen oder Abschlüsse wie auch Zwischenabschlüsse. Das jährliche Informationsdokument ist nach Offenlegung des Jahresabschlusses bei der BaFin zu hinterlegen. Es ist in gleicher Weise wie ein Prospekt zu veröffentlichen.

12.2.7 Grenzüberschreitende Transaktionen

Nach dem Konzept des Europäischen Passes ist ein von der BaFin gebilligter Prospekt einschließlich etwaiger Nachträge ohne zusätzliches Billigungsverfahren in beliebig vielen anderen Mitgliedsstaaten für ein öffentliches Angebot oder für die Zulassung zum Handel gültig, sofern die zuständige Behörde des jeweiligen Mitgliedsstaats in Form einer Billigungsbescheinigung informiert wird (§ 17 Abs. 1 WpPG). Durch die grenzüberschreitende Geltung gebilligter Prospekte werden grenzüberschreitende Emissionen erheblich vereinfacht. Die BaFin übermittelt auf Antrag des Emittenten der zuständigen Behörde des Aufnahmestaats, in dem das öffentliche Angebot oder die Zulassung erfolgen soll, die Billigungsbescheinigung zusammen mit einer Kopie des gebilligten Prospekts und einer Übersetzung der Zusammenfassung, die den Anforderungen der Sprachenregelung im jeweiligen Aufnahmestaat genügt (§ 18 Abs. 1 WpPG).

Im Gegenzug ist ein im europäischen Ausland gebilligter Prospekt einschließlich etwaiger Nachträge in Deutschland ohne zusätzliches Billigungsverfahren für ein öffentliches Angebot oder für die Zulassung zum Handel gültig, sofern die BaFin durch eine Billigungsbescheinigung unterrichtet wird und der Prospekt in einer von der BaFin anerkannten Sprache oder in einer in Finanzkreisen gebräuchlichen Sprache, d.h. Englisch, erstellt worden ist (§ 18 Abs. 2 WpPG). Zumindest die Zusammenfassung des Prospekts muss allerdings stets in Deutsch erfolgen.

12.2.8 Prospektsprache

Die in dem WpPG übernommene *Sprachenregelung* dient ebenfalls der Vereinfachung grenzüberschreitender Emissionen und soll die Wettbewerbsfähigkeit des deutschen Finanzplatzes erhöhen. Hinsichtlich der zu berücksichtigenden Prospektsprache (§ 19 WpPG) sind folgende Konstellationen zu unterscheiden:

- Nationales Angebot und Zulassung: Der Prospekt ist grundsätzlich in deutscher Sprache zu erstellen. Die BaFin kann in Einzelfällen die Erstellung in einer in internationalen Finanzkreisen anerkannten Sprache, d.h. Englisch, gestatten, wenn eine ausreichende Information des Publikums gewährleistet erscheint. Der Prospekt hat dabei eine Übersetzung der Zusammenfassung in deutscher Sprache zu enthalten. Entsprechend der Regierungsbegründung soll diese Ausnahmebestimmung jedoch restriktiv ausgelegt werden, bspw. wenn sich das Angebot im Inland nur an institutionelle Anleger wendet.
- Angebot und Zulassung nur in einem oder mehreren Mitgliedsstaaten und nicht im Inland: Der Emittent hat ein Wahlrecht, den Prospekt entweder in einer von der zuständigen Behörde des Aufnahmestaats bzw. der zuständigen Behörden der Aufnahmestaaten anerkannten Sprache oder einer in internationalen Finanzkreisen gebräuchlichen Sprache, d.h. Englisch, zu erstellen. Falls der Prospekt nicht in englischer Sprache oder einer von der BaFin anerkannter Sprache erstellt wurde, ist der Prospekt zusätzlich in einer von der BaFin anerkannten Sprache zu erstellen.
- Grenzüberschreitendes Angebot und Zulassung sowohl im Inland als auch in anderen Mitgliedsstaaten: Bei grenzüberschreitenden Transaktionen kann als Prospektsprache Deutsch oder Englisch als in internationalen Finanzkreisen

gebräuchliche Sprache gewählt werden. Wird Englisch als Prospektsprache gewählt, hat der Prospekt auch eine Zusammenfassung in deutscher Sprache zu enthalten.

- Herkunftsstaat des Emittenten im Ausland sowie Angebot und Zulassung im Inland: Gemäß § 19 Abs. 4 WpPG kann ein Prospekt für ein Angebot oder eine Zulassung im Inland von Wertpapieren, für die der Herkunftsstaat nicht Deutschland ist, in Deutsch oder in Englisch als in internationalen Finanzkreisen gebräuchliche Sprache erstellt werden. Unter Berücksichtigung des Art. 19 Abs. 3 der Prospektrichtlinie, die als Muss-Vorschrift konzipiert wurde, ist diese Kann-Vorschrift bei europarechtskonformer Auslegung des WpPG als verpflichtend auszulegen. Damit ist in diesen Fällen ein Prospekt entweder in Deutsch oder in Englisch mit einer Übersetzung der Zusammenfassung in Deutsch zu erstellen.
- Für die Zulassung von Nichtdividendenwerten mit Mindeststückelung von € 50.000 gilt die Sonderregelung, dass der Prospekt in einer von der BaFin und der zuständigen Behörde des Aufnahmestaats oder den zuständigen Behörden der Aufnahmestaaten anerkannten Sprache oder in Englisch als in internationalen Finanzkreisen gebräuchliche Sprache erstellt werden kann.

12.3 Ausblick

Das neue EU-Prospektrecht erhöht die Anforderungen hinsichtlich der Prospektangaben. Es wird sich zeigen, ob durch die EU-weite Definition der Mindestangaben über die Prospektverordnung sich die Standardisierung der Prospekte in der EU zukünftig erhöht, oder ob aufgrund unterschiedlicher Handhabungen in den Mitgliedsländern nur eine eingeschränkte Vereinheitlichung resultiert. Dies wird ein entscheidendes Kriterium zur Steigerung der Markttransparenz für die Anleger sein. Das Konzept des Europäischen Passes wird zu einem Wettbewerb zwischen den Finanzplätzen innerhalb der EU führen, in dem sich der Finanzplatz Deutschland behaupten muss.

Gesetzes- und Verordnungsfundstellen

Gesetz über die Erstellung, Billigung und Veröffentlichung des Prospekts, der beim öffentlichen Angebot von Wertpapieren oder bei der Zulassung von Wertpapieren zum Handel an einem organisierten Markt zu veröffentlichen ist (Wertpapierprospektgesetz – WpPG), Art. 1 des Gesetzes zur Umsetzung der Richtlinie 2003/71/EG des Europäischen Parlaments und des Rates vom 4. November 2003 betreffend den Prospekt, der beim öffentlichen Angebot von Wertpapieren oder deren Zulassung zum Handel zu veröffentlichen ist, und zur Änderung der Richtlinie 2001/334/EG (Prospektrichtlinie-Umsetzungsgesetz), BGBl. 2005, Teil I, S. 1698; Gesetzentwurf der Bundesregierung, BT-Drs. 85/05 vom 04. Februar 2005; Gesetzentwurf der Bundesregierung, BT-Drs. 15/4999 vom 03. März 2005; Beschlussempfehlung und Bericht des Finanzausschusses, BT-Drs. 15/5374 vom 21. April 2005; Verordnung (EG) Nr. 809/2004 der Kommission vom 29. April 2004 zur Umsetzung der Richtlinie 2003/71/EG des Europäischen Parlaments und des Rats betreffend die in Prospekten enthaltenen Informationen sowie das Format, die Aufnahme von Informationen mittels Verweis und die Veröffentlichung solcher Prospekte und die Verbreitung von Werbung, ABl. EG L 149 vom 30. April 2004, S. 1, und L 186 vom 18. Juli 2005, S. 3.

CESR's recommendations for the consistent implementation of the European Commission's Regulation on Prospectuses n° 809/2004, February 2005, Ref: CESR/05-054b (abrufbar unter: www.cesr-eu.org.)

Literaturhinweise

Grub, Maximilian/Thiem, Ulrich: Das neue Wertpapierprospektgesetz – Anlegerschutz und Wettbewerbsfähigkeit des Finanzplatzes Deutschland, NZG 2005, S. 750 – 752; *Kullmann, Walburga/Sester, Peter*: Das Wertpapierprospektgesetz (WpPG) – Zentrale Punkte des neuen Regimes für Wertpapieremissionen, ZBB 2005, S. 1068 – 1076; *Kullmann, Walburga/Sester, Peter*: Inhalt und Format von Emissionsprospekten nach dem WpPG, ZBB-Report 2005, S. 209 – 215; *Schlitt, Michael/Schäfer, Susanne:* Auswirkungen des Prospektrichtlinie-Umsetzungsgesetzes auf Aktien- und Equity-linked Emissionen, AG 2005, S. 498 – 511; *Schlitt, Michael/Singhof, Bernd/Schäfer, Susanne:* Aktuelle Rechtsfragen und neue Entwicklungen im Zusammenhang mit Börsengängen, BKR 2005, S. 251 – 264; *Seitz, Jochen*: Das neue Wertpapierprospektrecht – Auswirkungen auf die Emission von Schuldverschreibungen, AG 2005, S. 678 – 689.

13 Weitere branchenspezifische Reformgesetze

Neben den bereits aufgeführten Reformgesetzen liegen weitere Gesetzesinitiativen, EU-Richtlinien bzw. Gesetze vor, die für bestimmte Branchen Anwendung finden und nicht unmittelbar vom Maßnahmenkatalog der Bundesregierung erfasst werden.

13.1 Siebtes Gesetz zur Änderung des Versicherungsaufsichtsgesetzes (VAG)

Mit der 7. VAG-Novelle, die am 30. August 2005 in Kraft trat, wurde der letzte Umsetzungsschritt der Pensionsfonds-Richtlinie der EU vollzogen. Die Richtlinie steckt den Aufsichtsrahmen für rechtlich selbstständige kapitalgedeckte Einrichtungen der betrieblichen Altersvorsorge ab. In Deutschland findet die Richtlinie Anwendung in den Durchführungswegen Pensionsfonds und Pensionskasse. Die Neuerungen betreffen insbesondere Vorschriften über die Informationspflichten gegenüber den Versorgungsanwärtern und die Verfahren für die grenzüberschreitende Tätigkeit von Pensionskassen und Pensionsfonds im europäischen Ausland bzw. von ausländischen Einrichtungen in Deutschland. Die aufsichtsrechtlichen Regelungen zu Pensionsfonds und Pensionskassen werden künftig in einem neuen Abschnitt des VAG, VII. Einrichtungen der privaten Altersversorgung, konzentriert.

Zusätzlich werden durch die VAG-Novelle die Möglichkeiten deutscher Versicherungsunternehmen zur Anrechnung von Genussrechtskapital und nachrangigen Verbindlichkeiten als Eigenmittel erweitert sowie die Prüfungspflichten des

Abschlussprüfers bezüglich des Risikofrüherkennungssystems nach § 91 Abs. 2 AktG ausgedehnt.

Insbesondere ergeben sich aus der Gesetzesnovelle folgende wesentliche Änderungen im VAG, die auch Trägerunternehmen von Pensionskassen und Pensionsfonds betreffen:

13.1.1 Neuregelung der Vorschriften für Einrichtungen der betrieblichen Altersversorgung (§§ 112 ff. VAG)

Die bereits mit der VAG-Novelle 2003 überarbeiteten Informationspflichten für Einrichtungen der betrieblichen Altersversorgung wurden nochmals um die Verpflichtungen ergänzt, den Versorgungsberechtigten jährlich eine Kurzinformation über die finanzielle Lage der Einrichtung sowie den aktuellen Stand der Finanzierung der individuellen Versorgungsansprüche zu erteilen. Darüber hinaus besteht künftig für Pensionsfonds und Pensionskassen eine jährliche Berichtspflicht, ob und in welcher Form ethische, soziale und ökologische Belange bei der Verwendung der eingezahlten Beiträge berücksichtigt werden. Auf Anfrage müssen den Versorgungsberechtigten folgende Informationen zur Verfügung gestellt werden:

- der Jahresabschluss und der Lagebericht des vorangegangenen Geschäftsjahrs,
- die Erklärung über die Grundsätze der Anlagepolitik,
- die Höhe der Leistungen im Fall der Beendigung der Erwerbstätigkeit,
- die Modalitäten der Übertragung von Anwartschaften auf eine andere Einrichtung der betrieblichen Altersversorgung im Fall der Beendigung des Arbeitsverhältnisses.

Eine weitere wesentliche Neuregelung betrifft die grenzüberschreitende Tätigkeit von Pensionsfonds und Pensionskassen sowie von ausländischen Einrichtungen der betrieblichen Altersversorgung in Deutschland. Die Zielsetzung der Pensionsfonds-Richtlinie der EU besteht u.a. darin, für Einrichtungen der betrieblichen Altersvorsorge die Vorraussetzungen zu schaffen, dass diese ihre Leistungen in anderen Mitgliedsstaaten der EU erbringen, die Trägerschaft durch Unternehmen mit Standort in einem anderen EU-Mitgliedsstaat akzeptieren und Altersversorgungssysteme mit Leistungsanwärtern in mehr als einem Mitgliedsstaat betreiben können. Damit wird die Idee des „Europäischen Passes" für Finanzdienstleistungen faktisch auf Einrichtungen der betrieblichen Altersvorsorge ausgedehnt. Für deutsche Pensionsfonds und Pensionskassen, die grenzüberschreitend tätig werden wollen, wurde mit § 117 VAG (§ 118c i.V.m. § 117 VAG) nunmehr ein Anzeigeverfahren implementiert, das sich am entsprechenden Verfahren für Versicherungsunternehmen, die in einem anderen EU-Mitgliedsstaat das Versicherungsgeschäft betreiben wollen, orientiert. Aufgrund bestehender arbeits- und sozialrechtlicher Besonderheiten wurde jedoch eine separate Vorschrift erlassen.

Nahezu spiegelbildlich gilt diese Vorschrift für den Fall, dass eine ausländische Einrichtung ihren Geschäftsbetrieb nach Deutschland verlagern will (§ 118e VAG).

Mit dem Altersvermögensgesetz (AVmG) wurde der Pensionsfonds als europaweit taugliche Alternative der betrieblichen Altersvorsorge in Deutschland eingeführt. Er sollte die Ertragschancen von Investmentfonds mit den Sicherheiten von Pensionskassen vereinen und die Übertragung von bestehenden Anwartschaften aus den internen Durchführungswegen Direktzusage und Unterstützungskasse und damit eine Herauslösung der Pensionsrückstellungen aus den Bilanzen der Unternehmen ermöglichen. Diese Erwartungen wurden bislang jedoch nicht erfüllt, diese Lösung wurde von den Unternehmen in der Praxis nicht angenommen. Dies ist mit dem unterschiedlichen Kapitalbedarf zu begründen, der durch die unterschiedlichen Vorschriften für die Bildung von Rückstellungen bei unmittelbaren Versorgungsverpflichtungen und die Bildung der Deckungsrückstellung beim Pensionsfonds verursacht wird. So beträgt der Rechnungszins zur Diskontierung der Pensionsrückstellungen nach § 6a EStG stets 6%, beim Pensionsfonds hingegen wird die Deckungsrückstellung mit einem Zins von nur 2,75% abgezinst. Hierdurch ist die Deckungsrückstellung entsprechend höher als die vormals gebildeten Pensionsrückstellungen. Diese Differenz zwischen steuerlich geförderter und versicherungsaufsichtsrechtlich vorgeschriebener Rückstellung ist vom Unternehmen bei der Übertragung der intern bestehenden Anwartschaften auf den Pensionsfonds zu finanzieren. Die VAG-Novelle reagiert nunmehr auf diesen Kritikpunkt. Pensionsfonds sind zukünftig nicht mehr zur Abgabe einer Garantieverpflichtung für die Rentenbezugsphase verpflichtet, soweit eine Nachschusspflicht des Arbeitgebers ohne zeitliche Befristung in der Rentenbezugsphase besteht. Dadurch muss die Übertragung der Pensionsrückstellungen nicht mehr auf Grundlage eines Rechnungszinses von 2,75% stattfinden, das Gesetz verlangt jedoch einen vorsichtig kalkulierten Rechnungszins (§ 1 Abs. 7 PFDeckRV). Dieser kann an die nach internationalen Rechnungslegungsvorschriften bestehenden Grundsätze angelehnt werden, sodass Arbeitgeber, die bereits nach IFRS bilanzieren, eine Übertragung ohne zusätzlichen Kapitalaufwand vornehmen können. Im Fall einer Unterdeckung wäre der Arbeitgeber dann zur Nachzahlung der notwendigen Mittel verpflichtet. Soweit der Pensionsfonds weiterhin auf Grundlage einer Beitragszusage mit Mindestleistung arbeitet, bleibt es wie bislang bei der „versicherungsförmigen Durchführung" und damit bei der Verpflichtung zur Kalkulation der Deckungsrückstellung mit einem Rechnungszins von 2,75% (vgl. BT-Drs. 15/5685, S. 16).

Eine weitere wesentliche Neuerung im VAG ist die erstmalige Definition der Pensionskasse. Dies war insbesondere erforderlich, um den Pensionskassen die grenzüberschreitende Tätigkeit zu ermöglichen und vor allem Einrichtungen aus anderen EU-Mitgliedsstaaten in Deutschland gleichfalls als Pensionskassen einstufen zu können. Pensionskassen sind nunmehr definiert als rechtlich selbstständige Lebensversicherungsunternehmen, deren Zweck in der Absicherung wegfallenden Erwerbseinkommens wegen Alters, Invalidität oder Tod besteht und die

- das Versicherungsgeschäft im Wege des Kapitaldeckungsverfahrens betreiben,
- Leistungen grundsätzlich erst ab dem Zeitpunkt des Wegfalls des Erwerbseinkommens vorsehen,
- Leistungen im Todesfall nur an Hinterbliebene erbringen dürfen, wobei für Dritte, die die Beerdigungskosten zu tragen haben, ein Sterbegeld in Höhe der gewöhnlichen Bestattungskosten vereinbart werden kann, und
- der versicherten Person einen eigenen Anspruch auf Leistung gegen die Pensionskasse einräumen oder Leistungen als Rückdeckungsversicherungen erbringen.

Darüber hinaus wird nunmehr zwischen wettbewerbsoffenen, sog. „deregulierten Pensionskassen“ sowie sog. „regulierten Firmen-Pensionskassen“ unterschieden. Deregulierte Pensionskassen, die wie Lebensversicherungsunternehmen agieren, sollen aufsichtsrechtlich wie Lebensversicherungsunternehmen behandelt werden. Bislang unterlagen nur Pensionskassen „von erheblicher wirtschaftlicher Bedeutung“ den gleichen Vorschriften wie Lebensversicherer und waren insbesondere an den Rechnungszins von 2,75% gebunden. Bei allen anderen Pensionskassen wurden die Versicherungstarife individuell durch die Aufsichtsbehörde genehmigt. Diese konnte auch einen höheren Rechnungszins zulassen, soweit von der Pensionskasse nachgewiesen wurde, dass dieses Versprechen auch eingehalten werden kann. Damit kann ein Arbeitgeber, der sich einer solchen Pensionskasse bedient, sein Leistungsversprechen gegenüber den Versorgungsberechtigten mit weniger Beiträgen finanzieren, als dies bei einer wie ein Lebensversicherungsunternehmen behandelten Pensionskasse der Fall wäre. Die Neuregelung, wonach Pensionskassen, die wie andere Lebensversicherungsunternehmen am Markt auftreten, auch wie diese behandelt werden, stellt nun enger auf den Geschäftszweck der Pensionskasse ab. Firmen-Pensionskassen, die von nur einem Arbeitgeber ausschließlich für die Altersversorgung der eigenen Beschäftigten betrieben werden, können zukünftig wählen, ob sie reguliert oder dereguliert der Aufsicht unterliegen. Sofern eine Pensionskasse die Voraussetzungen für eine Anerkennung als Firmen-Pensionskasse nach § 118b Abs. 2 VAG erfüllt, kann sie bei der BaFin einen Antrag auf Regulierung stellen, die entsprechende Einordnung erfolgt dann per Verwaltungsakt. Mit dieser Regelung wird zum einen sichergestellt, dass bestehende Firmen-Pensionskassen ihre Rechnungsgrundlagen weiterhin beibehalten können und eine zusätzliche Verteuerung der betrieblichen Altersversorgung für die Trägerunternehmen vermieden wird. Zum anderen gelten nunmehr für alle im Wettbewerb stehenden Pensionskassen dieselben Anforderungen, sodass bestehende Wettbewerbsverzerrungen weitestgehend beseitigt werden.

13.1.2 Modifizierung des Katalogs der anrechenbaren Eigenmittel nach § 53c VAG

Versicherungsunternehmen sind verpflichtet, zur Sicherstellung der dauernden Erfüllbarkeit der Verpflichtungen gegenüber Versicherungsnehmern stets über freie unbelastete Eigenmittel mindestens in Höhe der Solvabilitätsspanne zu verfügen. § 53c VAG enthält hierfür einen Katalog derjenigen Passiva, die als geeignete Eigenmittel anzusehen sind. Nach bisheriger Rechtslage durften Versicherungsunternehmen Genussrechtskapital und nachrangige Verbindlichkeiten (sog. Hybridkapital) nur bis zu einer Höhe von 25% (bzw. 50% mit Zustimmung der BaFin) des Grundkapitals (bzw. bei VVaG des Gründungsstocks und bei öffentlich-rechtlichen Versicherungsunternehmen die dem Grundkapital entsprechenden Posten), der Kapital- und Gewinnrücklagen und des sich nach Abzug der auszuschüttenden Dividenden ergebenden Gewinnvortrags als zulässige Eigenmittel heranziehen.

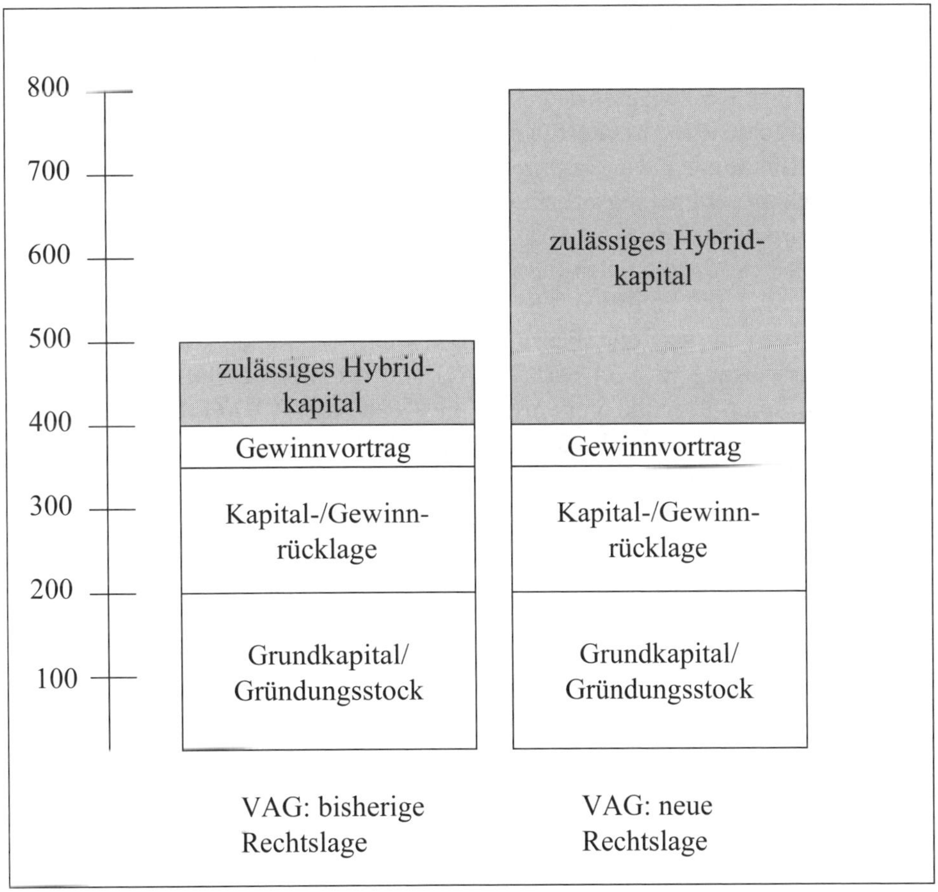

Abbildung 20: Erweiterung der zulässigen Eigenmittel

Die Novellierung des § 53c VAG gestattet nunmehr eine großzügigere Berechnung der Bezugsgröße „Eigenmittel“. Danach ist es den Versicherungsunternehmen nunmehr gestattet, 50% der gesamten Eigenmittel aus Genussrechtskapital und nachrangigen Verbindlichkeiten zu bilden (siehe Abbildung 20). Allerdings dürfen höchstens 25% der Eigenmittel auf nachrangige Verbindlichkeiten mit fester Laufzeit entfallen.

Die erweiterten Möglichkeiten zur Emission von sog. „Hybridkapital“ sind insbesondere vor dem Hintergrund der hohen Flexibilität dieses Finanzierungsinstrumentariums zu begrüßen. So können durch den Einsatz von Hybridkapital die Kapitalstruktur bzw. die Finanzkennzahlen verbessert werden, was sich positiv auf die Erzielung guter Ratingergebnisse auswirkt und auch nach derzeitigem Stand der Diskussion eine bessere Ausgangsbasis für Solvency II schafft.

13.1.3 Prüfung des Risikofrüherkennungssystems bei allen Versicherungsunternehmen

Die Prüfungspflichten des Abschlussprüfers werden durch die Neufassung des § 57 VAG hinsichtlich der Prüfung des Risikofrüherkennungssystems erweitert. Nach bisheriger Rechtslage bestand eine Prüfungspflicht des nach § 91 Abs. 2 AktG einzurichtenden Risikofrüherkennungssystems nur bei börsennotierten Aktiengesellschaften. Dem Gesetzeswortlaut nach ist der persönliche Anwendungsbereich dieser Prüfungspflicht nunmehr auf alle Versicherungsunternehmen erweitert worden, auf die § 91 Abs. 2 AktG entsprechend anzuwenden ist. Somit sind zunächst alle Versicherungsunternehmen (und Pensionskassen) in der Rechtsform einer AG betroffen. Darüber hinaus gilt die Prüfungspflicht bei Versicherungsunternehmen (und Pensionskassen) in der Rechtsform eines VVaG über die Verweisung in § 34 Satz 2 VAG und öffentlich-rechtlichen Versicherungsunternehmen über die Verweisung in § 156 Abs. 2 VAG. Eine Ausnahme gilt lediglich für kleinere VVaG gem. § 53 Abs. 1 VAG, die nicht verpflichtet sind ein Risikofrüherkennungssystem einzurichten.

Gesetzesfundstelle:

Siebtes Gesetz zur Änderung des Versicherungsaufsichtsgesetzes, BGBl. 2005, Teil I, S. 2546 – 2554.

Literaturhinweise

Baumeister, Frank: Umsetzung der Pensionsfonds-Richtlinie der EU durch die 7. Novelle des Versicherungsaufsichtsgesetzes, DB 2005, S. 2076 – 2081; *Brüggentisch, Christoph/Alonso, Isaac/Gilgenberg, Bernhard*: Neue Chancen nutzen durch Hybridkapital, Versicherungswirtschaft 2005, S. 1056 – 1060; *Fritz, Carla*: Pensionsfonds gestärkt, Versicherungswirtschaft 2005, S. 899 – 901.

13.2 Finanzkonglomeraterichtlinie-Umsetzungsgesetz

Mit dem Ende 2004 verabschiedeten Finanzkonglomeraterichtlinie-Umsetzungsgesetz (http://217.160.60.235/BGBL/bgbl1f/bgbl104s3610.pdf) wurde die EU-Finanzkonglomeraterichtlinie 2002/87/EG (http://europa.eu.int/eur-lex/pri/de/oj/dat/2003/l_035/l_03520030211de00010027.pdf) als Teil des seit 1999 bestehenden EU-Aktionsplans für Finanzdienstleistungen in deutsches Recht umgesetzt. Zielsetzung war die Schließung bestehender Lücken in branchenbezogenen Rechtsvorschriften sowie die Einführung zusätzlicher Aufsichtsvorschriften für Finanzkonglomerate, d.h. Finanzgruppen mit branchenübergreifenden Tätigkeiten. Diese Vorschriften reihen sich in die durch die Finanzmarktförderungsgesetze erfolgten Änderungen ein und sollen den Finanzplatz Deutschland und damit auch die Stabilität des bestehenden Finanzsystems stärken. Dabei wurde festgelegt, welche Unternehmensgruppen als Finanzkonglomerate einzustufen sind und wie die Aufsicht durch die Bundesanstalt für Finanzdienstleistungsaufsicht (BaFin) über diese Gruppen erfolgt.

Die branchenspezifischen aufsichtsrechtlichen Regelungen betreffen insbesondere die Eigenkapitalausstattung, Risikokonzentrationen, gruppeninterne Transaktionen, das interne Risikomanagement und die Zuverlässigkeit sowie fachliche Eignung der Geschäftsleitung.

Ein entsprechender Anpassungsbedarf hat sich sowohl im Kreditwesengesetz (KWG) als auch im Versicherungsaufsichtsgesetz (VAG) ergeben. Mit den neuen Regelungen sollen die Doppelbelegung von Eigenkapital sowie die gruppeninterne Schöpfung von Eigenkapital verhindert werden. Eine weiterführende Rechtsverordnung wurde mit Datum vom 2. September 2005 erlassen. Es handelt sich dabei um die Verordnung über die Angemessenheit der Eigenmittelausstattung von Finanzkonglomeraten (Finanzkonglomerate-Solvabilitäts-Verordnung – FkSolV) sowie entsprechender Meldeformulare.

Eine Anwendung ist für nach dem 31. Dezember 2004 beginnende Geschäftsjahre vorgeschrieben.

In der Zwischenzeit hat die BaFin die entsprechenden Finanzkonglomerate identifiziert und diese auf die zukünftigen Pflichten hingewiesen.

Insbesondere haben sich folgende wesentlichen Änderungen im KWG ergeben:

13.2.1 Definition von Finanzholding-Gesellschaften und Begriffsbestimmungen

Im neu gefassten § 1 Abs. 3a KWG wird der Begriff der gemischten Finanzholding-Gesellschaft eingeführt. Darunter sind Mutterunternehmen zu verstehen, die keine beaufsichtigten Finanzkonglomeratsunternehmen (FKU) sind und die zusammen mit ihren Tochterunternehmen, denen mindestens ein beaufsichtigtes FKU mit Sitz im Inland oder in einem anderen Staat des Europäischen Wirtschaftsraums angehört, und anderen Unternehmen ein Finanzkonglomerat bilden.

Als beaufsichtigtes FKU gelten konglomeratsangehörige Einlagenkreditinstitute, E-Geld-Institute, Wertpapierhandelsunternehmen, Erstversicherungsunternehmen, Kapitalanlagegesellschaften sowie andere Vermögensverwaltungsgesellschaften entsprechend der Finanzkonglomeraterichtlinie. Die Definition der Finanzholding-Gesellschaft bleibt bis auf den Nichteinbezug der gemischten Finanzholding und die Erweiterung um Kapitalanlagegesellschaften unverändert.

In den Absätzen 18 bis 23 zu § 1 KWG wird der Katalog der Begriffsbestimmungen ergänzt um die Definition der Begriffe Branchenvorschriften, Finanzbranche, Finanzkonglomerat, horizontale Unternehmensgruppe, gruppeninterne Transaktionen sowie Risikokonzentration.

Unter Finanzbranche werden die folgenden Branchen subsumiert:

- Banken- und Wertpapierdienstleistungsbranche: Kreditinstitute (§ 1 Abs. 1 KWG), Finanzdienstleistungsinstitute (§ 1 Abs. 1a Satz 2 Nr. 1 bis 4 KWG), Finanzunternehmen (§ 1 Abs. 3 KWG), Unternehmen mit bankbezogenen Hilfsdiensten (§ 1 Abs. 3c KWG) oder entsprechende Unternehmen mit Sitz im Ausland. Kapitalanlagegesellschaften werden für einzelne Paragraphen ausgenommen.
- Versicherungsbranche: Erstversicherungs- und Rückversicherungsunternehmen (§§ 104k Nr. 2a und 104a Abs. 2 Nr. 3 VAG), Versicherungsholdinggesellschaften (§ 104a Abs. 2 Nr. 4 VAG) oder entsprechende Unternehmen im Ausland.
- Gemischte Finanzholding-Gesellschaften: Diese Unternehmen i.S.v. § 1 Abs. 3a KWG bilden eine eigene Branche.

Der Schlüsselbegriff Finanzkonglomerat (FK) – neben dem Begriff der gemischten Finanzholding-Gesellschaft – ist entscheidend dafür, ob eine Unternehmensgruppe als homogene Finanzgruppe nur den branchenspezifischen Aufsichtsregeln auf Einzelinstitutsebene oder auf Gruppenebene als heterogene Finanzgruppe einer zusätzlichen Beaufsichtigung als Konglomeratsgruppe unterliegt.

13.2.2 Definition von Finanzkonglomeraten

Als Finanzkonglomerat definiert der Gesetzgeber in § 1 Abs. 20 KWG eine Gruppe von Unternehmen, bei der die folgenden Merkmale kumulativ vorliegen müssen:

1. Die Gruppe besteht aus einem Mutterunternehmen, seinen Tochterunternehmen und den Unternehmen, an denen Mutter- oder Tochterunternehmen eine Beteiligung halten, oder aus Unternehmen, die zu einer horizontalen Unternehmensgruppe zusammengefasst sind.
2. An der Spitze steht ein beaufsichtigtes FKU, bei dem es sich um das Mutterunternehmen eines Unternehmens der Finanzbranche (dem steht eine Beteiligung an einem solchen Unternehmen gleich) handelt, oder ein Unternehmen,

das mit einem anderen Unternehmen der Banken- und Wertpapierdienstleistungsbranche oder der Versicherungsbranche zu einer horizontalen Unternehmensgruppe zusammengefasst ist. Steht kein beaufsichtigtes FKU an der Spitze, ist jedoch ein entsprechendes Tochterunternehmen vorhanden, so ist die Gruppe gleichwohl ein Finanzkonglomerat, wenn sie vorwiegend in der Finanzbranche tätig ist.

3. Jeweils mindestens ein Unternehmen der Gruppe gehört der Versicherungsbranche und eines der Banken- und Wertpapierdienstleistungsbranche an.
4. Die konsolidierte oder aggregierte Tätigkeit sowohl in der Versicherungsbranche als auch in der Banken- und Wertpapierdienstleistungsbranche ist in der Gruppe erheblich.

Als Finanzkonglomerat gilt auch eine Untergruppe von 1., sofern die Merkmale Nr. 1 bis 4 erfüllt sind. Der Beteiligungsbegriff entspricht dabei dem des § 271 Abs. 1 HGB. Das Kriterium „vorwiegend in der Finanzbranche tätig“ ist nach § 51a Abs. 2 KWG auszulegen, wonach der Anteil der Bilanzsumme der in der Finanzbranche tätigen Unternehmen der Gruppe an der Bilanzsumme der Gruppe insgesamt mehr als 40% betragen muss. „Erheblich“ erfährt in § 51a Abs. 3 KWG eine genauere Auslegung. Zur Bewertung der Erheblichkeit wird jeweils der Anteil der Bilanzsumme der Unternehmen der Versicherungsbranche (bzw. der Banken- und Wertpapierdienstleistungsbranche) an der Bilanzsumme aller gruppenangehörigen Unternehmen beider Finanzbranchen und der Anteil der Solvabilitätsanforderungen der Unternehmen der Versicherungsbranche (bzw. der Banken- und Wertpapierdienstleistungsbranche) an den Gesamtsolvabilitätsanforderungen aller gruppenangehörigen Unternehmern beider Finanzbranchen ins Verhältnis gesetzt. Die Relation muss im Durchschnitt mehr als 10% betragen. Es handelt sich auch um ein Finanzkonglomerat, wenn die Prozentsätze nicht erreicht werden, aber die Bilanzsumme der Unternehmen in der Versicherungsbranche sowie der Unternehmen in der Banken- und Wertpapierdienstleistungsbranche jeweils € 6 Mrd. übersteigen.

Nach § 51b KWG stellt die BaFin das Vorliegen eines Finanzkonglomerats im Sinne einer branchenübergreifend tätigen Gruppe in einem Verwaltungsakt fest, wobei gem. § 51c KWG auch Befreiungen möglich sind.

Als horizontale Unternehmensgruppe sieht § 1 Abs. 21 KWG einen Verbund von Unternehmen an,

- der unter einheitlicher Leitung (Satzung, Vertrag) steht oder
- deren Verwaltungs-, Leitungs- oder Aufsichtsorgane mehrheitlich aus denselben Personen bestehen.

Gruppeninterne Transaktionen innerhalb eines Finanzkonglomerats sind nach § 1 Abs. 22 KWG Geschäftsvorfälle, bei denen sich beaufsichtigte FKU zur Erfüllung einer Verbindlichkeit direkt oder indirekt auf andere Unternehmen innerhalb desselben FKs oder auf natürliche oder juristische Personen stützen, die zu Gruppenunternehmen in einer engen Verbindung stehen. Unerheblich für die Beurteilung ist dabei, ob ein vertragliches Regelwerk besteht oder ein entgeltlicher bzw. unentgeltlicher Leistungsaustausch stattfindet. Insbesondere fallen darunter Darlehen, Bürgschaften, Garantien und andere außerbilanzielle Geschäfte, Geschäfte, die Eigenmittelbestandteile betreffen, Kapitalanlagen, Rückversicherungsgeschäfte und Kostenteilungsvereinbarungen. Als bedeutend ist eine Transaktion einzustufen, wenn sie mindestens 5% der Eigenmittelanforderung auf Konglomeratsebene erreicht oder übersteigt (vgl. § 64g Abs. 1 Satz 2 KWG). Dabei sind Transaktionen während eines Geschäftsjahrs jeweils adressenbezogen zusammenzufassen. Dadurch soll eine Aufspaltung einer an sich bedeutenden gruppeninternen Transaktion in mehrere Einzeltransaktionen und somit eine Umgehung der Meldepflicht verhindert werden.

Risikokonzentrationen nach § 1 Abs. 23 KWG bestehen dann, wenn entsprechende Risiken, definiert als Adressenausfall-, Kredit-, Anlage-, Versicherungs-, Markt- oder sonstigem Risiko bzw. eine Kombination solcher Risiken, die Solvabilität oder die allgemeine Finanzlage eines FK gefährden können.

13.2.3 Anforderungen an Leitungsorgane von Finanzholding- und gemischten Finanzholding-Gesellschaften

Im Rahmen eines neu eingefügten § 2c KWG werden an die Leitungsorgane von Finanzholding- und gemischten Finanzholding-Gesellschaften zukünftig Anforderungen an die Zuverlässigkeit und fachliche Eignung zur Führung der Geschäfte gestellt.

Zur Beurteilung der persönlichen Zuverlässigkeit kann auf die in § 33 Abs. 1 Satz 1 Nr. 2 KWG entwickelten Kriterien (z.B. Vermögens-, Steuerdelikte, sonstige Verstöße gegen Ordnungsvorschriften) zurückgegriffen werden. Die erforderliche fachliche Eignung wird sich nicht zwingend aus § 33 Abs. 2 KWG ableiten lassen. Zumindest setzt sie theoretische und praktische Kenntnisse im Geschäft einer Finanzbranche sowie Leitungserfahrung voraus (Einzelfallprüfung durch die BaFin).

13.2.4 Eigenmittelausstattung von Finanzkonglomeraten

§ 10b KWG schreibt eine angemessene Eigenmittelausstattung von Finanzkonglomeraten vor, damit den Risiken einer branchenübergreifend tätigen Unternehmensgruppe angemessen Rechnung getragen wird.

Nähere Vorschriften zur Berechnung der Eigenmittel und Bestimmung des übergeordneten FKU finden sich in § 10b Abs. 3 bzw. 4 KWG. Als Berechnungsmethoden stehen dabei vier Alternativen zur Verfügung: Berechnung auf Grundlage des konsolidierten Abschlusses, Abzugs- und Aggregationsmethode, Buchwert-/Anforderungsabzugsmethode oder eine Kombination der vorher genannten.

Durch die BaFin kann ein Eigenkapital-Korrekturposten im Gefährdungsfall festgesetzt werden. Die Verordnung konkretisiert die weiteren Anforderungen, wobei die BaFin die Berechnungsmethode für die Eigenmittel des Finanzkonglomerats bestimmt (unter Anhörung des übergeordneten FKUs). Steht an der Spitze eine gemischte Finanzholding-Gesellschaft, deren beaufsichtigte Unternehmen ihren Sitz nicht ausschließlich im Inland haben, kann diese die Berechnungsmethode frei wählen. Die Wahl ist der Bundesbank und der BaFin anzuzeigen.

Das übergeordnete FKU hat die entsprechenden Nachweise über die Eigenmittelausstattung bei der BaFin und der Bundesbank einzureichen und ist für eine angemessene Eigenmittelausstattung verantwortlich.

Die Bestimmungen über die angemessene Eigenmittelausstattung auf Konglomeratsebene sind erstmals auf Grundlage der Rechungslegung für das nach dem 31. Dezember 2004 beginnende Geschäftsjahr anzuwenden.

Die Anforderungen an eine angemessene Eigenmittelausstattung auf Einzelinstituts- und Gruppenebene (§§ 10 und 10a KWG) bleiben davon unberührt. Bei der Ermittlung der Eigenmittelausstattung von Kreditinstituten i.S.v. § 10 KWG sind vom Kern- und Ergänzungskapital Beteiligungen an Erstversicherungsunternehmen, Rückversicherungsunternehmen und Versicherungsholdinggesellschaften i.S.d. VAG und bestimmte Forderungstitel (Nachrangkapital, Genussrechte) gegenüber solchen Unternehmen abzugspflichtig, wobei die Beteiligungsschwelle zumindest 20% des Kapitals bzw. der Stimmrechte erreichen muss. Ausnahmen können von der BaFin u.a. bei vorübergehendem Besitz erteilt werden. Kapitalanlagegesellschaften sind in die Konsolidierung nach § 10a KWG einzubeziehen.

13.2.5 Ausweitung der Anzeige- und Dokumentationspflichten

Nach § 13c KWG sind Einlagenkreditinstitute, E-Geld-Institute, Wertpapierhandelsunternehmen und Kapitalanlagegesellschaften als Tochterunternehmen in einer gemischten Gruppe verpflichtet, bedeutende gruppeninterne Transaktionen mit gemischten Unternehmen oder deren anderen Tochterunternehmen anzuzeigen. Einzelheiten hierzu (Arten anzuzeigender Transaktionen, Schwellenwerte, Obergrenzen usw.) sind in einer weiteren Verordnung konkretisiert. Für solche Transaktionen ist ein einstimmiger Beschluss sämtlicher Geschäftsleiter erforderlich. Sofern Obergrenzen überschritten werden oder gegen Beschränkungen verstoßen wird, ist eine Zustimmung der BaFin notwendig, die auch Sanktionen anordnen kann.

Zur Ermittlung, Quantifizierung, Überwachung und Steuerung bedeutender gruppeninterner Transaktionen haben die zur Meldung verpflichteten Unternehmen über ein angemessenes Risikomanagement und angemessene interne Kontrollverfahren einschließlich eines ordnungsmäßigen Berichtswesens und Rechnungslegungsverfahrens zu verfügen. § 13d KWG transformiert diese Regelungen nahezu analog auf ein übergeordnetes Finanzkonglomeratsunternehmen, das zusätzlich bedeutende Risikokonzentrationen anzuzeigen hat.

§ 25a Abs. 1 KWG wurde neu gefasst und auf Institutsgruppen, Finanzholding-Gruppen und Finanzkonglomerate ausgedehnt, sodass die Geschäftsleiter der übergeordneten Unternehmen für die ordnungsgemäße Geschäftsorganisation der Gruppe verantwortlich sind. Die in § 25a Abs. 1 KWG genannten Punkte (Strategie, interne Kontrollverfahren, Verfahren zur Steuerung der Liquiditätslage usw.) sind dabei zu berücksichtigen.

Der Abschlussprüfer hat zukünftig die neu eingeführten Anzeigepflichten zu prüfen und deren Erfüllung festzustellen. Erstmals sind Anzeigen zu Risikokonzentrationen und gruppeninternen Transaktionen zum 16. Januar 2006 einzureichen (§ 64g Abs. 4 Satz 3 KWG).

Größtenteils analoge Änderungen ergeben sich im VAG.

VII Ausstehende Reformvorhaben

1 Übernahmerichtlinie-Umsetzungsgesetz

Am 15. Februar 2006 hat die Bundesregierung einen Gesetzentwurf zur Umsetzung der Übernahmerichtlinie (Übernahmerichtlinie Umsetzungsgesetz) verabschiedet. Er macht deutlich, dass sich börsennotierte Unternehmen mit Sitz in Deutschland zukünftig auf Anpassungen bzw. Ergänzungen einschlägiger Gesetze – insbesondere des Wertpapiererwerbs- und Übernahmegesetzes (WpÜG) aus dem Jahr 2001 sowie des Handelsgesetzbuchs (HGB) – einzustellen haben.

Bei der Umsetzung der EU-Übernahmerichtlinie hat sich die Bundesregierung sowohl in Bezug auf die Neutralitätspflicht als auch hinsichtlich der Durchbrechungsregel eindeutig für ein „Opt-out" entschieden, wie sich an der Ausgestaltung des Art. 1 Nr. 16 Umsetzungsgesetz-Entwurf erkennen lässt. Bis dato bestehende Verteidigungsmöglichkeiten, vor allem die Vorratsbeschlüsse der Hauptversammlung, bleiben somit bestehen. Für diejenigen Unternehmen, die kein individuelles „Opt-in" wählen, wird sich daher in diesem Punkt nichts ändern. Letztlich bleibt es also den Anteilseignern überlassen, ob Übernahmehindernisse abgebaut werden oder nicht. Eingang in das Entscheidungskalkül dürfte dabei ein weiteres wichtiges Element des Optionsmodells finden, die sog. „Reziprozitätsregelung". Demzufolge unterliegt eine Zielgesellschaft nur dann der Neutralitätspflicht und der Durchbrechungsregelung, wenn sich auch die Bietergesellschaft zur Anwendung dieser Grundsätze verpflichtet (Art. 12 Abs. 3 ÜbernahmeRL).

Im Hinblick auf den Schwellenwert für einen möglichen Squeeze-out haben die politischen Entscheidungsträger den Ausschluss der Minderheitsaktionäre gegen eine angemessene Abfindung gewählt. Der Schwellenwert hierfür soll 95% der Aktien betragen. Ferner bestimmten sie, dass die Vorschriften der §§ 327a bis f AktG bis zum rechtskräftigen Abschluss des Ausschlussverfahrens nicht angewendet werden dürfen. Anzumerken ist an dieser Stelle, dass im Gegensatz zum aktienrechtlichen Squeeze-out der Ausschluss beim übernahmerechtlichen Squeeze-out nicht durch Hauptversammlungsbeschluss, sondern durch Entscheidung des Landgerichts Frankfurt a.M. erfolgt (Art. 1 Nr. 17 Umsetzungsgesetz-Entwurf).

Der Entwurf der Bundesregierung nennt bislang noch keinen Termin für das In-Kraft-Treten des Übernahmerichtlinie-Umsetzungsgesetzes. Dennoch kann das im Entwurfsstadium befindliche „neue" WpÜG bereits für das laufende Geschäftsjahr 2006 – soweit dieses mit dem Kalenderjahr übereinstimmt – Wirkungen für die Unternehmen entfalten. Denn die geänderten Anwendungsvorschriften zum Lagebericht sind erstmalig auf Jahres- und Konzernabschlüsse für das nach dem 31. Dezember 2005 beginnende Geschäftsjahr anzuwenden (Art. 8 Umsetzungsgesetz-Entwurf).

Gesetzesfundstellen

Wertpapiererwerbs- und Übernahmegesetz (WpÜG), BGBl. 2001 Teil I, S. 3822; Entwurf eines Gesetzes zur Umsetzung der Richtlinie 2004/25/EG des Europäischen Parlaments und des Rates vom 21. April 2004 betreffend Übernahmeangebote (Übernahmerichtlinie-Umsetzungsgesetz), Stand: 15. Februar 2006, BT-Drs. 154/06.

Literaturhinweise

Krause, Hartmut: Die EU-Übernahmerichtlinie – Anpassungsbedarf im Wertpapiererwerbs- und Übernahmegesetz, BB 2004, S. 113 – 119; Die EU-Übernahmerichtlinie – Inhalt und Umsetzung in nationales Recht (Teil I und II), AG 2004, S. 221 – 234 und S. 306 – 318; *Schüppen, Matthias*: WpÜG-Reform – Alles Europa, oder was?, BB 2006, S. 165 – 171.

2 Elektronisches Handels- und Unternehmensregister (EHUG)

Am 30. Dezember 2005 hat die Bundesregierung den Entwurf eines Gesetzes über elektronische Handelsregister und Genossenschaftsregister sowie das Unternehmensregister (EHUG) eingebracht. Das Gesetzesvorhaben sieht strengere Offenlegungspflichten für den Jahres- und Konzernabschluss sowie die Zentralisierung und elektronische Verfügbarkeit für Pflichtbekanntmachungen von Unternehmen vor. Die Änderungen der Offenlegungspflichten von Kapitalgesellschaften in Bezug auf neue Kommunikationsmedien wird bereits durch die Publizitätsrichtlinie vom 15. Juli 2003 gefordert. Die Publizitätsrichtlinie erfordert eine Umsetzung in nationale Vorschriften bis zum 31. Dezember 2006. Ferner hat die Regierungskommission Corporate Governance in 2001 eine Empfehlung zur Einführung eines „Deutschen Unternehmensregisters“ ausgesprochen (BT-Drs.14/7515, Rdn. 252).

Da Pflichtbekanntmachungen von Unternehmen bislang an verschiedenen Stellen publiziert werden müssen und somit teilweise schwer zugänglich sind, zielt das EHUG durch die Schaffung eines zentralen Unternehmensregisters auf einen grenzüberschreitenden, kostengünstigen Zugang zu diesen Informationen ab. Der beabsichtigte elektronische Betrieb des Handelsregisters wird voraussichtlich die Wettbewerbssituation deutscher Unternehmen verbessern, da durch eine Beschleunigung der Anmeldung die Unternehmensgründung erleichtert wird.

Von den im EHUG vorgesehenen Vorschriften zur Offenlegung werden in Deutschland voraussichtlich rund eine Million Unternehmen betroffen sein.

2.1 Das elektronische Unternehmensregister als Plattform

Der Regierungsentwurf sieht die vollständige Digitalisierung für Pflichtbekanntmachungen von Unternehmen vor. Über die Internetseite www.unternehmens register.de wird ein zentraler Zugriff auf die elektronisch zu führenden Handels-, Partnerschafts- und Genossenschaftsregister und dem elektronischen Bundesanzeiger (eBAZ) ermöglicht. Der Regierungsentwurf sieht außerdem vor, den seit dem 1. Januar 2003 existierenden eBAZ als zentrale Quelle aller gesellschaftsrechtlichen und kapitalmarktrechtlichen Bekanntmachungen festzulegen. Das elektronische Unternehmensregister (eUR) ermöglicht für Unternehmen das sog. „one stop shopping", da alle Unternehmensdaten die bisher in den Handelsregistern, im Bundesanzeiger, im eBAZ, in den Börsenpflichtblättern und in der Datenbank der BaFin nur einzeln verfügbar waren, zukünftig zentral im eUR verfügbar sein sollen.

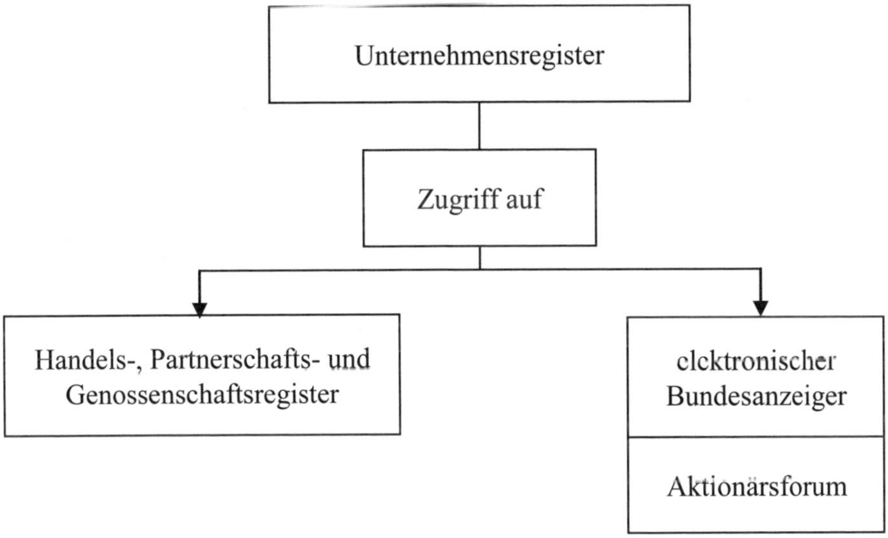

Abbildung 21: (Geplante) elektronische Einrichtungen für Unternehmensinformationen

2.2 Gesetzesänderungen

2.2.1 Änderungen des HGB

Die §§ 8, 8a HGB-E: das Handelsregister und seine elektronische Führung

Der Gesetzesentwurf sieht vor, die Handelsregister durch die Registergerichte in Zukunft elektronisch zu führen. Ferner wird in § 8a Abs. 1 HGB-E den Landesregierungen die Kompetenz für das Erlassen von Verordnungen, die die Führung der Handelsregister, die elektronische Anmeldung, die Einreichung elektronischer Dokumente sowie deren Aufbewahrung regeln, zugesprochen.

Der neue § 8b HGB-E: das Unternehmensregister

Die Einführung des eUR wird in § 8b HGB-E geregelt. § 8b Abs. 2 Nr. 1-11 HGB-E legt die über das Unternehmensregister zugänglichen Informationen fest und veranschaulicht damit zugleich die Portalfunktion des eUR. Zu den Inhalten zählen:

1. Eintragungen im Handelsregister, deren Bekanntmachung sowie bei diesen Registern eingereichte Dokumente
2. Eintragungen im Partnerschaftsregister, deren Bekanntmachung sowie bei diesen Registern eingereichte Dokumente
3. Eintragungen im Genossenschafsregister, deren Bekanntmachung sowie bei diesen Registern eingereichte Dokumente
4. Unterlagen der Rechnungslegung gem. § 325 HGB-E und deren Bekanntmachung
5. Gesellschaftsrechtliche Bekanntmachungen im eBAZ
6. Im Aktionärsforum veröffentlichte Eintragungen gem. § 127a AktG
7. Bekanntmachungen der Insolvenzgerichte gem. § 9 InsO
8. Veröffentlichungen von Unternehmen nach dem WpHG, von Bietern und Gesellschaften nach dem Wertpapiererwerbs- und Übernahmegesetz sowie Veröffentlichungen nach der Börsenzulassungs-Verordnung im eBAZ
9. Bekanntmachungen und Veröffentlichungen inländischer Kapitalanlagegesellschaften und Investmentaktiengesellschaften nach dem Investmentgesetz oder Investmentsteuergesetz im eBAZ
10. Veröffentlichungen nach den §§ 25 und 26 des WpHG sowie nach den §§ 61 und 66 Börsenzulassungs-Verordnung, sofern die Veröffentlichung nicht bereits über die Nummer 7 in das Unternehmensregister eingestellt wird
11. Mitteilungen über kapitalmarktrechtliche Veröffentlichungen an die BaFin im eBAZ, sofern die Veröffentlichung selbst nicht bereits über Nummer 7 oder Nummer 9 in das Unternehmensregister eingestellt wird, mit Ausnahme der Mitteilungen nach § 15 Abs. 5 des WpHG.

Die Übermittlung der bei den Registern einzureichenden Daten geschieht durch die zuständigen Gerichte bzw. in den Fällen des Nr. 9 und 10 durch die Veröffentlichungspflichtigen selbst.

Änderung der §§ 13 f. HGB: Zweigniederlassungen

Der Gesetzesentwurf sieht ferner eine Veränderung des Rechts der Zweigniederlassungen vor (§§ 13 f. HGB bzw. für Genossenschaften § 14 GenG). So soll die Eintragung zukünftig nicht mehr an dem Ort der Zweigniederlassung, sondern bei dem Gericht der Hauptniederlassung erfolgen.

Neufassung des § 325 HGB: Offenlegung

Die Neufassung des § 325 HGB-E verlangt die elektronische Einreichung der Jahresabschlüsse und begleitenden Unterlagen von Kapitalgesellschaften beim elektronischen Bundesanzeiger. Diese Pflicht zur vollständigen Offenlegung ermöglicht für Geschäftspartner und Kreditinstitute einen schnellen Zugriff auf Margen und Zahlungsfähigkeit von Unternehmen und erstreckt sich durch den Verweis in § 264a HGB auch auf GmbH & Co. KG und die übrigen dort bezeichneten Gesellschaftsformen. Die oben genannten Publizitätspflichten und die Einreichung beim eBAZ gelten gem. § 325 Abs. 3 HGB-E dann auch für Konzerne. Die Pflicht zur Veröffentlichung im elektronischen Bundesanzeiger hätte auch zur Folge, dass zukünftig sowohl der handelsrechtliche Jahresabschluss der Gesellschaft als auch der IFRS-Einzelabschluss i.S.d. § 325 Abs. 2a HGB in den eBAZ eingestellt werden müssen. Obwohl die Vorschrift des § 325 Abs. 2a Satz 1 HGB unverändert bleibt, ergeben sich durch den Verweis auf den vorherigen Abs. 2 Änderungen, denn die bisherige Regelung, nach der der handelsrechtliche Jahresabschluss der Gesellschaft nur im Register publiziert werden musste, wenn der IFRS-Einzelabschluss im Bundesanzeiger veröffentlicht wurde, wird dann aufgehoben. Nach den Regelungen des Regierungsentwurfs würde folglich die Einreichung nur noch bei dem eBAZ erfolgen müssen.

Neuer § 334 Abs. 1a HGB-E: Bußgeldvorschriften

In Bezug auf die Bußgeldvorschriften in § 334 HGB ist ein neuer Abs. 1a vorgesehen. Dieser sieht vor, einen bisher nur mit einem Ordnungsgeld geahndeten Verstoß gegen die Pflicht zur Offenlegung nunmehr als Ordnungswidrigkeit zu behandeln. Das würde dazu führen, dass das bisherige Verfahren, welches eine Antragstellung beim Registergericht verlangt, zukünftig durch ein Einschreiten von Amts wegen ersetzt wird, da der Ordnungswidrigkeitstatbestand ein solches vorsieht. In seiner Stellungnahme vom 10. Februar 2006 hat sich der Bundesrat gegen das Ordnungswidrigkeitsverfahren ausgesprochen (http://www1.bundesrat.de/coremedia/generator/Inhalt/Drucksachen/2005/0942_2D05B,property=Dokument.pdf) und schlägt stattdessen vor, es bei dem Registerverfahren zu belassen. Allerdings verlangt der Bundesrat ein Einschreiten von Amts wegen. Es ist deshalb davon auszugehen, dass das Amtsverfahren in jedem Fall gesetzlich verankert wird. Der wesentliche Unterschied gegenüber dem Antragsverfahren ist, dass die Offenlegung auch ohne Informationsgesuch zu erfolgen hat. Es ist abzusehen, dass dies zu Widerstand bei den Unternehmen führen wird, da diese u.U. ungewollt Informationen preisgeben müssten, die sie nicht preisgeben wollen. Um dies zu vermeiden stehen ihnen verschiedene Möglichkeiten offen: Zum Beispiel ist es für Personengesellschaften möglich, die Pflicht zur Offenlegung zu vermeiden, wenn mindestens ein Gesellschafter persönlich haftet. Dann ist das Unternehmen von der Pflicht zur Offenlegung entbunden (sog. Vollhafterlösung). Für Tochterunternehmen von Kapitalgesellschaften ergibt sich unter den Voraussetzungen des § 264 Abs. 3 HGB, für Tochterunternehmen von Personenhandelsgesellschaften unter der Voraussetzungen des § 264b HGB (sog. befreiender Konzernabschluss), ebenfalls eine Möglichkeit zur Vermeidung der Offenlegung.

2.2.2 Änderungen der Registerverordnungen

Die Führung der Register liegt nach wie vor bei den Amtsgerichten, wohingegen die Bundesländer sicherstellen müssen, dass sowohl alle Daten als auch die Bekanntgabe von Eintragungen in den entsprechenden Registern über das Internet abgerufen werden können. Der Gesetzesentwurf sieht ferner vor, den Betrieb des Unternehmensregisters an eine juristische Person des Privatrechts abzugeben, dem dabei das Recht zusteht, Gebühren zu erheben. Insgesamt geht der Entwurf aber von einer finanziellen Entlastung sowohl der Unternehmen als auch der verantwortlichen behördlichen Stellen aus.

Informationen, deren Gehalt über die Eintragungspflichten hinausreicht, werden nach Einführung des Gesetzes nicht mehr veröffentlicht. Eine Notwendigkeit für die Bereitstellung solcher Informationen ist wegen der Möglichkeit, auf die Originaldokumente unmittelbar zugreifen zu können, nicht mehr gegeben.

Das EHUG sieht eine Rückwirkung für die elektronische Einreichung von maximal zehn Jahren vom Zeitpunkt der Antragstellung vor. Eine Beglaubigung der Dokumente mittels einer qualifizierten elektronischen Signatur soll auf Verlangen ausgestellt werden, ebenso soll die Möglichkeit bestehen, einen Ausdruck zu erhalten.

2.2.3 Änderungen des PublG: Erklärungspflicht für bestimmte Gesellschaften

Der Regierungsentwurf zum EHUG sieht eine Änderung des § 2 Abs. 2 PublG vor, wonach die gesetzlichen Vertreter von Unternehmen, bei denen erstmals zwei der drei Merkmale des § 1 Abs. 1 PublG erfüllt sind, eine Erklärung bei dem elektronischen Bundesanzeiger einzureichen haben. Diese Pflicht soll auch für die beiden darauf folgenden Jahre bestehen bleiben, falls weiterhin mindestens zwei Merkmale erfüllt sind. Satz 3 sieht vor, dass daraufhin die gesetzlichen Vertreter unverzüglich die Bekanntmachung im elektronischen Bundesanzeiger zu bewirken haben. Gleiche Regelungen sollen für Mutterunternehmen gelten, deshalb soll auch § 12 Abs. 2 PublG angepasst werden.

2.2.4 Änderung des AktG: Einreichung einer Liste der Aufsichtsratmitglieder

§ 37 AktG, welcher die zur Anmeldung erforderlichen Unterlagen bestimmt, soll durch eine Nummer 3a ergänzt werden. Danach ist eine Liste der Mitglieder des Aufsichtsrats einschließlich deren Beruf und Wohnort bei der Anmeldung einzureichen.

2.3 Übergangsregelungen

Der Gesetzesentwurf zum EHUG sieht eine Reihe von Übergangsregelungen bis zum 31. Dezember 2009 vor. So sollen insbesondere die Landesregierungen ermächtigt werden, Verordnungen zu erlassen, die eine Hinweisbekanntmachung über jede Veröffentlichung in den elektronischen Registern in einer Tageszeitung oder einem sonstigen Blatt verlangen kann. Ebenso können solche Verordnungen bedingen, dass Anmeldungen sowie alle oder lediglich ein Teil der Dokumente während der Übergangsfrist noch in Papierform eingereicht werden dürfen. Gleiches soll für den eBAZ gelten. Allerdings soll hier das BMJ eine entsprechende Verordnung erlassen können. Die Verantwortung für die Übertragung von in Papierform vorliegenden Dokumenten in die elektronische Form liegt dann bei den Registergerichten.

Gesetzesfundstelle

Entwurf eines Gesetzes über elektronische Handelsregister und Genossenschaftsregister sowie das Unternehmensregister (EHUG), BR-Drs. 942/05 vom 30. Dezember 2005; Stellungnahme zum Entwurf eines Gesetzes über elektronische Handelsregister und Genossenschaftsregister sowie das Unternehmensregister (EHUG), BR-Drs. 942/05 (Beschluss) vom 10. Februar 2006.

Literaturhinweise

BMJ: Wirtschaftsinformationen aus einer Hand: Das elektronische Unternehmensregister kommt, BB 2005, S. 434 – 436; *Grashoff, Dietrich:* Die geplante Offenlegung von Jahres- und Konzernabschlüssen nach Einführung des digitalen Unternehmensregisters ab 2007, DB 2006, S. 513 – 518; *Spindler, Gerald/Kramski, Endrik:* Der elektronische Bundesanzeiger als zwingendes Gesellschaftsblatt für Pflichtbekanntmachungen der GmbH, NZG 2005, S. 746 – 749; *Theile, Carsten:* Verschärfung der Offenlegung von Jahresabschlüssen geplant, BBK 10/2005 S. 434 – 436; *Spindler, Gerald:* Abschied vom Papier? Das Gesetz über elektronische Handelsregister und Genossenschaftsregister sowie das Unternehmensregister, WM 2006, S. 109 – 116.

3 Europäische Genossenschaft und Änderung des Genossenschaftsrechts

3.1 Rechtliche Grundlagen und Zielsetzung

Die Modernisierung der Rechtsform der Genossenschaft ist aus zweifacher Sicht notwendig. Zum einen enthält die Verordnung 1435/2003 über das Statut der Europäischen Genossenschaft (SCE) vom 22. Juli 2003 (siehe Abschnitt III.15) bzgl. der Ausgestaltung der Europäischen Genossenschaft Mitgliedsstaatenwahlrechte, etwa in Bezug auf Struktur, Mitgliedschaft oder Arbeitnehmerbeteiligung und verweist an mehreren Stellen auf die nationale Gesetzgebung, die allerdings teilweise noch nicht existiert. Zum anderen ist eine Modernisierung der Rechtsform der deutschen Genossenschaft – vor dem Hintergrund der Wettbewerbsfähigkeit gegenüber der Europäischen Genossenschaft – notwendig geworden.

Zentrale Aspekte dieser Reform sollen dabei die Steigerung der Attraktivität der deutschen Genossenschaft, eine Erleichterung der Kapitalbeschaffung und -erhaltung sowie insgesamt eine Verbesserung der Rahmenbedingungen für kleine Genossenschaften, z.B. durch die Erleichterung der Gründung, umfassen.

Die SCE-Verordnung tritt am 18. August 2006 in Kraft. Die in ihr vorgesehenen Mitgliedsstaatenwahlrechte beabsichtigt der deutsche Gesetzgeber bis zu diesem Zeitpunkt auszuüben. Flankiert wird die SCE-Verordnung durch die Richtlinie zur Ergänzung des Statuts der Europäischen Genossenschaft hinsichtlich der Beteiligung der Arbeitnehmer vom 22. Juli 2003 (http://europa.eu.int/eur-lex/pri/de/oj/dat/2003/l_207/l_20720030818de00250036.pdf), die von den Mitgliedsstaaten bis zum 18. August 2006 in nationales Recht umgesetzt werden muss.

Vor diesem Hintergrund hat die Bundesregierung am 25. Januar 2006 einen Gesetzesentwurf zur Einführung der Europäischen Genossenschaft und zur Änderung des Genossenschaftsrechts in das parlamentarische Verfahren eingebracht. Da die SCE-Verordnung durch ihren Rechtscharakter verbindlich ist (zur Bindungswirkung vgl. Abschnitt III.1), beinhaltet das in Art. 1 des Gesetzesentwurfs geregelte SCE-Ausführungsgesetz (SCEAG) die Mitgliedsstaatenwahlrechte sowie Neuregelungen, die durch die Einführung der Rechtsform der Europäischen Genossenschaft erforderlich geworden sind.

Um bei der Gründung einer SCE eine Einschränkung bezüglich der Beteiligung von Arbeitnehmern zu vermeiden, wurde die Richtlinie zur Ergänzung des Statuts der Europäischen Genossenschaft hinsichtlich der Beteiligung der Arbeitnehmer am 22. Juli 2003 erlassen. Zur Umsetzung in deutsches Recht sieht die Bundesregierung in Art. 2 des Gesetzesentwurfs zur SCE und zur Änderung des Genossenschaftsrechts ein Gesetz über die Beteiligung der Arbeitnehmer und Arbeitnehmerinnen in einer Europäischen Genossenschaft (SCE-Beteiligungsgesetz – SCEBG) vor. Die beabsichtigte Reform des Genossenschaftsgesetzes findet sich in Art. 3 des Gesetzesentwurfs.

3.2 SCE-Ausführungsgesetz (SCEAG)

Die unmittelbar geltenden Regelungen der SCE-VO werden durch das SCEAG in deutsches Recht umgesetzt. In Bezug auf die Struktur der Organe ermöglicht die SCE-VO sowohl das dualistische als auch das monistische System (vgl. Abschnitt III.15). In §§ 12 ff. SCEAG-E sind die Einzelheiten für das dualistische System geregelt. Gemäß § 14 SCEAG-E muss das Leitungsorgan aus mindestens zwei Mitgliedern bestehen. Die Wahl und Abberufung der Mitglieder erfolgt gem. Art. 37 Abs. 2 Satz 1 SCE-VO durch das Aufsichtsorgan. Diesbezüglich sieht § 12 SCEAG-E vor, dass die Satzung auch eine abweichende Vereinbarung treffen kann, wonach die Generalversammlung die Mitglieder bestellt und abberuft. Das Aufsichtsorgan hat gem. § 15 Abs. 1 Satz 1 SCEAG-E aus mindestens drei Mitgliedern zu bestehen und kann jegliche Information zur Kontrolle des Leitungsorgans verlangen.

Da die Genossenschaft nach deutschem Recht dualistisch aufgebaut ist, finden sich im SCEAG-E insbesondere Vorschriften für die Genossenschaft nach dem monistischen System. Hier sind die Regelungen betreffend den Verwaltungsrat, §§ 18 ff. SCEAG-E, von Interesse. Dieser setzt sich bei Genossenschaften mit bis zu 20 Mitgliedern aus drei, andernfalls aus fünf Personen zusammen. Die wesentlichen Aufgaben des Verwaltungsrats sind in § 18 SCEAG-E geregelt:

- Leitung und Zielsetzung der Genossenschaft sowie die Überwachung der Zielerreichung,
- Einberufung der Generalversammlung, wenn dies im Interesse der Mitglieder ist und
- Sicherstellung der Führung der Handelsbücher.

Die Geschäftsführung der Europäischen Genossenschaft nach dem monistischen System erfolgt gem. § 22 SCEAG-E durch vom Verwaltungsrat bestellte Direktoren. Sofern mehr als ein geschäftsführender Direktor bestellt worden ist, liegt, ausgenommen die Satzung bestimmt anderes, gemeinschaftliche Geschäftsführung vor. Wenn bei Aufstellung der Jahres- oder einer Zwischenbilanz ein Verlust zu erwarten ist, der mehr als die Hälfte des Geschäftsguthabens und die Rücklagen überschreitet, ist der Vorsitzende des Verwaltungsrats zu unterrichten. Dieser hat dann eine Generalversammlung einzuberufen. Ein geschäftsführender Direktor kann durch einfache Mehrheit im Verwaltungsrat abgesetzt werden, sofern die Satzung nichts anderes regelt, und hat Berichterstattungspflicht gegenüber diesem. Die geschäftsführenden Direktoren haben gegenüber Dritten gemeinschaftliche Vertretungsbefugnis, vorbehaltlich entgegenstehender Regelungen der Satzung.

3.3 SCE-Beteiligungsgesetz (SCEBG)

Bei der Gründung einer Europäischen Genossenschaft muss gemäß Art. 3 der Richtlinie zur Ergänzung des Statuts der Europäischen Genossenschaft hinsichtlich der Beteiligung der Arbeitnehmer ein besonderes Verhandlungsgremium eingesetzt werden. Dieses setzt sich aus Vertretern der Arbeitnehmer aller betroffenen juristischen Personen, Tochtergesellschaften und Betriebe zusammen und soll mit den jeweiligen Unternehmensleitungen eine Vereinbarung bezüglich der Mitspracherechte der Arbeitnehmer treffen.

Gemäß § 8 Abs. 1 Satz 1 SCEBG-E wird zur Besetzung des Verhandlungsgremiums ein Wahlgremium geheim gewählt. Grundsätzlich genügt bei Beschlussfassungen des Verhandlungsgremiums die einfache Mehrheit, im Falle des Abbruchs der Verhandlungen oder des Beschlusses keine Verhandlungen aufzunehmen, ist allerdings eine Mehrheit von zwei Dritteln erforderlich. Gleiches gilt für eine Vereinbarung, die die Mitbestimmungsrechte der Arbeitnehmer einschränkt. Die erforderliche schriftliche Vereinbarung zwischen der Unternehmensleitung und dem besonderen Verhandlungsgremium, in welcher die Einzelheiten der Arbeitnehmervertretung geregelt sind, soll gem. § 21 Abs. 1 SCEBG-E die Zusammensetzung und Häufigkeit der Sitzungen des Betriebrats, die Anzahl der Mitglieder sowie das Verfahren zur Anhörung des Betriebsrats regeln. Gemäß § 28 Abs. 1 Satz 1 SCEBG-E hat die Leitung der SCE den Betriebsrat wenigstens einmal im Jahr über die Geschäftslage zu informieren und anzuhören. Dazu sind dem Betriebsrat die Geschäftsberichte, die Tagesordnungen der Sitzungen der Organe und alle Unterlagen der Generalversammlung vorzulegen. Im Falle der Verlegung, Verlagerung oder Stilllegung von Unternehmen, Betrieben oder wesentlichen Betriebsstellen sowie bei Massenentlassungen muss der Betriebsrat ebenso unterrichtet werden.

3.4 Reform des Genossenschaftsgesetzes

Da der Regierungsentwurf zur Reform des deutschen Genossenschaftsrechts auch eine Ausdehnung des Förderungszwecks auf „soziale und kulturelle Belange" (§ 1 Abs. 1 Satz 1 GenG) vorsieht, ist die Gesetzesbezeichnung Gesetz betreffend die Erwerbs- und Wirtschaftsgenossenschaften nicht mehr ausreichend. Deshalb soll die Überschrift durch die leichter verständliche, in der Praxis und in Gesetzestexten bereits verwendete Kurzbezeichnung „Genossenschaftsgesetz" ersetzt werden. Eine Anpassung des GenG an die Vorschriften zur Europäischen Genossenschaft gem. SCE-Verordnung soll z.B. auch durch eine Reduzierung der Mindestmitgliederzahl von sieben auf drei erreicht werden. Diese Vorschrift zielt darauf ab, die Gründung einer Genossenschaft zu erleichtern und die Wettbewerbsfähigkeit gegenüber der SCE, deren Mindestmitgliederzahl fünf beträgt, zu gewährleisten. Ebenso sollen, in Anlehnung an die Vorschriften zur Europäischen Genossenschaft, für deutsche Genossenschaften auch investierende Mitglieder (zu diesem Begriff vgl. Abschnitt III.15) zugelassen werden. Dies sieht ein neuer § 8 Abs. 2 GenG-E vor. Nach der Zulassung eines investierenden Mitglieds durch die Generalversammlung wird dessen Rechtsposition mit der eines ordentlichen Mitglieds gleichgestellt. Das Zulassen von Sacheinlagen soll, vorbehaltlich anders lautender Regelungen der Satzung, durch einen neuen Abs. 3 des § 7a GenG-E ermöglicht werden. In der Gesetzesbegründung wird darauf verwiesen, dass ein Vermögensgegenstand nur dann als Sacheinlage eingebracht werden kann, wenn der Wert feststellbar ist und vom Prüfungsverband begutachtet werden kann. Um die Übertragbarkeit von Geschäftsanteilen zu erleichtern, ist in § 76 Abs. 1 GenG-E neben der vollständigen auch die teilweise Übertragung von Geschäftsanteilen vorgesehen. Eine Teilübertragung des Geschäftsguthabens soll aber ausgeschlossen bleiben, wenn es sich um in der Satzung oder durch eine schriftliche Vereinbarung festgehaltene Pflichtanteile handelt.

Im deutschen Recht gibt es keine Vorschrift, nach der Personengesellschaften ein Mindestkapital haben müssen. Durch die Einführung eines § 8a GenG-E würde es aber ermöglicht, in der Satzung ein Mindestkapital festzulegen und somit eine Angleichung an die Vorschriften bzgl. der SCE zu erreichen.

Gesetzesfundstelle

Entwurf eines Gesetzes zur Einführung der Europäischen Genossenschaft und zur Änderung des Genossenschaftsrechts, BR-Drs. 71/06 vom 25. Januar 2006.

4 Berufsaufsichtsreformgesetz (BARefG)

4.1 Zielsetzung

Am 3. März 2006 hat das Bundesministerium für Wirtschaft und Technologie den Referentenentwurf eines Gesetzes zur Stärkung der Berufsaufsicht und zur Reform berufsrechtlicher Regelungen in der Wirtschaftsprüferordnung (Berufsaufsichtsreformgesetz – BARefG) veröffentlicht. Die Kernbereiche dieser 7. WPO-Novelle umfassen insbesondere die Stärkung der Berufsaufsicht über Wirtschaftsprüfer und die Umsetzung der modernisierten 8. EU-Richtlinie (sog. „Abschlussprüferrichtlinie“). Das Gesetz ändert die Wirtschaftsprüferordnung (WPO), das Genossenschaftsgesetz (GenG) und die Wirtschaftsprüferprüfungsverordnung (WiPrPrüfV). Die Verordnung über die Gestaltung des Siegels der Wirtschaftsprüfer, vereidigten Buchprüfer, Wirtschaftsprüfungsgesellschaften und Buchprüfungsgesellschaften (SiegelVO) und die Wirtschaftsprüfer-Berufshaftpflichtversicherungsverordnung (WPBHV) sollen mit diesem Gesetz aufgehoben werden.

4.2 Berufsaufsicht über Wirtschaftsprüfer

Im Bereich der Berufsaufsicht über Wirtschaftsprüfer setzt der vorgelegte Gesetzesentwurf die Anpassung der derzeit in Deutschland etablierten Aufsicht an die neueren rechtlichen Rahmenbedingungen sowie die Erwartungen der Öffentlichkeit an den Berufsstand der Wirtschaftsprüfer fort. Die bestehende Organisation der Berufsaufsicht basiert auf einem mehrstufigen System. Die Berufsaufsicht obliegt zunächst der Wirtschaftsprüferkammer (WPK), die bei Verdacht einer Berufspflichtverletzung von Berufsangehörigen ermittelt und entscheidet, ob ein Rügeverfahren eingeleitet wird oder ob das Verfahren an die Berufsgerichtsbarkeit abgegeben wird. Die WPK ist hierbei für die Verfolgung von geringfügigen Pflichtverletzungen im Rahmen eines Rügeverfahrens zuständig. Die Einleitung und Durchführung von berufsgerichtlichen Verfahren obliegt der Generalstaatsanwaltschaft Berlin und den Berufsgerichten. Der Gesetzgeber hat zuletzt im Jahr 2005 Schritte zur Stärkung des deutschen Aufsichtssystems über den Berufsstand der Wirtschaftsprüfer durch das APAG und die Errichtung einer vom Berufsstand unabhängigen Abschlussprüferaufsichtskommission (APAK) unternommen. Die APAK führt seither eine öffentliche fachbezogene Aufsicht über die WPK und verfügt bei berufsaufsichtlichen Entscheidungen über das Letztentscheidungsrecht. Darüber hinaus unterliegen sowohl die WPK als auch die APAK der staatlichen Aufsicht durch das Bundesministerium für Wirtschaft und Technologie, welches die gesetz- und satzungskonforme Aufgabenerfüllung durch die beiden Institutionen überwacht. Zum Verfahren der Berufsaufsicht vgl. die Ausführungen zum Abschlussprüfergesetz.

Die Befugnisse der WPK bei der Wahrnehmung ihrer Aufgaben im Rahmen der Berufsaufsicht sollen durch das BARefG erheblich erweitert werden, um die festgestellten Schwachstellen im bestehenden Aufsichtssystem zu beseitigen. Es sollen insbesondere die Ermittlungs- und Sanktionskompetenzen der WPK ausgeweitet und die Zuständigkeiten der WPK, der Generalstaatsanwaltschaft und der Berufsgerichte neu geregelt werden. Die WPK soll künftig in der Lage sein, im Rahmen von Berufsaufsichtsverfahren Grundstücke und Geschäftsräume von betroffenen Berufsangehörigen durchsuchen und eigenständig Unterlagen beschlagnahmen zu können. Ferner soll ihr die Möglichkeit eröffnet werden, anlassunabhängige, stichprobenartige Sonderuntersuchungen bei Berufsangehörigen, die gesetzliche Abschlussprüfungen bei Unternehmen im öffentlichen Interesse i.S.v. § 319a Abs. 1 Satz 1 HGB durchzuführen, mit dem Ziel, die Einhaltung einschlägiger Berufspflichten zu überprüfen. Berufsangehörige sind künftig verpflichtet, im Rahmen von Berufsaufsichtsverfahren vor der WPK auszusagen und ihr die erforderlichen Handakten und sonstige Unterlagen vorzulegen. Das Auskunftsverweigerungsrecht darf dabei nur noch bei Gefahr der Selbstbelastung des Wirtschaftsprüfers in Anspruch genommen werden. Die Auskunft und die Vorlage von Unterlagen dürfen nicht mehr allein aufgrund der berufsrechtlichen Verschwiegenheitspflicht verweigert werden. Die WPK soll künftig auch für die Verfolgung von mittelschweren Pflichtverletzungen zuständig sein. Die Einleitung eines berufsgerichtlichen Verfahrens ist nur noch dann erforderlich, wenn eine schwere Schuld des Berufsangehörigen vorliegt und eine berufsgerichtliche Maßnahme zu erwarten ist. Ausweislich der Begründung zum Referentenentwurf des BARefG will der Gesetzgeber der WPK damit insgesamt zusätzliche, geeignete und durchsetzungsstärkere Instrumente zur Verfügung stellen, um die Angemessenheit und Wirksamkeit der Disziplinaraufsicht zu gewährleisten. Weiterhin soll damit die Anerkennung des deutschen Aufsichtssystems durch die US-amerikanische PCAOB erreicht werden. Dies wäre insbesondere vor dem Hintergrund einer andernfalls drohenden unmittelbaren Ermittlungs- und Sanktionstätigkeit der PCAOB in Deutschland wünschenswert.

4.3 Anpassungen an die modernisierte Abschlussprüferrichtlinie

Den zweiten Schwerpunkt des vorgelegten Referentenentwurfs stellt die teilweise Transformation der reformierten 8. EU-Richtlinie dar. Die sog. Abschlussprüferrichtlinie wurde im Oktober 2005 verabschiedet und steht kurz vor ihrem In-Kraft-Treten. Insgesamt kann der Umsetzungsbedarf für den deutschen Gesetzgeber als moderat bezeichnet werden (zu Einzelheiten vgl. Abschnitt III.7), da zum Teil bereits Vorgaben der EU-Richtlinie in das deutsche Recht übernommen wurden, so z.B. durch das Bilanzrechtsreformgesetz im Bereich der Unabhängigkeit des Abschlussprüfers und durch das Abschlussprüferaufsichtsgesetz, welches die Errichtung einer berufsträgerunabhängigen, öffentlichen Aufsicht über den Berufsstand der Wirtschaftsprüfer zum Gegenstand hatte.

Der nunmehr vorgelegte Referentenentwurf berücksichtigt weitere Vorgaben dieser Richtlinie im Bereich der Abschlussprüfung. Darüber hinaus sollen im Rahmen der Gesetzgebung die Mitteilungen der EU-Kommission „Bericht über den Wettbewerb bei freiberuflichen Dienstleistungen" vom 9. Februar 2004 und „Freiberufliche Dienstleistungen – Raum für weitere Reformen: Follow-up zum Bericht über den Wettbewerb bei freiberuflichen Dienstleistungen" vom 5. November 2005 berücksichtigt werden. Die vorgeschlagenen Änderungen betreffen insbesondere folgende Punkte:

- Für Zwecke der Anerkennung einer Wirtschaftsprüfungsgesellschaft sollen Abschlussprüfer, die in einem anderen Mitgliedsstaat der EU zugelassen sind, ihren deutschen Berufsträgern gleichgestellt werden; dies gilt auch für die Prüfungsgesellschaften.
- Die Änderung der Vorschriften zum Berufsregister und die Einführung eines Transparenzberichts entsprechend den Vorgaben der Abschlussprüferrichtlinie.
- Die Einführung der Registrierung von Abschlussprüfern und Prüfungsgesellschaften aus Drittstaaten entsprechend den Vorgaben der Abschlussprüferrichtlinie.
- Die externe Qualitätskontrolle in den Prüferpraxen soll künftig lediglich alle sechs Jahre erfolgen. Dies gilt nicht für Wirtschaftsprüfer bzw. Wirtschaftsprüfungsgesellschaften, die Prüfungen von Unternehmen im öffentlichen Interesse i.S.v. § 319a Abs. 1 Satz 1 HGB durchführen; hier gilt weiterhin eine Frist von drei Jahren. Ferner ist die Teilnahme an der externen Qualitätskontrolle künftig nur dann zwingend erforderlich, wenn gesetzlich vorgeschriebene Abschlussprüfungen tatsächlich durchgeführt werden. Der Nachweis über das Vorliegen einer Teilnahmebescheinigung muss spätestens bei Annahme eines Prüfungsauftrags vorliegen. Hinsichtlich des Inhalts, Umfangs und der Intensität der externen Qualitätskontrolle ergeben sich aus dem Referentenentwurf keine Änderungen.

- Die Einschränkung der Verschwiegenheitspflicht im Rahmen der Berufsaufsicht in Übereinstimmung mit den Vorgaben der Abschlussprüferrichtlinie.
- Die APAK wird die primäre Zuständigkeit für die Zusammenarbeit mit den für die Berufsaufsicht zuständigen Stellen in anderen EU-Mitgliedsstaaten bzw. Drittstaaten zugewiesen.

4.4 Weitere Regelungsbereiche

Weitere Bereiche des BARefG betreffen die Deregulierung und Vereinfachung des Bundesrechts sowie eine Anpassung an für Rechtsanwälte und Steuerberater geltende berufsrechtliche Grundsätze. Dies umfasst vornehmlich die Deregulierung von Zulassung, Bestellung und Widerruf; hier insbesondere die Einschränkung von Versagungsgründen zur Prüfungszulassung und von Widerrufsmöglichkeiten, sowie die Liberalisierung der Vergütungsgestaltung (Honorare des Wirtschaftsprüfers).

Mit der Verabschiedung und dem In-Kraft-Treten des BARefG wird in 2006 nicht zu rechnen sein. Ob der vorgelegte Referentenentwurf im Rahmen des Abstimmungs- und Gesetzgebungsverfahrens weitreichende Änderungen erfährt, bleibt abzuwarten.

5 Bilanzrechtsmodernisierungsgesetz (BilMoG)

5.1 Status quo des Gesetzgebungsverfahrens

Im Zuge der Umsetzung des europäischen Bilanzrechts in nationales Recht wurde die Vorlage eines Bilanzrechtsmodernisierungsgesetzes (BilMoG) bereits im Jahr 2004 avisiert. Ein entsprechender Hinweis ist der Gesetzesbegründung zum BilReG zu entnehmen. Das Bilanzrechtsmodernisierungsgesetz wird im Hinblick auf die Optimierung des rechtlichen Rahmens der Rechnungslegung und der Abschlussprüfung voraussichtlich folgende Schwerpunkte beinhalten:

- Die Öffnung des Handelsbilanzrechts für das Konzept der Fair Value-Bewertung, insbesondere betreffend Ansatz und Bewertung von Finanzinstrumenten. Davon ausgenommen sind die durch die Fair Value-Richtlinie zwingend vorgeschriebenen Regelungen, welche den Anhang und den Lagebericht betreffen. Diese Regelungen sind bereits im Rahmen des BilReG umgesetzt worden.
- Eine Entscheidung über die Ausübung von Wahlrechten nach der Modernisierungsrichtlinie, womit weitere Anpassungen des Handelsbilanzrechts an internationale Entwicklungen verbunden sein werden.

Es bleibt abzuwarten, inwieweit der deutsche Gesetzgeber Richtlinienwahlrechte zur Anwendung kommen lässt, welche das deutsche Bilanzrecht stärker für eine

Zeitwertbewertung anstelle einer Bewertung auf Basis historischer Kosten öffnen.

Auf Anfrage stellte das BMJ die Veröffentlichung eines Referentenentwurfs zum BilMoG frühestens ab Sommer 2006 in Aussicht.

5.2 Vorschläge des DSR zum Bilanzrechtsmodernisierungsgesetz

Im Rahmen der ihm in § 342 Abs. 1 Nr. 2 HGB zugewiesenen Beratungsfunktion hat der Deutsche Standardisierungsrat (DSR) im Mai 2005 Vorschläge zu einer weiteren Reform des HGB gemacht, die im Zusammenhang mit dem geplanten Bilanzrechtsmodernisierungsgesetz stehen. Die Reformvorschläge betreffen einerseits den Konzern – andererseits auch den Jahresabschluss. Der DSR geht bei seinen Vorschlägen explizit von den folgenden Zielsetzungen einer HGB-Reform aus:

- „Streichung von gesetzlichen Wahlrechten zur besseren Vergleichbarkeit der Jahres- und Konzernabschlüsse und Einschränkung bilanzpolitischer Möglichkeiten und
- schrittweise Anpassung des Handelsbilanzrechts an internationale Entwicklungen."

Als Prämissen werden Steuerneutralität auf Unternehmensseite sowie einheitliche Ansatz- und Bewertungsregeln für den Jahres- und Konzernabschluss unterstellt. Weiterhin gliedert der DSR seine Vorschläge nach der zeitlichen Realisierbarkeit.

Die wichtigsten Änderungsvorschläge des DSR sind der nachfolgenden Übersicht zu entnehmen. Anzumerken ist, dass die Vorschläge des DSR in der Regel weitgehend mit bereits früher geäußerten Anregungen des IDW übereinstimmen, weshalb ein weitestgehender Konsens zwischen den Rechnungslegern und deren Prüfern vermutet werden darf.

Änderungsvorschläge bzgl. des Jahresabschlusses

Derzeitige Regelungen	**Vorschläge des DSR**
Sonderposten mit Rücklageanteil (§§ 247 Abs. 3 und 273 Satz 2)	Beide Paragraphen sollten aufgehoben werden, dies hätte allerdings eine Aufhebung der umgekehrten Maßgeblichkeit zur Folge. Um dem Finanzierungsbeitrag des Fiskus Rechnung zu tragen, sollte eine Ausschüttungssperre in entsprechender Höhe gebildet werden. Hierzu müsste auch das EStG geändert werden.

Derzeitige Regelungen	**Vorschläge des DSR**
Verbot der Aktivierung nicht entgeltlich erworbener immaterieller Vermögensgegenstände des Anlagevermögens (§ 248 Abs. 2 HGB)	Aufhebung des § 248 Abs. 2 HGB sowie Neufassung des HGB in Anlehnung an DRS 12: • Aktivierungsverbot für Forschungskosten. • Ansatz immaterieller Vermögenswerte unabhängig von der Erwerbsform. • Ggf. Einführung einer Ausschüttungssperre wegen Kapitalerhaltungsgrundsätzen.
Pflicht zur Rückstellungsbildung für unterlassene Aufwendungen für Instandhaltung, die in den ersten drei Monaten des nächsten Geschäftsjahres nachgeholt werden (§ 249 Abs. 1 Satz 2 HGB)	§ 249 Abs. 1 Satz 2 HGB aufheben → Passivierungsverbot
Kulanzrückstellungen (§ 249 Abs. 1 Satz 2 Nr. 2 HGB)	§ 249 Abs. 1 Satz 2 HGB aufheben → Passivierungsverbot, bezieht sich nur auf freiwillig übernommene Kulanzleistungen. Faktische Kulanzverpflichtungen sind wie bisher zu passivieren.
Wahlrecht zur Passivierung von Rückstellungen für unterlassene Aufwendungen für Instandhaltung, die in den letzten neun Monaten des folgenden Geschäftsjahres nachgeholt werden (§ 249 Abs. 1 Satz 3 HGB)	§ 249 Abs. 1 Satz 3 HGB aufheben → Passivierungsverbot
Wahlrecht zur Passivierung von Aufwandsrückstellungen (§ 249 Abs. 2 HGB)	§ 249 Abs. 2 HGB aufheben → Passivierungsverbot

Derzeitige Regelungen	Vorschläge des DSR
Wahlrecht zur Aktivierung eines Rechnungsabgrenzungspostens für bestimmte Zölle und Verbrauchsteuern (§ 250 Abs. 1 Satz 2 Nr. 1 HGB)	§ 250 Abs. 1 HGB aufheben und § 250 Abs. 1 Satz 2 Nr. 1 HGB in § 255 HGB als Ergänzung aufnehmen → kein Ausweis mehr als Rechnungsabgrenzungsposten, sondern Einführung einer Aktivierungspflicht im Rahmen der Anschaffungs- und Herstellungskosten der Vorräte
Wahlrecht zur Aktivierung eines Disagios (§ 250 Abs. 3 HGB)	1. Vorschlag: Aktivierungspflicht für Disagio und Auflösung über die Zinsbindungsfrist. 2. alternativer Vorschlag: Aktivierungsverbot und Kürzung auf der Passivseite sowie Verteilung über die Zeit. Die 2. Alternative wird vom DSR bevorzugt.
Neubewertung der Vermögensgegenstände (§ 253) / Fair Value-Bewertung	Schrittweise Einführung der Fair Value-Bewertung in das HGB in Umsetzung der Fair Value-Richtlinie. Zunächst auf Finanzinstrumente beschränkt, wobei eine einheitliche Handhabung im Jahres- und Konzernabschluss empfohlen wird. Dazu wäre eine vorhergehende Weiterentwicklung handelsrechtlicher GoB, insbesondere des Realisationsprinzips, erforderlich. Steuerrechtlich würde die schrittweise Einführung der Fair Value-Bewertung eine Durchbrechung des Maßgeblichkeitsprinzips verlangen.
Grundsätzliches Verbot der Abzinsung von Rückstellungen (§ 253 Abs. 1 HGB)	Abzinsungspflicht für Rückstellungen in Anlehnung an IAS 37 (für Pensionsrückstellungen in Anlehnung an IAS 19).

Derzeitige Regelungen	Vorschläge des DSR
Wahlrecht zur Vornahme außerplanmäßiger Abschreibungen im Anlagevermögen bei nur vorübergehender Wertminderung (§ 253 Abs. 2 Satz 3 HGB)	§ 253 Abs. 2 Satz 3 erster Halbsatz HGB soll auf Vermögensgegenstände des Anlagevermögens beschränkt werden, die Finanzanlagen sind. Sofern es sich nicht um Finanzanlagen handelt, soll ein Abschreibungsverbot bei nur vorübergehender Wertminderung von Vermögensgegenständen des Anlagevermögens eingeführt werden. Dies soll rechtsformunabhängig sein.
Wahlrecht zur Vornahme außerplanmäßiger Abschreibungen im Umlaufvermögen aufgrund von zu erwartenden Wertschwankungen in der Zukunft (§ 253 Abs. 3 Satz 3 HGB)	§ 253 Abs. 3 Satz 3 HGB soll aufgehoben werden, da eine Vorwegnahme zukünftiger Wertschwankungen nicht zulässig ist. → Abschreibungsverbot
Wahlrecht zur Vornahme außerplanmäßiger Abschreibungen nach vernünftiger kaufmännischer Beurteilung (§ 253 Abs. 4 HGB)	§ 253 Abs. 4 HGB soll aufgehoben werden, da Willkürabschreibungen nicht zulässig sind. Ggf. Übergangsregelungen für die mit der Aufhebung des Wahlrechts verbundenen Zuschreibungen.
Wahlrecht zur Wertaufholung (§§ 253 Abs. 5 und 280 Abs. 2 HGB)	§ 253 Abs. 5 HGB sollte aufgehoben werden und als Wertaufholungspflicht wie beim bisherigen § 280 Abs. 1 HGB für alle Kaufleute neu formuliert werden.
Abschreibungen auf den niedrigeren, nur steuerrechtlich zulässigen Wert (§ 254 HGB und § 279 Abs. 2 HGB i.V.m. § 5 Abs. 1 Satz 2 EStG)	Aufhebung der Paragraphen; es sollten keine rein steuerlich motivierten Ansätze im Jahres- und Konzernabschluss vorkommen. Dazu wäre eine Änderung des EStG erforderlich.

Derzeitige Regelungen	Vorschläge des DSR
Wahlrecht zur Einbeziehung fertigungsbezogener Gemeinkosten in die Herstellungskosten (§ 255 Abs. 2Satz 3 HGB)	Aktivierungspflicht für angemessene Teile der herstellungsbedingten Material- und Fertigungsgemeinkosten, die auf den Zeitraum der Herstellung entfallen.
Wahlrecht zur Aktivierung eines entgeltlich erworbenen Geschäfts- oder Firmenwerts (§ 255 Abs. 4 Satz 1 HGB)	Aktivierungspflicht des Geschäfts- oder Firmenwerts durch Aufhebung des § 255 Abs. 4 HGB und Ergänzung des § 246 Abs. 1 Satz 1 HGB.
Abschreibung des Geschäfts- oder Firmenwerts (§ 255 Abs. 4 Satz 3 HGB)	Aufhebung des § 255 Abs. 4 Satz 3 HGB; Folgebewertung wie bei anderen Vermögensgegenständen des Anlagevermögens mit planmäßiger und außerplanmäßiger Abschreibung und Wertaufholungsgebot. Eine nur außerplanmäßige Abschreibung in Anlehnung an die IFRS wird nicht vorgeschlagen. Der Begriff des Vermögensgegenstands deutscher Prägung nähert sich an den Begriff des Vermögenswerts, der aus den IFRS bekannt ist, an.
Zulässigkeit der Anwendung verschiedener Verbrauchsfolgefiktionen (§ 256 HGB) neben der Durchschnittsmethode	§ 256 HGB sollte als Verbrauchsfiktion nur die FiFo-Methode zulassen. Unter der Voraussetzung, dass die Abschaffung der LiFo-Methode steuerneutral erfolgt, sollte diese Methode nicht mehr zugelassen werden. Ausnahme: Tatsächliche Verbrauchsfolge entspricht LiFo.
Fest- und Gruppenbewertung (§ 256 HGB i.V.m. § 240 Abs. 3 und 4 HGB)	Die Festbewertung ist international unüblich. Einer Aufhebung des Wahlrechts zugunsten der Gruppenbewertung müsste zuerst die Änderung der Art. 35 Abs. 3 und 4 der 4. EU-Richtlinie vorausgehen.

Derzeitige Regelungen	**Vorschläge des DSR**
Pflicht zur Aufstellung (§ 264 Abs. 1 Satz 1 HGB)	Der Jahresabschluss wird ergänzt um Kapitalflussrechnung, Eigenkapitalspiegel und freiwillige Segmentberichterstattung für bestimmte Unternehmen, die nicht unter § 315a HGB fallen.
Wahlrecht zur Aktivierung von Aufwendungen für die Ingangsetzung und Erweiterung des Geschäftsbetriebs (§ 269 HGB)	Abschaffung der Bilanzierungshilfe in § 269 HGB und somit ein Aktivierungsverbot.
Nicht eingeforderte ausstehende Einlagen (§ 272 Abs. 1 Satz 2 und 3 HGB)	§ 272 Abs. 1 Satz 2 HGB aufheben → nur Ausweis auf Passivseite zulässig. Hierzu ist allerdings erst eine Änderung des Art. 9 der 4. EU-Richtlinie erforderlich.
Sonderposten mit Rücklageanteil (§ 273 Satz 2 HGB)	Siehe § 247 Abs. 3 HGB oben.
Wahlrecht zum Ansatz von aktiven latenten Steuern (§ 274 Abs. 2 HGB)	Aktivierungspflicht einführen, ggf. unter Beibehaltung der Ausschüttungssperre, damit sowohl aktive als auch passive latente Steuern bilanziell abgebildet werden. Einheitliche Regelung für Jahres- und Konzernabschluss empfohlen (somit auch Auswirkung auf § 306 HGB).
Nichtanwendung von Vorschriften. Abschreibungen (§ 279 Abs. 2 HGB)	Siehe § 254 HGB oben.
Wertaufholungsgebot (§ 280 Abs. 2 HGB)	Siehe § 253 Abs. 5 HGB oben.

Derzeitige Regelungen	Vorschläge des DSR
Wahlrecht zur Passivierung von Pensionsverpflichtungen aus Altzusagen, mittelbaren Pensionsverpflichtungen und pensionsähnlichen Verpflichtungen (Art. 28 Abs. 1 Satz 1 und 2 EGHGB)	Art. 28 EGHGB aufheben und eine Verpflichtung zum Ansatz einer Rückstellung vorschreiben. Mögliche Übergangsregelung: Unternehmenswahlrecht, die Verpflichtung über 10 Jahre verteilt ergebniswirksam zu berücksichtigen oder einmalig ergebnisneutral mit dem Eigenkapital zu verrechnen.

Änderungsvorschläge bzgl. des Konzernabschlusses

Derzeitige Regelungen	Vorschläge des DSR
Konsolidierungspflicht bei beherrschendem Einfluss oder einheitlicher Leitung (§ 290 Abs. 1 und Abs. 2 HGB)	§ 290 HGB sollte neu gefasst werden: • Eine Konsolidierung von Zweckgesellschaften ist anzustreben. • Das Beherrschungskriterium sollte auf wirtschaftlich bestehende Chancen und Risiken abstellen. • SIC 12 kann Anhaltspunkte für die Neugestaltung des § 290 HGB liefern. • Bei Beibehaltung des § 290 Abs. 1 HGB sollte das Beteiligungskriterium entsprechend der Modernisierungs-Richtlinie entfallen → würde Aussagekraft des Konzernabschlusses erhöhen.
Verzicht auf die Einbeziehung bei Beschränkung der Rechte des Mutterunternehmens (§ 296 Abs. 1 Nr. 1 HGB)	§ 296 Abs. 1 Nr. 1 HGB soll in ein Einbeziehungsverbot umgewandelt werden.
Verzicht auf die Einbeziehung bei unverhältnismäßig hohen Kosten der Informationsbeschaffung (§ 296 Abs. 1 Nr. 2 HGB)	Wahlrecht aus § 296 Abs. 1 Nr. 2 HGB sollte aufgehoben werden.

Derzeitige Regelungen	Vorschläge des DSR
Verzicht auf die Einbeziehung bei Weiterveräußerungsabsicht (§ 296 Abs. 1 Nr. 3 HGB)	§ 296 Abs. 1 Nr. 3 HGB soll in ein Einbeziehungsverbot umgewandelt werden, welches allerdings eine Änderung der 7. EU-Richtlinie erfordern würde.
Kapitalkonsolidierung zum Buchwert oder zum beizulegenden Zeitwert (§ 301 Abs. 1 Satz 2 HGB)	Aufhebung des Wahlrechts zugunsten einer Kapitalkonsolidierung zum beizulegenden Zeitwert entsprechend dem DRS 4.
Wahlrecht für den Zeitpunkt der Wertansätze für die Konsolidierung (§ 301 Abs. 2 HGB)	Streichung des Wahlrechts entsprechend dem DRS 4, der einen Ansatz zum Erwerbszeitpunkt vorsieht.
Verrechnung von aktiven und passiven Unterschiedsbeträgen in der Bilanz (§ 301 Abs. 3 HGB)	Streichung des Wahlrechts in § 301 Abs. 3 HGB entsprechend dem DRS 4 → keine Verrechnung von aktivischen und passivischen Beträgen.
Gebot des aktivischen Ausweises der Anteile an einem Mutterunternehmen von erworbenen Unternehmen als eigene Anteile (§ 301 Abs. 4 HGB)	§ 301 Abs. 4 HGB sollte dahin gehend geändert werden, dass es zu einer offenen Absetzung eigener Anteile vom Eigenkapital kommt.
Kapitalkonsolidierung bei Interessenzusammenführungsmethode (§ 302 HGB)	§ 302 HGB sollte aufgehoben werden.
Steuerabgrenzung im Konzernabschluss (§ 306 HGB)	Abschaffung des GuV-orientierten Timing Concepts und Verpflichtung zur Verwendung des bilanzorientierten Temporary Concepts entsprechend der Empfehlung des DRS 10.
Ausweis der Anteile anderer Gesellschafter (§ 307 HGB)	Streichung des § 307 Abs. 1 Satz 2 HGB in Folge der Änderung in § 301 Abs. 1 Satz 2 Nr. 2 HGB

Derzeitige Regelungen	Vorschläge des DSR
Neuausübung von Bewertungswahlrechten des Mutterunternehmens bei Konsolidierung (§ 308 Abs. 1 HGB)	§ 308 Abs. 1 Satz 2 HGB sollte in eine Pflicht zur einheitlichen Ausübung von Wahlrechten umgewandelt werden. Die Ausübung der Wahlrechte der zu konsolidierenden Tochterunternehmen hat sich an der Ausübung im Jahresabschluss des Mutterunternehmens zu orientieren. § 308 Abs. 1 Satz 3 HGB kann dann entfallen.
Ausnahmen von der einheitlichen Bewertung im Konzernabschluss (§ 308 Abs. 2 HGB)	§ 308 Abs. 2 Satz 3 und Satz 4 HGB sollten gestrichen werden.
Behandlung des Goodwill im Konzernabschluss (§ 309 HGB)	Aktivierungspflicht und wahlrechtsfreie Neuregelung der Folgebewertung jeweils analog zum Änderungsvorschlag für § 255 Abs. 4 Satz 1 HGB, keine Option mehr zur Verrechnung des Goodwill mit den Rücklagen.
Wertansatz der Beteiligung an assoziierten Unternehmen und Behandlung des Unterschiedsbetrags (§ 312 HGB)	In Anlehnung an den DRS 8 sollte eine Änderung des § 312 HGB erfolgen: • Pflicht zur Ermittlung des Equity-Werts nach der Buchwertmethode. • Streichung des Ausweiswahlrechts in § 312 Abs. 1 Satz 2 HGB und damit Ausweis in der Konzernbilanz. • Wahlrecht in § 312 Abs. 3 HGB sollte gestrichen werden → für den Wertansatz maßgeblich ist nur noch der Wert im Zeitpunkt des Erwerbs. • Streichung der Wahlrechte in § 312 Abs. 5 Satz 1 und Abs. 6 HGB. • Neueinführung eines § 312 Abs. 7 HGB mit dem Verweis auf international anerkannte Rechnungslegungsstandards.

Darüber hinaus macht der DSR Vorschläge zur Abschaffung von bestimmten Bewertungswahlrechten im PublG, da auch für nach dem PublG bilanzierende Unternehmen die Vorschriften für Kapitalgesellschaften gelten sollten.

Literaturhinweise

DSR: Vorschläge des DSR zum Bilanzrechtsmodernisierungsgesetz, 3. Mai 2005; *Jessen, Ulf/Weller, Heino*: Fortentwicklung des deutschen Bilanzrechts – Die Möglichkeiten eines Bilanzrechtsmodernisierungsgesetzes für den Einzelabschluss (Teil I), DStR 2005, S. 489 – 493; *Jessen, Ulf/Weller, Heino*: Fortentwicklung des deutschen Bilanzrechts – Die Möglichkeiten eines Bilanzrechtsmodernisierungsgesetzes für den Einzelabschluss (Teil II), DStR 2005, S. 532 – 536; *IDW*: Internationalisierung der Rechnungslegung im Mittelstand. Wirtschaftsprüfer begleiten mittelständische Unternehmen bei der Umstellung auf IFRS, August 2005 (https://www.idw.de/idw/ generator/ property=datei/id=390886.pdf).

6 Kapitalmarktinformationshaftungsgesetz (KapInHaG)

6.1 Zielsetzung

Im Oktober 2004 hat das Bundesfinanzministerium einen „Entwurf eines Gesetzes zur Verbesserung der Haftung für falsche Kapitalmarktinformationen“ (Kapitalmarktinformationshaftungsgesetz – KapInHaG) vorgelegt. Das Gesetz zielt auf eine Verschärfung der Außenhaftung von Vorstandsmitgliedern und Aufsichtsräten im Falle manipulativer Einwirkungen auf das Anlegerverhalten und ist der Entwicklung auf dem Neuen Markt, insbesondere den Vorfällen in Zusammenhang mit den Unternehmen EM.TV, Comroad oder Infomatec, geschuldet. Das KapInHaG sollte ursprünglich gemeinsam mit dem UMAG und dem KapMuG in Kraft treten und die Umsetzung des 10-Punkte Programms der Bundesregierung zur Stärkung der Unternehmensintegrität und des Anlegerschutzes forcieren. Aufgrund massiver Proteste von Wirtschafts- und Bankenverbänden wurde bisher jedoch noch kein Regierungsentwurf vorgelegt. Derzeit ist unklar, ob diese Gesetzesinitiative je wieder aufgegriffen wird; in jedem Fall ist mit umfangreichen Nachbesserungen zu rechnen, sodass nachfolgend lediglich die Grundstruktur des KapInHaG skizziert wird.

6.2 Konzeption des KapInHaG

Das KapInHaG übernimmt den bereits mit dem Anlegerschutzverbesserungsgesetz eingeführten Begriff des Finanzinstruments, sodass nicht nur Emittenten von Wertpapieren, sondern auch solche von Derivaten und anderen Kapitalmarktinstrumenten in den Anwendungsbereich des Gesetzes fallen.

Nach geltendem Recht ist die Haftung eines Emittenten auf unrichtige oder unterlassene Ad hoc-Mitteilungen beschränkt; durch das KapInHaG soll die Haftung des Emittenten auf sonstige Kapitalmarktinformationen erweitert werden.

Unter den Begriff der sonstigen Kapitalmarktinformation sollen neben Jahresabschlüssen und Zwischenberichten auch Informationen fallen, die zum Zwecke der Unterrichtung von Aktionären und Finanzanalysten bekannt gegeben oder auf „Roadshows" und Analystenkonferenzen publik gemacht werden.

Außer für schriftliche öffentliche Mitteilungen sollen die Unternehmen künftig auch für mündlich erteilte Erklärungen haften. Dies gilt insbesondere auch für Erklärungen die Gegenstand von Ansprachen oder Auskünften auf der Hauptversammlung sind.

Als Kernelement des KapInHaG ist allerdings die geplante Verankerung einer unmittelbaren Einstandspflicht der Mitglieder des Vorstands und des Aufsichtsrats im Falle fehlerhafter Kapitalmarktinformationen gegenüber geschädigten Anlegern zu betrachten. Nach dem Referentenentwurf haften die Organmitglieder für eigene schriftliche und mündliche Äußerungen oder für das Unterlassen von Äußerungen, zu denen sie gesetzlich verpflichtet sind. Als Verschuldensmaßstab werden Vorsatz oder grobe Fahrlässigkeit verlangt. Das Konzept sieht für den Vorstandsvorsitzenden eine grundsätzliche Verantwortung für das Kommunikationsgebaren des Unternehmens vor. Einfache Vorstandsmitglieder haften für Äußerungen bzw. deren rechtswidrigen Unterbleiben, wenn ihr Kompetenzbereich betroffen ist und sie ihre Kontrollpflichten verletzt haben. Die übliche arbeitsteilige Organisation des Vorstands soll das einzelne Organmitglied jedoch nicht entlasten, wenn über einen Sachverhalt ein Beschluss gefasst worden ist und das Vorstandsmitglied diesem zugestimmt hat.

Das Gesetz sieht hinsichtlich der Außenhaftung der Organmitglieder eine Beschränkung des individuellen Haftungshöchstbetrags vor; dieser soll sich auf das vierfache der vom Unternehmen in den letzten zwölf Monaten vor der fehlerhaften Information geleisteten Bruttovergütung einschließlich der erfolgsabhängigen Gehaltskomponenten belaufen und nur im Falle der groben Fahrlässigkeit greifen.

Die Ansprüche geschädigter Anleger sollen zwölf Monate, nachdem sie vom Mangel oder vom pflichtwidrigen Unterlassen einer Kapitalmarktinformation Kenntnis erlangt haben, verjähren.

6.3 Ausblick

Gegen die geplanten unmittelbaren Einstandspflichten von Organmitgliedern sind gewichtige dogmatische und pragmatische Bedenken geäußert worden. Während ein Großteil der vorgetragenen Argumente nur allzu deutlich interessengerichtet ist, ist eine Warnung vor einer Überregulierung des unternehmerischen Kommunikationsverhaltens durchaus berechtigt. Dies gilt insbesondere wenn man bedenkt, dass das KapInHaG einen Beitrag zur Verbesserung der Transparenz des Unternehmensgeschehens leisten soll. Die im KapInHaG verankerten Haftungsvorschriften verteuern jedoch auch freiwillig zur Verfügung gestellte Informationen empfindlich und motivieren somit die betroffenen Verwaltungsorgane zu einem, vom Gesetzgeber gerade nicht gewollten, restriktiven Informationsgebaren.

Gesetzesfundstelle

Entwurf eines Gesetzes zur Verbesserung der Haftung für falsche Kapitalmarktinformationen (Kapitalmarktinformationshaftungsgesetz – KapInHaG) (http://www.wpk.de/pdf/wpk-stellungnahmen_kapinhag-diskussionsentwurf.pdf).

Literaturhinweise

Matthias, Casper: Persönliche Außenhaftung der Organe bei fehlerhafter Information des Kapitalmarkts?, BKR 2005, S. 83 – 90; *Schäfer, Carsten:* Effektivere Vorstandshaftung für Fehlinformation des Kapitalmarkts?, NZG 2005, S. 985 – 992; *Semler, Johannes/Gittermann, Stephan:* Persönliche Haftung der Organmitglieder für Fehlinformationen des Kapitalmarktes – Zeigt das KapInHaG den richtigen Weg?, NZG 2004, S. 1081 – 1087; *Sünner, Eckart:* Ungereimtheiten des Entwurfs eines Kapitalmarktinformationshaftungsgesetzes, DB 2004, S. 2460 – 2463; *Veil, Rüdiger:* Die Haftung des Emittenten für fehlerhafte Information des Kapitalmarkts nach dem geplanten KapInHaG, BKR 2005, S. 91 – 98; *Weber, Martin:* Entwicklung des Kapitalmarktrechts im Jahre 2005, NJW 2005, S. 3682 – 3690.

7 Mindestkapitalgesetz (MindestkapG)

Der Europäische Gerichtshof (EuGH) hat durch seine jüngere Rechtsprechung zu den europäischen Auslandsgesellschaften, die ihren Verwaltungssitz in einen anderen Mitgliedsstaat der EU verlegen – namentlich durch die prominenten Entscheidungen „Centros“, „Überseering“ oder „Inspire Art“ – die Anerkennung des Gründungsstatus einer in einem Mitgliedsstaat der EU wirksam errichteten Gesellschaft auch nach Verlegung des Verwaltungssitzes in einen anderen Mitgliedsstaat erzwungen. Jeder Mitgliedsstaat hat EU-ausländische Gesellschaften mit beschränkter Haftung (z.B. eine englische Limited in Deutschland) zu dulden, selbst wenn die Auslandsgründung nur zu dem Zweck erfolgte, dem strengeren Gründungsrecht eines anderen Mitgliedsstaats zu entgehen.

Als Konsequenz aus diesen Entscheidungen des EuGH sieht sich die Rechtsform der deutschen GmbH einem starken europaweiten Wettbewerb der Gesellschaftsformen ausgesetzt. Insbesondere die englische „Limited“, die ohne Mindestkapital gegründet werden kann, wurde und wird seither als Alternative zur deutschen GmbH propagiert.

Diese aktuellen Entwicklungen haben den deutschen Gesetzgeber veranlasst, über eine Reform des deutschen GmbH-Rechts nachzudenken. Einzig sichtbares Ergebnis dieser Überlegungen ist bisher der „Regierungsentwurf eines Gesetzes zur Neuregelung des Mindestkapitals der GmbH (MindestkapG)“ vom 1. Juni 2005. Dieser Entwurf sah die Herabsetzung des Mindeststammkapitals einer

GmbH von € 25.000 auf € 10.000 vor. Damit sollte die GmbH gerade für Kleinunternehmer und Existenzgründer insbesondere aus dem Dienstleistungssektor attraktiver werden. In der Begründung des Gesetzentwurfs zum MindestkapG wurde zudem eine umfassende Reform des GmbH-Rechts angekündigt. Diese könnte auch Maßnahmen zum Bürokratieabbau enthalten, um die Gründung einer GmbH zu erleichtern und zu beschleunigen.

Aufgrund der politischen Entwicklungen konnte das MindestkapG allerdings aus zeitlichen Gründen nicht mehr vor der Bundestagswahl im Herbst 2005 beschlossen werden. Es bleibt daher abzuwarten, ob und wann der Gesetzgeber eine Reform des GmbH-Rechts (erneut) angeht. Ob sich eine derartige Reform auf die Herabsetzung des Mindeststammkapitals beschränkt oder umfassender ausfällt, ist gegenwärtig nicht abzusehen.

Literaturhinweise

Kleindiek, Detlef: Auf dem Weg zur Reform des GmbH-Rechts – Die Initiative zur Neuregelung des Mindestkapitals der GmbH (MindestkapG), DStR 2005, S. 1366 – 1369; *Schmidt, Karsten: …* ut aliquid fiat – Von der „GmbH-Reform 2005" zum Referentenentwurf eines Mindestkapitalgesetzes, DB 2005, S. 1095 – 1097; *Seibert, Ulrich*: BB-Gesetzgebungsreport: Entwurf eines Mindestkapitalgesetzes (MindestkapG) – Substanzielle Absenkung des Mindeststammkapitals, BB 2005, S. 1061 – 1062.

VIII EY-Studie zum Deutschen Corporate Governance Kodex

1 Grundlagen

Anfang 2002 wurde der von der sog. „Cromme-Kommission“ erarbeitete Deutsche Corporate Governance Kodex (im Folgenden kurz: Kodex oder DCGK) erstmals der Öffentlichkeit vorgestellt. Nach der Präambel zum DCGK stellt dieser wesentliche gesetzliche Vorschriften zur Leitung und Überwachung deutscher börsennotierter Gesellschaften dar und beinhaltet international und national anerkannte Standards guter und verantwortungsvoller Unternehmensführung. Ziel ist, das deutsche Corporate Governance-System transparent und nachvollziehbar zu gestalten sowie das Vertrauen der Stakeholder in die Leitung und Überwachung deutscher börsennotierter Gesellschaften zu fördern. Um dieser Zielsetzung zu genügen ist vorgesehen, den Kodex regelmäßig, mindestens einmal jährlich, neuen Entwicklungen anzupassen. Nach mehreren Anpassungen datiert die aktuelle Fassung des Kodex vom 2. Juni 2005.

Der Kodex gibt teils gesetzliche Vorschriften wieder, teils spricht er Empfehlungen aus. Sofern der Kodex durch die Verwendung des Begriffs „soll“ eine Empfehlung ausspricht, können die Gesellschaften hiervon abweichen. Sie sind dann aber verpflichtet, dies jährlich offen zu legen. Dies entspricht dem im Angelsächsischen verankerten Prinzip des „comply or explain“. Insoweit wird dem Wunsch nach Flexibilisierung und Selbstregulierung der deutschen Unternehmensverfassung Rechnung getragen. Neben den Empfehlungen enthält der Kodex zusätzlich Anregungen, die durch die Begriffe „sollte“ oder „kann“ gekennzeichnet sind. Von den Anregungen kann ebenfalls abgewichen werden, wobei – im Gegensatz zu den Empfehlungen – diesbezügliche Abweichungen nicht offen gelegt werden müssen.

Die Offenlegung etwaiger Abweichungen von den Empfehlungen des Kodex erfolgt in der sog. Entsprechenserklärung. Gemäß § 161 AktG haben börsennotierte Aktiengesellschaften jährlich diese Entsprechenserklärung abzugeben und den Aktionären dauerhaft zugänglich zu machen. In der Entsprechenserklärung legen die Unternehmen dar, ob sie die Empfehlungen des Kodex beachtet haben und künftig beachten werden bzw. von welchen Empfehlungen abgewichen wurde und weiterhin abgewichen wird. Die Entsprechenserklärung enthält daher eine vergangenheits- und eine zukunftsorientierte Erklärung.

2 Empirische Untersuchung der Umsetzung der Kodexempfehlungen

2.1 Untersuchungsgegenstand

Im Folgenden werden die Ergebnisse einer empirischen Untersuchung zur Umsetzung der Empfehlungen des DCGK in der Praxis (Stand: 1. Juni 2005) dargelegt. Die Umsetzungen der Kodex-Empfehlungen in der Fassung vom 21. Mai 2003 sowie die Veränderungen gegenüber dem Vorjahr werden herausgearbeitet und es wird aufgezeigt, in welchen Bereichen der Kodex nicht befolgt wird. Zur aktuellen Fassung des Kodex vom 2. Juni 2005 liegen noch keine auswertbaren Entsprechenserklärungen und damit keine empirischen Ergebnisse vor.

Um einen Überblick über die Umsetzung des DCGK zu erhalten, wurden die Entsprechenserklärungen von insgesamt 108 Aktiengesellschaften analysiert. Neben den Unternehmen der Börsenindizes *DAX-30* und *MDAX* umfasst die Untersuchung weitere, an der Frankfurter Wertpapierbörse notierte Gesellschaften, die im Jahr 2002 im amtlichen oder geregelten Markt notiert waren und den geringsten Börsenumsatz hatten. Die getroffene Auswahl der Referenzgruppen gewährleistet somit gleichermaßen einen umfassenden Einblick in die Corporate Governance-Praxis von deutschen „Vorzeigeunternehmen“, die im internationalen Anlegerinteresse stehen, sowie von mittelständischen, zum Teil sehr kleinen Gesellschaften mit einem begrenzten Aktionärskreis.

Aufgrund der geänderten Zusammensetzung von DAX-30 und MDAX war es zur Abbildung der jeweiligen Referenzgruppe erforderlich, Anpassungen in der Datenbasis vorzunehmen. Grundlage für die vorliegende Untersuchung ist die Zusammensetzung der beiden Indizes, Stand 1. Juni 2005. Bei Veränderungen im Vergleich zum Vorjahr wurde angenommen, dass die gegenwärtige Zusammensetzung bereits 2003 vorgelegen hat. Die Vorjahresvergleichswerte wurden daher entsprechend bereinigt. Zudem ist zu beachten, dass die im MDAX gelisteten ausländischen Unternehmen nicht zur Abgabe einer Entsprechenserklärung verpflichtet sind und daher nicht in die Untersuchung einbezogen wurden.

Die im amtlichen oder geregelten Markt notierten Unternehmen mit dem geringsten Börsenumsatz wurden zum Zeitpunkt der erstmaligen empirischen Analyse der Umsetzung der Kodex-Empfehlungen für das Jahr 2002 festgelegt und auch in einer Folgeuntersuchung der Entsprechenserklärungen 2003 als Referenzgruppe verwendet. Um eine Zeitreihenanalyse zu ermöglichen, wurde auch in der vorliegenden Untersuchung auf diese Referenzgruppe rekurriert, wenngleich sich die Zahl der betrachteten Unternehmen durch Delisting, Squeeze-out oder Insolvenzen verringert hat; auch haben diese nicht mehr zwingend den geringsten Börsenumsatz. Von den ursprünglich 42 sind noch 31 Unternehmen im Amtlichen oder Geregelten Markt notiert. Diese werden im Folgenden als *AGM*-Unternehmen bezeichnet.

2.2 Umsetzung der Kodex-Empfehlungen bei DAX-30-Unternehmen

Zum Zeitpunkt der Untersuchung entsprachen fünf (17%) der DAX-30-Unternehmen den Empfehlungen des DCGK ohne Einschränkung, während im Vorjahr noch 13 (43%) Unternehmen keine Abweichung erklärten. Diese offensichtliche Verschlechterung der Akzeptanz des DCGK beruht auf den erstmalig erklärungspflichtigen Empfehlungen zur individualisierten Offenlegung der Vorstandsgehälter (DCGK 4.2.4) sowie der Aufsichtsratsvergütungen (DCGK 5.4.5 Abs. 3 Satz 1). Eine Reihe von Unternehmen hat jedoch angekündigt, diesen Empfehlungen in der Zukunft nachzukommen. Zudem ist zu beachten, dass für nach dem 31. Dezember 2005 beginnende Geschäftsjahre die Vergütung des Vorstands nach den Vorschriften des Vorstandsvergütungs-Offenlegungsgesetzes (VorstOG) individualisiert offen zu legen ist, es sei denn, die Hauptversammlung entbindet den Vorstand von dieser Pflicht mit einer Mehrheit von drei Vierteln des anwesenden Grundkapitals. Berücksichtigt man die Ankündigungen der Unternehmen, so erhöht sich die Zahl der Unternehmen, die dem Kodex vollumfänglich entsprechen, auf zwölf (40%), wobei diesbezügliche Anpassungen bereits in Abbildung 22 berücksichtigt wurden.

Abbildung 22 stellt die Anzahl der Abweichungen je DAX-30-Unternehmen dar.

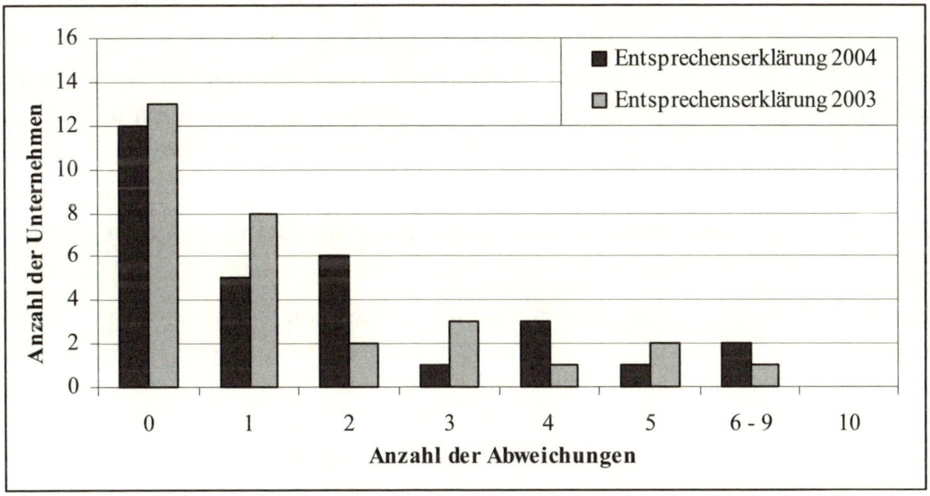

Abbildung 22: Anzahl der Abweichungen pro DAX-30-Unternehmen

Mit neun bzw. sechs von insgesamt 64 möglichen Abweichungen erklären adidas-Salomon und SAP die höchste Anzahl an Abweichungen.

2.3 Umsetzung der Kodex-Empfehlungen bei MDAX-Unternehmen

Lediglich ein Unternehmen (Vorjahr: drei) im MDAX entspricht den Empfehlungen des DCGK ohne Einschränkung. Drei weitere Unternehmen weichen nur von einer Empfehlung des Kodex ab (vgl. Abbildung 23).

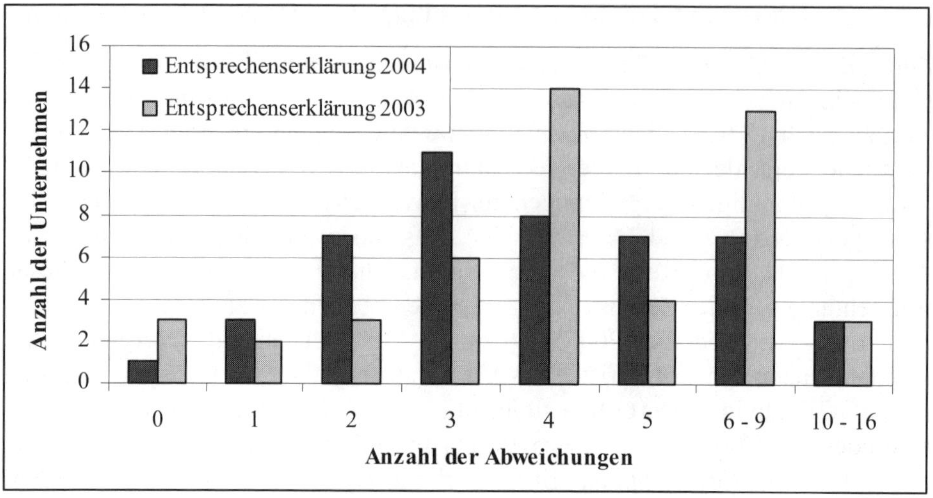

Abbildung 23: Anzahl der Abweichungen pro MDAX-Unternehmen

Zwei oder drei Abweichungen werden von insgesamt 18 Unternehmen erklärt. Diese konzentrieren sich auf die bereits erwähnten Empfehlungen zu Vorstands- und Aufsichtsratsvergütungen. Mit jeweils zwölf Abweichungen berichten Fielmann und AMB Generali Holding die höchste Anzahl an Abweichungen.

Abbildung 23 zeigt, dass im Vergleich zum Vorjahr eine größere Anzahl von MDAX-Unternehmen nur wenige Abweichungen zu berichten hat. So waren es 2003 noch 34 Gesellschaften, die von vier oder mehr Empfehlungen des Kodex abwichen, eine Gruppe, die heute lediglich 25 Unternehmen umfasst.

2.4 Umsetzung der Kodex-Empfehlungen bei kleinen börsennotierten Unternehmen

Ein gänzlich anderes Umsetzungsniveau der Kodex-Empfehlungen ist bei den 31 untersuchten „kleinen und mittleren“ Unternehmen des Amtlichen und Geregelten Marktes (AGM-Unternehmen) zu beobachten. Kein Unternehmen dieser Auswahlgruppe, von dem eine Entsprechenserklärung bis zum 1. Juni 2005 vorlag, berichtet weniger als vier Abweichungen von den Kodex-Empfehlungen (vgl. Abbildung 24).

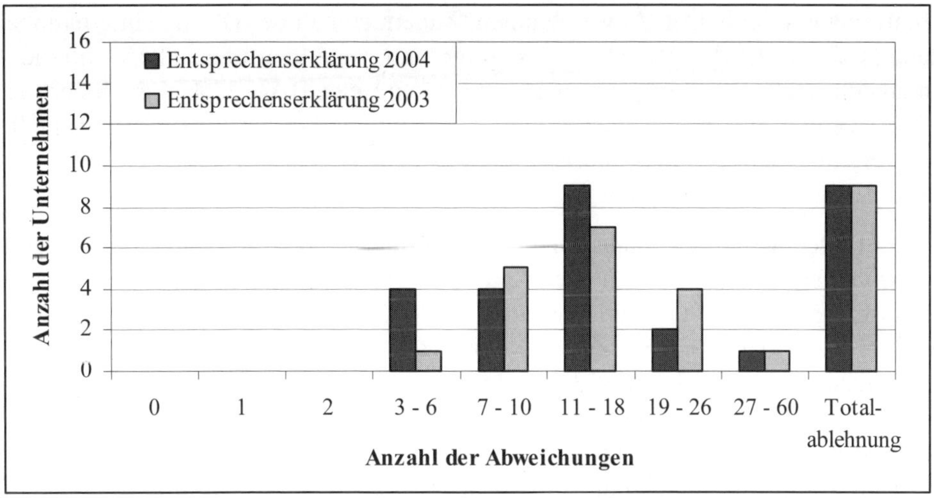

Abbildung 24: Anzahl der Abweichungen pro AGM-Unternehmen

Ein Unternehmen (Real Media) hatte bis zum 1. Juni 2005 keine Entsprechenserklärung abgegeben. Im Vorjahr waren es noch sieben Unternehmen, deren Entsprechenserklärung nicht rechtzeitig zur Verfügung stand, was einen Verstoß gegen die Verpflichtung zur jährlichen Aktualisierung vermuten lässt. Zudem liegt eine Erklärung vor, die nicht als Entsprechenserklärung i.S.d. § 161 AktG qualifiziert werden kann, da sie nur eine pauschale Aussage zur Umsetzung oder Abweichung von einzelnen Kodexempfehlungen trifft. Die folgenden Ausführungen beziehen sich daher auf 29 Unternehmen.

Wie in 2003 erklären neun Unternehmen, dass sie den DCGK gar nicht beachten wollen. Einige Unternehmen begründen die En-bloc- bzw. Totalablehnung des Kodex: So wird beispielsweise darauf verwiesen, dass der Kodex auf große Publikumsgesellschaften mit komplexen Strukturen zugeschnitten ist, und daher aufgrund von Unternehmensgegenstand und Unternehmensgröße eine Anwendung der Empfehlungen nicht zweckmäßig erscheint. Zudem wird bemerkt, dass eine ordnungsgemäße Unternehmensführung bei Beachtung der gesetzlichen Bestimmungen auch ohne die Umsetzung der Kodex-Empfehlungen möglich sei.

2.5 Gesamtbeurteilung

Bei der Gesamtbeurteilung der Umsetzung der Empfehlungen des Kodex in der Praxis ist nach den drei untersuchten Referenzgruppen zu unterscheiden, denn der Umsetzungsgrad hinsichtlich einzelner Empfehlungen differiert erheblich. Der Vergleich zeigt, dass die AGM-Unternehmen bei den 64 untersuchten Empfehlungen einen prozentual höheren Abweichungsgrad aufweisen als MDAX- und DAX-30-Unternehmen. Vor dem Hintergrund, dass das Leitbild des Kodex große, am internationalen Kapitalmarkt notierte Aktiengesellschaften sind, dürfte dies kaum überraschen. Bereits die Struktur kleinerer und mittlerer Unternehmen führt unausweichlich zu Abweichungen. Zudem enthält der DCGK „international und national anerkannte Standards guter und verantwortungsvoller Unternehmensführung“. Diese müssen insbesondere von den DAX-30-Unternehmen befolgt werden, da sie die internationalen Kapitalmärkte als Finanzierungsquelle nutzen und somit zwangsläufig die dort geforderten Corporate Governance-Standards zu beachten haben.

Die Empfehlungen, von denen in allen drei Unternehmensgruppen am häufigsten abgewichen wird, beziehen sich auf die Vereinbarung eines angemessenen Selbstbehalts für D&O-Versicherungen (DCGK 3.8 Abs. 2), die individualisierte Offenlegung der Vorstandsgehälter (DCGK 4.2.4) sowie der Aufsichtsratsvergütungen (DCGK 5.4.5 Abs. 3 Satz 1). Zudem weichen von den AGM-Unternehmen ähnlich viele Gesellschaften von zwei weiteren Empfehlungen ab: diese betreffen die Einrichtung eines Prüfungsausschusses (DCGK 5.3.2) sowie die Fristen zur Veröffentlichung von Zwischen- und Konzernabschlüssen (DCGK 7.1.2).

In den einzelnen Referenzgruppen sind die folgenden Besonderheiten erwähnenswert:

(1) DAX-30-Unternehmen: Wie im Vorjahr ist der Umsetzungsgrad der Empfehlungen sehr hoch. Die unverändert breite Zustimmung zum Kodex wird darin deutlich, dass trotz einer im Vergleich zum Kodex in seiner ersten Fassung von 60 auf 64 gestiegenen Anzahl von Empfehlungen (Grundlage der Vorjahresstudie), nur von 18 Empfehlungen (Vorjahr: 16) überhaupt abgewichen wird. Damit werden mehr als zwei Drittel aller Kodex-Empfehlungen von allen DAX-30-Unternehmen erfüllt (vgl. Abbildung 25).

Die Abweichungen von diesen 18 Empfehlungen konzentrieren sich dabei auf die oben aufgeführten drei Empfehlungen mit den häufigsten Abweichungen in allen drei Unternehmensgruppen. Die relativ verbreitete Ablehnung der 2003 neu in den Kodex aufgenommenen Empfehlung zur individualisierten Vorstandsvergütung (DCGK 4.2.4) bzw. Aufsichtsratsvergütung (DCGK 5.4.5 Abs. 3 Satz 1) trägt dazu bei, dass nur noch 17 (Vorjahr: 22) Unternehmen maximal eine Abweichung von den 64 Empfehlungen berichten.

(2) MDAX-Unternehmen: Gegenüber den DAX-30-Unternehmen ist die Umsetzung der Empfehlungen bei den MDAX-Gesellschaften nach wie vor geringer ausgeprägt. Nur ein MDAX-Unternehmen entspricht allen Empfehlungen des Kodex. Der Anteil der Unternehmen, die höchstens zwei Abweichungen von den Empfehlungen erklären, liegt mit 23% deutlich unter dem Vergleichswert für die DAX-30-Unternehmen (77%). Die uneingeschränkte Akzeptanz der Empfehlungen verringert sich im Vergleich zu den DAX-30-Unternehmen um knapp die Hälfte (siehe Abbildung 25). Von 29 der 64 Empfehlungen weicht mindestens ein MDAX-Unternehmen ab.

(3) AGM-Unternehmen: Unter den AGM-Unternehmen ist die Umsetzung der Kodex-Empfehlungen nochmals deutlich geringer ausgeprägt. Aufgrund der neun Totalablehnungen wird keine der 64 Empfehlungen von allen Unternehmen dieser Gruppe umgesetzt. Selbst ohne Berücksichtigung der Totalablehnungen werden nur 13 der 64 Empfehlungen von allen übrigen AGM-Unternehmen umgesetzt.

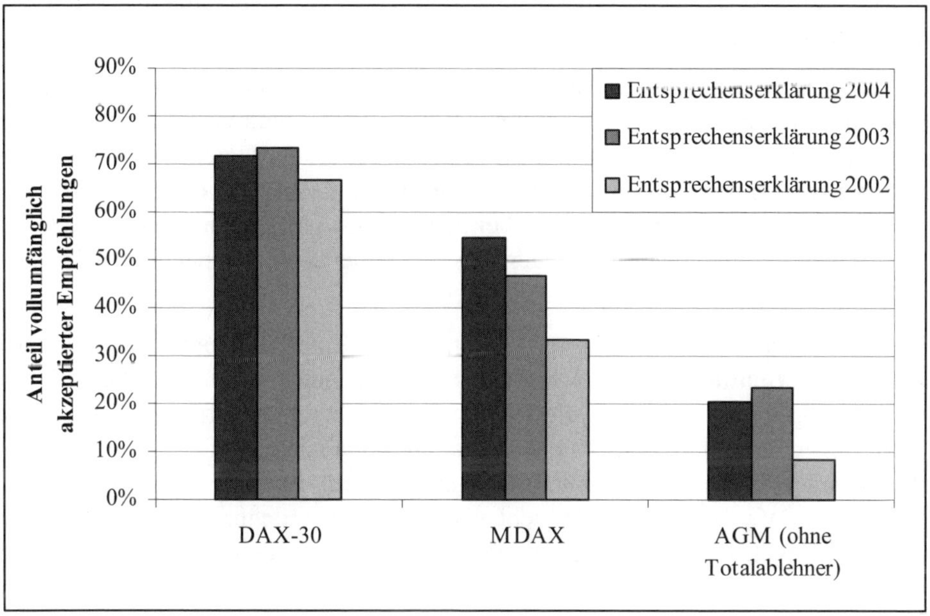

Abbildung 25: Empfehlungen mit uneingeschränkter Akzeptanz im Dreijahresvergleich

Abbildung 25 stellt das unterschiedliche Niveau hinsichtlich der uneingeschränkten Akzeptanz von Kodex-Empfehlungen in den drei Unternehmensgruppen dar. Während hinsichtlich der DAX-30-Unternehmen nur zwischen den Jahren 2002 und 2003 ein deutlicher Zuwachs der Akzeptanz zu verzeichnen ist und sich in 2004 sogar ein geringer Rückgang ergibt, zeigt sich bei den MDAX-Unternehmen ein seit 2002 fortgesetzter Trend zu größerer Akzeptanz des Kodex. Bei den AGM-Unternehmen, ohne Berücksichtigung der neun Totalablehner, zeigt sich ebenfalls eine deutliche Zunahme der Akzeptanz bei den Entsprechenserklärungen 2003, für 2004 hingegen ein leichter Rückgang.

Vereinzelt wurden formale Mängel bei den Entsprechenserklärungen festgestellt. Neben falschen Ziffern-, Absatz- oder Satzangaben haben einige Unternehmen sog. „Folgeabweichungen", d.h. Abweichungen von Empfehlungen, die sich zwingend aus der Nichtbeachtung anderer Empfehlungen ergeben, nicht angegeben. Eine solche Nicht-Angabe ist kritisch, denn streng genommen handelt es sich um fehlerhafte Entsprechenserklärungen. Als problematisch stellt sich zudem dar, dass bei einer Reihe von Entsprechenserklärungen Datumsangaben fehlen und somit die Einhaltung der gesetzlichen Aktualisierungspflicht nicht prüfbar ist. Hier soll die zum 2. Juni 2005 in den Kodex aufgenommene Empfehlung Abhilfe schaffen, wonach nicht mehr aktuelle Entsprechenserklärungen fünf Jahre lang auf der Internetseite der Gesellschaft zugänglich gehalten werden sollen. In einem Fall war auch festzustellen, dass der Verpflichtung zur expliziten Auflistung der Abweichungen von einzelnen Empfehlungen nicht nachgekommen, sondern lediglich pauschal erklärt wurde, dass die Einhaltung des Kodex beabsichtigt sei, „sofern damit für die Gesellschaft keine unverhältnismäßig hohen Kosten verbunden sind".

Die empirische Analyse der Entsprechenserklärungen börsennotierter Unternehmen zeigt, dass die Zustimmung zum DCGK weiter zunimmt. Ausgehend von dem bereits sehr hohen Akzeptanzniveau der DAX-30-Unternehmen, hat die Akzeptanz in dieser Referenzgruppe im Vergleich zum Vorjahr nur geringfügige Änderungen erfahren. Insbesondere bei den MDAX-Unternehmen, aber auch bei den AGM-Unternehmen ist dagegen ein deutlicher Trend zur weiteren Umsetzung der Kodex-Empfehlungen auszumachen.

Bemerkenswert ist, dass die breite Ablehnung der Empfehlungen zur individualisierten Veröffentlichung der Vorstands- und Aufsichtsratsbezüge, die sich im Vorjahr abgezeichnet hat, in diesem Umfang nicht eingetroffen ist. Dies mag daran liegen, dass durch das VorstOG die individualisierte Offenlegung der Vorstandsbezüge ohnedies gesetzlich erzwungen wird. Einziger Ausweg aus der gesetzlichen Veröffentlichungspflicht wäre die Inanspruchnahme der sog. „Opting out"-Regel, wonach eine 3/4-Mehrheit des anwesenden Grundkapitals einer Hauptversammlung den Vorstand von der Veröffentlichungspflicht entbinden kann. Fraglich ist jedoch, ob derartige Mehrheiten erzielbar sind. Es mag aber auch der Fall sein, dass in Bezug auf die Offenlegung der Gehälter durch den Druck des Kapitalmarkts die oft vermutete „Macht des Markts" Wirkung gezeigt hat.

Literaturhinweise

Oser, Peter/Orth, Christian/Wader, Dominic: Beachtung der Empfehlungen des Deutschen Corporate Governance Kodex – Erste Ergebnisse einer empirischen Folgeuntersuchung der Entsprechenserklärungen börsennotierter Unternehmen, BB 2004, S. 1121 – 1126; *Oser, Peter/Orth, Christian/Wader, Dominic*: Die Umsetzung des Deutschen Corporate Governance Kodex in der Praxis – Empirische Untersuchung zur Entsprechenserklärung, DB 2003, S. 1337 – 1341; Deutscher Corporate Governance Kodex: Ein Handbuch für Entscheidungsträger, hrsg. v. Pfitzer, Norbert/Oser, Peter/Orth, Christian, 2. Aufl., Stuttgart 2005.

IX Ausblick

Die in diesem Buch diskutierten Reformgesetze sind ein eindrucksvoller und zum Teil erschreckender Beleg für die umfangreichen regulatorischen Veränderungen, denen sich Unternehmen und Abschlussprüfer gegenüberstehen. Damit aber nicht genug. Die hier vorgestellten Reformgesetze stellen erst den Anfang einer Reihe von weiteren Gesetzesänderungen dar, die die deutsche Bilanzierungspraxis und Unternehmensführung grundlegend reformieren – Kritiker behaupten gar „in seinen Grundfesten erschüttern" – werden.

Neben der Umsetzung bereits bekannt gegebener sowie noch ausstehender EU-Richtlinien und EU-Verordnungen – hier sei nur beispielhaft auf die sog. Transparenzrichtlinie verwiesen – hat der deutsche Gesetzgeber weitere Reformgesetze angekündigt. Das derzeit noch nicht vorliegende, aber bereits angekündigte Bilanzrechtsmodernisierungsgesetz wird voraussichtlich die noch ausstehenden Punkte zur vollständigen Umsetzung der Modernisierungsrichtlinie in nationales Recht aufgreifen. Auch hier werden wieder Auslegungsfragen auftreten, die einer entsprechenden Interpretation durch die Praxis bedürfen.

Inwieweit die derzeitigen, neuen aufsichtsrechtlichen Regelungen Bestand haben werden, bleibt abzuwarten. Insbesondere werden das Verhalten und die Reaktionen der US-amerikanischen Börsenaufsichtsbehörde SEC zu beobachten bleiben. Änderungen in den USA dürften insbesondere die beiden Kernaufsichtsbereiche „Unabhängigkeit des Abschlussprüfers" und „Abschlüsse von Unternehmen im öffentlichen Interesse" beeinflussen. Zu befürchten ist, dass in diesen Bereichen weitere Verschärfungen der Regeln stattfinden werden – vermutlich ohne die Wirksamkeit der jetzt bestehenden Systeme hinreichend abzuwarten. Auch diesseits des Atlantiks wird Überwachung größer geschrieben: Daher werden Unternehmen und Prüfer zunehmend ein Augenmerk auf die europäischen und deutschen Aufsichtsinstanzen richten müssen. Neben der Deutschen Prüfstelle für Rechnungslegung hat auch die Abschlussprüferaufsichtskommission, erstmals in 2005 Überprüfungen durchgeführt, die in den nächsten Jahren intensiviert werden dürften. Bisherige Überprüfungen dürften z.T. wohl nur einen „Probelauf" dargestellt haben.

Auch die aktien- und gesellschaftsrechtlichen Regelungen erfahren weitere Verschärfungen. So will die Bundesregierung vor dem Hintergrund der „Infomatec"-Urteile des Bundesgerichtshofs einem durch vorsätzliche sowie grob fahrlässige fehlerhafte Ad hoc-Mitteilungen oder fehlerhafte Börsenprospekte geschädigten Aktionär einen Anspruch auf Schadenersatz eröffnen. Hierzu soll die Haftung von Vorständen und Aufsichtsräten weiter verschärft und das Klagerecht zugunsten der Aktionäre erweitert werden. Ein entsprechender ministerieller Entwurf in Form eines Kapitalmarktinformationshaftungsgesetzes (KapInHaG) wurde zwar

Ende 2004 zunächst zurückgezogen; dieser wurde aber von einer neuerlichen Verabschiedung bislang nicht ausgeschlossen.

Insbesondere kapitalmarktorientierte Unternehmen werden u.E. künftig auch weiteren Restriktionen unterworfen, die es zu beachten gilt. Auf kapitalmarktorientierte Gesellschaften und ihre Entscheidungsträger kommt daher auch weiterhin eine Vielzahl rechtlicher Fallstricke zu. Ob und inwieweit derartige Fallstricke auch von nicht kapitalmarktorientierten Unternehmen zu beachten sind, bleibt abzuwarten. Die Rechtsentwicklung in den vergangenen Jahren hat jedoch gezeigt, dass die Regelungen für kapitalmarktorientierte Unternehmen sehr schnell „abfärben".

Schlussendlich muss konstatiert werden, dass die Haltbarkeitsdauer handels- und gesellschaftsrechtlicher Vorschriften ein Niveau erreicht hat, das an die Steuergesetzgebung erinnert. Zu Recht wird von Vertretern der Industrie bereits darauf hingewiesen, dass jedes Reformgesetz für sich betrachtet sicherlich dem Anlegerschutz dienen und das Vertrauen in die Rechnungslegung und Prüfung der Unternehmen fördern wird, jedoch bei einer Gesamtschau eine Überregulierung drohe.

Aus Sicht der Betroffenen besteht daher das Erfordernis, die Entwicklungen möglichst frühzeitig aufzunehmen und deren Auswirkungen zu berücksichtigen. Hierbei empfiehlt sich eine enge Zusammenarbeit zwischen den Leitungs- und Überwachungsorganen der betroffenen Gesellschaften sowie deren Abschlussprüfern. Auch sollten die Betroffenen nicht nur auf die Reformen reagieren, sondern aktiv auf den Gesetzgeber zugehen und den möglichen Gestaltungsspielraum – auch des nationalen Gesetzgebers – zugunsten einer guten und praktikablen Corporate Governance mitgestalten. Im Ergebnis darf es nicht dazu kommen, dass die Betroffenen sich die Folgen der Reformgesetze gegenseitig anlasten. Letztlich sollte nicht erst durch die neu geschaffenen Aufsichtsgremien bekannt werden, wen welche Schuld trifft – Fehler sollten im Interesse aller Beteiligten bereits im Entscheidungsfindungsprozess und letztlich ohnehin bei der anschließenden Ausführung vermieden werden.

Anlage 1: Wichtige aufgrund von EU-Vorgaben durch das BilReG vorgenommene Änderungen

Schlagwort	EU-Vorgaben	Deutsche Gesetzgebung
Rechnungslegung		
Größenmerkmale für Kapitalgesellschaften	• Nach Art. 1 der Schwellenwertrichtlinie wurden die Größenmerkmale für Kapitalgesellschaften erhöht.	• § 267 HGB: Erhöhung der Größenmerkmale für Kapitalgesellschaften (Bilanzsumme und Umsatzerlöse) um 16,8%.
Anhangangaben zu derivativen Finanzinstrumenten	• Gemäß Art. 1 der Fair Value-Richtlinie sind im Anhang zum Jahres-/Konzernabschluss Angaben zu Art und Umfang derivativer Finanzinstrumente sowie zu den Methoden ihrer Bewertung zu machen. • Art. 2 der Fair Value-Richtlinie erfordert die Angabe von über ihrem beizulegenden Zeitwert in der Bilanz ausgewiesenen Finanzinstrumenten.	• Zukünftig sind Angaben zu Art und Umfang der eingesetzten Finanzinstrumente zu machen (§ 285 Satz 1 Nr. 18a HGB) sowie zu deren beizulegenden Zeitwerten (§ 285 Satz 1 Nr. 18b HGB). Gemäß § 285 Satz 2 HGB sind die Verfahren zur Ermittlung des beizulegenden Zeitwerts anzugeben. • Nach § 285 Satz 1 Nr. 19 HGB sind künftig Angaben zu Finanzinstrumenten zu machen, die über ihrem beizulegenden Zeitwert in der Bilanz ausgewiesen werden.
Größenabhängige Befreiung von der Konzernrechnungslegungspflicht	• Nach Art. 1 der Schwellenwertrichtlinie wurden die Kriterien für die größenabhängige Befreiung von der Konzernrechnungslegungspflicht erhöht.	• In § 293 HGB sind die Schwellenwerte für die größenabhängige Befreiung von der Pflicht zur Aufstellung eines Konzernabschlusses und -lageberichts sowohl nach der Brutto- als auch nach der Nettomethode um 16,8% erhöht worden.

Schlagwort	EU-Vorgaben	Deutsche Gesetzgebung
Anwendungsbereich IFRS	• Nach Art. 4 der IAS-Verordnung müssen kapitalmarktorientierte Gesellschaften, die dem Recht eines Mitgliedsstaats unterliegen, für Geschäftsjahre, die am oder nach dem 1. Januar 2005 beginnen, ihre konsolidierten Abschlüsse zwingend nach den internationalen Rechnungslegungsstandards (IFRS) aufstellen. • Nach Art. 5 der IAS-Verordnung können die Mitgliedsstaaten gestatten oder vorschreiben, dass o kapitalmarktorientierte Gesellschaften ihre Jahresabschlüsse, o nicht kapitalmarktorientierte Gesellschaften ihre konsolidierten Abschlüsse und/oder ihre Jahresabschlüsse nach den internationalen Rechnungslegungsstandards aufstellen. • Nach Art. 9 der IAS-Verordnung können die Mitgliedsstaaten vorsehen, dass Art. 4 für Gesellschaften, o von denen lediglich Schuldtitel zum Handel in einem geregelten Markt eines Mitgliedsstaats zugelassen sind, oder o deren Wertpapiere zum öffentlichen Handel in einem Nicht-Mitgliedsstaat zugelassen sind und die zu diesem Zweck andere international anerkannte Standards anwenden, erst für die Geschäftsjahre Anwendung findet, die am oder nach dem 1. Januar 2007 beginnen.	• Nach § 292a HGB besteht für kapitalmarktorientierte Unternehmen die Möglichkeit, unter bestimmten Bedingungen einen befreienden Konzernabschluss nach international anerkannten Rechnungslegungsstandards (z.B. IFRS, US-GAAP) aufzustellen. Die Vorschrift ist befristet auf Geschäftsjahre, die spätestens am 31. Dezember 2004 geendet haben. **Neuerung BilReG:** • § 292a HGB wird aufgehoben. • Nach § 315a Abs. 1 HGB zwingende Anwendung der IFRS für Konzernabschlüsse kapitalmarktorientierter Mutterunternehmen. Voraussetzung für die Anwendung der IAS-Verordnung ist, dass das Mutterunternehmen nach den §§ 290 bis 293 HGB verpflichtet ist, einen Konzernabschluss aufzustellen. Von den verbleibenden handelsrechtlichen Vorschriften sind §§ 294 Abs. 3 und 298 Abs. 1, dieser jedoch nur in Verbindung mit den §§ 244 und 245, ferner §§ 313 Abs. 2 bis 4 und 314 Abs. 1 Nr. 4, 6, 8 und 9, § 315 HGB und die Vorschriften außerhalb dieses Unterabschnitts des HGB, die den Konzernabschluss oder den Konzernlagebericht betreffen, anzuwenden. • § 315a Abs. 2 HGB sieht für Mutterunternehmen, die bis zum jeweiligen Bilanzstichtag die Zulassung eines Fremd- oder Eigenkapitaltitels zum Handel an einem organisierten Markt im Sinne des WpHG im Inland beantragt haben, für Geschäftsjahre, die nach dem 31. Dezember 2006 beginnen, ebenfalls eine zwingende Anwendung der IFRS für den Konzernabschluss vor.

Schlagwort	EU-Vorgaben	Deutsche Gesetzgebung
		• Mutterunternehmen, die nicht unter Abs. 1 oder 2 fallen, haben nach § 315a Abs. 3 HGB das Wahlrecht, ihren Konzernabschluss nach den IFRS aufzustellen. Nimmt ein Unternehmen die Möglichkeit wahr, so hat es die in Abs. 1 genannten Standards und Vorschriften vollständig zu befolgen. • Art. 57 EGHGB legt für die Umstellung auf IFRS Übergangsbestimmungen fest. Art. 4 der EU-Verordnung findet demnach für Gesellschaften, ○ von denen lediglich Schuldtitel zum Handel in einem geregelten Markt eines Mitgliedsstaats der EU oder eines Vertragsstaats des EWR zugelassen sind, oder ○ deren Wertpapiere zum öffentlichen Handel in einem Drittstaat zugelassen sind und die zu diesem Zweck bereits internationale Rechnungslegungsstandards (z.B. US-GAAP) anwenden, erst von dem Geschäftsjahr an Anwendung, das nach dem 31. Dezember 2006 beginnt. Der zeitliche Anwendungsbereich des § 292a HGB in seiner bisherigen Fassung wird nach Art. 58 Abs. 1 EGHGB grundsätzlich auf Geschäftsjahre erweitert, die vor dem 1. Januar 2005 beginnen. Gleichzeitig wird gem. Art. 58 Abs. 3 Satz 5 EGHGB das Wahlrecht zur befreienden Aufstellung von Konzernabschlüssen nach IFRS auf nicht kapitalmarktorientierte Unternehmen für Geschäftsjahre ab dem 1. Januar 2003 erweitert. Für die Unternehmen, die unter die Regelung des Art. 57 EGHGB fallen, ist gem. Art. 58 Abs. 5 EGHGB die Anwendung des

Schlagwort	EU-Vorgaben	Deutsche Gesetzgebung
		§ 292a HGB auf Geschäftsjahre, die vor dem 1. Januar 2007 beginnen, vorgesehen. Mutterunternehmen, die lediglich Schuldtitel begeben, haben zudem die geltende Fassung des § 297 Abs. 1 HGB letztmals auf das vor dem 1. Januar 2007 beginnende Geschäftsjahr anzuwenden.
Erweiterung des Jahres-/Konzern-abschlusses um zusätzliche Bestandteile	• Mitgliedsstaaten können gestatten oder vorschreiben, dass der Jahresabschluss zusätzlich zu den bisher vorgeschriebenen Bestandteilen (Bilanz, GuV, Anhang) weitere Elemente umfasst.	• § 297 Abs. 1 HGB sieht die Konzernbilanz, die Konzern-GuV, den Konzernanhang, die Kapitalflussrechnung und den Eigenkapitalspiegel als zwingende Bestandteile des Konzernabschlusses vor. Die Aufstellung einer Segmentberichterstattung ist künftig freiwillig.
Änderungen in Fragen der Konsolidierung		
Beteiligungsvoraussetzung bei der Definition eines Tochterunternehmens	• Das Erfordernis einer Beteiligung des Mutterunternehmens am Tochterunternehmen im Rahmen des Konsolidierungskriteriums „beherrschender Einfluss“ bzw. „einheitliche Leitung“ entfällt. • Für das Kriterium „beherrschender Einfluss“ reicht künftig bereits die Möglichkeit der Kontrollausübung aus.	• Keine Änderung vorgesehen. => Umsetzungspflicht noch zu erfüllen.
Streichung größenabhängiger Befreiungstatbestände	• Die bisherigen größenabhängigen Befreiungen dürfen von Gesellschaften, deren Wertpapiere in einem Mitgliedsstaat zum Handel an einem geregelten Markt i.S.d. Art. 1 Nr. 13 der Wertpapierdienstleistungsrichtlinie zugelassen sind (kapitalmarktorientierte Gesellschaften), nicht mehr in Anspruch genommen werden.	• Keine Änderung vorgesehen. • Die Einschränkung der größenabhängigen Befreiungstatbestände ist bereits im HGB kodifiziert (§§ 267 Abs. 3 und 293 Abs. 5 HGB).

Schlagwort	EU-Vorgaben	Deutsche Gesetzgebung
Einschränkung der Befreiung zur Teilkonzernrechnungslegungspflicht	• Neben den Gesellschaften, deren Wertpapiere zur amtlichen Notierung an einer Wertpapierbörse in einem EU-Mitgliedsstaat oder EWR-Vertragsstaat zugelassen sind, werden nun alle kapitalmarktorientierten Gesellschaften zur Aufstellung eines Teilkonzernabschlusses verpflichtet. Die in Art. 6 Abs. 1 der 7. EU-Richtlinie vorgesehene Befreiung von der Teilkonzernrechnungslegungspflicht kann von diesen (kapitalmarktorientierten) Gesellschaften nicht mehr in Anspruch genommen werden.	• Nach § 291 Abs. 3 Nr. 1 HGB kann die Befreiung von der Teilkonzernrechnungslegungspflicht nicht in Anspruch genommen werden, wenn das zu befreiende Mutterunternehmen eine Aktiengesellschaft ist, deren Aktien zum Handel im amtlichen Markt zugelassen sind. • **Neuerung BilReG:** § 291 Abs. 3 Nr. 1 HGB erweitert die Einschränkung der Befreiung auf Mutterunternehmen, deren Wertpapiere am Abschlussstichtag in einem Mitgliedsstaat der EU oder in einem Vertragsstaat des EWR zum Handel an einem geregelten Markt im Sinne des Art. 1 Nr. 13 der Wertpapierdienstleistungsrichtlinie zugelassen sind.
Aufhebung des Konsolidierungsverbots bei abweichender Tätigkeit	• Das Konsolidierungsverbot von Tochterunternehmen, die eine von den übrigen Konzernunternehmen abweichende Tätigkeit ausüben, ist gestrichen	• **Neuerung BilReG:** § 295 HGB wird gestrichen.
Lageberichterstattung		
Erweiterung der Berichterstattung im Lagebericht und Konzernlagebericht	**Modernisierungsrichtlinie:** • Mitgliedsstaaten sind explizit verpflichtet, neben der Darstellung des Geschäftsverlaufs und der Lage der Gesellschaft auch auf das Geschäftsergebnis einzugehen. • Soweit erforderlich, umfasst die Analyse neben den wichtigsten finanziellen auch nichtfinanzielle Leistungsindikatoren. Dies schließt Informationen in Bezug auf Umwelt- und Arbeitnehmerbelange mit ein. • Den Mitgliedsstaaten wird freigestellt, kleine Kapitalgesellschaften von der Berichterstattung hinsichtlich nichtfinanzieller Leistungsindikatoren zu befreien.	**Neuerung BilReG:** • Der Geschäftsverlauf einschließlich des Geschäftsergebnisses und die Lage der Kapitalgesellschaft sind gem. § 289 Abs. 1 HGB und § 315 Abs. 1 HGB so darzustellen, dass ein den tatsächlichen Verhältnissen entsprechendes Bild vermittelt wird. In die Analyse des Geschäftsverlaufs und der Lage der Gesellschaft sind die für die Geschäftstätigkeit bedeutsamsten finanziellen Leistungsindikatoren einzubeziehen. Bei der Angabe der voraussichtlichen Entwicklung (§ 289 Abs. 1 HGB) ist nun explizit auf wesentliche Chancen und Risiken einzugehen.

Schlagwort	EU-Vorgaben	Deutsche Gesetzgebung
	• Ist zusätzlich zu einem Lagebericht ein konsolidierter Lagebericht vorgeschrieben, so können diese Berichte in Form eines einheitlichen Berichts vorgelegt werden. **Fair Value-Richtlinie:** • Art. 2 der Fair Value-Richtlinie erfordert in Bezug auf die Verwendung von Finanzinstrumenten die Berichterstattung über Risikomanagementziele und -methoden, einschließlich ihrer Methoden zur Absicherung aller wichtigen Arten geplanter Transaktionen, die im Rahmen der Bilanzierung von Sicherungsgeschäften verbucht werden, sowie bestehende Preisänderungs-, Ausfall-, Liquiditäts- und Cashflowrisiken.	• Gemäß § 289 Abs. 3 HGB haben große Kapitalgesellschaften zusätzlich nichtfinanzielle Leistungsindikatoren, wie Informationen über Umwelt- und Arbeitnehmerbelange, in die Lageberichterstattung einzubeziehen. Für den Konzernabschluss sind diese Angaben gem. § 315 Abs. 1 Satz 4 HGB grundsätzlich verpflichtend. • Die Möglichkeit zur Zusammenfassung von Lagebericht und Konzernlagebericht ist bereits in § 315 Abs. 3 i.V.m. § 298 Abs. 3 HGB vorgesehen. • In § 289 Abs. 2 Nr. 2 HGB wurden die Vorgaben der Fair Value-Richtlinie hinsichtlich der Berichterstattung über derivative Finanzinstrumente umgesetzt.
Prüfung		
Unabhängigkeit des Abschlussprüfers	• In der überarbeiteten 8. EU-Richtlinie wurden die Anforderungen an die Unabhängigkeit des Wirtschaftsprüfers konkretisiert und z.T. neu geregelt.	• Unabhängig von der 8. EU-Richtlinie Neuregelung und Konkretisierung der Anforderungen an die Unabhängigkeit des Abschlussprüfers gemäß §§ 319 und 319a HGB: o Definition von Ausschlusstatbeständen, die die unwiderlegbare Vermutung der Besorgnis der Befangenheit begründen, unter anderem das Halten von finanziellen Interessen an dem zu prüfenden Unternehmen oder das Verbot der Mitwirkung bei der Durchführung der internen Revision in verantwortlicher Position. o Definition besonderer und weitergehender Ausschlussgründe für die Prüfer von Unternehmen, die im öffentlichen Interesse stehen, z.B. die Erbringung von Rechts- oder Steuerberatungsleistungen, die über das Aufzeigen von Gestaltungsalternativen hinausgehen

Schlagwort	EU-Vorgaben	Deutsche Gesetzgebung
		und sich auf die Darstellung der Vermögens-, Finanz- und Ertragslage in dem zu prüfenden Jahresabschluss unmittelbar und nicht nur unwesentlich auswirken, sowie Erweiterung der Vorschriften zur internen Rotation.
Konkretisierung von Inhalt und Aufbau des Bestätigungsvermerks	**Modernisierungsrichtlinie:** • Einführung eines Passus, der explizit auf Inhalt und Umfang des Bestätigungsvermerks eingeht (z.B. Angabe der zugrunde liegenden Rechnungslegungs- und Prüfungsgrundsätze). • Die Aussagen in Bezug auf das Prüfungsurteil werden dahingehend ergänzt, dass neben einem uneingeschränkten bzw. eingeschränkten Bestätigungsvermerk und einem negativen Prüfungsurteil nun auch die Verweigerung des Prüfungsurteils (disclaimer of opinion) vorgesehen ist. • Bei unvollständiger Veröffentlichung des Jahresabschlusses darf der Bestätigungsvermerk weiterhin nicht angefügt werden. Es ist jedoch zwingend anzugeben, ob der Bestätigungsvermerk auf Umstände verweist, auf die der gesetzliche Abschlussprüfer in besonderer Weise aufmerksam machen möchte, ohne den Bestätigungsvermerk einzuschränken.	• Neben Gegenstand, Art und Umfang der Prüfung sind im Bestätigungsvermerk gem. § 322 Abs. 1 HGB die angewandten Rechnungslegungs- und Prüfungsgrundsätze anzugeben. • In § 322 Abs. 2 HGB wird die Beurteilung des Prüfungsergebnisses erweitert. Der Bestätigungsvermerk kann nun versagt werden, wenn der Abschlussprüfer nicht in der Lage ist, ein Prüfungsurteil abzugeben (Nichterteilungsvermerk). • Bei einem uneingeschränkten Bestätigungsvermerk kann gem. § 322 Abs. 3 HGB zusätzlich ein Hinweis auf Umstände aufgenommen werden, auf die der Abschlussprüfer in besonderer Weise aufmerksam macht, ohne den Bestätigungsvermerk einzuschränken. • § 322 Abs. 5 HGB führt aus, dass der Bestätigungsvermerk auch dann zu versagen ist, wenn der Abschlussprüfer – nach Ausschöpfung aller Möglichkeiten zur Klärung des Sachverhalts – nicht in der Lage ist, ein Prüfungsurteil abzugeben. • Gemäß § 322 Abs. 6 HGB ist auch darauf einzugehen, ob die Chancen und Risiken der zukünftigen Entwicklung im Lagebericht oder Konzernlagebericht zutreffend dargestellt sind.

Anlage 2: Vergleichende Übersicht der Regelungen des Sarbanes-Oxley Act und der modernisierten 8. EU-Richtlinie mit den deutschen Vorschriften

Schlagwort	Sarbanes-Oxley Act (SOA)	Modernisierte 8. EU-Richtlinie	Deutsche Gesetzgebung
Berichterstattung			
Verantwortung des Managements für den Jahresabschluss	• SOA, Sec. 302: Jeder CEO und CFO hat bzgl. der jährlichen bzw. vierteljährlichen Berichterstattung an die SEC einen sog. Bilanzeid abzugeben, mit welchem er erklärt, dass die genannten Berichte keine unwahren Tatsachen beinhalten und die in den Berichten enthaltenen Jahresabschlüsse und andere Finanzinformationen eine in allen wesentlichen Belangen zutreffende Darstellung der Vermögens-, Finanz- und Ertragslage des Emittenten vermitteln.	• Keine spezielle Regelung.	• Nach den §§ 242 bis 245 HGB i.V.m. § 264 HGB ist ein Vorstand/die Geschäftsführung verpflichtet, den Abschluss aufzustellen und zu unterzeichnen sowie dafür zu sorgen, dass der Jahresabschluss ausreichende Informationen zur Vermittlung eines den tatsächlichen Verhältnissen entsprechenden Bilds der Vermögens-, Finanz- und Ertragslage enthält. Ein sog. Bilanzeid ist nicht vorgesehen. • **Neuerung UMAG:** Erleichterung der Klagedurchsetzung durch eine Aktionärsminderheit bzw. Einführung der Haftung von Organmitgliedern gegenüber Anlegern im Falle eines Schadens der Gesellschaft aufgrund von Unredlichkeit oder grober Pflichtverletzung.

Schlagwort	Sarbanes-Oxley Act (SOA)	Modernisierte 8. EU-Richtlinie	Deutsche Gesetzgebung
Offenlegung von „Off-Balance-Sheet-Transaktionen“	• SOA, Sec. 401: Erweiterung der Offenlegungspflichten bei „Off-Balance-Sheet-Transaktionen“ (Transaktionen, die sich nicht im Jahresabschluss niederschlagen) und sonstigen Verpflichtungen sowie Beziehungen zu nicht konsolidierten Gesellschaften im Zwischenabschluss und Jahresabschluss. Angabe der Transaktionen in den Jahresberichten an die SEC.	• Keine spezielle Regelung.	• Angabe von Haftungsverhältnissen (§ 251 HGB) unterhalb der Bilanz oder im Anhang sowie der sonstigen finanziellen Verpflichtung im Anhang (§ 285 Satz 1 Nr. 3 HGB).
Transparenzbericht der Prüfungsgesellschaften	• Audit Committees erhalten jährlich einen Bericht ihrer Prüfungsgesellschaft über die wesentlichen Ergebnisse der Prüfungen der Qualitätskontrollen und Peer Reviews sowie der Untersuchungen von Behörden innerhalb der letzten fünf Jahre.	• Art. 40: Prüfungsgesellschaften, die Prüfungen von Unternehmen des öffentlichen Interesses durchführen, haben einen Transparenzbericht zu veröffentlichen, der Einblick in die Prüfungsgesellschaft und ihren Netzverbund gibt. Der Bericht beinhaltet u.a. eine Erklärung der Gesellschaften zu ihrer Leitung, eine Beschreibung des internen Qualitätskontrollsystems und eine Erklärung des Verwaltungs- oder Leitungsorgans zu dessen Wirksamkeit. Ferner enthält er Daten bezüglich der letzten Qualitätskontrolle.	• Nach § 57a WPO hat sich jede Wirtschaftsprüfungsgesellschaft alle drei Jahre einer externen Qualitätskontrolle zu unterziehen. Diese Qualitätskontrolle wird von einer Wirtschaftsprüfungsgesellschaft, die bei der Wirtschaftsprüferkammer registriert ist, durchgeführt (Peer Review). Der zu erstellende Qualitätskontrollbericht wird an die Wirtschaftsprüferkammer weitergeleitet. Ein Transparenzbericht ist derzeit nicht vorgesehen.

Schlagwort	Sarbanes-Oxley Act (SOA)	Modernisierte 8. EU-Richtlinie	Deutsche Gesetzgebung
Einschätzung interner Kontrollen	• SOA, Sec. 404: Im Jahresabschluss ist eine Bewertung hinsichtlich der Effizienz und Funktionsfähigkeit des internen Kontrollsystems vorzunehmen. Der Prüfer hat eine Bestätigung abzugeben, ob die Angaben zutreffen.	• Art. 41: Bei Gesellschaften von öffentlichem Interesse besteht eine Informationspflicht des Abschlussprüfers gegenüber dem Prüfungsausschuss dieser Gesellschaft hinsichtlich der Schwachstellen des internen Kontrollsystems, die Auswirkungen auf Rechnungslegungsprozesse haben.	• § 91 Abs. 2 AktG bestimmt, dass der Vorstand ein Überwachungssystem einzurichten hat, damit den Fortbestand der Gesellschaft gefährdende Entwicklungen früh erkannt werden. • Für börsennotierte Aktiengesellschaften ist die Prüfung des internen Überwachungssystems durch den Abschlussprüfer in § 317 Abs. 4 HGB vorgeschrieben.
Offenlegung von Honoraren an Prüfungsgesellschaften	• Item 16C zum Formular 20-F der SEC: Die Offenlegung der Prüfungsgebühren, der prüfungsnahen Gebühren, der Steuerberatungshonorare sowie der sonstigen Einnahmen der Prüfungsgesellschaft jeweils für die letzten zwei Jahre ist verpflichtend.	• Art. 49: Geprüfte Unternehmen müssen offen legen, welche Honorare dem Abschlussprüfer für die Prüfung, für andere Bestätigungsleistungen, für Steuerberatungsleistungen und sonstige Leistungen gezahlt wurden. • Art. 25: Einführung von Regelungen in den Mitgliedsstaaten, welche die Zahlung von angemessenen Prüfungsgebühren sicherstellen.	• **Neuerung BilReG**: Erweiterte (Konzern-)Anhangangaben für kapitalmarktorientierte Unternehmen (§§ 285 Satz 1 Nr. 17, 314 Abs. 1 Nr. 9 HGB) bzgl. des vom Abschlussprüfer bezogenen Honorars für die Abschlussprüfung, sonstige Bestätigungs- oder Bewertungsleistungen, Steuerberatungsleistungen und sonstige Leistungen. • Angaben zum Honorar in der Unabhängigkeitserklärung gem. DCGK.
Laufende Berichterstattungspflicht	• SOA, Sec. 409: Emittenten sind verpflichtet, Informationen über wesentliche Veränderungen ihrer Finanzlage schnell und kurzfristig offen zu legen.	• Keine spezielle Regelung.	• § 15 WpHG verpflichtet zur Veröffentlichung kursbeeinflussender Tatsachen. Hierzu gehört auch die Veröffentlichung der Finanzlage.

Schlagwort	Sarbanes-Oxley Act (SOA)	Modernisierte 8. EU-Richtlinie	Deutsche Gesetzgebung
Verantwortlichkeiten von Abschlussprüfer und Mandant			
Rolle des Audit Committee und Verantwortlichkeiten	• SOA, Sec. 301: Verpflichtung zur Einrichtung eines Audit Committee, dessen Mitglieder unabhängig von der Gesellschaft sein müssen; das Audit Committee ist für die Bestellung und die Überwachung des Abschlussprüfers sowie die Honorarvereinbarung verantwortlich. • SOA, Sec. 407: Ein sog. „Finanzexperte" muss Mitglied des Audit Committee sein.	• Art. 41: Unternehmen des öffentlichen Interesses haben einen Prüfungsausschuss einzusetzen, welcher die Rechnungslegungsprozesse und die Abschlussprüfung überwacht. Der Prüfungsausschuss ist an der Bestellung und Abberufung des Abschlussprüfers beteiligt, indem er eine Vorauswahl bzgl. des Abschlussprüfers trifft.	• Der Aufsichtsrat kann gemäß § 107 Abs. 3 AktG Ausschüsse bestellen, u.a. einen Prüfungsausschuss. • Für börsennotierte Aktiengesellschaften wird nach dem DCGK die Einrichtung eines Audit Committee empfohlen. Das Audit Committee soll sich insbesondere mit Fragen der Rechnungslegung und des Risikomanagements, der erforderlichen Unabhängigkeit des Abschlussprüfers, der Erteilung des Prüfungsauftrags an den Abschlussprüfer, der Bestimmung von Prüfungsschwerpunkten und der Honorarvereinbarung befassen.
Kommunikation zwischen Abschlussprüfer und Audit Committee	• SOA, Sec. 204: Kommunikation zwischen Abschlussprüfer und Audit Committee über kritische Bilanzierungsfragen und andere wesentliche Sachverhalte, die dem Management kommuniziert wurden.	• Art. 39: Bei Gesellschaften von öffentlichem Interesse hat der Abschlussprüfer den Mandanten über governance-relevante Erkenntnisse aus der Abschlussprüfung zu unterrichten (insbesondere über die Schwächen des internen Kontrollsystems).	• Umfassende Berichterstattungspflicht des Abschlussprüfers an den Aufsichtsrat (§ 321 Abs. 5 HGB). Aussage im Prüfungsbericht über bestandsgefährdende Sachverhalte im Unternehmen, Pflicht zur Prüfung des Risikofrüherkennungssystems bei börsennotierten Aktiengesellschaften (§ 317 Abs. 4 HGB), mündliche Berichterstattung des Abschlussprüfers in der Bilanzsitzung des Aufsichtsrats.

Schlagwort	Sarbanes-Oxley Act (SOA)	Modernisierte 8. EU-Richtlinie	Deutsche Gesetzgebung
Darlehensgewährungen an Mitglieder der Geschäftsleitung	• SOA, Sec. 402: Verbot der Gewährung von Darlehen an Board-Mitglieder.	• Keine spezielle Regelung.	• Gemäß § 89 AktG ist eine Kreditgewährung an Vorstandsmitglieder insoweit erlaubt, als ein Beschluss des Aufsichtsrats vorliegt. Eine vergleichbare Regelung für leitende Angestellte liegt nicht vor.
Berufsethik			
Unzulässiger Einfluss auf die Abschlussprüfung	• SOA, Sec. 303: Nach dieser Regelung soll es leitenden Personen oder den von ihnen geführten Mitarbeitern verboten sein, jegliche Maßnahme zu ergreifen, die darauf gerichtet ist, den Abschlussprüfer betrügerisch zu beeinflussen, zu manipulieren oder irrezuführen, um auf diese Weise den Jahresabschluss in wesentlichem Maße zu verfälschen.	• Keine spezielle Regelung; die Unabhängigkeit des Abschlussprüfers als Berufsgrundsatz regelt jedoch diesen Sachverhalt. • Art. 24: Weder die Eigentümer oder Anteilseigner einer Prüfungsgesellschaft noch die Mitglieder der Verwaltungs-, Leitungs- und Aufsichtsorgane dieser oder einer verbundenen Gesellschaft dürfen in die Abschlussprüfung in einer Weise eingreifen, die die Unabhängigkeit und Unparteilichkeit des Abschlussprüfers, der die Abschlussprüfung für die Prüfungsgesellschaft durchführt, gefährden könnte.	• Die Unabhängigkeit des Abschlussprüfers als Berufsgrundsatz regelt diesen Sachverhalt.

Schlagwort	Sarbanes-Oxley Act (SOA)	Modernisierte 8. EU-Richtlinie	Deutsche Gesetzgebung
Ethik für Financial Senior Officers	• SOA, Sec. 406: Erfordert die Offenlegung, inwieweit ein Ethik-Kodex für den CEO und sonstige Financial Senior Officers (CFO, Controller usw.) besteht. Der Kodex als solcher muss der Öffentlichkeit zugänglich gemacht werden. Er soll dabei Regelungen umfassen, die eine angemessene Lösung von Interessenkonflikten bei einem Aufeinandertreffen von persönlichen und beruflichen Interessen und eine vollständige und rechtzeitige Offenlegung der Finanzdaten in den Geschäftsberichten bzw. Jahresabschlüssen sowie die Einhaltung gesetzlicher Vorschriften bei Aufstellung der vorgenannten Berichte und Abschlüsse sicherstellen.	• Keine spezielle Regelung.	• Die Verpflichtung zur Aufstellung eines Verhaltenskodex besteht nicht. Regelungen zur Lösung von Interessenkonflikten sind bereits im DCGK enthalten, Regelungen zur Aufstellung von Abschlüssen ergeben sich aus dem HGB und dort insbesondere aus den GoB (vgl. §§ 238 ff., 264 ff. HGB).
Beschleunigtes Reporting von legalem Insiderhandel	• SOA, Sec. 403: Legale Geschäfte von Insidern mit Wertpapieren der Gesellschaft müssen künftig innerhalb von zwei Arbeitstagen offen gelegt werden. Als Insider gelten leitende Angestellte und Aktionäre, die mehr als 10% aller Aktien halten.	• Keine spezielle Regelung.	• Mitteilungspflicht von derartigen Insidergeschäften regelt § 15a WpHG.

Schlagwort	Sarbanes-Oxley Act (SOA)	Modernisierte 8. EU-Richtlinie	Deutsche Gesetzgebung
Schutz für „Whistleblower“	• SOA, Sec. 806: Angestellte des Unternehmens, die Überwachungsbehörden, die Regierung oder den Kongress über eine Verletzung von US-Gesetzen informieren wollen, werden vor für sie nachteiligen Folgen im Berufsleben, wie etwa Entlassung, Suspendierung oder sonstigen Diskriminierungen geschützt, indem ihnen u.a. das Recht eingeräumt wird, Beschwerde bei dem „Secretary of Labour“ einzureichen. Strafrechtlich wird eine Behinderung von diesen sog. „Whistleblowern“ durch Sec. 1107 SOA mit Geldstrafe oder Freiheitsstrafe von bis zu zehn Jahren oder beidem belegt.	• Keine spezielle Regelung.	• Keine spezielle Regelung; Behandlung solcher Fälle im Rahmen des Arbeitsrechts.
Aufsicht und Normengebung			
Öffentliche Aufsicht über die Abschlussprüfer	• SOA, Sec. 101/102: Durch den SOA wurde eine neue Berufsaufsicht, das sog. Public Company Accounting Oversight Board (PCAOB), zur Kontrolle der Wirtschaftsprüfer eingesetzt. Das staatliche PCAOB wird wiederum durch die SEC kontrolliert. Als Aufgaben des PCAOB stehen neben Registrierung	• Art. 32: Jeder Mitgliedsstaat hat eine Aufsichtsbehörde einzurichten, die für die Zulassung und Registrierung von Abschlussprüfern und Prüfungsgesellschaften zuständig ist und die Standards sowie die Berufsethik festlegt. Ferner ist die Behörde zuständig für die Prüfung der internen Qualitätskontrollen der	• Die Wirtschaftsprüferkammer (WPK) ist für die Zulassung und Registrierung von Wirtschaftsprüfern und Wirtschaftsprüfungsgesellschaften zuständig. Der WPK obliegt es, das System der externen Qualitätskontrolle zu betreiben.

Schlagwort	Sarbanes-Oxley Act (SOA)	Modernisierte 8. EU-Richtlinie	Deutsche Gesetzgebung
	und Überwachung der Prüfungsgesellschaften die Festlegung von Standards für Berufsethik, Qualitätskontrolle und Unabhängigkeit im Vordergrund.	Prüfungsgesellschaften sowie für die Ausbildung und investigative sowie disziplinarische Maßnahmen. • Art. 15-20: Alle zugelassenen Abschlussprüfer und Prüfungsgesellschaften werden in einem öffentlich zugänglichen Register erfasst.	**Neuerung APAG:** • Die Abschlussprüferaufsichtskommission (APAK) übernimmt die öffentliche Fachaufsicht über die WPK. • Die APAK besteht ausschließlich aus Mitgliedern, die in den letzten fünf Jahren vor ihrer Ernennung nicht persönliche Mitglieder der WPK gewesen sind. Die Mitglieder der APAK werden vom Bundesministerium für Wirtschaft und Technologie ernannt.
Maßnahmen der Aufsicht und Qualitätssicherung	• SOA, Sec. 104: Das PCAOB führt alle drei Jahre ein Inspektionsprogramm bei den registrierten Prüfungsunternehmen durch. Die Inspektion von großen registrierten Gesellschaften (mit mehr als 100 erstellten Prüfungsberichten) erfolgt jährlich. • SOA, Sec. 408: Die SEC ist verpflichtet, regelmäßige Kontrollen der Veröffentlichungen aller eingetragenen Gesellschaften durchzuführen und jede Gesellschaft mindestens alle drei Jahre einer Kontrolle zu unterziehen.	• Art. 29/43: Alle Abschlussprüfer und Prüfungsgesellschaften müssen einem Qualitätssicherungssystem unterliegen. Die Qualitätsprüfung hat alle sechs Jahre zu erfolgen; im Fall von Unternehmen des öffentlichen Interesses alle drei Jahre. Dies schließt die Prüfung des internen Qualitätskontrollsystems sowie der Einhaltung von Prüfungsgrundsätzen ein. Das Ergebnis wird in einem Bericht festgehalten.	• § 57a bis 57h WPO: Seit 2002 kommt das Verfahren zur externen Qualitätskontrolle zur Anwendung. • **Neuerung APAG:** APAK als öffentliche fachbezogene Aufsicht über die WPK ist für die Überwachung der Qualitätskontrolle zuständig, welche alle drei Jahre für Pflichtprüfungen durchgeführt wird. Sie überwacht das Qualitätskontrollverfahren und hat übergeordnete Entscheidungsbefugnisse gegenüber der WPK.

Schlagwort	Sarbanes-Oxley Act (SOA)	Modernisierte 8. EU-Richtlinie	Deutsche Gesetzgebung
		• Art. 23/36: Verschwiegenheitspflicht und Berufsgeheimnis dürfen der Durchsetzung der Bestimmungen der 8. EU-Richtlinie und dem Informationsaustausch zwischen den zuständigen Stellen der Mitgliedsstaaten nicht entgegenstehen.	• **Neuerung BilKoG**: Einrichtung eines zweistufigen Enforcement-Verfahrens. Ein privatrechtliches Gremium (DPR) ist auf der ersten Stufe für das Enforcement zuständig und nimmt sowohl auf Stichprobenbasis als auch bei Vorliegen konkreter Anhaltspunkte für einen Verstoß gegen Rechnungslegungsvorschriften Prüfungen vor. Auf der zweiten Stufe wird die BaFin tätig, wenn das Unternehmen die Mitwirkung auf der ersten Stufe verweigert, mit dem Prüfungsergebnis der DRP nicht einverstanden ist oder wenn erhebliche Zweifel an der Richtigkeit des Prüfungsergebnisses der DPR bestehen.
Finanzierung der öffentlichen Aufsicht	• SOA, Sec. 109: Die börsennotierten Unternehmen haben entsprechend ihrer Börsenkapitalisierung Gebühren zugunsten des PCAOB zu entrichten.	• Art. 32: Die öffentliche Aufsicht muss ausreichend finanziert sein. Die Finanzierung des Systems muss gesichert und frei von ungebührlicher Einflussnahme durch Abschlussprüfer oder Prüfungsgesellschaften sein.	• **Neuerung BilKoG**: Die Finanzierung der Prüfstelle erfolgt über eine gesonderte Umlage, die von kapitalmarktorientierten Unternehmen erhoben wird (§ 17d FinDAG sowie BilKoUmV).

Schlagwort	Sarbanes-Oxley Act (SOA)	Modernisierte 8. EU-Richtlinie	Deutsche Gesetzgebung
Rechnungs-legungs- und Prüfungsstandards	• SOA, Sec. 108: Die Autorisierung neuer Rechnungslegungsstandards wird vom Financial Accounting Standards Board (FASB) durchgeführt. • Das PCAOB erlässt Prüfungsstandards für SEC-registrierte Unternehmen.	• Art. 26/28: Verpflichtung zur Durchführung von Abschlussprüfungen gemäß den International Standards on Auditing (ISA).	• **Neuerung BilReG**: Anpassung des HGB an internationale Rechnungslegungsstandards. • **Neuerung BilReG**: Konzernabschlüsse kapitalmarktorientierter Unternehmen sind nach IFRS aufzustellen.
Korrekturen, Verfälschungen, Betrug und ihre Folgen			
Verjährung bei Klagen wegen Betrugs mit Wertpapiergeschäften	• SOA, Sec. 804: Ausdehnung des Verjährungszeitraums von ein (nach Aufdeckung des Betrugs) bzw. drei (nach dem Betrug selbst) Jahre auf zwei bzw. fünf Jahre.	• Keine spezielle Regelung.	• § 93 AktG: Verjährung der Ansprüche nach fünf Jahren.
Bestätigung des Managements	• SOA, Sec. 906: CEO und CFO sind verpflichtet, die Richtigkeit aller Finanzberichte schriftlich zu beglaubigen. Eine Verletzung der Bestimmung kann zu einer zivil- und strafrechtlichen Haftung führen. Die Sec. 906 sieht eine strafrechtliche Haftung der Organmitglieder vor, wenn die von ihnen abgegebene Erklärung zur Vermögens-, Finanz- und Ertragslage unzutreffend war.	• Keine spezielle Regelung.	• Die SOA-Vorschriften gehen weit über die Straf- und Bußgeldvorschriften deutschen Rechts hinaus, die im HGB bei einer vorsätzlichen Verletzung der Verpflichtungen aus § 242 HGB von einer Geldstrafe oder einer Freiheitsstrafe bis zu drei Jahren (vgl. § 331 HGB, § 401 AktG) und, soweit es zusätzlich zur Insolvenz kommt, von einer Geldstrafe oder Freiheitsstrafe von bis zu fünf, in besonders schweren Fällen bis zu zehn Jahren (§§ 283, 283a StGB) ausgehen.

Schlagwort	Sarbanes-Oxley Act (SOA)	Modernisierte 8. EU-Richtlinie	Deutsche Gesetzgebung
Verfälschung von Aufzeichnungen	• SOA, Sec. 802/1103: Durch den Sarbanes-Oxley Act wird die Vernichtung von Geschäftsbüchern mit bis zu 20 Jahren Freiheitsstrafe und/oder Geldstrafe verfolgt (Sec. 802). Nach Sec. 1103 kann die SEC bei laufenden Untersuchungen aufgrund von Verletzungen der Wertpapier-Gesetze außerordentliche Zahlungen (z.B. Abfindungen), die von dem Emittenten an die Direktoren oder Board-Mitglieder geleistet werden sollen, einfrieren lassen.	• Keine spezielle Regelung.	• Geltendes Recht: Bei vorsätzlicher Verletzung der Verpflichtung aus § 242 HGB Geldstrafe und Freiheitsstrafe (s.o.).
Verlust von Boni	• SOA, Sec. 304: Hiernach sind bei nachfolgenden wesentlichen Korrekturen der Jahresabschlüsse sowohl die variablen Bezüge als auch die Erlöse aus dem Verkauf der Aktien des Emittenten, die CEO und CFO innerhalb eines Jahres nach Veröffentlichung der zu korrigierenden Abschlüsse z.B. aufgrund von Stock Options erhalten haben, an den Emittenten zurückzuzahlen.	• Keine entsprechende Regelung.	• Keine entsprechende Regelung.

Schlagwort	Sarbanes-Oxley Act (SOA)	Modernisierte 8. EU-Richtlinie	Deutsche Gesetzgebung
Auftragsverhältnis zwischen Unternehmen und Abschlussprüfer			
Dienstleistungsumfang des Abschlussprüfers	• SOA, Sec. 201: Der Umfang der Dienstleistungen, die der Abschlussprüfer neben der Abschlussprüfung dem gleichen Mandanten anbieten darf, wird erheblich eingeschränkt. Explizit verboten sind unter anderem die vollständige Übernahme der internen Revision, Finanzdienstleistungen, Bewertung sowie Rechtsberatung.	• Art. 21, 22, 24, 42: Abschlussprüfer und Prüfungsgesellschaften müssen vom geprüften Unternehmen unabhängig sein und dürfen nicht an den Entscheidungen der Unternehmensleitung beteiligt sein. Unzulässig sind alle Tatbestände und Leistungen, die der Unabhängigkeit des Abschlussprüfers entgegenstehen.	**Neuerungen BilReG:** • Katalog unzulässiger Leistungen gemäß § 319 HGB wird ausgeweitet (Mitwirkung bei der Führung der Bücher oder der Aufstellung des Jahresabschlusses, Mitwirkung bei der Durchführung der internen Revision in verantwortlicher Position, Erbringung von Unternehmensleitungs- oder Finanzdienstleistungen, Erbringung von eigenständigen versicherungsmathematischen oder Bewertungsleistungen, die sich auf den Jahresabschluss nicht nur unwesentlich auswirken). Ausschlusstatbestände erstrecken sich auch auf Ehegatten und Lebenspartner des Abschlussprüfers. • Erweiterung des Katalogs unzulässiger Leistungen für Prüfungen von Unternehmen von öffentlichem Interesse nach § 319a HGB (Rechts- oder Steuerberatung, soweit über das Aufzeigen von Gestaltungsalternativen hinausgehend, Entwicklung, Einrichtung und Einführung von IT-Systemen).

Schlagwort	Sarbanes-Oxley Act (SOA)	Modernisierte 8. EU-Richtlinie	Deutsche Gesetzgebung
Rotation	• SOA, Sec. 203: Die mandatsverantwortlichen Abschlussprüfer, nicht jedoch die Prüfungsgesellschaft selbst, müssen alle fünf Jahre wechseln. Darüber hinaus müssen andere bei der Prüfung im Umfang von mehr als zehn Stunden eingesetzte Abschlussprüfer sowie Abschlussprüfer wesentlicher Tochterunternehmen nach sieben Jahren wechseln.	• Art. 42: Bei Prüfung von Unternehmen im öffentlichen Interesse muss der Prüfer, der für die Durchführung der Abschlussprüfung verantwortlich ist, spätestens nach sieben Jahren von diesem Prüfungsmandat abgezogen werden. Eine erneute Teilnahme an der Prüfung des betreffenden Unternehmens ist nach einer Abkühlungsphase von zwei Jahren möglich. Mitgliedsstaaten können alternativ die Rotation des Prüfungsunternehmens einführen (sog. externe Rotation).	• **Neuerung BilReG**: § 319a Abs. 1 Satz 1 Nr. 4 HGB regelt die interne Rotation von Wirtschaftsprüfern, die den Bestätigungsvermerk von Unternehmen, welche einen organisierten Markt i. S. d. § 2 Abs. 5 WPHG in Anspruch nehmen, in sieben oder mehr Fällen gezeichnet haben. Das Gesetz sieht eine Abkühlungsphase von drei Jahren vor, nach der der Wirtschaftsprüfer wieder als Abschlussprüfer des betreffenden Unternehmens tätig werden darf.
Vorabgenehmigungen der Dienstleistungen von Prüfungsgesellschaften	• SOA, Sec. 202: Verpflichtende Vorabgenehmigung sämtlicher zusätzlich zur Abschlussprüfung erbrachter Dienstleistungen des Abschlussprüfers durch das Audit Committee.	• Keine spezielle Regelung.	• Eine Zustimmung des Aufsichtsrats bzw. des Prüfungsausschusses vor Erteilung von Beratungsaufträgen wird im DCGK – anders als beim SOA – nicht verlangt.
Restriktionen für die Anwerbung von Mitarbeitern von Prüfungsgesellschaften	• SOA, Sec. 206: Ein Mitglied des Prüfungsteams kann erst ein Jahr nach seinem Ausscheiden eine bedeutende Position in einem geprüften Unternehmen, wie beispielsweise die eines Finanzchefs, übernehmen.	• Art. 42: Bei Prüfung von Unternehmen im öffentlichen Interesse kann ein Abschlussprüfer oder für die Prüfung zuständiger Partner frühestens zwei Jahre nach seinem Rücktritt von einem Mandat eine wichtige Führungsposition bei diesem ehemaligen Mandanten annehmen.	• Keine entsprechende Regelung.